Montesquieu

Les vendanges de la liberté

JEAN LACOUTURE

Montesquieu

Les vendanges de la liberté

ÉDITIONS DU SEUIL
27, rue Jacob, Paris VIe

ISBN 2-02-053565-3

www.seuil.com

Mon âme se prend à tout.

Montesquieu

Si je savais quelque chose qui me fût utile, et qui fût préjudiciable à ma famille, je le rejetterais de mon esprit. Si je savais quelque chose utile à ma famille et qui ne le fût pas à ma patrie, je chercherais à l'oublier. Si je savais quelque chose utile à ma patrie et qui fût préjudiciable à l'Europe et préjudiciable au genre humain, je la regarderais comme un crime.

Montesquieu

L'image de Montesquieu vigneron permet de situer sa doctrine économique et sa pensée politique.

Jean Starobinski

Le présent travail a été entrepris non sans témérité par l'auteur avant qu'il ait connaissance de la mise en chantier des *Œuvres complètes* de Montesquieu par la Société Montesquieu (Université Stendhal, de Grenoble), pour le compte de la Voltaire Foundation d'Oxford.

Animée par Jean Ehrard, l'équipe chargée de cette édition regroupe quelques-uns des meilleurs spécialistes de l'œuvre de l'auteur de *De l'esprit des lois*, de Catherine Volpilhac-Auger à Françoise Weil et de Catherine Larère à Cecil Courtney et Jean-Patrice Courtois.

Cette édition critique, dont deux volumes sur douze ont déjà paru, s'annonce comme aussi définitive que peut être un travail de cette espèce. Mais c'est de publications antérieures que l'auteur a fait usage, notamment de celle d'André Masson (trois volumes, dont le dernier est consacré à la correspondance), sans s'interdire d'avoir recours à l'édition de « La Pléiade » (Roger Caillois) ou à celle de « L'Intégrale » du Seuil (Daniel Oster). Sauf avis contraire, les citations sont empruntées à la première de ces trois éditions.

S'agissant des nombreuses références à Montaigne, l'auteur a utilisé l'édition de Claude Pinganaud (Arléa, 1992, réédition 2000).

La lecture du manuscrit que Jean Ehrard a généreusement accepté de faire l'a allégé de bien des erreurs. Celles qui demeurent sont de mon fait.

J. L

CHAPITRE I

Grand cru

• Un bourreau bienfaisant • « Mes terres et mes vassaux... » • Les Secondat, du Berry en Agenais • De Scaliger au roi Henri • Mariages de robe • Un cadet de Gascogne • La vertu de tolérance • Quelques beaux partis... • Arracher des vignes ! • De La Brède à Raymond • Seigneur de Bisqueytan...

Nous sommes en juin 1937. Un jeune homme que je connais bien doit affronter, dans un petit amphithéâtre de la faculté des lettres de Bordeaux, à trois pas du cénotaphe de marbre fauve de Montaigne, l'épreuve de l'oral du bachot – en l'occurrence, l'examen de littérature française.

Derrière un bureau chargé de dossiers siège un homme massif, très brun, vêtu de noir, le regard sombre : Pierre Barrière, fils de paysans périgourdins, professeur de lettres à l'Université, auteur d'un *Montaigne gentilhomme français* fort admiré. Il passe pour franc-maçon, et s'avère fort bourru.

Bref coup d'œil sur le chétif impétrant, puis sur son carnet scolaire : élève des jésuites... La question fuse : « Pourriez-vous me dire pourquoi Montesquieu a intitulé son livre majeur *De l'esprit des lois* ? » Comme un coup de gourdin sur la nuque... Pourquoi Mont... ? Dans ces cas-là, fût-on un adolescent bien noté et naïvement sûr de lui, on ne raisonne pas, on ne « sait » pas... Un long flottement, deux ou trois borborygmes, un soupir...

« Voyons, monsieur, vous n'ignorez tout de même pas que Montesquieu était, non loin d'ici, propriétaire, viticulteur ? – Non, non, bien sûr... – ... et qu'il faisait son vin, qu'il le vendait ? – Oui, oui... – Et alors ? – Heu... – Alors, cet "esprit" des lois, c'est une référence évidente à l'"esprit" de vin ! Les œuvres des grands écrivains sont liées à leur vie, à leurs pratiques et leurs préoccupations : elles en sont l'esprit ! »

Cet homme sagace, et de grand mérite – qui, lorsqu'il publia neuf ans plus tard sa magistrale biographie de Montesquieu[1], ne reprendra pas même par allusion l'ingénieuse « explication » qu'il avait tenté de m'arracher… –, voulut bien, posant quelques questions annexes relatives aux Persans et aux Romains, sauver du désastre le jeune homme qu'il venait de plonger dans le désarroi. Mais le thème de l'interaction réelle ou supposée entre les esprits du vin et des lois qui avait désarçonné le candidat ne cessa pas ensuite de m'intriguer, avant de m'émoustiller. Une telle secousse laisse des traces, et crée des liens.

Au-delà de la pittoresque ingéniosité de ce qui pouvait passer pour un jeu de mots, un paradoxe d'examinateur sarcastique ou de causeur d'après-dîner, je crus trouver de la fécondité dans la question du professeur périgourdin. Non tant pour ce qui concerne la relation entre l'œuvre et l'existence de l'écrivain, idée assez banale et d'ailleurs contestable. Mais pour ce qui relie un style de vie clairement assumé avec une pensée, et une philosophie politique.

Choisir de vivre, moins à La Brède que *de* La Brède, c'était pour Montesquieu assurer son autonomie par rapport au pouvoir, à la centralisation autoritaire de Versailles, à ce « despotisme », fût-il relatif, dont il ne cessait d'instruire le procès. Aussi s'évader de la mode des « salons », de l'esprit « pour les dames » auquel il n'était que trop enclin. D'un certain sol, tirer une véritable aisance, c'était se donner les moyens de résister aux pressions de toutes sortes, qui ne venaient pas toutes du monarque. S'astreindre à une activité productive, vécue non comme un passe-temps de vacances, mais comme un métier, c'était s'en approprier le langage, les « tics » verbaux, le « chant », et entretenir un certain type de relations humaines, l'égalité devant la chose vivante ou croissante. Enfin, et surtout, c'était tisser un lien entre le principe et les « moyens » de la liberté.

Il était fort utile à M. de Montesquieu de vendre bien son vin : il en vivait, pour l'essentiel. Il était plus profitable encore que ce vin fût

1. Pierre Barrière, *Un grand provincial, Charles-Louis de Secondat de Montesquieu, baron de La Brède*, Bordeaux, Delmas, 1946.

vendu notamment aux citoyens du pays, l'Angleterre, où s'élaboraient alors les principes et mécanismes de la démocratie libérale. Le maître de La Brède ne se contentait pas d'y vendre ses tonneaux de vin de Graves : il y alla s'initier aux principes de la monarchie représentative et de l'équilibre des pouvoirs. Non sans s'entendre dire là-bas que, pour un gentilhomme, ce n'est pas déroger que de s'adonner au commerce…

Ces quelques réflexions, à partir des vendanges de La Brède, de l'« esprit » qui s'en dégage et de l'« essence » des lois inspirée de celle du vin, m'ont incité à répondre enfin au professeur Barrière. Quelques décennies plus tard, je vais m'efforcer de décrire un Montesquieu découvrant, de vendanges en écoulages, l'« esprit » des lois, et comment cet esprit bien compris mène à l'équilibre qui induit la liberté – autant de liberté que la société des hommes peut en sécréter, et en tolérer.

Voici donc, après six décennies de réflexion, ma réponse au professeur Barrière. Ma vendange tardive.

Merci, vieux tortionnaire…

On nous le montre* tout emmitouflé de toges et de perruques, encombré de soutanes et de cornettes familiales, sinon de sabres et de tambours, ce gentilhomme-fermier que l'on n'appelait il est vrai, à Paris comme à Bordeaux, que « le président ». Certes, trois de ses oncles et quatre de ses tantes, deux de ses sœurs et deux de ses frères étaient entrés dans les ordres. Et son père avait mené au combat une compagnie de mousquetaires sur le Danube, contre les Turcs.

Mais s'il est plus que tout un grand écrivain français que préoccupèrent la formation des lois, les affaires de la cité et l'organisation des diverses sociétés humaines, Charles-Louis de Secondat, seigneur de La Brède, baron de Montesquieu, fut d'abord un homme de la terre, passionnément attaché à la faire fructifier, maître de domaines pour la

* Notamment dans le triste portrait de Lapenne.

plupart hérités mais par lui agrandis, multipliés, bonifiés, et inlassablement complantés de vignes nouvelles.

Hommes de la terre et du domaine, bien d'autres de nos maîtres issus de l'ordre nobiliaire l'avaient été avant ou le seront après lui, de Montaigne à Chateaubriand, de La Rochefoucauld et Saint-Simon à Lamartine. Mais aucun d'eux – en tout cas pas le premier – avec la même application, et la même réussite.

Assurant qu'il s'était refusé à faire sa « fortune » par « les moyens de la Cour » mais plutôt « en faisant valoir [ses] terres », parlant volontiers de ses « domaines » et de ses « vassaux », revendiquant à ce propos « 350 ans de noblesse prouvée » (ce qui ne laissait pas de friser la gasconnade...), il prit un soin touchant à instruire son petit-fils de ses racines nobiliaires et terriennes[1]. Non sans convenir que présenter sa « généalogie » est faire une « sotte chose », le risque étant de « le faire sottement ».

Le maître de La Brède ne se hasarde pas à pousser sa recherche au-delà du milieu du XVIe siècle, les titres nobiliaires, précise-t-il, ayant été « enlevés pendant les troubles » – lesquels furent en effet passablement perturbateurs à Bordeaux tout au long du XVIe comme du XVIIe siècle. Ce qui ressort de cette recherche – point si « sotte » – de l'auteur de l'*Esprit des lois*, c'est que vers 1573, par-devant le juge d'Agen, « noble » Pierre de Secondat légua à son fils Jean, salué du titre de « gentilhomme » dans les *Mémoires* du grand juriste de Thou (interlocuteur de Montaigne), la terre de Montesquieu que ledit Jean avait pu joindre à celle de Roques dont il était déjà le seigneur. C'est à cette époque, contemporaine de celle de la rédaction des *Essais*, que se manifeste le plus clairement l'insertion dans l'ordre nobiliaire – non par la voie de la robe et du Parlement, mais par celle du domaine, encore modeste, de la famille de Secondat – à quelque époque que lui ait été accolée la particule.

Des recherches postérieures à celles qu'avait pu faire le président de Montesquieu à l'usage de son petit-fils, il ressort que les Secondat étaient d'origine berrichonne. Plusieurs historiens, de Pierre Barrière à

1. *Mémoire de ma vie*, Pléiade, I, p. 989.
* Auxquels Jean Ehrard a donné crédit, dans le n° 3 de la revue de la Société Montesquieu.

Louis Desgraves, ont fait des Secondat une branche cadette de la noble famille de Calant. De plus récents travaux de généalogistes*, il ressort que les Secondat, ou Secondet, étaient encore au XVIIe siècle des propriétaires terriens, notamment du beau domaine de Châteaumeillant dans le Haut-Berry, mais encore assujettis à l'impôt roturier. Au début du XVe siècle, cependant, une branche de la famille avait quitté le Berry pour s'établir d'abord en Périgord, aux abords de Sarlat où Pierre Secondat rendit « hommage lige » de ses terres à Charles VII en 1451, puis sur les rives de la Garonne – non à Bordeaux, mais dans les environs d'Agen, à Port-Sainte-Marie, pays où l'on récolte un merveilleux raisin de table dit « chasselas ». C'est de là que la famille prend son essor, dans un parfum de grappes dorées.

Avant même que se manifestent l'entregent ou les talents de tel ou tel, un mariage les fait entrer dans l'ordre de la culture la plus prestigieuse : une cousine des Secondat épouse le célèbre linguiste italien Jules-César Scaliger, venu faire souche à Agen d'où rayonnait sa gloire entretenue par son fils Joseph-Juste, gloire comparable à celle des plus grands humanistes*.

Mais dès la fin du XVe siècle, on voit, à la cour voisine de Nérac où s'activent les ambitieux rois de Navarre, des Secondat manifester leur zèle et leurs talents. Pierre d'abord, puis Jean, son fils, sont « maistres d'hôtel » (chambellans) d'Henri d'Albret, puis de son épouse Jeanne, les parents du futur Henri IV. Ils sont « nobles hommes », dotés ou non de la particule, et maîtres d'un premier domaine à Foulayronnes. C'est ici que la carrière des Secondat, de l'alliance familiale au service privé ou public, se rattache pour toujours à la terre de la Guyenne.

Nul n'a mieux évoqué les circonstances de cet enracinement savoureux qu'Émile de Perceval, dans son *Montesquieu et la Vigne*, fruit de longues recherches dans les archives du Lot-et-Garonne et de la Gironde. Ainsi a-t-il retrouvé le texte d'une transaction passée le 2 octobre 1561** :

> Entre Jeanne d'Albret, reine de Navarre***, comtesse d'Armagnac, et noble homme Jean de Secondat, seigneur de Roques, maître ordinaire de

* Ce qui ne l'empêcha pas d'être accusé d'« hérésie » en 1538…
** D'autres documents donnent la date de 1564.
*** Convertie depuis un an au calvinisme.

> son hôtel, stipulant que cette Princesse fit vente audit Secondat des terres et Seigneuries de Roquefort, Sérignac, Montesquieu, Segoignac, Plassac, Goulard et Cucq, pour la somme de 10 000 livres, dont elle lui fit don… sous la faculté de rachat pendant le temps et espace de cent ans, à compter du jour où ladite Dame ou ledit *Roques*, en son nom, aura obtenu arrêt du Grand Conseil du Roi…

Les terres que le « noble homme » Jean de Secondat, « maître d'hôtel » et conseiller (d'autres disent favori) de Jeanne d'Albret, recevait ainsi en don de la reine de Navarre avaient été confisquées aux puissants seigneurs d'Armagnac pour on ne sait quelle offense faite un siècle plus tôt au roi Charles VII, précise Émile de Perceval, faisant observer qu'il s'agissait ainsi d'un « bien du domaine royal » – ce qui ruinera les arguments des plaideurs à venir, faisant valoir que la clause vaguement suspensive (faculté de rachat dans un délai d'un siècle) n'avait pas été remplie. Ce contrat passé par sa mère avait été ratifié en décembre 1576 par Henri, roi de Navarre, comte d'Armagnac, vicomte de Brouillois (ou Bruilhois), et passé par-devant le bailli de Brouillois et sénéchal d'Armagnac, avec cette différence toutefois que le Béarnais, toujours à court d'argent, réclamait à Secondat les 10 000 livres quasiment offertes par la reine, et « avec quelque chose en plus ».

Émile de Perceval se fait gaillardement l'écho d'une tradition locale qui présente le roi béarnais attablé avec Secondat et discutant en patois des conditions du traité devant les « piots » de vin du cru et quelques flacons d'armagnac. Tout à coup, lassé par la lenteur des pourparlers, le roi Henri, « nousté Henric », frappe la table du poing : « Baille-moi quatre mille livres de plus, et je te tiens quitte du reste !… » Secondat s'empresse de toper là. Le « reste », c'étaient les réserves imposées aux termes du premier traité. À dater de ce jour, Secondat était fondé à se reconnaître la libre disposition et jouissance à son seul profit du domaine. C'est ainsi que ces terres de l'Agenais, les vestiges d'un vieux château, les champs de la plaine et les métairies éparpillées dans les paroisses de Becquin et de Resteau, passèrent aux mains des Secondat avant que le domaine de Montesquieu soit érigé en baronnie et avant qu'ils ne deviennent, par alliance, les seigneurs de La Brède.

Mais c'est quoi, ce « Montesquieu » qui par la grâce de la mère d'Henri le Béarnais a donné son nom à l'un des plus grands écrivains français, dont les ancêtres venaient de soixante lieues plus au nord et dont la vie allait s'accomplir dans un château du Bordelais, trente lieues à l'ouest ? Château et parc, et histoire, La Brède est majestueux. Montesquieu, c'est un hameau agrippé à un tertre escarpé où se dresse une maison forte, non pas en ruine, mais à l'abandon, dans un splendide paysage d'entre la Garonne et le Lot, à seize kilomètres d'Agen*.

Le nom est intéressant : il signale un lieu non seulement élevé – comme Montaigne bien sûr – mais avec quelque chose d'aigu, manifesté par la composante franque du mot gascon, ce « sk »** qui désigne de l'escarpé, du pointu. Et il est de fait que celui qui, venant d'Agen ou de Nérac, aperçoit ce village-monticule lui trouve quelque chose d'anguleux qui tranche sur le doux paysage ourlé de vignes et de champs de tabac.

À noter aussi la désinence finale en « ieu », et non en « iou » comme en Gascogne, dans le Gers notamment où plusieurs localités portent le nom Montesquiou, qui a fait la gloire de grandes bouteilles d'armagnac et fut le patronyme d'un ami et modèle de Marcel Proust – non sans qu'Anne-Marie de Clermont, princesse du sang et l'objet de l'une des passions de l'auteur des *Lettres persanes*, orthographiât ainsi le patronyme de Charles-Louis en tête des lettres parfois très tendres qu'elle lui adressait.

Le roi de Navarre ayant ainsi, l'armagnac aidant, fait grâce à Jean de Secondat des conditions suspensives qui assortissaient la donation de 1561 poussa plus loin la bienveillance, devenu roi de France, à l'endroit du fils aîné du donataire. Jacob de Secondat*** avait choisi le métier des armes. Colonel du régiment de Châtillon, il vit en 1606 le

* Que m'a fait découvrir avec une exceptionnelle compétence Alain Paraillous, professeur au lycée d'Aiguillon.

** Indication que je dois à l'inépuisable et amical Alain Rey, auquel on ne demande jamais en vain ce type d'éclaircissement.

*** Dont la mère, assure le biographe anglais Robert Shackleton, descendait du grand Édouard III Plantagenêt, père du prince Noir (*Montesquieu, biographie critique*, Oxford, 1961, trad. Grenoble, 1977).

fief de Montesquieu érigé en baronnie par Henri IV, probablement pour faits d'armes lors d'une campagne aux Pays-Bas – non sans que quatre de ses frères aient été, tous très jeunes, tués au combat. Le roi fit même savoir que, « par courtoisie », cette baronnie pourrait être élevée au rang de marquisat*.

Les Secondat de Montesquieu, faits barons, sont-ils en train de s'épanouir, à l'orée du grand siècle, en dynastie militaire ? Non. L'expansion du groupe familial va s'orienter plutôt vers le droit et les emplois civils. Le fils du baron Jacob, Pierre de Secondat, est le premier à s'installer à Bordeaux, dont il est bientôt élu jurat, et où il épouse l'héritière d'une grande famille de robe, Anne de Pontac (dont le nom sera bientôt associé mieux qu'aucun autre à celui des plus grands crus bordelais)**. Et son fils s'allie à son tour à une dynastie de grands magistrats, celle de Joseph du Bernet, qui présida tour à tour les Parlements d'Aix-en-Provence, puis de Bordeaux, y manifestant face à la couronne une indépendance d'esprit de bon huguenot qui ne lui ôta pas, selon l'auteur de l'*Esprit des lois*, l'estime de Richelieu.

De Pontac en du Bernet, les Secondat sont décidément aspirés vers la robe sans négliger la terre : et voici Gaston, grand notable bordelais, à son tour président « à mortier »*** au Parlement de Bordeaux, qui grossit son domaine de la seigneurie de Castelnouvel, non sans avoir la chance, à l'occasion d'une visite du jeune Louis XIV à Bordeaux, au lendemain du mariage espagnol, d'héberger un personnage de la suite de Mazarin qui se présente simplement comme « M. Colbert ». Il y a, dans les familles, de ces chances : un autre eût peut-être hébergé Fouquet…

L'heureux Gaston de Secondat, ainsi assuré de la faveur de la Cour, eut neuf enfants, dont cinq entrèrent dans les ordres. L'aîné, Jean-Baptiste, lui aussi président au Parlement de Bordeaux, consolida encore l'opulence et le prestige du groupe en épousant une riche héritière, Marguerite de Caupos, fille du baron de Lacanau. Le cadet, Jacques (1654-1713), après avoir passé quelques mois au séminaire de Saint-

* Suggestion que notre Montesquieu prendra au sérieux (chapitre VIII, « Un baron en voyage »).

** Sinon à la vie intime de Montesquieu (chapitre V, « De quelques dames, et luronnes »).

*** C'est-à-dire doté d'un bonnet fourré prestigieux, surmontant la perruque professionnelle.

Sulpice (comme des Grieux, le héros de *Manon*), fut le père de notre grand homme, qui le dépeint ainsi :

« Mon père, avec une figure noble et charmante, beaucoup d'esprit et de sens et fort peu de bien, prit le métier des armes, entra fort jeune dans les gardes du corps... autrement dit les mousquetaires... » Un portrait de Jacques de Secondat montre un beau visage viril, basané, de cadet de Gascogne ou de colonel d'Empire.

En 1680, notre bel officier se retrouva à la tête d'une compagnie de cavalerie du régiment de Saint-Sylvestre sous les ordres du prince de Conti, parti combattre les Turcs en Hongrie aux côtés de l'illustre Jean Sobieski. Il s'y comporta avec assez de distinction pour que son fils Charles, en voyage à Vienne vingt ans après, puisse entendre un officier autrichien lui faire l'éloge du mousquetaire de Conti...

De retour au pays, le chasseur de Turcs se retrouve dépourvu de tout autre bien que sa gloire. Écoutons son fils, notre président, évoquer cette situation avec une désarmante simplicité : « N'ayant point d'argent, il alla en Guyenne pour en faire, mais arriva plus tard que les autres [1]... » Plus tard, mais pas trop tard pour un cadet de Gascogne : le capitaine de Secondat de Montesquieu épousa en 1686 une héritière, Marie-Françoise de Pesnel, de lointaine origine anglaise, dont il fut dit qu'elle descendait aussi de Saint Louis [2].

Et trois ans plus tard, l'année même de la naissance de Charles-Louis, la jurade de Bordeaux enregistrait le blason de la baronnie de Montesquieu, qui a fière allure, « d'azur à la face d'or accompagné en chef de deux coquilles de Saint-Michel et en pointe d'un croissant d'argent ». Cet or, ces coquilles, ce croissant : voilà qui est de bon augure aussi bien pour l'auteur des *Lettres persanes* que pour le maître de La Brède...

Ce qui est plus certain, c'est que Marie-Françoise apporta en dot au capitaine de Secondat de Montesquieu le superbe domaine de La Brède – que ses ancêtres La Lande détenaient depuis le XIe siècle – et quelques terres attenantes. Tout autre chose que la maigre colline de Montesquieu... Charles n'avait que sept ans quand elle mourut, mais son père lui en fit ce beau portrait : « ... Infiniment douce, d'une phy-

1. *Mémoire de ma vie*, *op. cit.*, p. 991-992.
2. Shackleton, *op. cit.*, p. 12.

sionomie charmante, elle avait l'esprit d'un homme, habile pour les affaires sérieuses, nul goût pour la bagatelle, elle avait pour ses enfants une tendresse inexplicable[1]... »

Le dernier mot surprend, fût-il dû à un mousquetaire gascon qui avait combattu les Turcs sur le Danube. L'aîné de ses fils, notre écrivain, ajoute, à propos de sa mère, ce trait au poinçon : « Ayant beaucoup de biens [elle] avait beaucoup de dettes et de procès. Mon père passa sa vie à rétablir ses affaires et à peine y eut-il réussi que ma mère mourut[2]... »

Bon sang ne peut mentir ? Si. Mais pas en l'occurrence. Notre Montesquieu, fils d'une dame « habile pour les affaires sérieuses » et d'un officier retraité capable de rétablir en moins de dix ans une situation empoisonnée de dettes et de procès, allait-il se comporter en digne héritier de ce couple de terriens gestionnaires ? C'est ce que nous verrons plus loin...

Que dire de cette ascendance où se mêlent si harmonieusement la terre et l'épée, l'Église, la robe et le conseil ? Que ce qui frappe, chez ces Secondat venus du Berry en passant par l'Agenais, nantis d'une baronnie de Montesquieu et dotés d'une très noble demeure aux portes de Bordeaux, le château de La Brède, c'est d'abord le caractère raisonnable et progressif de cette fortune bicentenaire, qui va de l'habile gestion de la maison royale (si rustique soit-elle) de Jeanne d'Albret par le « maître d'hôtel » Pierre de Secondat, aux opulents mariages du temps du règne du Roi-Soleil, en passant par les chevauchées lointaines et les contrats judicieux. Modèle d'ascension à travers les diverses strates et composantes de la société d'ancien régime.

C'est ensuite la remarquable neutralité religieuse que manifeste ce cheminement d'une lignée – fût-elle très riche en gens d'Église. On a

1. *Mémoire de ma vie*, *op. cit.*
2. *Ibid.*, p. 992.

peu marqué que les Secondat, liés à la fortune calviniste des D'Albret et des Navarre, et donc à la Réforme, se plient – en la personne du fervent huguenot qu'était Jacob de Secondat – à l'abjuration du Béarnais sans que leurs relations originelles en soient affectées. Et ils ne cessent de nouer des alliances avec l'un ou l'autre camp – les du Bernet longtemps protestants, les Pontac fermement catholiques. Tradition que notre Montesquieu lui-même maintiendra en épousant à son tour une huguenote – et fort sévère.

Ce qui caractérise aussi la lignée, dès avant l'épanouissement de l'œuvre du maître de La Brède, c'est l'attirance, remarquable en ce milieu rural et méridional, pour la chose intellectuelle, le livre, le débat. On a fait allusion seulement à la cour de Nérac, que fréquentaient poètes et discoureurs attirés par Marguerite de Navarre. Alliés aux Scaliger, on l'a dit, les Secondat « de Montesquieu » ne manquèrent pas d'y affiner et amplifier leurs talents, leur savoir et leurs relations. Et plus tard, à Bordeaux, ils trouvèrent chez les du Bernet et les Pontac un milieu très ouvert lui aussi aux choses de l'esprit. La stratégie « versaillaise » n'a pas encore été mise au point par Louis XIV pour couper la province du pouvoir et de la création intellectuelle. Ces petites cours et ces cercles régionaux maintenaient encore un lien entre la terre et le livre.

Faut-il souligner d'un trait égal la récurrence des « mariages anglais », de la branche de Jacob de Secondat à celle de Jacques, le mousquetaire ? De bons observateurs de la société aquitaine font valoir que la longue colonisation (âge d'or...) de la Guyenne par les Plantagenêt britanniques, le prince Noir et Talbot*, a banalisé ce type de situations : les descendants de capitaines gallois et de marchands de la City étaient dès longtemps implantés dans ces terres viticoles, y mariant leurs fils à des héritières de la vigne. Certes. Mais pour être conforme à la « nature des choses » (comme dit l'auteur de l'*Esprit des lois*), cette sève anglaise n'en est pas moins significative : elle fonde en partie les relations humaines et la vision socio-politique de Montesquieu, son système de relations, ses références, ses idées – et fait la fortune de sa production agricole...

* Une statue de Talbot se dresse à Castillon. Vit-on jamais des « colonisés » élever une statue au colonisateur vaincu ?

Constatons aussi ce qu'a d'outré, en cette histoire familiale de Montesquieu, la légende d'une vieille noblesse de robe. L'Église et l'épée, sinon la plume, n'auront cessé de contrebalancer, en cette dynastie, la veine parlementaire. Ce n'est qu'au milieu du XVIIe siècle, par l'alliance à vrai dire prestigieuse avec les du Bernet, que les Secondat de Montesquieu entrèrent au Parlement et par la plus grande porte, de présidence en présidence. Belle démarche. Mais rien ici qui ressemble à ces traditions familiales de la perruque et de la robe qui marquent l'histoire d'un certain type de familles et du royaume, celles des Séguier, des Lamoignon ou des D'Aguesseau. Les Montesquieu sont liés au droit, aux Parlements, à la dispute juridique. Mais comme sujet de recherche plutôt que comme cadre de vie.

Ce qui signale mieux que tout cette ascension nobiliaire, deux siècles durant, des Secondat promus barons de Montesquieu, puis seigneurs de La Brède (et autres lieux), c'est le caractère terrien de ces personnages méritants, haussés au-dessus de la condition originelle par le mérite gestionnaire, puis la valeur combative, aussi la compétence juridique, les vocations religieuses, enfin par le génie littéraire. C'est la passion du domaine, l'aptitude spontanée à se répartir les rôles afin que, les premiers-nés assurant la « face » et le prestige du château, les cadets acquièrent dans les ordres les « bénéfices » et abbayes dont se prévaudra la *gens* familiale.

Et ce qui frappe, de ce point de vue, c'est la hâte que mettent ces cadets de Gascogne, tous couverts de lauriers récoltés aux Pays-Bas ou en Hongrie, à regagner le terreau de Guyenne, à s'y refaire une vie fondée sur l'arbre et la vigne. Bien d'autres, venus des mêmes horizons, ont couru le monde, inlassablement, des Iroquois aux Siamois et aux Moscovites. Ceux-ci, venus de Nérac ou des Landes, et non moins braves qu'un Lahontan ou un Bonneval, retrouvent vite les métairies familiales, leurs problèmes – et leurs héritières.

Revenons, sur ce point, à Pierre Barrière, périgourdin et expert en la matière : « Dans ce milieu de noblesse rurale, très attaché à ses devoirs… aux privilèges réciproques du patronat et de la clientèle, ce qui frappe, chez les Secondat de Montesquieu, c'est leur ardeur à la conquête du domaine terrien… cet appétit pour la terre[1]… »

1. Pierre Barrière, *op. cit.*, p. 6.

En attendant de voir vivre au jour le jour le maître de La Brède sur les terres où il prépare puis surveille les vendanges, considérons encore un instant la patiente stratégie d'accumulation, essentiellement viticole, qui lui fait écrire dans *Mes pensées* : « Je n'ai pas laissé [...] d'augmenter mon bien. J'ai fait de grandes améliorations à mes terres... » Entre bien d'autres, on relèvera quelques manifestations de cette passion terrienne qui font de l'auteur de l'*Esprit des lois* le digne héritier de ces Secondat dont le zèle ingénieux au service de Jeanne d'Albret et de son fils n'alla pas sans quelques bénéfices.

En Agenais qui fut sinon le berceau, en tout cas le premier champ d'expansion de la lignée des Secondat, passant au XVIe siècle du diligent service des Grands à l'aristocratie proprement dite, et où se situe le lieu d'origine de sa femme, Clairac, le maître de La Brède disposait de sept ou huit fiefs ou résidences :

– La maison de Guilhot, à Foulayronnes, première résidence des Secondat venus du Berry, le château de Roquefort, celui de Saint-Marcel, le manoir de Ségougnac, l'hôtel d'Estrades à Agen, le château ou « maison noble » de Vivens près de Clairac, et enfin la terre de Montesquieu...

Mais c'est dans le Bordelais que se manifeste mieux encore sa passion terrienne et productrice, qui le conduit à une vraie bataille contre le pouvoir. En 1726, un ami et collègue de l'Académie de Bordeaux, Sarrau de Boynet, le convainc d'acheter, entre Pessac et La Brède, un terrain de landes qui semble propre à la plantation de vignes. Montesquieu se lance avec enthousiasme dans l'opération – à laquelle s'oppose soudain l'intendant de Guyenne, Claude Boucher se référant à un arrêté interdisant d'agrandir l'espace viticole : la surproduction impose au contraire l'arrachage des vignes...

Arracher des vignes, sur ce miraculeux terroir de Graves ! Son indignation de vigneron brimé inspire à Charles-Louis, seigneur de ces lieux, une réplique telle qu'un certain provincial, un siècle plus tôt, en adressait aux jésuites :

« … Si on supprimait les vignes en Guyenne, les autres parties de la France et de l'étranger multiplieraient les plantations, et on y perdrait en perdant la Guyenne… [celle-ci] ayant été empêchée de planter en 1725, le Quercy, le Languedoc, la Saintonge et le païs d'Aunis plantèrent à force… » Qui ne constate, poursuit Montesquieu, que « la Hollande, les Pays-Bas, l'Angleterre et le Nord de la France, qui buvaient surtout de la bière, boivent à présent plus de vin ? Ce pourquoi, depuis trente ans, on a planté en Portugal, en Italie, même en Allemagne ». Au surplus, fait-il valoir « les étrangers donnent aux vins de France la préférence sur ceux des autres pays. Et ceux de la généralité de Guyenne sont les plus propres à leurs goûts. Plus de vingt sortes : noirs forts, rudes ou moelleux ; blancs dorés, doux ou secs, ayant du feu, ou clairs et verts… ».

« On dit que la culture des vignes occupe trop de monde, et que l'espèce, de ce chef, manque. À cela on peut répondre que, pour empêcher que l'espèce vienne à manquer, il faut trouver le moyen d'occuper beaucoup de monde… » Puis le ton monte : « Le propriétaire sait mieux que le ministre si ses vignes sont à sa charge… On conçoit aisément que tous ces changements ne peuvent pas être l'affaire d'un Intendant ; outre que presque toujours il n'y entend rien, n'étant pas du pays[1]… »

Et de conclure :

« L'auteur de ce mémoire n'est qu'un simple particulier… Ces terres ne lui ont coûté que 60 livres… et il espère, par son travail, ses dépenses et son industrie, y faire venir des vignes d'un très haut prix, et en faire une terre qui vaudra 4 ou 500 000 livres. Il semble qu'un pareil dessein ne devrait point trouver d'obstacles de la part de l'État. »

On peut préférer une lettre de Rica à Usbek. Mais voilà un vigneron qui a le sécateur agile… Boucher, qui n'était pas un sot, et fut sermonné par le contrôleur général des Finances Trudaine, ami personnel du plaignant, finit par s'incliner. Ainsi Montesquieu doubla-t-il son vignoble, et peut-être ses revenus.

Plus pittoresque : on verra notre président batailler ferme pour s'assurer la possession de l'une de ces « îles » qui, sur les rives de son domaine, entre Cadaujac et Saint-Médard d'Eyrans, surgissent et disparaissent

1. Émile de Perceval, *Montesquieu et la Vigne*, Bordeaux, p. 30-31.

au gré des marées qui affectent l'estuaire de la Gironde et cette partie de la très basse Garonne (où surgit le fameux « mascaret », renversant des barques et inondant les pontons de pêcheurs...). L'un de ces îlots herbeux censé lui appartenir ayant sombré sous le flot, un autre apparut un peu plus loin, dont le grave président à mortier n'eut de cesse qu'il en fût reconnu le maître...

Mais beaucoup plus significative de sa passion de l'accroissement domanial fut l'opération qu'il conduisit cinq ans avant sa mort, alors qu'il était entré en gloire et que sa fortune était fermement assise, pour acquérir la « maison noble » de Bisqueytan – ruine seigneuriale voisine du château de Raymond, ou Ramonet, dans l'Entre-deux-Mers, à une quarantaine de kilomètres au nord de La Brède, dont il avait hérité trente ans plus tôt de son oncle Jean-Baptiste en même temps que de sa présidence à mortier, de son nom* et de son tortil de baron.

Déjà maître de la terre de Montesquieu par ses ancêtres, de La Brède par sa mère, de Raymond par son oncle, voilà l'auteur de l'*Esprit des lois* repris par sa fringale terrienne et viticole. De pair avec le chevalier de Cursol, seigneur de Bellefontaine, il achète au comte de Fumel la seigneurie de Bisqueytan dont le château, tombé en ruine, fut longtemps considéré par les historiens comme l'une des plus anciennes places fortes de la Guyenne mais dont il ne subsiste plus alors que « quelques échauguettes, un chemin de ronde, des douves [1] » – le tout précédé d'un très beau et mélancolique portail...

Mais au temps où Montesquieu et Cursol en font l'acquisition, c'est aussi un domaine de 200 hectares (600 journaux) environ. Terres assez médiocres, dont notre président, si habile viticulteur qu'il fût, ne peut attendre un vin à son goût. Le maître de La Brède fit-il là une opération de prestige ? Y vit-il l'occasion d'ajouter quelque titre à son blason, une vieille citadelle féodale à ses châteaux ? Ou jugea-t-il que ces 200 hectares étaient bonifiables et de nature à accroître ses revenus ?

Le fait est qu'aux termes d'un acte notarié fort savoureux retrouvé naguère par le Dr Eylaud « le 1er janvier 1751, Messire Joseph de Cursol a pris possession de la Seigneurie de Bisquetan, tant pour lui que pour Montesquieu, après avoir pris les clefs, ouvert et fermé la porte,

1. Perceval, *op. cit.*, p. 79.
* Jusqu'alors, il est « M. de La Brède ».

fait allumer et éteindre le feu en présence du métayer, des tenanciers et de Jean Ricaud, tonnelier, après quoi Messire Jean de Cursol est allé à l'église de Saint-Quentin où il a prié à genoux [1] ».

Dès lors, Montesquieu, désigné dans cet acte comme « seigneur de La Brède, de l'Académie de Bordeaux, un des quarante de l'Académie française et de l'Académie royale de Londres », peut faire ajouter à ses titres celui de « seigneur de Bisquetan »... Procédant quatre ans plus tard (trois mois avant sa mort) au partage de Bisqueytan qu'il avait acheté, on l'a dit, de pair avec M. de Cursol, Montesquieu tint à se réserver le chai, le cuvier et les vignes du domaine, ce qui doublait, et au-delà, ses capacités de production dans l'Entre-deux-Mers.

Ainsi voit-on s'épanouir, jusqu'aux derniers jours du grand homme, cette libido terrienne et surtout viticole qui aura été l'une des composantes majeures du personnage et fonde, mieux que tel titre ou telle dignité, ou tel emploi public, le caractère féodal de ce grand sourcier de libertés.

Le paradoxe de Montesquieu sera d'ouvrir tant de chemins à l'égalité citoyenne et aux libertés publiques à partir de cette vision aristocratique de son rôle au sein de la société, vision, écrit son exégète André Masson, de « grand seigneur vigneron en qui la passion de la terre le disputait à l'amour des livres [2] ».

1. Préface à J.-M. Eylaud, *Montesquieu chez ses notaires de La Brède*, Bordeaux, 1956.
2. *In* Pierre Barrière, *op. cit.*

CHAPITRE II

Un millésime agité

• Par temps variable... • Des années fatidiques : 1713-1723 • De Bossuet à Voltaire • Les grands élagueurs • Une icône destituée • Libertins et jansénistes • Le temps des voyageurs • Un âge anglais • *Unigenitus* ? • Le grand réveil de Bordeaux • Ce génie concertant...

Le novateur peut surgir d'une société bloquée, ou cuirassée dans ses certitudes. Son intervention est d'autant plus radicale, ou péremptoire que les verrous étaient plus fermement tirés, les interdits plus rigoureux. Qu'il soit Abélard, Luther ou Spinoza, on le dénonce alors comme révolutionnaire, impie, ennemi des lois. Et il sera comme tel pourchassé ou exclu.

Rien de tout cela ne concerne Charles-Louis de Secondat, baron de La Brède et de Montesquieu. Parce qu'il est, par nature, un modéré et à certains égards un conservateur – de son être, de ses biens, et de l'équilibre social ? Parce que l'accession des siens à l'état nobiliaire, relativement neuve, se poursuit, d'autant plus digne de ménagement ? Peut-être. Mais surtout parce que en lui la veine critique, le refus spontané puis concerté de l'injustice et de l'oppression vont s'inscrire dans un immense mouvement de révision, sinon de rejet et ensuite d'ouverture intellectuelle qui s'est amorcé dès avant qu'il n'entre en scène en tant qu'acteur, dès l'époque de sa naissance.

On ne dira certes pas qu'il n'est, de ce fait, qu'un témoin, que son œuvre n'est qu'un écho, un signe du temps. Mais elle va traduire, sous une forme profondément originale et dynamique, un mouvement multiple déclenché par cent autres, poursuivi par mille. Sa vendange libératrice s'accomplit au cœur de l'orage, comme il en va souvent en

Guyenne, au début de l'automne atlantique, dès lors qu'elle est opérée aux derniers jours de septembre, saison des grandes marées qui concernent au premier chef les rivages de la Gironde océane.

Ce qu'il y a de prudent chez ce réformateur s'inscrit, quoi qu'il en ait, dans un mouvement global qui a emporté déjà les plus hauts parapets, et quelques-unes des fondations du vieil édifice monarchique et ecclésial. Des *Lettres persanes* (1721) à la *Défense de l'Esprit des lois* (1750) où s'exprime peut-être le meilleur de son génie, il ne restera certes pas à la traîne du grand mouvement qui a pris tantôt la forme des remontrances au roi de Vauban, parfois celle du *Dictionnaire philosophique* de Pierre Bayle, ou encore celle de la réflexion et des suggestions de Fénelon – pour ne pas parler des échos de la *glorious revolution* anglaise qui, l'année même de la naissance de Montesquieu, en 1689, a signifié au monde que les autocraties sont fragiles.

Si les ardeurs de ce siècle dit « des Lumières » semblent bien s'accomplir en ce qu'on est convenu d'appeler la révolution, comment qualifier la combinaison des phénomènes de dissociation ou de mutation qui prolifèrent au temps où l'héritier des Secondat de Montesquieu entre en scène, ou plutôt en écriture, peu après la mort du vieux roi ? Le déverrouillage ? La levée d'écrou ? Le basculement ? On peut aussi parler, tout simplement, d'« ouverture », de quelque façon que l'on juge le régime héritier de l'autocratie solaire qui a conduit la France à n'être plus en 1715, selon Fénelon, qu'« un grand hôpital désolé »...

On peut hésiter encore sur la dénomination du chapitre historique où va éclore le génie de Montesquieu, mais guère sur sa datation, qu'Emmanuel Le Roy Ladurie[1] situe entre 1713 – date de la paix d'Utrecht qui, dès avant la mort du vieux roi, met fin à l'état de guerre perpétuelle où s'abîmait l'Europe – et 1723, qui voit la mort quasi simultanée des deux hommes clefs de la transition, Philippe d'Orléans et le cardinal Dubois.

La disparition de celui qui était supposé avoir dit « l'État, c'est moi » date, on le sait, de 1715 : et tout pourrait s'ordonner autour de cette date majeure. Mais il est clair que, dès avant l'écroulement du système qui s'était donné pour épicentre Versailles et pour enseigne le soleil, les signes avant-coureurs et les gestes suicidaires s'étaient accumulés

1. *L'Ancien Régime 1715-1770*, Paris, Hachette, 2000, vol. 2, p. 150 s.

– la révocation de l'Édit de Nantes, les dragonnades, la guerre de la Ligue d'Augsbourg, le ravage du Palatinat, les répressions en Bourgogne et en Auvergne. Tout ce qui signifiait autorité et efficacité se dilue, se grippe, se corrompt.

C'est alors que s'avance, dans la pénombre encore, le magistrat bordelais par la grâce de qui la société française – parisienne en tout cas – est passée au filtre d'observateurs censés venir d'assez loin pour écarquiller l'œil sur le paysage craquelé, disloqué, qui s'offre aux regards, et garder une plume intrépide.

Attaché à décrire et expliquer ce qu'il appelle *La Crise de la conscience européenne*[1], Paul Hazard situe le phénomène entre 1680 et 1715. L'observateur de la société – politique, religieuse, économique, juridique – peut choisir d'autres repères chronologiques. Le déchiffreur des consciences se situe en amont du premier, moins attentif à un changement de ministère ou à la perte d'une bataille qu'à tel ou tel ébranlement des croyances et des modes de pensée. C'est moins la chute de Jacques II ou l'avènement de Philippe d'Orléans qui le retient que la mise en question d'un arrêt de l'Église ou d'une certitude populaire.

Ce que l'historien des idées relève de fondamental, en ce passage du siècle de Louis XIV à celui des Lumières, c'est que « la majorité des Français pensait comme Bossuet ; tout d'un coup, les Français pensent comme Voltaire : c'est une révolution ». Oui certes. La formule de Paul Hazard, si bien frappée soit-elle, appelle une objection, relative au « tout d'un coup ». Car ce qui fait précisément la matière du livre de Paul Hazard, et de quelques autres[2], c'est qu'il ne s'agit pas d'« un coup », mais de plusieurs, et pas d'une cause, mais de beaucoup, et que ces coups et ces causes portent des noms illustres, ceux de Descartes, de Spinoza, de Locke ou de Leibniz, auxquels l'ouvrage de Paul Hazard fait d'ailleurs amplement référence.

1. Fayard, 1949.
2. notamment *L'Europe des Lumières* de René Pomeau, Paris, 1981.

Mais dans cette immense remise en question de la culture non seulement catholique mais chrétienne qui servait d'armature à l'esprit et aux conduites européennes depuis des siècles, Paul Hazard a dégagé avec bonheur le rôle de trois personnages qui auront tracé la voie sur laquelle s'engage la « génération Montesquieu » : Richard Simon, Pierre Bayle et Fénelon.

Le premier est le précurseur, le plus radical, celui qui va à la racine : l'Écriture sainte. *L'Histoire critique de l'Ancien Testament* qu'il propose dès 1678, non sans avoir lu Spinoza, appris l'hébreu et compulsé les grands textes rabbiniques, fait passer comme un ouragan sur le corps de doctrine dont s'enveloppaient Bossuet et l'Église régnante. La lecture systématique des textes des prophètes que fait ce prêtre de l'Oratoire, exclu de l'ordre mais qui mourut curé en Normandie en se réclamant du catholicisme, est proprement corrosive : la philosophie n'est pas l'amie du prophétisme, et la science, notamment historique, n'est pas forcément au service de la foi. « Pour les incrédules, souligne Paul Hazard, quel apport ! Ils ne sont pas capables d'examiner eux-mêmes les textes sacrés, mais ils sont disposés à croire tout ce qui peut en diminuer l'autorité[1]... »

La brèche ainsi ouverte, *Le Dictionnaire historique et critique* de Pierre Bayle l'agrandit furieusement, en démontrant qu'entre religion et philosophie, il n'y a pas de mesure commune. Né protestant, converti au catholicisme, revenu au calvinisme de son Languedoc natal, Bayle a posé ce principe : ne rien accepter qui n'ait été soumis à son propre tribunal. Ce qui ne le conduit pas au pyrrhonisme, au scepticisme absolu, vers lequel il tendrait, mais qu'il a rejeté – parce qu'il n'a pas voulu perdre le sens d'une certaine mission. Morale, sociale ? Incomparable professeur de doute, hardi dénonciateur des croyances traditionnelles, il n'est pas un maître du désespoir : et c'est en cela qu'il peut être un précurseur de ces hommes, de cet homme dont nous allons parler – qui, au demeurant, l'aimait moins qu'il ne l'admirait, le prenant à partie dans plusieurs de ses *Pensées*, en lui reprochant notamment d'« insulter la religion chrétienne » et de tenir pour absurde l'idée d'un État chrétien...

Précurseur aussi, bien autrement, est Fénelon qui ne pose certes pas les problèmes en termes de foi, mais de justice et d'humanité. Si, en

1. *Ibid.*, p. 181.

tant que précepteur du duc de Bourgogne, il ne peut – du fait de la mort de son disciple, en 1711 – être le mentor du prince-réformateur qu'il avait hardiment préparé à cette tâche périlleuse, il sut, auteur de *Télémaque* et de vingt autres textes prémonitoires, combattre l'absolutisme avec un courage qui prépara les diatribes de Montesquieu contre le despotisme.

Ainsi, dès avant les grands craquements, bien repérables, qui marquent les étapes de l'abaissement d'un système de pensée et de pouvoir – absolus tous deux, et l'un par l'autre – un mouvement s'opérait, sous les deux formes bien distinctes, inégales mais complémentaires : celle qu'incarnent les libertins et celle qui se réclame du cartésianisme.

Les premiers, surtout si on précise, à l'exemple de Pierre Bayle, les « libertins d'esprit », que d'autres appellent les « esprits forts », sapant depuis longtemps la citadelle de l'absolutisme catholique gallican. De La Mothe Le Vayer à Saint-Évremond, un esprit s'insinue, porté par l'éclat du talent de l'auteur des *Académistes*, l'acide du doute travaille une société écrasée par un pouvoir que justifient de moins en moins les triomphes et qu'écrasent un conformisme sans faille, un système fiscal aberrant, un bellicisme obstiné.

Le courant libertin, plus ou moins affaibli par l'exil où est contraint Saint-Évremond, aux Pays-Bas puis à Londres (lieux qui en disent long sur le proche avenir...), n'aurait pas rongé aussi fort les murs de la citadelle si Descartes n'en avait si rationnellement, si benoîtement mis au jour l'obsolescence. C'est autour ou à partir de la *Méthode*, amplifiée, relayée ici ou là par les enseignements de Spinoza, de Locke, que vacillent les certitudes du fidéisme défendu par les dragons du roi. Le grand basculement ne se résume pas à la substitution du culte de Voltaire à celui de Bossuet. Entre les deux autels, il y aura eu le travail critique dont l'inspirateur est Descartes – qu'eût peut-être étonné l'exploitation faite de sa méthode par la « philosophie » dont s'amorce le règne.

Ce qui fait alors l'extraordinaire efficacité de la pensée cartésienne, c'est qu'elle est naturalisée, à l'intérieur même du système catholique et de son enseignement, par le père Malebranche, le cardinal de Bérulle et les oratoriens qui seront les maîtres de Montesquieu, mais aussi, plus prudemment, par les jésuites (dont le philosophe avait été lui-même l'élève fort respectueux, comme Molière). Ainsi peut-on parler, entre l'âge de Bossuet et celui de Voltaire, d'un règne, sinon de Descartes, mais des cartésiens, qui n'est pas de rupture, mais de très profonde remise en question, tendant à substituer, à l'âge du fidéisme religieux et politique, celui de la raison. À l'ordre divin, l'ordre raisonnable, ou raisonnant, dût-il s'inspirer de Dieu.

La donnée principale du grand bouleversement dans lequel va s'inscrire la démarche de l'auteur des *Lettres persanes* n'en est pas moins l'effondrement du système érigé par le souverain monté sur le trône en 1643, mort soixante-douze ans plus tard dans un état – et un État – tel que la décomposition du corps du roi semble s'appliquer à figurer celle du corps de l'État – comme pour illustrer la thèse des « deux corps du roi », le physique et le symbolique*.

Qu'un système aussi orgueilleusement solaire se soit abîmé dans les famines et les défaites militaires, la quasi-banqueroute, la mort obstinée de tous les successeurs désignés, semblait relever d'un arrêt biblique. Dans une société encore imbibée de conformisme religieux (les thèses de Richard Simon et de Pierre Bayle commencent seulement à faire leur chemin…), cette accumulation de désastres pouvait être interprétée comme un châtiment du ciel, d'autres plaies d'Égypte.

Longtemps, de Lavisse à Mandrou et Goubert, l'historiographie française s'est acharnée à dénoncer cette descente aux abîmes de l'autocratie versaillaise. Si attentif qu'il soit à en relever les tares, à dénombrer les ruines, à souligner qu'en les seules années 1692-1694 près de dix pour cent des sujets du Grand Roi moururent de faim ou de maladie, tandis qu'étaient abaissés ou disloqués la noblesse, les Parlements, les grands corps de l'État – Emmanuel Le Roy Ladurie nuance[1] le diagnostic catastrophique en rappelant qu'avant de disparaître, le

1. *L'Ancien Régime*, *op. cit.*, p. 147 s.
* Formulée, à propos de Frédéric de Hohenstaufen par le grand livre de Kantorovitz.

vieux souverain a interrompu l'engrenage belliqueux dont le bilan est plus équilibré qu'on ne l'a dit.

Reste que c'est bien le suicide d'un règne et d'un rêve de grandeur que vécut le jeune Montesquieu, né en 1689 au moment où s'annonçait la descente aux abîmes. C'est le regard qu'appellent de tels désastres que ne cessera de porter l'écrivain bordelais, et en tant qu'historien, et en tant qu'aristocrate provincial humilié par la stratégie royale de démantèlement de la noblesse décrit notamment par Goubert. Considérant Montesquieu*, il ne faudra jamais oublier ces années où il grandit, du milieu familial au collège de Juilly en Île-de-France, de l'université bordelaise aux années d'apprentissage à Paris, ce temps où il n'est pas de mois que n'ait marqué un désastre, de la grande famine de 1694 à l'hiver meurtrier de 1709.

Si la disparition du Roi-Soleil « désemplit l'univers », elle ouvre aussi la voie à ce que Le Roy Ladurie appelle la « transition conservatrice », cette ouverture ambiguë dont Montesquieu sera mieux que l'un des interprètes, sinon des promoteurs, après Fénelon et Saint-Simon. Alors s'ouvre un espace d'action, de pensée, de création. Alors surviennent, en cet espace, un certain nombre d'initiatives de substitution, un nouveau pouvoir, de nouvelles équipes de gouvernement et de gestion, de nouveaux maîtres : la Régence et la « polysynodie », les expériences téméraires de Law**, l'ouverture diplomatique de l'abbé-ministre Dubois vers l'Angleterre frémissante de la révolution de 1688-1689.

Préfiguration de ce que sera, incarné par sa descendance, l'orléanisme ? L'avènement du régent Philippe à l'esprit désencombré de mille interdits s'était accompagné déjà d'un geste quasi révolutionnaire : le désaveu du testament de Louis XIV par le Parlement***, ainsi inspiré par le doctrinaire qu'était le président Pérelle :

> Le Parlement est le lien nécessaire entre le souverain et ses autres sujets. Si le Prince était le seul juge des lois, il ferait passer pour juste tout ce qui lui plairait et ainsi le Gouvernement dégénérerait bientôt en un despotisme barbare dont les Français ont tant horreur... L'ayant toujours

* Voir le chapitre III, « Dans les pas de Montaigne ».

** Financier écossais nommé contrôleur général par le Régent, qui instaure un système substituant les lettres de change à la monnaie, lequel s'effondre en 1720.

*** Qui avait eu un précédent avec celui de Louis XIII, mais dans un autre climat.

regardée comme indigne du genre humain, elle a toujours cru que la souveraineté devait être tempérée et modérée par un médiateur entre le Prince et le peuple[1]... [On croirait déjà lire une page de l'*Esprit des lois*...*]

Ainsi, le vieux roi n'est pas plus tôt porté en terre que le Parlement casse son testament qui tentait d'imposer ses bâtards au sommet de l'État. Cet acte de lèse-majesté posthume sonne d'autant mieux le glas de l'absolutisme qu'il est accompli à l'appel du Régent, détenteur de la légitimité.

Plus audacieux encore, et comme pour s'affirmer plus radicalement contre le système dont il était censé être le continuateur, le régent Philippe d'Orléans institue, à partir d'une idée de Fénelon, la « polysynodie » ou gouvernement des conseils, regroupant les Grands du royaume – dont deux des fils illégitimes de Louis XIV, le duc du Maine et le comte de Toulouse. Ainsi l'aristocratie pluraliste prend-elle sa revanche sur la prépondérance des roturiers artisans de l'absolutisme.

Le système polysynodique ne dure pas trois ans, mal servi par des seigneurs nonchalants, inspirés par un Saint-Simon fantasque, étranglés par la débâcle financière : mais le despotisme n'en est pas moins brisé en son principe, et c'est ainsi que les contemporains ont vu les choses. Comme, en l'aventure du papier-monnaie de Law, ils découvriront l'effondrement d'un autre tabou, celui des espèces métalliques. Plus encore que l'idée du crédit bancaire, discréditée pour plus d'un siècle, c'est celle de la vertu prépondérante des « espèces », du « louis d'or », lié au trône, du rapport entre pouvoir, richesse et vertu qui devient l'objet de la risée ou de l'exécration publique : cinq ans après le roi, c'est une certaine idée de la société des élites qui est anéantie. Les *Lettres persanes* feront écho sans pitié à ce double effondrement.

Mais on aurait bien tort de ne considérer la Régence que sous cet angle. Elle n'est pas seulement la liquidation de l'étouffant système qu'incarnait le vieux couple enfermé à Versailles sous le regard des confesseurs et des cagots. Elle est aussi l'invention d'une société encore folle, mais libre de chercher ses repères, et d'une diplomatie

1. L. Dedieu, *Montesquieu*, Paris, 1913, p. 138.
* Montesquieu connut et écouta Pérelle, semble-t-il, au club de l'Entresol dans les années vingt.

très neuve, ouverte sur les puissances maritimes, protestantes et « capitalistes » de la Manche et de la mer du Nord, diplomatie que dessinent le Régent et son ancien précepteur Dubois – dont l'avènement et l'élévation jusqu'au chapeau de cardinal manifestent le basculement de l'axe du pouvoir des grands commis centralisateurs d'Île-de-France (à la Colbert) aux politiciens méridionaux (Dubois est le fils d'un apothicaire de Brive).

C'est sur ce fond de tableau qui fait penser à un portrait d'Arlequin – n'est-ce pas l'époque de Watteau ? – que se dessinent les traits, encore incertains, du monde qui vient, tout baigné d'incertitudes, de sarcasmes, d'errances, de contradictions, de découvertes aussi. Un certain scientisme encore assez naïf, qu'incarnent, dans la mouvance de Descartes (mais la quasi-ignorance de Leibniz et de Newton), des hommes comme Fontenelle ou autrement Malebranche, un intense appétit de découverte et de voyage, un sentiment profond de relativité – telles sont les composantes du regard que peut alors jeter un jeune homme sur le monde.

Ce tournant du siècle, entre soleil royal et lumière de la philosophie, est pour beaucoup celui de la découverte du monde, ou plutôt de sa récitation. Aucun Colomb ne se présente alors, ni Magellan, ni Jacques Cartier. Ce qui caractérise cette époque, ce n'est pas la découverte de terres nouvelles, c'est la révélation de leur saveur, de leur vraie richesse, de ce qu'on pourrait appeler leur raison d'être et de leur aptitude à nous instruire. À l'idée de « découverte » de l'Amérique, grossièrement eurocentriste, va se substituer celle de la découverte de l'Europe par l'Asie – et non du choc, mais de l'échange des cultures.

On reviendra sur ce qui aurait enchanté là l'auteur des *Essais*. Mais disons tout de suite que les hommes de ce temps-là ont vécu le rêve de Montaigne, l'énonciation du point de vue de ceux qui « ne portent pas de hauts-de-chausses » – et que nul n'a mieux opéré ce basculement des regards que l'auteur des *Lettres persanes*. Notation pour prendre date, et qui en appelle d'autres…

Il s'agit donc moins d'un temps des voyages de découvertes – on attend encore Cook et Bougainville, et autrement Diderot et Rousseau – que d'un âge de récit, du commentaire, de l'évocation de l'autre. Les écrivains de ce temps-là ne sont pas Marco Polo ou Colomb, ils ne courent plus aux extrêmes, à Ushuaia, aux frontières du monde : ils préfèrent dévoiler et écouter posément les Autres, les différents aux leçons savoureuses.

Et voilà que surgissent parmi les Parisiens, les Londoniens ou les Romains, des visiteurs d'abord visités qui dévoilent un monde non pas extravagant mais différent, alternatif, et qui ne font plus pousser des « Ah ! » comme les cyclopes ou les anthropophages jadis si distrayants, mais des « comment ? », des « pourquoi ? », et des « tiens, tiens… » – ceux qu'impose une autre façon de manger, de dormir, d'échanger ou d'aimer.

Isolons trois ou quatre de ces bréviaires de la relativité, qui pourraient d'ailleurs se résumer en deux phrases. L'une est du jésuite Le Comte, au tout début du siècle, l'autre du visiteur de la Perse Chardin, son contemporain. « La plupart des actions humaines, écrit le premier qui fut en Chine un émule du grand Matteo Ricci, sont indifférentes d'elles-mêmes, et ne signifient proprement que ce qu'il a plu aux peuples d'y attacher… » Ce qui mène très loin sur le chemin de la relativité et fait du bien et du mal des questions de latitude (ou de climat : et voilà le grand mot lâché, en attendant l'*Esprit des lois* !).

Quant à ce Chardin qui fournira à Montesquieu, nous le verrons, la matière première de ses *Lettres persanes*, il écrit à la même époque, plus explicitement encore : « Le climat de chaque peuple est toujours, à ce que je crois, la cause principale des inclinations et des coutumes des hommes… Qui ne doute de rien n'examine rien ; qui ne découvre rien est aveugle… » Où sont les certitudes de naguère ?

Il y a certes dans ce voyage et ces voyageurs de l'aube du siècle des Lumières une part de pittoresque décoratif, qu'il soit dans l'ordre des choses vues (par Chardin en Perse, par Tavernier dans un Orient plus global, par les jésuites dans leurs *Lettres édifiantes et curieuses* qui n'ont pas trait seulement à la Chine) ou de l'imaginaire, celui de Daniel De Foe et de son *Robinson* ou des *Mille et Une Nuits* (dont paraît alors la traduction due à Galland). Mais au-delà de ses étonnements, le lecteur contemporain de Montesquieu est appelé à méditer sur la multiplicité et l'authenticité des cultures et des points de vue et, au-delà, des croyances et des morales.

De ce bain que Fontenelle a résumé dans le titre de son livre, *Sur la pluralité des mondes habités*, le lecteur ne peut sortir indemne – pas plus qu'il ne pouvait tenir pour indifférente la révélation de la mouvante rotondité de la Terre. Mais alors la « vérité » romaine pouvait encore un temps retenir dans la discipline les auditeurs de Bossuet, pour peu qu'ils ne fussent pas trop décontenancés par les exclusions et répressions infligées aux hérétiques de tous poils. Désormais, l'ordre romain est discrédité sous tous les angles, par les ardeurs gallicanes et les railleries des libertins, par la honte que jettent sur leurs inspirateurs la révocation de l'Édit de Nantes ou la destruction de Port-Royal.

C'est le cœur ébranlé, l'âme étonnée, le regard clignotant, que le lecteur du temps de la Régence aborde ces récits où le « vérité au-delà des Pyrénées… » de Pascal prend un sens qui va bien au-delà de la politique. Ce n'est pas un bigot de sacristie, c'est La Bruyère qui écrivait quelques années plus tôt que « ceux-là se corrompent » qui « par de longs voyages… perdent le peu de religion qui leur restait… » en découvrant « de jour en jour un nouveau culte, divers mœurs, d'autres cérémonies ».

Diversité, perversité ? L'enfer, c'est les autres ? Tous les malheurs du monde viennent de ce que l'on ne sait pas rester dans sa chambre ? Voilà bien les maximes que met en question le temps de Robinson Crusoé, qui est aussi celui des successeurs immédiats de François-Xavier et de Matteo Ricci. Ces jésuites de beaucoup de foi, pour s'être immergés dans l'univers chinois et en avoir épousé le génie, seront bientôt accusés par Rome, lors de la « querelle des rites », d'avoir, par amour de la Chine, trahi la foi chrétienne.

À peine remis du coup que lui a infligé la proclamation de la rotondité de la Terre, voici que le monde défini ou circonscrit par Rome, Versailles, Vienne et l'Escurial se voit confronté à cette hypothèse dérangeante : que la pluralité des mondes implique la pluralité du sens…

Que l'Europe – et le corps de la doctrine religieuse et politique avec lequel elle tend depuis sept ou huit siècles à se confondre – ne soit peut-être plus le centre du monde, voilà déjà qui provoque une révolution foudroyante dans les esprits. Mais là ne s'arrête pas l'interrogation de l'homme de 1720 – pour retenir la date clef de Le Roy Ladurie. Une autre question surgit : où est désormais le centre de gravité de l'Europe ? Versailles se lézarde, l'Escurial se marginalise, Rome se provincialise, Vienne, à peine libérée à l'est de la menace turque, voit se dresser à ses portes la puissance prussienne. Et là-bas, à l'orient, surgit la force russe qu'incarne le tsar Pierre.

L'axe de l'Europe s'est déplacé, il s'éloigne de la Méditerranée, et passe désormais par Londres, les Provinces-Unies, le Rhin. L'homme qui entre alors dans le cercle des affaires publiques, que ce soit par la politique, les armes, la religion ou la littérature, regarde vers ce monde qui s'est écarté de Rome et s'interroge sur la permanence de l'hégémonie française après le naufrage du Roi-Soleil. Voici venir un âge anglais – ou, mieux, un âge dont les pôles sont Londres et Amsterdam, en attendant la Hanse et bientôt le Berlin de Frédéric.

Bien sûr va se dessiner déjà, de livres en polémiques, le règne du roi Voltaire, et le parti des philosophes réinventera bientôt une internationale francophone qui a son siège dans les salons de Paris, où l'on voit encore plus souvent Hume et Walpole que Montesquieu ou Voltaire à Londres et à Potsdam.

Mais, dès lors plus ou moins anglaise, et encore largement francophone, l'Europe qui se dessine sous les yeux et avec le concours de « l'homme de 1720 », c'est un monde dont les prophètes sont de plus en plus clairement Newton et Locke, dont on trouve les modèles moins dans les courtisans de Versailles que dans le *squire* du Devon, l'entrepreneur écossais, l'armateur de Rotterdam ou de Hambourg. La presse, qui va bientôt régenter l'opinion européenne – fût-ce sous la forme sublimée de l'*Encyclopédie* –, a ses foyers à Londres et aux

Pays-Bas. Comme l'édition. C'est là que s'enfante, avant l'âge industriel, celui de l'opinion publique.

Le temps où les jeunes Européens de ce début de siècle se fraient leur voie, prévenus que le monde est porteur de vérités multiples, porte ses yeux sur les puissances qui, après les grands découvreurs portugais, génois et espagnols, se sont donné pour mission de faire de l'univers leur marché – l'Angleterre et les Pays-Bas. Le soleil de l'Europe se lève autour de la mer du Nord et de la Baltique – où le tsar Pierre bâtit une ville exotique à son propre pays, mais qui porte son nom (Saint-Pétersbourg), et qui va désormais importer au monde.

De ce déplacement de l'axe européen, certains des hommes du temps de la Régence ont une conscience assez claire. Notamment celui qu'a fait surgir le Régent, en faisant le symbole de ce temps de troubles et de dérèglements, et le plaçant à la tête de la diplomatie française, l'abbé et futur cardinal Dubois qui semble résumer en lui les vices et les lumières de l'époque (comme le fera à la fin du siècle, sur le mode majeur et dans un tout autre style, Talleyrand). Ce personnage de comédie satirique, Scapin de sacristie, de salons et de maisons closes, conduit avec maîtrise l'opération très judicieuse et très cynique qui rapproche Paris de Londres : ouvrant la voie à une fructueuse entente cordiale avant la lettre, elle implique aussi l'abandon par la France de ses hôtes Stuart, privés désormais de toute prétention à la couronne britannique.

L'opération « anglaise » tournera court, du fait de la disparition de son initiateur et aussi des contradictions coloniales entre les deux pouvoirs. Mais elle est très significative de l'esprit et de la couleur du temps, elle témoigne d'une ère nouvelle, de ce génie anglais qui marquera le siècle – et l'esprit de Montesquieu.

La scène sur laquelle va nonchalamment s'avancer l'auteur des *Lettres persanes* n'est pas secouée seulement par l'effondrement du régime absolutiste en France, par la fièvre de voyages et de récits qui en découlent, déconcertant croyances et équilibres, ni par la modification des lignes de forces européennes, mais aussi par la résurgence des querelles religieuses, ou à prétexte religieux.

Quoi ? Le protestantisme est proscrit, les jansénistes écrasés, leur asile aboli : en dépit de la disparition du vieux roi et de son épouse, le catholicisme romain reste l'unique maître du terrain. Où est donc la menace qui pèse encore sur la religion de l'État – sinon la désaffection croissante qui va écarter des autels une population travaillée par l'esprit des libertins et qui glisse doucement vers le déisme philosophique, en attendant que s'affirme le matérialisme de Diderot ?

Le clergé catholique n'est pas à court de bévues, pour peu que Rome ou Versailles l'y engage, ou que ses adversaires le « poussent à la faute ». Depuis un demi-siècle, privé du génie de Pascal, le jansénisme a perdu toutes les batailles face au système absolutiste qu'inspirent ici les jésuites. Faut-il encore lui infliger d'autres avanies, l'écrasement définitif ? En 1709, les quelques religieuses qu'abritait encore Port-Royal sont expulsées. Et l'année suivante, le monastère lui-même est rasé. Imbécile barbarie, qui provoque des résurgences de la secte en Italie et en Allemagne. En France, un prêtre oratorien, Pasquier (ou Pierre) Quesnel publie *Le Nouveau Testament en français avec des réflexions morales* (on dira dorénavant *Les Réflexions morales*) imprégné – sinon digne – de l'esprit d'Arnauld et de Nicole. Le pape Clément XI en dénonce incontinent 101 « propositions », par une bulle dite *Unigenitus*. Un mot qui va agiter pendant un demi-siècle la société française...

Ainsi est ranimée la vieille querelle. Dès lors que le pouvoir exige l'« enregistrement » de la bulle par les Parlements, ceux-ci, sommés de se faire les auxiliaires de l'arbitraire romain, y trouvent l'occasion de se dresser contre la papauté. Que la majorité des parlementaires fût acquise à l'esprit janséniste est matière à débat. Mais on ne peut s'étonner qu'elle saisisse le moindre prétexte – et celui-là est de taille – pour dénoncer les autoritarismes conjugués de la Cour et de l'Église romaine, les excès de l'« ultramontanisme ».

Ainsi, au moment où il se délite parallèlement à la santé du vieux roi, jusqu'à l'agonie de 1715, le pouvoir trouve encore le moyen de provoquer à son encontre cette fronde parlementaire où se conjuguent, contre lui, trois colères : celle des jansénistes piétinés qui trouvent, dans ce supplice, le germe de leur résurrection ; celle des gallicans, indignés que Rome impose, par la voie des organismes de l'État français et notamment de l'impérieux archevêque de Paris Christophe de Beaumont, son *Unigenitus* au nom duquel l'accès aux sacrements sera interdit aux jansénistes, ou supposés tels ; et celle des parlementaires qui, admirateurs de Quesnel ou non, s'indignent qu'on leur fasse jouer ce rôle d'inquisiteurs...

Nous verrons comment le jeune Montesquieu sera pris dans cette bourrasque : car son oncle Jean-Baptiste, président au Parlement de Guyenne, tenu pour favorable aux jansénistes (en tout cas pour ennemi de la répression), se verra contraint de procéder à l'enregistrement – mais non sans assortir ce geste de commentaires très restrictifs – alors qu'il est lui-même, Charles-Louis, assez allergique à la doctrine de Jansénius et de Port-Royal pour noter dans son carnet : « Je n'ai jamais lu de livre si fort au-dessous de sa réputation que *Les Réflexions morales* du père Quesnel ; jamais tant de pensées basses ; jamais tant d'idées puériles » (*Pensées*, 166)[1]. Voilà qui est se situer par rapport à une doctrine ! Quand on pense qu'il s'est trouvé des exégètes ou biographes de Montesquieu assez acharnés à faire de lui un ennemi des jésuites pour voir en ce libéral un ami du jansénisme...

On reviendra, à propos des *Lettres persanes*, sur ce débat envenimé, et au-delà sur les relations très ambiguës entre Charles-Louis et la société de Jésus. Mais ce qui nous retient d'abord dans ces escarmouches des années vingt, c'est le surgissement, dans le récit, de la ville de Bordeaux, de ses institutions, de ses intérêts, de ses mœurs...

Dans les mouvements et agitations multiples qui, en ce début de siècle, ont modelé le personnage de Charles-Louis, la brusque expansion de Bordeaux, à partir de la Régence, de l'effritement du centralisme parisien et du rapprochement avec l'Angleterre, aura joué un rôle décisif. Peut-on imaginer un Montesquieu dans le carcan où végétait sa province natale au XVIIe siècle ? Le fait est que rarement l'expansion d'un homme aura été plus accordée à celle de son groupe originel.

1. *Pensées*, éd. Louis Desgraves, Robert Laffont, « Bouquins », 1991.

Il est de notoriété publique que le XVIIIe siècle fut l'âge d'or de Bordeaux. Un coup d'œil sur les hauts lieux de la ville, la traduction picturale qu'en a donnée Joseph Vernet, ce qu'en écriront bientôt Stendhal et Hugo suffisent à accréditer cette idée. Mais ce qui est moins connu, c'est que ce temps de gloire, ou d'expansion, succéda à une période d'épreuves et de conflits : le « Grand Siècle » français avait été pour Bordeaux un temps d'amertume et d'exclusion.

Traditionnellement en débat ou querelle avec Paris, cette ville qui n'avait jamais cessé, surtout depuis le temps des Plantagenêt, de se prendre pour une capitale, était entrée à deux reprises (1651, 1675) en conflit avec le pouvoir central, déclenchant sa propre fronde (dite ici l'Ormée). Au point que le roi jugea bon d'y édifier une forteresse, le « Château-Trompette »*, non pour protéger la cité mais pour défendre, contre elle, la couronne... Opération d'autant plus mal supportée par les citadins qu'elle provoqua la destruction de l'un des plus beaux vestiges du Burdigala romain, les « Piliers de Tutèle » – qui gênaient les artilleurs de la citadelle... On trouvera chez Montesquieu les échos de cette rancune, notamment contre Louvois, tenu pour responsable de l'opération, fût-il aussi le bâtisseur des Invalides qu'admirait fort l'auteur des *Lettres persanes* – il en convient...

Chez un homme comme Montesquieu, l'aigreur à l'encontre du régime a des origines plus profondes que des querelles de bâtisseurs et de mousquetades : la destruction systématique des corps intermédiaires – noblesse et Parlements – qui est au cœur même de la politique de « l'État, c'est moi ». À la fois comme aristocrate, comme provincial et comme parlementaire, il abomine cette stratégie – et le fera voir.

Il ne dénoncera pas moins vivement le bellicisme déclaré du souverain de Versailles, qui ne peut que ruiner une société marchande comme celle qui gravite autour de Bordeaux – surtout quand cette stra-

* Sur l'emplacement de cet ouvrage, rasé, s'étendent aujourd'hui les « Quinconces ».

tégie met en cause l'Angleterre et les Pays-Bas, c'est-à-dire les routes maritimes et les clients. Tout concourt ainsi à l'état d'exaspération où se trouvent Montesquieu et les Bordelais à la fin de ce long règne...

Peuples et villes sont injustes. C'est au maître de Versailles, au temps de la fin du règne, que les Bordelais feront porter la responsabilité du terrible hiver de 1709, qui congela la France entière et hanta longtemps les mémoires paysannes, de l'Anjou aux Pyrénées. Pour les Bordelais en tout cas, cette date est celle de la plus terrible épreuve qu'ait subie le vignoble avant la grande expansion du milieu du XVIIIe siècle dont Montesquieu sera l'un des artisans.

Comment s'étonner que ce peuple provincial ait vu comme une libération dans l'étrange bacchanale de l'État, des mœurs, de la gestion des fortunes publiques et privées, que fut la Régence ? Pour téméraire et en fin de compte coûteux que fût le système de Law, conclu par la banqueroute de l'État, il contribua à dynamiser le commerce, les échanges, et en particulier l'entreprise coloniale : les Bordelais, conservateurs à bien des égards, y trouvèrent l'occasion d'une relance de leurs activités : au point que cette société si « convenable », ou convenue, sinon pudibonde, vécut ce temps de folie et de dévergondages de tous ordres comme une sorte de résurrection ou de bain de jouvence : de 1715 à 1780, le trafic commercial de Bordeaux va presque quintupler ! Emmanuel Le Roy Ladurie parle de développement « à l'américaine », voire « à la japonaise »...

C'est alors, et de ce fait, que s'implante à Bordeaux une colonie d'origine britannique, hollandaise et hanséatique, qui contribuera tant à sa richesse – et à son administration, et à la formation de ce qu'on pourra appeler l'esprit public, coloré de protestantisme, de libéralisme, et de ce qu'on n'appelle pas encore le capitalisme. Après le « vol des oies sauvages », migration des vaincus de la guerre anglo-irlandaise venus chercher refuge – ou, mieux, chance – en France, comme les pères de ce Jack Lynch qui deviendra un siècle plus tard maire de la ville, on voit paraître, agir, entreprendre, échanger avec audace et talent des Johnston, des Cruse, des Barton, des Schyler, des Lawton, des De Bethmann, dont les noms d'outre-Manche ou d'outre-Rhin se confondent désormais avec l'expansion du commerce, de la culture et de l'exportation du vin – et d'une certaine façon avec l'élaboration de la pensée libérale de Montesquieu.

Ainsi se confondent la maturation de son génie et celle de son environnement. Dût-il se costumer en Persan, se vêtir en Romain, se draper dans la toge du légiste, Charles-Louis de Montesquieu, baron de La Brède, va faire de ses œuvres, de 1721 à 1755, une récolte de richesses collectives harmonisées avec ce paysage de Garonne, une vendange du pays des Graves.

D'autres créateurs s'inscrivent contre la société d'où ils surgissent, exotiques, plus ou moins scandaleux, en solistes : Pascal, Stendhal, Baudelaire... Montesquieu, lui, est par essence un génie concertant – on veut dire impliqué librement dans un ensemble qu'il sublime, dans l'ordre esthétique comme dans l'ordre social ou historique. Porté par un certain orchestre qu'il lui arrive de diriger lui-même, il en module plus subtilement ou profondément le chant, qui est l'esprit du temps.

Sur le mode ironique d'abord (*scherzando*) ou sur le mode grave ensuite (*largo*), il sera l'homme capable tour à tour de clore le siècle du Roi-Soleil sans mépris, puis d'ouvrir en souriant l'âge des Lumières.

Génie de transition entre despotisme et illuminisme ? Mieux : trait d'union entre l'esprit de la Renaissance tel que son compatriote Montaigne l'a traduit « à sauts et à gambades » et celui des philosophes qui tentent de substituer leurs lumières critiques à celle du classicisme exténué.

CHAPITRE III

Dans les pas de Montaigne

• Un mendiant nommé Charles... • La cruchade et le vin • Des caprices du Grand Horloger • Les leçons de l'Oratoire • Les chats-fourrés • Un doyen centenaire • Paris, jusqu'à ses verrues... • La part des demoiselles • L'orphelin de La Brède • Un mariage de substitution • M. de Montesquieu, enfin • Cette académie où l'on parle de grenouilles.

Tout commence par une sorte de « bis ». Dans le premier ouvrage traitant de la jeunesse de Montesquieu, le tome V des *Variétés bordelaises* publié en 1785, l'abbé Baurein cite ainsi le livre d'heures d'une paroissienne de La Brède, Mme Renon, native du hameau voisin de l'Estivette :

> Ce jourd'hui 18 janvier 1689 a été baptisé dans notre église paroissiale le fils de M. de Secondat, notre seigneur. Il a été tenu sur les fonts par un pauvre mendiant de cette paroisse nommé Charles, à cette fin que son parrain lui rappelle toute la vie que les pauvres sont nos frères [1].

Édifiés, nous le serons plus encore si nous nous reportons à ce passage des *Essais* où Michel de Montaigne raconte que son père avait choisi de le donner « à tenir sur les fonts à des personnes de la plus abjecte fortune [2]... ».

Tradition chez ces hobereaux du Sud-Ouest ? Non. Le savant biographe de Montaigne qu'est Jean Plattard n'a pas trouvé trace d'une telle pratique avant le XVIe siècle. En tout cas, l'auteur des *Essais* en

1. *Variétés bordelaises ou Essai historique et critique sur la topographie ancienne et moderne du diocèse de Bordeaux*, Bordeaux, 1785.
2. *Essais*, Pléiade, livre III, p. 13.

attribue tout le mérite à son père, soucieux, écrit-il « de me rallier avec le peuple », « avec ceux qui ont besoin de notre aide », « avec celui qui me tend les bras plutôt qu'avec celui qui me tourne le dos… » (*Essais*, III, 2).

S'agissant du parrain de Montesquieu, l'initiative ne fut vraisemblablement pas prise par son père, pourtant bon lecteur des *Essais* et soucieux de s'en inspirer. Elle serait venue de son épouse, dont nous avons dit l'exigeante vertu. Selon un chroniqueur du XIXe siècle, Marie-Françoise, se sentant « en mal d'enfant », fut prévenue qu'un malheureux frappait à la porte du château. Elle aurait alors donné l'ordre de le retenir pour en faire le parrain de l'enfant à venir. Il s'appelait Charles-Louis : ainsi fut prénommé, à la royale et du fait d'un mendiant, notre gentilhomme [1].

L'opération mimétique va se poursuivre, sur le mode populiste. À un siècle et demi de distance, et compte tenu des évolutions des mœurs et des économies régionales, les deux marmots gascons vont vivre quelques années, non dans les jupes de leur mère ou les bras de leur père, mais dans le monde paysan d'alentour. Michel, dit « Micheau », est mis en nourrice dans le hameau de Papessus, à une lieue du château paternel. Charles-Louis est confié à la meunière du moulin du bourg, à quelques minutes de marche de ses parents. Il y mène avec ses deux cousins de Loyac, flanqué d'un frère de lait nommé Demarennes qui restera son ami jusqu'à ses derniers jours, la vie d'un petit paysan, patoisant ou gasconnant si fort qu'à Versailles ou à Chantilly (ou à l'Académie) ce « ramage gascon » fera rire – comme celui de Montaigne choquait ses interlocuteurs des États de Blois, de Thou et Pasquier*.

Nous apprenons de l'abbé Baurein qu'on nourrissait le petit Charles-Louis « de pain de seigle, de *cruchade* ou bouillie de maïs, de cochon et de morue », mets populaires entre tous, et qu'on le mit très tôt au vin, comme pour le préparer à une grande carrière de viticulteur. Gageons que l'ordinaire du fils aîné de Pierre Eyquem avait été analogue, châtaignes et latin en plus – mais au vin près, beaucoup moins courant en ce temps-là sur les rives de la Dordogne que sur celles de la Garonne au siècle de Montesquieu.

1. Ph. Tannery de Laroque, *Revue d'histoire et de littérature*, 1878, p. 276.
* Cf. chapitre IV, « Comment peut-on être gascon ? ».

On peut bien sûr se demander si Jacques et Marie-Françoise de Secondat s'inspirèrent, ce faisant, de l'exemple des Eyquem de Montaigne : les *Essais* étaient de lecture assez courante dans ce milieu, et nous avons vu qu'une sagesse et une tolérance voisines inspiraient les deux familles de Gascons anoblis. Mais laissons plutôt le mérite de ces traits de rusticité aux nobles hasards de l'histoire et du cœur.

Le « Grand Horloger » de Voltaire – fût-il assez éloigné de celui des *Essais*, ou de celui de *De l'esprit des lois,* s'amuse-t-il ainsi à faire écho à sa propre création, à rejouer certains « coups », à reproduire, sous une forme plus ou moins retouchée, tel ou tel de ses chefs-d'œuvre ? Passant du commerce de Montaigne à celui de Montesquieu, on a souvent l'impression que l'Éternel, en sa jovialité, s'est amusé à redistribuer les mêmes cartes, ne serait-ce que pour mieux faire entendre le chant de l'histoire, le souverain passage du temps – créateur, sculpteur, et qui fait du même marbre de Carrare, en un siècle le *David* de Michel-Ange, en un autre la sirène de Brancusi.

Que les données du « jeu » – géographiques, onomastiques, sociales, économiques, religieuses, philosophiques, familiales ou caractérielles – soient, ici et là, étrangement répétitives, n'empêche que la redistribution des atouts ne puisse abolir le hasard et ne provoque des discontinuités, de la Renaissance aux Lumières, du fils du « capitan » Eyquem de Montaigne à celui du capitaine de Secondat, du châtelain de Saint-Michel de Montaigne au gentilhomme-fermier de La Brède voisine, du maire de Bordeaux au « président à mortier » du Parlement de la même ville, du scribe des *Essais*, en sa « librairie », à celui de l'*Esprit des lois*, en sa bibliothèque voutée. L'apparent bégaiement de la création se mue tout de même en métamorphoses.

Si proche qu'il soit du noble murmure introspectif des *Essais*, le chant plus extraverti des *Considérations* ou de l'*Esprit* sonne autrement. Parce qu'un siècle et demi est passé, faisant d'une sagesse cavalière et périlleuse du temps de Corisande la lucidité placide, en berline, du siècle de Pompadour. Une autre mélodie se déploie, comme de Lassus à Couperin, mais si proche, de l'ami gascon des Indiens au Gascon porte-parole des Persans...

Constamment, de la colline de l'un à la vigne de l'autre, du Parlement de celui-là au Parlement de celui-ci, du mariage en demi-teinte de l'aîné au couple en demi-cœur du cadet, du voyage italien de celui-ci à l'Italie visitée de celui-là, du Dieu semi-absent de Michel au Dieu-tout-de-même de Charles, du doute créateur à la création dubitative, les thèmes se répondent, se répètent et s'entrecroisent en une soyeuse complicité, comme si la fertile Aquitaine ne pouvait pousser l'invention jusqu'à opposer un chêne à un pin, un loup au renard, ou Aristote à Platon...

On va observer quelques décalages à l'heure de l'envoi des garçons au collège, avant que les études de droit semblent jumeler à nouveau leurs démarches. Décalages superficiels. Et ce qui frappe, en l'affaire, c'est que la différence des parcours, au temps du collège, ne dissocie pas plus les deux « enfances » que la communauté des enseignements à l'université.

Pierre de Montaigne n'est pas encore maire de Bordeaux, seulement jurat de la ville – comme le sera plus tard le père de Montesquieu –, quand il choisit de confier son fils, objet de toutes ses prévenances, aux maîtres du collège de Guyenne* (« le meilleur de France », assure l'auteur des *Essais*) où l'enseignement catholique se nuance de quelques références aux « nouvelletés » de la Réforme du fait de maîtres comme Gouvéa et surtout Buchanan, plus ou moins ralliés à la Réforme.

Jacques de Secondat, lui, préfère envoyer son fils fort loin, au collège de Juilly, près de Meaux, tenu par les oratoriens. Effet de

* Fondé en 1533, l'année de la naissance de Montaigne, sept ans avant la fondation de la Compagnie de Jésus.

« mode » ? Peut-être : beaucoup de pères de famille bordelais agissent alors ainsi, et avec profit. Mais à une telle décision, venant d'un tel homme, il faut chercher des causes plus sérieuses.

Choisir les oratoriens, c'était d'abord refuser les jésuites, longtemps maîtres de l'éducation des fils de notables. En ce début du siècle, la Compagnie, très proche du trône – on confesse le Soleil... –, poursuit sa guérilla contre les jansénistes. Si bon nombre d'oratoriens, comme Pasquier Quesnel, s'affichent volontiers du côté des Messieurs de Port-Royal, les Montesquieu ne leur sont pas inféodés. Mais, comme le Parlement, ils réprouvent l'hégémonie des pères jésuites, et admirent ceux qui leur résistent.

Nous verrons plus tard à quel point seront nuancées et changeantes les relations entre Montesquieu et les jésuites, alors qu'elles n'avaient cessé d'être positives entre Montaigne et la Compagnie. Au moment d'affronter les études secondaires, Charles-Louis va le faire sous l'égide de cette société de prêtres enseignants à laquelle son fondateur, le cardinal de Bérulle, ami de Descartes, a conféré un immense prestige.

Tout, chez les maîtres de l'Oratoire, avait de quoi séduire le jeune M. de La Brède (c'est sous ce nom qu'il est admis) et d'abord un certain libéralisme, la modernité intellectuelle de ces cartésiens, le choix du français comme langue d'enseignement alors que les jésuites restaient attachés au latin, et l'accent mis sur les sciences qui envoûteront longtemps l'académicien bordelais.

Et pourtant, en dépit de l'amitié nouée là avec l'un de ces prêtres, Pierre-Nicolas Desmolets, plus tard bibliothécaire de l'Oratoire et inspirateur de son *Spicilège**, pas plus que ces enseignants humanistes du XVIe siècle n'ont convaincu le petit Michel, les maîtres de Juilly n'auront envoûté « M. de La Brède », qui passa chez eux six longues années loin des siens.

Leurs confidences se rejoignent avec une sorte de minutie dans le désenchantement. Montaigne : « J'avais achevé mes cours (qu'ils appellent) et à la vérité sans aucun fruit que je puisse à présent mettre en compte » (*Essais*, I, 26). Montesquieu, plus cruellement encore : « On reçoit dans les collèges** une éducation basse. Je n'en puis rien

* Voir plus loin, *passim*.
** Il n'a connu que celui de Juilly.

dire de pis, si ce n'est que ce qu'on en retire de mieux, c'est un esprit de bigoterie. Cent petites trahisons que l'on fait faire tous les jours à un homme contre ses camarades, les perfidies qu'on lui inspire peuvent bien servir à entretenir une certaine règle extérieure dans ces maisons, mais elles perdent le cœur de tous les particuliers » (*Pensées*, 218).

(Comment ne pas relever ce paradoxe ? Ce jeune homme avait été placé chez les oratoriens pour qu'il échappe aux travers attribués à l'éducation des jésuites – et le voilà qui énonce, à l'endroit des maîtres de Juilly, le type d'accusations souvent formulées contre les pratiques de la Compagnie de Jésus !)

Ce par quoi, aux yeux de l'un et l'autre de nos gémeaux de Guyenne, ces années de collège seront en quelque sorte sauvées, c'est par la voie singulière du théâtre – mais de façon fort différente. Les oratoriens avaient plus ou moins exclu cet exercice de leur enseignement, dont les jésuites faisaient l'une des gloires de leur éducation. D'où ce décalage : alors que le fils de Pierre Eyquem s'était distingué sur la scène, jouant avec délices l'une ou l'autre des pièces de ses maîtres Buchanan (*Jephté*) ou Muret (*Jules César*), le jeune Montesquieu tente de rivaliser, lui, avec Racine ou Campistron, en écrivant un *Britomare*, dont l'intrigue était empruntée à la *Cléopâtre* de La Calprenède.

L'auteur des *Pensées* assure qu'il a « jeté au feu » cette œuvre de jeunesse : mais de bons chercheurs en ont retrouvé dans un autre volume du même recueil quelques fragments heureusement échappés aux flammes. Citons le héros du jeune M. de La Brède, s'adressant à la reine d'Égypte chérie par les militaires romains :

> … J'ai couru mille fois après ma liberté
> Mais ne pouvant éteindre un feu qui me dévore
> Je n'ai pu m'empêcher d'aimer ce que j'adore […]
> Commencer à vous voir, c'est commencer d'aimer
> Si l'on est criminel alors qu'on vous adore
> Je serai tous les jours plus criminel encore
> Ah ! ne m'imputez pas la fureur de mes armes
> Tout mon crime est d'avoir ignoré tant de charmes…

Soyons sincères. Si on nous disait que ces vers sont de Racine, d'un Racine mineur (la *Thébaïde* par exemple), en ririons-nous ? Pas moi.

On peut préférer *Iphigénie*, ou les *Lettres persanes*. Mais voilà un homme que les oratoriens n'ont pas dégoûté des Anciens. Ni des élans de l'amour, fût-il inspiré (déjà) par quelque dame orientale.

Libéré des régents de collège, le jeune Montesquieu, comme le fils de Pierre de Montaigne, va se vouer à l'étude du droit. Ou être voué ? Pour Michel, il serait absurde de parler de vocation : ce sont les dissipations de son premier séjour parisien et son peu d'attirance pour les armes – attirance révélée plus tard – qui avaient incité son père à l'astreindre à l'étude des lois – bonne préparation à cette grande carrière politique en la cour des Valois à laquelle le futur maire de Bordeaux jugeait son fils promis.

Du côté des Montesquieu, il ne s'agit pas tout à fait encore d'une tradition familiale : on peut être, hors de la robe, sous les armes, dans les ordres ou à la tête d'un domaine, le digne héritier des Secondat de La Brède. On a dit la pluralité des carrières qui avaient jusqu'alors conduit cette famille aux honneurs raisonnables. Mais il semble que Jacques de Secondat n'hésita guère avant de vouer son fils aîné à la jurisprudence.

Le fait est que, dans un cas comme dans l'autre, pour le petit Périgourdin lauréat du collège de Guyenne comme pour le Girondin revenu d'Île-de-France, l'expérience s'avéra aussi amère que celle de leur collège respectif. Répulsion ? Rejet ? Non. Mais sentiment partagé d'insipidité, due en grande partie à la médiocrité de l'enseignement reçu. En attendant de devenir l'un et l'autre conseiller au Parlement de Bordeaux, nos deux petits Gascons auront été initiés sans joie aux principes, recettes et techniques de la législation et de la procédure.

On sait, pour l'avoir lu, à quel point Montaigne fut allergique à l'univers du droit, ne prenant intérêt, au Parlement de Guyenne, qu'à ce qui relevait du politique – et qui représentait d'ailleurs, au temps des guerres de Religion et de la monarchie des Valois, une bonne moitié des activités d'un parlementaire. Activités qui l'accaparèrent un temps, comme son ami Étienne de La Boétie.

Pour le reste, il suffit de le citer pour être édifié sur l'idée que ce magistrat se faisait du métier qu'il exerça tout de même pendant treize ans, le dédain que lui inspire le « quatrième état », bien inférieur selon lui au militaire, à l'ecclésiastique et à l'agricole. La « robe » relève-t-elle seulement de la noblesse ? Lui, si féru de sa noblerie, va jusqu'à en douter... Et de dauber sur « les lois [qui] se maintiennent en crédit, non parce qu'elles sont justes, mais parce qu'elles sont lois... vrai témoignage de l'humaine imbécillité », et qui ose bravement préciser : « Lorsque l'occasion m'a convié aux condamnations criminelles, j'ai plutôt manqué à la justice » (*Essais*, III, 12).

On ne trouvera pas Montesquieu engagé si avant dans le procès fait au troisième pouvoir. Mais puisque nous n'en sommes encore qu'à l'étudiant revenu à Bordeaux, après la décevante expérience de Juilly, pour étudier la science qui, dans l'esprit de son père (et apparemment dans le sien), fondera son avenir, il faut bien marquer que le jeune M. de La Brède pensa tomber de Charybde en Scylla en passant des oratoriens de Meaux aux personnes chargées d'enseigner le droit à Bordeaux au début du XVIIIe siècle.

Voici ce qu'écrira bien longtemps plus tard l'aimable gentilhomme de Gironde à propos de ses études de droit, de 1705 à 1708, à la Faculté de Bordeaux : « ... Au sortir du collège, on me mit dans les mains des livres de droit. J'en cherchais l'esprit, je travaillais, je ne faisais rien qui vaille[1]... » Et pourtant cette institution, vieille de près de trois siècles, venait d'être réformée par un édit royal de 1679, imposant l'enseignement du droit français là où régnait celui du droit romain et des lois de la province.

Mais, assure Denise Bège-Seurin, « au moment où s'affirme en France l'autorité de l'État, où l'administration monarchique ouvre de plus en plus de carrières aux jeunes diplômés, les universités françaises sont tombées en pleine décadence. Les professeurs n'assurent pratiquement plus leurs cours, n'enseignent que quelques rudiments de droit romain et de droit canon à des auditoires qui progressivement s'amenuisent[2] ».

Ces vices communs à presque tous les établissements du temps

1. *Correspondance*, lettre 433.
2. Conférence prononcée à Soulac le 5 août 1998.

étaient particulièrement scandaleux dans le Bordeaux du début du XVIIIe siècle, si l'on en croit Montesquieu qui décrit ainsi ses maîtres de l'époque, à commencer par le doyen, le « sieur Tanesse père, âgé de quatre-vingt-dix-huit ans, hors d'état de professer, le sieur Tanesse fils, aussi professeur [qui] s'absente très souvent et n'a jamais su les règles d'un bon professeur. Quant au sieur d'Albessard, âgé de quatre-vingts ans, étant devenu aveugle, il fait entrer un écolier à sa place pour dicter dans la chaire [1] ».

Certes, quand Charles-Louis de La Brède entre à l'Université, l'enseignant chargé du droit français est un avocat, Blaise Fresquet, qui n'enseigne que depuis une trentaine d'années… Mais c'est de très peu après le départ de la Faculté du jeune M. de La Brède que date cette note retrouvée dans la correspondance des contrôleurs généraux des finances : un sieur Laplace y signale que « le collège des lois de Bordeaux est entièrement désert et abandonné par la négligence des professeurs de droit à y faire leur devoir… » (5 octobre 1709) [2].

Comme Montaigne en son temps, Montesquieu n'a-t-il daubé abusivement sur ses maîtres, comme pour s'attribuer plus d'invention, et mieux dégager sa personnalité aristocratique de ce fouillis de robes et de mots, de « chats-fourrés », « glossateurs » et « ramoneurs » de Rabelais ou maîtres en « puants vocables », comme écrit Agrippa d'Aubigné ? Savaient-ils l'un et l'autre plus de droit qu'ils ne le laissent entendre ? Montaigne prétendait qu'il n'avait rien appris en cette matière sinon que la « jurisprudence diffère de la médecine »… Mais l'éminent juriste Jacques Auguste de Thou lui a, en son temps, décerné quelques éloges, et naguère le professeur André Tournon a soutenu que ce faux ignorant savait plus de droit qu'il ne l'avouait.

Ainsi verrons-nous Montesquieu, au soir de sa carrière, affirmer tout à la fois la rectitude de son jugement et sa nonchalante ignorance des règles de la profession : « Quant à mon métier de président, j'avais le cœur très droit, je comprenais assez les questions en elles-mêmes ; mais quant à la procédure, je n'y entendais rien. Je m'étais pourtant appliqué, mais ce qui me dégoûtait le plus, c'est que je voyais à des bêtes ce même talent qui me fuyait, pour ainsi dire… » (*Pensées*, 213).

1. *Ibid.*
2. *Chronologie critique de la vie et des œuvres de Montesquieu*, Louis Desgraves, Paris, Honoré Champion, 1998, p. 34.

Coquetterie ? C'est bien possible. Mais, comme pour Montaigne, ce n'est pas son assiduité au Palais de l'Ombrière qui pouvait être de nature à compenser la faiblesse de sa compétence procédurale : cet homme si aimable et séduisant finit par se brouiller avec son président de chambre, Joseph de Gillet de Lacaze, du fait de ses absences répétées…

Quel que fût le degré de compétence qu'il ait alors acquis, il se trouva un M. d'Anglure de Bourlemont pour décerner à Charles-Louis de Secondat, « écuyer », son diplôme de licencié en droit le 12 août 1708 – ce qui permit au lauréat de s'inscrire quelques jours plus tard comme avocat au Parlement de Bordeaux –, premier échelon d'une brillante carrière. Mais convenons qu'à un jeune homme ainsi formé aux sciences juridiques, et fût-il l'héritier des Du Bernet, des Pontac, de son oncle Jean-Baptiste, il faudra bien du mérite pour trouver de l'esprit aux lois.

Temps perdu, alors, que ces années bordelaises vouées à l'étude du droit ? Pas tout à fait. De la même époque, on retient une lettre adressée à une inconnue, qui nous montre un Charles-Louis moins incandescent peut-être que « Micheau », fils de Pierre, pourchassant les bergères sur les rives de la Dordogne, mais tout de même assez fidèle aux leçons de son prédécesseur pour écrire à une inconnue (de nous) :

> … Mon oncle* vient de me dire qu'il m'enverrait reposer dans deux heures. Je prendrai la porte et je pourrai au moins en passer deux avec ce que j'aime… Je te proteste par la divinité que je t'adore ; tu connais mon idolâtrie, nous n'avons que peu de jours à nous voir, c'est-à-dire à vivre et il faut que nous les passions éloignés de nous-mêmes [1]…

Assez vif de ton et chaleureux, dans le style de Des Grieux, notre Charles-Louis de dix-neuf ans : il y a bien des façons de se retrouver « dans les pas » de Montaigne : ici, il le serre de près.

On ne retrouvera pas Charles aussi fidèle à Michel dans sa façon d'aborder Paris, adolescent. Autant l'auteur des *Essais* nous en apprend

1. *Correspondance*, 3.

* Jean-Baptiste, président au Parlement, pour qui il travaillait et qui lui léguera titres et charges.

sur lui, sa découverte de Paris, au milieu du « beau XVIe siècle » en quête du savoir et de bien autres choses, autant le futur président reste discret sur l'article. Le Paris de la fin du règne de celui qu'on n'appelait plus guère le Roi-Soleil était-il inférieur à celui d'Henri II, auquel Montaigne consacre ces lignes enchantées ?

> [Paris] a mon cœur dès mon enfance... Plus j'ai vu d'autres villes belles, plus la beauté de celle-ci peut et gagne sur mon affection. Je l'aime par elle-même, et plus en son être seul que rechargée de pompe étrangère. Je l'aime tendrement, et jusqu'à ses verrues et ses taches... [*Essais*, III, 9].

Ce langage d'amoureux, nous ne l'entendrons pas de son émule, quitte à en picorer d'infimes fragments dans les *Lettres persanes*, celles de Rica notamment. On perçoit bien ici ou là, dans la lettre 84, une vive admiration pour les Invalides*, « le lieu le plus respectable de la terre ». Mais ce que le voyageur venu d'Orient manifeste là, c'est plutôt du respect pour les héros blessés, dits ici « débils », qu'il y voit assemblés, que du goût pour la beauté de l'édifice. Imaginons les Lettres turques ou « indiennes » qu'aurait écrites le « sauvage » de Montaigne sur le même canevas : de quelles acclamations ne retentiraient-elles pas, à propos de Notre-Dame, du Louvre de Lescot ou de la tour Saint-Jacques. Ici, nous trouvons le jeune Montesquieu infidèle à son modèle.

Bref, en octobre 1709, cent cinquante-cinq ans après Montaigne, Charles-Louis de La Brède s'installe pour quatre ans à Paris. Le mobile du voyage est l'approfondissement de l'étude du droit – dont nous savons qu'il n'est pas superflu... Cet effort, Jacques de Secondat ne l'a pas imposé à son fils dans le cadre d'un institut, d'une université, mais dans l'étude d'un avocat. Lequel ? La seule information dont nous disposions ici est un billet émanant d'un Me Gaudin, réclamant le paiement d'une dette du jeune Montesquieu. Il se trouve que cet avocat était le frère d'un prêtre de l'Oratoire. On peut penser qu'en fin d'études à Juilly le jeune Secondat avait passé un arrangement avec sa famille pour qu'elle obtienne de l'avocat un logement et un complément d'études juridiques, un début de pratique.

* Récemment construits à l'initiative de Louvois.

Sur ces quatre années de séjour parisien d'un Montesquieu de vingt ans, nous ne savons pratiquement rien, sinon qu'il élabore studieusement une *collectio juris*, sorte d'herbier professionnel où il regroupe livres à lire, textes de lois, arrêts et décisions faisant jurisprudence, excellent exercice d'abord, et outil de travail pour la suite – dont il ne se servira guère en tant que magistrat, mais où, beaucoup plus tard, il puisera quelques matériaux pour l'*Esprit des lois*.

Ce studieux jeune homme s'applique aussi à la rédaction de trois « dissertations » que nul ne lui demandait. L'une sur Cicéron, auteur et personnage auquel il est très attaché et dans qui il voit, semble-t-il, une sorte d'idéal, de modèle de sagesse (« il est, de tous les Anciens, celui auquel j'aimerais le mieux ressembler »), alors que, notons-le, Montaigne tient en piètre estime cet avocat romain qu'il ne saurait comparer à Socrate ou même à César ; l'autre, sur « les prêtres dans le paganisme », qu'il aurait « jetée au feu » comme sa tragédie, mais dont, à la différence de celle-ci, rien n'a survécu ; et la troisième « contre la damnation éternelle des païens » qui s'est perdue, mais dont on retrouve quelques échos dans telle de ses *Pensées* (82).

Peut-on situer à cette époque les premières ébauches des *Lettres persanes* ? On est tenté de le faire en constatant que la première (d'Usbek à Rustan) est datée de « saphar 1711 ». Mais certains des meilleurs spécialistes de Montesquieu* excluent que la rédaction proprement dite des *Lettres* coïncide avec leur datation dans l'édition de 1721.

Pour engoncé que soit encore dans son provincialisme notre « écuyer » girondin, on le voit se pousser, sinon dans le monde pour lequel il manque encore d'aisance, mais plutôt dans le milieu des sciences et des arts. Ainsi réussit-il à assister, en 1713, à une séance de l'Académie des Sciences, y abordant non sans émotion le célèbre Fontenelle, qui deviendra de ses amis. Plus remarquable : par ce père Desmolets, qu'il a connu à Juilly, et qui est un ami de Nicolas Fréret, l'un des pionniers de la sinologie, il rencontra à diverses reprises le fameux Arcade Hoang (ou Hoange), Chinois débarqué de son pays et qui fut l'interprète du Roi-Soleil… Ainsi s'en fallut-il peut-être de peu que les *Lettres* déjà ébauchées par Charles-Louis ne fussent plutôt chinoises…

* Shackleton et Desgraves entre autres.

Tout à ses études, alors, ce bon jeune homme, dans le Paris fiévreux où couvent déjà les extravagances de la Régence ? Aucun document précis ne permet de l'affirmer. Non sans emportement peut-être de la chair ou du cœur, Charles-Louis sut mener ses recherches et sa documentation sur les mœurs du temps qui l'entraînaient à coup sûr hors des monastères et des études de notaire. L'hypothèse de la rédaction, dès 1712 ou 1713, des premiers brouillons des *Lettres* ou persanes, ou turques, ou chinoises, en tout cas parisiennes, peut être retenue.

Les débordements parisiens du jeune Montaigne lui avaient valu d'être déshérité – pour un temps – par son père, sur la suggestion de son intraitable mère, Antoinette. Rien de tel n'était advenu en tout cas à notre « écuyer » lorsqu'il apprit la mort de son père, Jacques de Secondat, survenue le 16 novembre 1713. Mort qui mit un terme à son premier séjour parisien et à ses « années d'apprentissage », ouvrant le second cycle de sa vie qui va s'ordonner autour de Bordeaux et de La Brède, voué au Parlement et au mariage, à ses enfants, à l'Académie locale, à ses terres surtout...

Entièrement pris par ces attaches et ces besognes ? Nous verrons qu'entre deux plaidoiries et deux vendanges, le maître de La Brède ne laissait pas de crayonner discrètement un certain nombre de ces lettres qui allaient lui apporter bientôt une bruyante notoriété.

Montaigne ne s'était retiré en son château qu'à trente-cinq ans, deux ans après la mort de son père, vers 1568, ayant déjà beaucoup vécu, connu bien autre chose en tout cas que les amourettes de Charles-Louis et ses rencontres avec Desmolets, Fréret, Fontenelle et Hoang : la grande passion pour La Boétie et cette mort qui lui arrache de vrais cris de désespoir, quand il voit sa vie muée « en une nuit obscure » et où il lui semble n'« être plus qu'à demi ». Il y a, dans cette retraite, cinq ans après la tragédie de Germignan*, quelque chose d'un repli,

* Village proche de Bordeaux où mourut La Boétie.

d'une fin – avant la magnifique renaissance par l'écriture. Il en va tout autrement de Montesquieu qui, prenant pied à La Brède à la fin de 1713, n'est, lui, que prélude, projets et commencements.

Trois événements ordonnent ce chapitre de la vie du jeune homme avant la maîtrise et la gloire : le mariage, l'héritage du titre nobiliaire et de la charge judiciaire de l'oncle prestigieux, Jean-Baptiste ; et son entrée à l'Académie de Bordeaux.

Son mariage, Michel de Montaigne l'avait en quelque sorte subi (« on m'y mena »), dût-il éprouver pour sa femme Françoise autant d'affection et prendre avec elle autant de plaisir qu'en pouvait attendre un homme aussi attentif à distinguer l'amour du sacrement bénit par l'Église. Pour Pierre Eyquem de Montaigne et sa femme, cette demoiselle de la Chassaigne était le « parti » idéal, associant à la leur une puissante famille parlementaire. Au surplus, Françoise était, si l'on en croit Florimond de Raymond – collègue et ami de Michel, avant qu'un de ses descendants le soit de Montesquieu –, d'une « excellente beauté ». Si bien qu'il fut, de son propre aveu, un meilleur mari qu'il n'avait « promis », ni lui-même « espéré »... Ayant, il est vrai, jeté sa gourme, et au-delà.

Le mariage de Charles-Louis de Secondat de La Brède (que l'on va pouvoir appeler Montesquieu, dès que son oncle lui aura légué sa charge et sa baronnie) a bien des analogies avec celui de son prédécesseur. Il n'en diffère que par ses prémices, et son aboutissement. Revenant au pays, décidément orphelin (sa mère, on l'a vu, est morte depuis près de vingt ans), ce jeune homme est, comme on dit dans ces cas-là, mûr pour le mariage. Et, qu'il en ait parlé avec son frère Jacques de Secondat avant 1713 ou non, l'oncle Jean-Baptiste, le président du Parlement, augure de la famille, a un projet pour Charles-Louis. Mais ce projet va connaître une traverse...

Il se trouve que le jeune homme, reprenant pied à Bordeaux, y a vite rencontré Marguerite Denis (d'autres la prénomment Germaine), fille d'un très notable commerçant que décrit ainsi une chronique du temps « Daniel Denis, dit Piedcourt, marchand du Chartron, à présent jurat[1] ». Elle a vingt et un ans, et 75 000 livres de dot. Charles-Louis a demandé

1. Mémorial de M. de Savignac, conseiller au Parlement de Bordeaux, cité par Louis Desgraves, *Chronologie critique...*, *op. cit.*, p. 42.

sa main au début de février. Mais, le 22 mars, il signe un contrat de mariage… avec Jeanne de Lartigue…

Les raisons de cette volte-face digne de Beaumarchais ne nous sont pas connues. Pour le chroniqueur déjà cité, c'est le « peu de naissance » de Germaine (ou Marguerite) qui fut cause de la rupture. Mais ce « peu de naissance » était connu ; le jeune homme n'avait pas lieu d'être surpris : il n'avait pas demandé la main de la Grande Demoiselle – et dans le Bordeaux du XVIIIe siècle, un grand commerçant, plus ou moins armateur, n'était pas de ceux que l'on dédaigne. C'est vraisemblablement l'oncle-président Jean-Baptiste qui trancha, ayant en tête, pour épouse de Charles-Louis, la fille de Pierre de Lartigue, propriétaire à Clairac près d'Agen – d'où venaient très précisément les Secondat –, personnage de bonne naissance, ancien officier du régiment de Maulévrier et chevalier de Saint-Louis. Sans oublier qu'il donnait, lui, 100 000 livres de dot à sa fille…

Nous ne savons pas si Marguerite (ou Germaine) Denis était belle. Nous croyons savoir que Jeanne de Lartigue ne l'était pas – au surplus affectée d'une légère boiterie. (Un biographe, Charles Dormontal, assure qu'« elle boitait un tantinet, par coquetterie, quand elle se savait regardée[1] ». Ce qui ne manque pas de piquant.) Mais ce qui aurait pu faire obstacle à cette union était surtout que la demoiselle était de confession protestante, alors que la France vivait sous un régime qui, trente ans après la révocation de l'Édit de Nantes, avait proscrit cette « hérésie » et pourchassait ses fidèles. Au surplus, trois des oncles de Charles-Louis étaient prêtres, et deux de ses tantes religieuses. On a dit que les Montesquieu étaient tolérants, ayant des ancêtres de tous bords. Nous ne savons pas si des voix s'élevèrent contre cette union – pas plus que lors de la conversion au calvinisme d'un frère et d'une sœur de Montaigne.

Le fait est que le mariage se déroula selon le rite catholique dans l'église de Saint-Michel, en l'absence (tout de même…) des membres de la famille de Jeanne, et de l'oncle Jean-Baptiste, auteur (penaud ?) de cette union. Le témoin de la mariée était un tailleur du quartier, qui se déclara incapable de signer le registre de son nom… Pas de festin. Peu de fête. Les Bordelais ne sont pas les Marrakchis, qui se ruinent en

1. *Montesquieu*, Paris, 1938, p. 38.

noces. Mais une telle parcimonie est tout de même rare… Quoi qu'il en soit, les trois enfants que Jeanne de Lartigue donnera à Charles-Louis – un garçon, deux filles – seront élevés dans la religion catholique, et le fils unique, chez les jésuites.

Ainsi nouée dans une sorte de pénombre, ou de gêne, cette union ne s'épanouit pas dans la tonalité souriante qui est la marque de la vie de Montesquieu. Non certes que ses absences répétées et ses aventures à demi discrètes aient provoqué de grands orages. On peut même parler d'un mariage serein – sur le mode mineur… Celui que révèle cette confidence du seigneur de La Brède à son amie Mme Berthelot de Jouy : « Je resterai ici encore quelques mois, amoureux de mes bois, de ma solitude et de ma femme… » Un peu désinvolte, cette énumération… Ajoutons que la très abondante correspondance de Montesquieu, qui compte de multiples brouillons de billets doux à des destinataires très variées, ne comporte aucune lettre adressée à son épouse qui ne se rapporte à quelque affaire pressante…

Mais de Jeanne de Lartigue à son illustre mari, on peut lire une lettre d'une si belle mélancolie, d'une si noble tendresse que le plus fidèle admirateur de l'auteur des *Lettres persanes* a tendance à penser que la vraie grandeur n'est pas toujours où on l'attend. Lisez plutôt ce message adressé en 1742 ou 1743 [1], de La Brède, au mari une fois de plus absent – il séjourne quelque temps à Paris avec leur fille Denise :

> Je veux croire contre les apparences, mon cher ami, que mes lettres te font plaisir. C'est pour cela que je ne veux pas laisser partir Vigneau* sans t'assurer que je t'aime comme ma vie. Tu m'as fait des impressions ineffaçables et je sens bien que je ne saurais changer jamais. Que je serais heureuse si je pouvais me flatter que tu es le même à mon égard. Mais enfin, quand même cela ne serait pas, tu me fais un plaisir infini de me le dire. Je suis ravie lorsque je reçois de tes lettres, et sans examiner si ce que tu me dis d'obligeant est bien sincère, je m'abandonne à des transports de joie que je ne saurais t'exprimer.
>
> Adieu mon cher ami, je t'aime cent fois plus que tu ne m'aimes ; tu verras à ce compte que je suis bien prodigue ; je ne le serais pas autant si tu le méritais moins ! Au reste, Mlle de Guyonnet aurait-elle le sort de la

1. *Correspondance*, lettre 300.
* Un domestique, apparemment.

> Comtesse*, je n'entends plus parler d'elle. Dis m'en… [suivent deux lignes enlevées par une déchirure].
> Adieu, je suis à toi plus qu'à moi-même…

Suit un post-scriptum assez étrange :

> Mes amitiés à la belle Denise**, supposé qu'elle ait toujours autant de part dans tes bonnes grâces que par le passé. Je t'embrasse de tout mon cœur. Je ne t'écrirai d'un an si tu ne m'écris pas***.

On aimerait pouvoir lire, de Charles-Louis, quelque réponse imprégnée d'une aussi noble et lucide tendresse – tel ce message qu'adressait Montaigne à son épouse, alors qu'ils sont tous deux plus jeunes, il est vrai :

> Ma femme, vous entendez bien que ce n'est pas le tour d'un galant homme, aux règles de ce temps-ci, de vous courtiser et caresser encore… Laissons-les dire… Je me tiens, de ma part, à la simple façon du vieil âge… Vivons, ma femme, vous et moi, à la vieille française !

Mari à éclipses, plus encore que l'auteur des *Essais* – les mœurs des deux époques sont en fait assez voisines –, Charles-Louis sera un magistrat à peine plus appliqué que son prédécesseur au Parlement de

* Après la marquise de Grave, une comtesse qui nous reste inconnue avait été quinze ans plus tôt la maîtresse avérée de Montesquieu. On en sait moins sur ses liens avec Mlle de Guyonnet.

** Leur fille, qui a seize ans, étudie dans la région parisienne. Son père ne cache pas qu'elle est sa préférée.

*** Cette lettre est citée incomplètement et différemment par MM. Barrière et Brèthe de la Gressaye, tous les deux professeurs à l'Université de Bordeaux, le premier de lettres (on l'a vu…), le second de droit (qu'il enseigna sans succès à l'auteur de ce livre). Le juriste a cru bon de retirer du texte de Mme de Montesquieu l'acide référence aux dames…
L'attribution de cette lettre à Jeanne de Montesquieu a été mise en doute par quelques spécialistes, et il n'est pas jusqu'à André Masson qui n'envisage qu'elle soit attribuée à une sœur de Montesquieu, religieuse. Qui relit ce texte avec soin ne peut qu'être sensible à son ton passionné, où perce la jalousie. Une sœur, écrire cela, et religieuse ?

l'Ombrière. Si la première mention concernant Montaigne dans les archives de l'institution bordelaise est relative à une absence, on a vu que son manque d'assiduité valut au baron de La Brède, lui aussi pourvu par un oncle de sa charge parlementaire, des remontrances sévères de son président.

Faut-il, avec le savant Louis Desgraves, admettre que Montesquieu n'avait accepté de siéger en ce Parlement – pendant douze ans, un peu plus que Montaigne – que « pour respecter la volonté de son père et de son oncle et maintenir dans sa famille une charge qui avait contribué à son élévation sociale [1] » ? Oui, probablement. Mais il doit à son oncle Jean-Baptiste non seulement le titre de « président à mortier » mais aussi celui de la baronnie de Montesquieu – c'est désormais le nom qu'il porte.

Or, ce magistrat est un homme qu'il respecte fort – on le sait par son fils auquel il donna d'ailleurs le même prénom. Dans l'éloge posthume de l'auteur de l'*Esprit des lois*, le jeune Jean-Baptiste décrit ainsi le grand-oncle magistrat, qu'il n'a connu que par son père, comme « l'un des plus beaux génies », l'homme « le plus libre et le plus juste de son temps ». Cette origine aussi bien que l'éclat de la fonction font de cette présidence, aux yeux d'un homme aussi féru de prestige que Charles-Louis, mieux qu'une sorte de corvée familiale.

Le nouveau baron de Montesquieu avait tout de même quelques raisons de se sentir solidaire de ce Parlement où une place éminente lui était réservée : cette institution, la troisième de France après celles de Paris et de Toulouse, manifestait une remarquable indépendance politique à l'endroit du pouvoir central, et le faisait notamment à propos d'intérêts, ceux de la viticulture, auxquels, on le sait, Charles-Louis était particulièrement attaché. Il est peu de dire que cette noblesse parlementaire est alors liée à la vigne et au vin. Vers la fin de la vie de Montesquieu, on estime que ses collègues parlementaires et lui-même possèdent 3 000 hectares répartis en 250 exploitations, des Graves à Saint-Émilion et du Médoc au Sauternais. Son collègue le marquis de Ségur, dit « le prince des vignes », règne sur plus de 400 hectares, surtout en Médoc… Et le marquis d'Aulède est le maître de Haut-Brion,

1. Louis Desgraves, introduction à *Pensées* ; *Le Spicilige*, *op. cit.*, p. 15.

aux portes de La Brède. Ainsi notre grand homme est-il lié à ce groupe par d'autres liens que ceux de la chicane*.

Le fait est que Charles-Louis, baron de Montesquieu et de La Brède, n'avait pas plus que Montaigne une âme de robin. Si un doute subsistait sur l'idée qu'il se faisait de l'exercice de la justice en tant que profession, il faudrait lire avec plus d'attention le discours qu'il prononça lors de la rentrée du Parlement de Bordeaux en novembre 1725 où, pour mieux mettre en garde ses collègues contre la rudesse de leurs investigations et l'arbitraire de leurs arrêts, il donne la parole aux justiciables face aux procureurs : « Si vous n'avez pas la force d'arrêter les entreprises d'un orateur emporté, indiquez-nous du moins quelque tribunal plus juste que le vôtre ! Savons-nous nous-même si vous n'avez pas... joué de notre désespoir, et si ce que nous vous reprochons comme une faiblesse nous ne devrions pas plutôt vous le reprocher comme un crime[1] ? »

Il est arrivé à Montaigne de mettre aussi violemment en cause sa corporation à propos de « condamnations plus crimineuses que le crime » : mais c'était à propos de la torture, ou « géhenne », ce « moyen plein d'incertitude et de danger... d'où il advient que celui que le juge a géhenné pour ne le faire mourir innocent, il le fasse mourir et innocent, et géhenné... » (*Essais*, II, 5). Voilà bien deux juristes bordelais dont on peut dire que le conformisme corporatif ne les étouffe pas...

Mais, « corvée » ou non, il faut bien admettre qu'il ne tint guère plus de dix ans en cet état, et que, l'occasion s'en présentant en 1726, il demanda à son ami le président Barbot de lui trouver un successeur, et plus précisément un acheteur, la charge étant vénale. Ce magistrat, qui lui était très attaché, mais l'était aussi à sa profession, fit de son mieux pour détourner de ce projet le baron-président de La Brède. Nous verrons** en quels termes, et avec quel succès... Le fait est que, sans que rien l'y contraignît expressément, et pour de simples commodités de vie, le « président » – que les salons parisiens et les nobles étrangers continueront de saluer ainsi – se défit, pour un bon prix, de cette charge dont il avait mesuré le poids, et épuisé les délices.

1. Cité par Louis Desgraves, préface des *Pensées* ; *Le Spicilège*, *op. cit.*, p. 16.

* Voir le chapitre VII, « De vigne en verres ».

** Voir le chapitre VI, « Autoportrait d'un homme heureux ».

La plupart des biographes et exégètes de Montesquieu mettent volontiers l'accent sur sa participation aux travaux de l'Académie de Bordeaux, créée sous la « protection » du duc de La Force en 1713, et où il fut admis dès 1716, quelques mois après son mariage et quelques jours avant son installation comme président à mortier au Parlement. Il est de fait que cet aréopage joua un rôle bénéfique dans sa vie, en ce qu'il s'y exerça à l'esprit scientifique, alors mis à la mode par Fontenelle – ou mieux, à ce qu'on pourrait appeler déjà la « méthode expérimentale » qui, incarnée par Réaumur, va inspirer les meilleurs esprits du siècle, dont le sociologue de l'*Esprit des lois*.

L'académicien bordelais Montesquieu n'est pas entièrement voué à faire le savant. Mais on le trouvera occupé à écrire, pour ses collègues, un « projet d'histoire physique de la terre ancienne et moderne », dissertant sur « l'écho », les « glandes rénales », « le flux et reflux de la mer », « la pesanteur », observant les insectes au microscope, disséquant des grenouilles, maintenant sous l'eau la tête de quelque canard pour en mesurer les chances de survie, ou prononçant un discours sur « les motifs qui doivent nous encourager aux sciences ».

Bon. Ces manifestations d'un scientisme un peu superficiel peuvent être tenues pour des gammes, en vue des grands ouvrages où l'esprit de sciences et d'expérimentation, de « leçon de choses », sera appliqué à l'histoire et au droit. Mais ce qui est beaucoup plus intéressant, dans ces essais de jeunesse, ce sont quelques exposés relatifs à l'organisation de la société et aux rapports entre le pouvoir et la religion, qui en font des préfaces à l'*Esprit des lois*.

Quand l'académicien bordelais décrit la relation entre religion et pouvoir à Rome sous l'angle de l'« utilité », avec un cynisme tranquille digne de Machiavel, il annonce de grandes pages sur le sujet. Et quand, dans son « mémoire sur les dettes de l'État », il fait un procès sans merci de la politique fiscale de l'Ancien Régime et réclame une réduction d'impôts très finement motivée, il se présente déjà comme ce grand serviteur de l'État qu'il a rêvé d'être.

Le baron de Montesquieu a aimé à coup sûr cette Académie bordelaise (beaucoup mieux que la française où, dès avant que d'être reçu, il ne connaîtra guère que déceptions et anicroches), en vantant les mérites auprès de ses amis parisiens et anglais. On peut penser qu'il y vit comme une sorte de club à l'anglaise, lieu de rencontres, de recherches et d'amitiés : c'est là en effet, mieux qu'au Parlement, qu'il se lia intimement avec quelques collègues, Jean Barbot, Jean-Jacques Bel, Joseph de Navarre, Sarrau de Boinet, que l'on retrouvera au fil du récit, jusqu'au cœur des grandes œuvres.

Mais ni ces délices bordelaises, ni les bonheurs de La Brède, la naissance de ses deux premiers enfants, ne sauraient le retenir sans réserve dans le Bordelais. Il s'y plaît, mais quelque chose à Paris l'attend, qui n'est ni une femme bien précise (semble-t-il), ni une fonction, ni une mission, ni la *libido sciendi* qui y a attiré tant d'autres – mais, à demi consciente, la soif d'écrire et un sujet pour l'étancher.

Quelques brefs séjours du baron à Paris, en 1717 et 1719, avaient intrigué ses amis bordelais et vraisemblablement inquiété son épouse. Qu'allait-il donc y chercher, notre président, notre académicien, notre seigneur vigneron de La Brède et de Raymond ? Poser la question, c'était ignorer encore – et, en ce temps-là, avec toute apparence de raison – que Charles-Louis n'était pas seulement l'auteur discret de *Britomare*, le conférencier disert appliqué à dévoiler le rôle des glandes rénales, mais un sociologue. Et que le Paris que venait de révéler la mort du vieux roi, la fin d'un règne de soixante-treize ans et les agitations de la Régence étaient le lieu et le moment du monde le plus propre à nourrir la curiosité d'un observateur, dût-il se camoufler sous un masque oriental.

Ici enfin, l'homme de la Garonne se distingue de celui de la Dordogne. Passé l'adolescence, Montaigne, quand il enfourche son cheval pour gagner Paris, y va remplir quelque mission plus ou moins politique, notamment à l'appel de la reine Catherine, puis d'Henri le Béarnais. L'écriture ne viendra que par surcroît, entre deux voyages ou missions.

Montesquieu, lui, ne sera jamais investi de la fonction publique qu'il a plusieurs fois sollicitée, et clairement, du cardinal Fleury*. Tout le

* Cf. chapitre VI.

vouait à être, auprès du successeur de Louis XIV, ce que Montaigne avait été aux côtés d'Henri IV – le penseur de l'ouverture.

Lui, il est d'emblée écrivain – seulement... Sa berline ne le porte pas à Versailles, où est le pouvoir, mais à Paris, où se défait une société, où s'en invente une autre...

CHAPITRE IV

Comment peut-on être gascon ?

• « Rien de plus élégant ne fut écrit » • Une révolution sociologique • Le génie du secret • « Eun vignerong gascong à Paris » • L'Orient en tête • De Marana à Chardin • De Roxane en Roxane • Au plaisir des eunuques • « Comme du pain… » • Salut au Régent ! • Une nasarde académique…

Il y a bien des façons de considérer les *Lettres persanes*, publiées en mai 1721 sous le couvert de l'anonymat, chez un éditeur d'Amsterdam, par un Montesquieu de trente ans encore président à mortier du Parlement de Bordeaux, propriétaire viticole et père de famille.

Tel peut y voir la première fusée de ce qu'on appellera bientôt le siècle des Lumières, un prélude aux *Lettres philosophiques* et à *Candide*, aux *Fausses Confidences*, au *Neveu de Rameau* et à *Figaro* – une œuvre qui, à l'ère des réponses assurées, fait succéder l'âge des questions nécessaires : qui sommes-nous ? Et qui sont-« ils » ?

Tel autre y a de préférence découvert la fleur exquise d'une certaine civilisation, un ton, une musique où s'exprime par excellence le génie, en un certain temps, d'une culture. Ainsi Paul Valéry, dans un texte de diamant, s'applique-t-il à faire scintiller mieux encore les pages « persanes » du gentilhomme de Gironde :

> Que si les Parques eussent donné à quelque homme libre de choisir entre tous les siècles connus celui de sa préférence pour y faire son temps de vie, je m'assure que cet heureux homme eût nommé le temps même de Montesquieu […] On avait des manières même dans la rue. Les marchands savaient former une phrase. Jusqu'aux traitants, aux filles, aux espions et aux mouches qui s'exprimaient comme personne aujourd'hui. Le fisc exigeait avec grâce…

> Il apparut alors un esprit si svelte et si pur que tous les libertinages de toutes espèces lui semblaient des exercices sans conséquence... Même l'obscène ne l'engluait pas... Ce genre de fantaisie marque toujours la fin du spectacle et le dernier moment du goût [...]
> « Comment peut-on être persan ? » La réponse est une question nouvelle : comment peut-on être ce qu'on est ? [...] Entrer chez les gens pour déconcerter leurs idées, leur faire la surprise d'être surpris de ce qu'ils font, c'est [...] donner à ressentir toute la relativité d'une civilisation, d'une confiance habituelle dans l'Ordre établi... C'est aussi prophétiser le retour à quelque désordre ; et même faire un peu plus que le prédire.
> Rien de plus élégant ne fut écrit [que] ce livre parfait, qui a cependant tout à craindre d'un certain retour à l'état barbare [1]...

Mieux que la perfection dans la grâce, ce que retient Roger Caillois des *Lettres persanes*, c'est une « révolution sociologique... la démarche de l'esprit qui consiste à se feindre étranger à la société où l'on vit, à la regarder du dehors comme si on la voyait pour la première fois... Il faut une puissante imagination pour tenter une telle conversion et beaucoup de ténacité pour s'y maintenir... Il y a quelque chose de si diabolique et de si subversif dans cette opération que les sociologues eux-mêmes [...] se gardent de la renouveler : on sait qu'ils sont beaucoup plus friands d'étudier la conduite et les superstitions des Bantous que celles de leurs concitoyens... Il y a moins d'ouvrages objectifs sur le culte de la Vierge Marie qu'il n'en existe sur Kali ou Tlatzalteolt [2]... ».

Le goût du masque : voilà ce que privilégie pour sa part Jean Starobinski, cet autre grand exégète de Montesquieu – la passion qu'il a d'en affubler ses porte-parole et ses personnages, et jusqu'à lui-même qui non seulement refuse de se nommer, publie son œuvre à l'étranger et pas chez l'éditeur et dans le pays qu'il désigne.

Que ce jeu soit aristocratique – un seigneur des Graves ne s'abaisse pas à signer et paraître comme un Voltaire ou un Fontenelle – ou diplomatique, pour mettre à l'abri le président du Parlement et le père de famille, sinon le candidat à l'Académie, ou qu'il soit plutôt de nature ludique, ce qu'on retrouvera en d'autres circonstances, le fait est que

1. Préface aux *Lettres persanes*, dans *Variété II*, Gallimard, 1930, p. 61-69.
2. Préface aux *Œuvres complètes* de Montesquieu, Gallimard, 1949, p. XIII-XIV.

ce sondeur d'univers s'avance plus masqué que ses personnages, et avec plus de persévérance qu'on ne le croit d'ordinaire. Jeu de miroirs et d'esquives, les *Lettres persanes* en disent pourtant plus sur le personnage que s'il avait publié, chez un éditeur bordelais, des *Lettres parisiennes* bien authentifiées, signées et datées.

On est en droit de s'interroger sur le caractère autobiographique de ces *Lettres* trop exotiques et camouflées pour n'être pas révélatrices, ou accusatrices. Tous ces masques… Il s'agit d'un jeune provincial qui raconte Paris, ses affaires de dames, de pouvoir et d'argent. Et l'on voudrait que ce conteur masqué ne fût point au centre de l'intrigue ?

On se garde d'insinuer que Charles-Louis, marié depuis trois ou quatre ans quand le livre est écrit – vers 1718-1719, semble-t-il –, ait tâté, dans la capitale, de quelque érotisme à l'orientale. Il s'agit moins, nous le verrons, de choses vues que de choses lues – lues par un certain homme seul, à un certain âge, et dans un climat, celui de la première Régence, qui ne portait pas au respect de la vertu, privée ou publique. Mais ce qui paraît très autobiographique, dans le récit des mésaventures parisiennes d'Usbek et de Rica – les deux visages de Montesquieu, président à perruque et Méridional en voyage –, c'est la conscience que ce Gascon eut de ses origines, de ses manières, de sa singularité dans le Paris et le Versailles du temps de Philippe d'Orléans.

Et c'est par là qu'on est tenté de se distinguer de Roger Caillois. Car s'il y eut bien « révolution sociologique », ce n'est peut-être pas parce que l'auteur se feignait différent : il l'était, paysan à Paris, que ses détracteurs appelaient « le Gascon » (on le verra lors de l'élection académique…). Son altérité restera longtemps radicale, en ces salons. En un sens, il est bien Marcel Griaule chez les Dogons…

Nous savons par maints témoignages que Charles-Louis, élevé jusqu'à dix ans en sabots, à la « croustade » et au vin rouge (ne parlons pas, faute de preuve, de « frottée à l'ail »), avait gardé de sa jeunesse un accent méridional « à couper au couteau », sonnant comme une chambrée de cadets de Gascogne : « paing et vaing… »*. Dans le livre qu'il a consacré au chevalier de Vivens, ami de Montesquieu, Jean

* Il est vrai que le parler « français » du Val de Loire et du Bassin parisien était encore très minoritaire dans la France du début du XVIIIe siècle, et que le Saint-Cyr de Mme de Maintenon fut une machine à intégrer les parlers dissonants des filles de province, comme le montre excellemment le film consacré à Saint-Cyr par Patricia Mazuy (2000).

Haechler cite à ce propos le mémorialiste Grellet-Dumazeau, qui fait ainsi parler notre président bordelais : « C'est grand dommagé : qué dé génie dans cette têté-là ! » (il ajoute que, selon le marquis d'Argenson, Montesquieu jugeait indigne de lui de corriger son accent...)[1].

Le fait est que, si dégrossi qu'il fût sur le plan des manières par les oratoriens, le jeune M. de La Brède devenu Montesquieu faisait sonner dans les salons de la Régence l'accent des vignerons de chez lui – et que cette singularité lui valut autant de regards étonnés et de fous rires que s'il eût porté un turban ou un anneau dans le nez : « Ah ! Monsieur est persan !... Comment peut-on être persan[2] ? » Remplacez persan par gascon et vous aurez peut-être l'une des clefs de ces *Lettres*...

Essayons en effet d'imaginer le jeune homme de vingt-huit ans, pendant les quelques mois qu'il passe à Paris, du début de décembre 1716 à la fin du printemps 1717, l'époque où il entame, sur place, la rédaction des *Lettres**, jeune marié, jeune père même (Jean-Baptiste est né le 12 février 1716) et récent académicien de Bordeaux, dans le Paris scintillant de la première Régence, celle de toutes les ouvertures, de tous les dérèglements, où chacun s'ébroue comme pour mieux oublier les interdits et le crépuscule qu'incarnait naguère encore le vieux couple versaillais. En la personne du régent Philippe, le pouvoir est revenu au Palais-Royal, qui va devenir le lieu symbolique du style et des mœurs de la Régence.

Entre deux graves conférences et colloques autour de Fontenelle ou de l'abbé de Saint-Pierre, c'est là qu'il flâne de boutique en cabaret, provincial assez expérimenté – il a déjà passé trois ans à Paris, entre 1709 et 1713, nouant, on l'a vu, au moins une intrigue amoureuse – pour connaître les bonnes adresses, le Procope, la Régence, les lieux de convocation intellectuelle et d'approches gaillardes dans ce Paris aussi étrange, merveilleux et mystérieux, pour un « naturel du Bordelais », qu'Ispahan ou Venise.

Ainsi vit-on moins de deux siècles plus tôt le petit Michel de Montaigne picorer Paris, des cours du Collège de France aux barrières du Louvre, de la *Petite Galère* à la *Pomme-de-Pin*, et des gaillardes du

1. Jean Haechler, *Le Chevalier de Vivens*, Bordeaux, 2000, p. 75.
2. Lettre 30.
* Bien que la première soit datée de 1711.

Port-aux-foins aux dames à cornettes, étonné de cet accent parisien qui faisait Henri II « estropier nos mots gascons » – ce qui était drôlement retourner le problème et poser comme égalitaire un débat que Molière, Boileau et les intendants du roi sauront arbitrer en faveur des gens d'Île-de-France, des « gavaches » et de leur parler tout plat et blanc...

Il est clair que les émois, surprises, découvertes et railleries de Rica, puis les notations et critiques d'Usbek, reflètent ceux que fit et éprouva, de moins en moins ébaubi, de moins en moins gauche, notre Charles-Louis. Avec l'accent, toujours, de D'Artagnan et les manières un peu lourdes d'un magistrat érudit de province, il est de moins en moins Pourceaugnac.

La première partie des *Lettres persanes* est le reflet d'une initiation. Dans la seconde, l'initié peut se laisser aller à sa verve romanesque. Mais oui, on peut être gascon à Paris, y provoquant de moins en moins d'ironie, et même y briller de l'éclat le plus vif... Les modèles sont là, s'agitant dans les yeux de ce sociologue spontané. Son tempérament, sa culture et ses goûts le portent à s'inspirer des *Caractères* de La Bruyère, ou à donner au *Télémaque* une suite plus sarcastique. Mais ces modèles sont trop proches ; le second, qu'il regarde comme « divin », a été publié en 1699. Et ce lecteur vorace va céder à la mode du temps, qui est celle du voyage initiatique en Orient.

Tout indique (sa bibliothèque de La Brède notamment) que le jeune magistrat avait déjà beaucoup lu. Le recueil qu'il va intituler le *Spicilège* (ou glane), à la suite de son ami le père Desmolets, suppose une dévoration de livres peu banale. Parmi ceux-ci, deux ou trois qui ne peuvent manquer d'avoir inspiré à l'auteur des *Lettres persanes* l'idée et la trame de son récit, et même le plus clair de l'information : *L'Espion du Grand-Seigneur*, de Giovanni-Paolo Marana (1684) et le *Journal de voyage du chevalier Chardin en Perse* (1686).

Mais avant d'en venir aux sources livresques (qui ne se limitent pas à ces deux ouvrages décisifs), il faut évoquer des événements et des rencontres qui n'ont pas laissé d'éveiller chez le jeune homme un certain type de rêves ou d'imagination. Pensons à l'empreinte que dut laisser sur son esprit la rencontre faite en 1713 du personnage fabuleux qu'était le Chinois Arcade Hoang*, interprète du Roi-Soleil, flan-

* Voir plus haut, chapitre III.

qué du grand érudit Nicolas Fréret qui savait de la Chine autant qu'un Occidental (jésuite ou non) en pouvait alors connaître : et tous avaient évoqué le personnage déjà mythique qu'était Athanasius Kircher, jésuite allemand de la Renaissance, pionnier du déchiffrement des hiéroglyphes égyptiens, inventeur du « pentographe » et féru de culture asiatique. Point n'était besoin d'être un provincial en sabots pour rester étonné de tels échanges : le monde est donc si multiple en ses sagesses ? Ainsi s'émerveille Montaigne à Rouen, face à certain seigneur indien qui « ne porte point de hauts-de-chausses »...

Autre choc incitant à s'émerveiller de la pluralité des mondes : la visite en 1717 à Paris, où M. de Montesquieu vient d'arriver, du tsar Pierre le Grand, qui est en train, lui, d'amorcer en sens inverse la découverte de l'Autre. Quoi que l'on sût alors de l'inventeur de Pétersbourg, le surgissement de ce dur géant, de ce grand Tatar dans le trop flexible Paris de la Régence avait de quoi agiter un esprit plus désabusé que celui du seigneur de La Brède...

Tout de même, ce sont des livres qui sont à la source des *Lettres persanes*, et par-dessus tout les deux déjà cités, fournissant l'un l'idée de l'enquête inversée, l'autre la matière première d'information. Certes, Montesquieu lut aussi les *Six Voyages en Turquie, en Perse et aux Indes orientales*, de Jean-Baptiste Tavernier (qui est même nommément cité dans les *Lettres*), les *Lettres édifiantes et curieuses* que commence à publier, à partir de 1702, la Compagnie de Jésus, bien informée par ses missionnaires de Chine et d'ailleurs – et bien sûr la nouvelle version des *Mille et Une Nuits*, de Galland, publiée en 1704.

Deux sources majeures, toutefois, parmi d'autres. Giovanni-Paolo Marana était un drôle de type. Génois exilé par ses compatriotes, il était venu se mettre à la disposition du roi de Versailles, auquel il rendit quelques-uns de ces services que l'on dit « spéciaux ». Il écrivait aussi. D'abord quelques contes philosophiques avant la lettre, puis, en 1684, cet *Espion du Grand-Seigneur* où il décrit les missions, plus secrètes encore que celles de l'auteur, accomplies par un envoyé du Divan de Constantinople auprès de diverses cours d'Europe. Cet espion, qui se nomme Mamout, se fait appeler Tite de Moldavie, et découvre, de Rome à Vienne et à Paris, bien des secrets. Plus encore que ne l'avait fait Marana lui-même ? En tout cas, l'idée était donnée, et le ton – que l'on jugea, notamment à l'endroit de la religion, un peu cinglant.

Notre Charles-Louis tient son thème, ou la structure de son ouvrage, son angle de tir. Mais les munitions ? Donnera-t-il au persiflage qu'il médite l'accent turc, égyptien, chinois, voire aztèque ? On l'a dit, le monde bouge partout et en tous sens, les nuits sont mille et une, et pas seulement d'Orient ; et les Indes, galantes ou pas, sont d'ouest aussi bien que d'est. Alors ?

Alors, la meilleure référence est le merveilleux récit de voyage ou, mieux, d'entreprises, publié naguère par le chevalier Jean Chardin, bijoutier parisien fort estimé mais chassé, huguenot, de chez lui en 1685 et parti chercher (ou plutôt refaire) fortune en Orient, plus précisément en Perse. Pays qu'il a peut-être choisi parce que le royaume d'Ispahan est de religion chiite – communauté religieuse persécutée dans les pays voisins et qui est à l'Islam majoritaire, sunnite, ce qu'est la Réforme au catholicisme.

Cette espèce de journal de voyage, qui est, plus encore, le témoignage d'une vie, est un livre miroitant, d'une sagesse si simple, si chargée de matière qu'il fait penser aux notes de voyage de Montaigne dans l'Europe de 1580. Et sa morale est simple : que si l'Européen, en Perse, ne voit et ne vit que sur un mode radicalement différent, il est clair qu'il n'y trouve rien qui ressemble à la barbarie, qu'il y découvre un renversement de sagesse et de culture incitant non au mépris, à la peur ou au rejet, mais, par le raffinement de la réflexion et des agencements sociaux, à de savoureuses interrogations sur nous-mêmes... Toutes les *Lettres persanes* sont déjà là, en négatif...

Jean Chardin avait passé en Perse plus de dix ans, en deux séjours coupés de voyages en d'autres contrées d'Orient. Charles-Louis de Montesquieu ne semble pas avoir mené son enquête dans le Paris de la Régence pendant plus d'une dizaine de mois, des trois ou quatre qu'il y passa de la fin de 1716 au mois d'avril 1717, puis encore deux ou trois mois l'année suivante, puis de juin à la fin d'août en 1719 – son séjour de 1721 dans la capitale se situant après la remise du manuscrit et même après la publication de la première édition du livre, au printemps de cette année-là.

On a déjà mis l'accent sur le caractère autobiographique de ce livre. Il serait évidemment ridicule de voir dans la tragédie passionnelle qui bouleverse le harem d'Ispahan l'écho caricatural des tensions conjugales que connaît déjà le ménage des Montesquieu. Mais on est en droit de reconnaître, dans les étonnements et déboires de Rica et d'Usbek, le reflet de ceux que connaît, à Paris, le gentilhomme-vigneron...

L'auteur lui-même semble s'être plu à suggérer cette interprétation en faisant écrire par Usbek, qui est son double sublimé comme Rica est sa version rieuse, cette confession qui sonne un peu comme celle qu'aurait voulu pouvoir faire le président bordelais, se donnant une stature et des audaces qui furent plutôt des velléités :

> Je parus à la cour dès ma plus tendre jeunesse... mon cœur ne s'y corrompit point... Mais quand je vis que ma sincérité m'y avait fait des ennemis, que je m'étais attiré la jalousie des ministres sans avoir la faveur du prince [...] je résolus de la quitter. Je feignis un grand attachement pour les sciences et, à force de feindre, il me vint réellement. Je ne me mêlais plus d'aucune affaire, et je me retirais dans ma campagne[1]...

Faut-il voir là le jeune Montesquieu tel qu'il aurait voulu qu'on le vît, adulte ?

On peut aussi trouver un autre signe du caractère partiellement autobiographique des *Lettres* dans le souci de se voiler dont témoigne la publication. Qui dissimule-t-on, sinon soi-même ? D'autant que le camouflage est à double détente. Non seulement l'ouvrage est anonyme (et sa paternité longtemps niée, on le verra, jusqu'en des occurrences officielles...), non seulement la publication en est reportée à l'étranger, mais celui qui est déclaré ne serait pas le vrai : le livre se donne pour origine Cologne et pour éditeur Pierre Marteau, puis Amsterdam chez Pierre Brunel – alors que le premier éditeur, en cette dernière ville accueillante aux protestants émigrés fut, en mai 1721, Suzanne de Caux, veuve de Jacques Desbordes qui avait reçu le manuscrit des mains de l'abbé Duval, le premier des nombreux secrétaires de Montesquieu*. Ce n'est plus un masque, c'est une cagoule...

1. Lettre 8.
* Voir sur ce point le chapitre XI, p. 248.

Voilà bien des histoires pour faire paraître un ouvrage à vrai dire satirique, parfois même audacieux : mais nous sommes alors à l'apogée de cette Régence qui peut se résumer, on l'a vu, dans le mot d'ouverture. Prudente ? L'auteur ne manque pas, lui non plus, de circonspection, ne nommant aucune de ses cibles et décochant ses flèches avec autant de soin qu'en mettait Fénelon dans *Télémaque*, publié en des temps plus périlleux...

Il est vrai que jusqu'en 1715, date de la mort du vieux roi, la censure était rigoureuse, que de lourdes amendes étaient infligées aux auteurs d'ouvrages « subversifs » ou supposés contraires aux bonnes mœurs : ils pouvaient encourir la prison, l'exil, voire les galères... Les censeurs n'étaient pas incultes, ni le plus souvent incompétents : mais ils étaient « aux ordres » du pouvoir. Et les autorités religieuses pouvaient encore ruiner, en chaire, les réputations, et conduire un ouvrage à l'Index, ce qui était le priver d'existence en « pays chrétien ». La mort de Louis XIV fit espérer plus de liberté d'expression. Mais le « Code de la librairie » restait en vigueur, aux mains des hommes d'ordre... Publier en 1721 un texte aussi irrévérencieux que celui des *Lettres persanes* pouvait exposer, sur ce plan comme sur d'autres, à quelques ennuis.

Le livre de Montesquieu paraît à une époque où le pouvoir se laisse harceler de coups de toutes sortes, où le régent Philippe est la cible favorite d'un féroce pamphlétaire nommé Lagrange-Chancel – auquel ce prince témoigna, dans l'épreuve, une longanimité digne d'estime, faisant parvenir quelques subsides au libelliste exilé pour l'avoir combattu. Notre magistrat ne risquait pas la Bastille qui attend encore Voltaire, ni la moindre poursuite. Disons que ses camouflages et dénis relèvent de la décence mondaine plus que de la prudence politique, et que c'est sa tranquillité professionnelle et familiale qu'il tint alors à sauvegarder.

Si fameux soit ce livre surgi dans l'anonymat, on se donnera le ridicule d'en rappeler en quelques phrases l'économie générale, tant elle est singulière, aussi baroque qu'une comédie de Shakespeare – il est vrai plus laborieuse. Deux Persans donc, Usbek et Rica, l'un grand seigneur et l'autre beaucoup plus jeune, peut-être quelqu'un des siens, se retrouvent à Paris dans les dernières années du règne de Louis XIV et le début de la Régence. Le premier a dû quitter son pays où son zèle réformateur lui a valu l'inimitié de la Cour – non sans y laisser un harem où les eunuques parviennent de moins en moins à maintenir l'harmonie. Au point que, revenu en hâte pour la rétablir, Usbek ne retrouvera que trahison et discorde.

On reviendra sur la dimension romanesque et dramatique du récit. Ce qui étonne, à relire ces *Lettres* dont on a gardé surtout le souvenir de quelques morceaux fameux sur les mœurs de la Régence, les ridicules du clergé ou des scandales financiers, c'est l'acharnement que met Montesquieu à soutenir l'intrigue orientale, et même à s'efforcer d'en préserver la crédibilité plus ou moins sociologique.

On croit que l'auteur va se débarrasser assez vite de la fiction orientale pour se consacrer à l'essentiel, la satire du temps et du lieu. Non : le Régent et John Law sont bien là, par allusions transparentes, comme les jésuites et les jansénistes, les coquins et les coquines. Mais l'auteur n'en revient pas moins constamment à Ispahan, à ses ruses, à ses drames, et semble plus attiré par les conflits du harem que par les intrigues qui font alors de Paris une scène dramatique d'une incomparable saveur – bien qu'elle n'ait trouvé pour l'animer ni un Molière, ni un Hogarth, ni un Beaumarchais.

Pris entre sa verve d'observateur des mœurs parisiennes et son rêve d'Orient, le magistrat bordelais donne enfin le pas aux étrangetés parfois cruelles de la Perse de Chardin – une Perse revue et corrigée par une certaine tradition de la « turquerie ». Non plus bouffonne comme au temps du *Bourgeois gentilhomme*, mais implacable, et qui se réfère à une autre veine dramatique.

J'ai pour ma part toujours été surpris par la rareté des références faites à *Bajazet* par les historiens et critiques des *Lettres persanes*. Non parce que les deux héroïnes portent le même nom de Roxane, mais parce que les deux œuvres mettent l'accent, et avec une violence emportée, sur une donnée toujours négligée : que la honteuse dépendance où est contrainte la femme orientale dissimule un pouvoir décisif. Que l'une et l'autre Roxane finisse dans son propre sang n'empêche que la décision, la révolte, l'arrêt de mort auront dépendu d'elles, du despotisme de l'un, de la révolte de l'autre.

Il est vrai que le goût de Montesquieu, en dépit (ou à cause ?) des *Plaideurs*, le portait moins vers Racine que vers Corneille, qu'il a splendidement pastiché dans le *Dialogue de Sylla et d'Eucrate*. Mais les *Lettres persanes*, moins fidèles à la texture du grand prédécesseur, peuvent être tenues pour un hommage fervent et nostalgique au premier des chefs-d'œuvre inspirés par l'Orient à notre littérature.

Il est un autre aspect de ces *Lettres* qui ne laisse pas d'étonner – en tout cas l'auteur de ce livre : c'est l'extraordinaire importance donnée au rôle, à la condition, on dirait mieux à la tragédie des eunuques. Revenons un instant à Valéry : dans la conclusion de son éblouissante évocation du livre de 1721, l'auteur de *La Jeune Parque* fait observer que Montesquieu s'attache « aux représentants de deux espèces humaines à la vérité fort dissemblables : les jésuites et les eunuques. Les jésuites s'expliquent assez [...] mais qui m'expliquera tous ces eunuques ? Je ne doute pas qu'il n'y ait une secrète et profonde raison de la présence presque obligée de ces personnages si cruellement séparés de bien des choses – et en quelque sorte d'eux-mêmes [1] ».

Fort bien. Mais quelle serait, s'agissant de Montesquieu, la « secrète et profonde raison » qui lui ferait si souvent mettre en scène ces personnages « séparés d'eux-mêmes » ? L'intrigue, le harem appellent leur présence ? Certes. Mais pourquoi sur ce ton intense, pathétique, dans une lumière à ce point phosphorescente, « héroïsante », que les responsables de la collection « Folio » ont mis en exergue* le personnage de Cosrou, l'eunuque blanc amoureux de Zélide, comme pour en faire le héros de l'ouvrage ? Épisode bouleversant à coup sûr, l'une des plus belles inventions de l'auteur. Mais si bouleversant, précisément, qu'il ne peut manquer de retenir l'attention du biographe, tenté de rechercher la raison « secrète » (selon Valéry) de cette mise en scène.

Montesquieu s'est longuement décrit et présenté, dans ses *Pensées* ou ailleurs, et pas toujours sous le jour le plus indulgent. Il n'a pas dédaigné d'évoquer ses rapports avec les femmes – parlant surtout de la brièveté de ses liaisons – ou de la façon d'en prendre congé. Mais il

1. *Variété II*, *op. cit.*, p. 67.
* Lui consacrant la décisive « 4e de couverture », celle que lit l'éventuel acheteur...

s'est bien gardé d'imiter, sur le sujet, son cher Montaigne, dont on sait avec quelle verve intarissable il raconte et explique pourquoi et comment ses innombrables relations avec les dames de son siècle furent trop tôt interrompues – allant, dans l'ordre anatomique, jusqu'à frôler l'indécence, mais non certes la jactance !

À propos de Charles-Louis de Montesquieu, on est moins éclairé. Mais on ne peut qu'être charmé par la façon qu'il a de parler des « eunuques [qui] goûtent avec les femmes une sorte de volupté qui nous est inconnue. [...] Que la nature [...] a des ressources qui réparent le désavantage de leur condition ; qu'on peut bien cesser d'être homme, mais non pas d'être sensible ; et que dans cet état, on est comme dans un troisième sens, où l'on ne fait, pour ainsi dire, que changer de plaisir... ». Que cela est bien dit ! Mais « dit » ou « avoué » ?

Nous verrons, au chapitre suivant, que le magistrat bordelais n'eut pas trop à se plaindre des dames, plus ou moins vertueuses. Mais la passion qu'il met, bien au-delà de l'honnêteté sociologique ou du souci de véracité, à évoquer la condition de ces malheureux et surtout à dissocier le désir sexuel du sentiment amoureux, incite à trouver que Paul Valéry, qui ne cessa lui-même de porter le plus vif intérêt à ces choses, fut peut-être bien inspiré en décelant ici la présence de quelque chose à la fois de « secret » et de « profond ».

Faut-il le dire ou le redire ? L'accueil fait aux *Lettres* du magistrat bordelais fut triomphal, au point de rendre très vite inopérante la stratégie de camouflage par lui choisie. En peu de mois, et quelque prudence qu'il choisît de garder, Charles-Louis devint d'autant plus l'« auteur des *Lettres persanes* » qu'il prétendait moins l'être : rien de plus alléchant, aux yeux du public, que le mystère et le masque, et surtout que le sentiment d'être parmi les « initiés ».

Quelque temps avant la publication, Montesquieu avait communiqué son manuscrit à son ami le R. P. Desmolets. « Pensez-vous que cela se vendra ? » demandait le président-écrivain à cet ecclésiastique avisé – qui répondit d'emblée : « Comme du pain* ! » Dans ses *Pensées*, Montesquieu, d'ordinaire fort réservé quant à ses livres, rapporte que « les *Lettres persanes* eurent d'abord un débit si prodigieux que les libraires de Hollande mirent tout en usage pour en avoir des suites. Ils allaient tirer par la manche tous ceux qu'ils rencontraient : "Monsieur, disaient-ils, faites-moi des lettres persanes"[1]… ».

La première manifestation d'existence publique de l'ouvrage est la mention qui en est faite, sans commentaire, à la fin d'avril 1721, par le registre de la censure parisienne, à la rubrique des ouvrages « publiés à l'étranger »… Quelques semaines plus tard, il en est fait mention dans les *Lettres historiques relatives à ce qui se passe de plus important en Europe* ; et dans la *Bibliothèque ancienne et moderne*, Jean Leclerc saluait le mérite d'un auteur soucieux de « préserver ses compatriotes de préjugés ».

Dans sa préface à l'édition des *Pensées*, Louis Desgraves assure que la diffusion des *Lettres persanes* a aussi bénéficié du réseau de relations que les calvinistes avaient établi en Europe par l'intermédiaire des libraires et des revues littéraires. Car si les « réfugiés » regrettaient que l'auteur ait « diffamé la religion », ils lui empruntaient là des arguments contre le roi de France et le pape[2]…

En fait, la carrière des *Lettres persanes* donna raison au judicieux Desmolets : le livre se vendait effectivement « comme du pain » et enchanta aussi bien les privilégiés qu'une petite bourgeoisie en ascension. Il fallait l'avoir lu, dans les milieux de pouvoir comme autour des boutiques. Et quoi qu'il fît, et toutes ses coquetteries, simulations et prudences aidant, Montesquieu fut désormais « l'auteur des *Lettres persanes* comme Corneille celui du *Cid* et Racine d'*Andromaque* » (Pierre Barrière)[3].

En fait, sa correspondance elle-même est comme expurgée de références à cet événement majeur de sa vie, qui change totalement son statut social, lui ouvre la porte des salons les plus fameux et fait de notre Gascon gasconnant, mi-Rica, mi-Usbek, le plus « Parisien » des auteurs – après Fontenelle et en attendant Voltaire… Quel art, quelle

1. *Pensées*, 2033.
2. *Op. cit.*, p. 27.
3. Pierre Barrière, *op. cit.*, p. 237.
* L'anecdote a pour unique origine – contestable – l'abbé Guasco…

discipline du secret ! C'est quasiment en post-scriptum d'une lettre du 26 septembre 1721 à son ami et allié Jean-Baptiste de Caupos qu'on trouve enfin une allusion à cet ouvrage : « On me mande de Hollande que la seconde édition des *L. P.* va paraître avec quelques corrections[1]. »

Cette édition – qui sera de nouveau domiciliée faussement « à Cologne, chez Pierre Marteau » – comporte dix lettres de moins que la première, trois nouvelles ayant été ajoutées. Ce qui suppose une autocensure. Compte tenu, déjà, des ambitions académiques ? Par prudence par rapport à l'épiscopat ? Ou plutôt pour ménager ses lecteurs protestants – qui veulent bien qu'on raille Rome et le grand roi, mais pas la Trinité, dans le pays qui accueille et publie l'ouvrage ?

Bref, allégées ou non, les *Lettres persanes*, en leur grâce railleuse, illuminent une société où vient de mourir Watteau mais où Marivaux fait déjà jouer son *Arlequin*, où s'ouvrent le club de l'Entresol et le salon de la duchesse du Maine, où Couperin propose l'*Apothéose de Lully* et où paraissent enfin, après un demi-siècle d'attente, les *Mémoires* du cardinal de Retz.

La grâce, ou la force critique ? Sinon la verve romanesque ? Que retenir d'abord de ces *Lettres* qui, venues de Gironde en passant par Ispahan, firent quelque bruit ? S'agissant de la grâce, Valéry a tout dit, sur quoi on ne reviendra pas. L'acide ? On serait tenté de le trouver aujourd'hui un peu éventé, parce qu'il attaque un régime qui nous fait, avec ses roués et ses fripons, moins horreur que les cagots, les dragons et les censeurs qu'ils avaient, depuis 1715, supplantés.

Mais attention. Si la police du Régent et de l'abbé Dubois est à coup sûr moins redoutable que celle des Le Tellier et d'Argenson de naguère, le système de pouvoir social qu'arment encore l'Église catholique, l'armée, la vieille noblesse, en recul mais encore en place, tient

1. *Correspondance*, 13.

beaucoup de clefs en main. Au surplus, les risques que prenait le président de Montesquieu n'étaient évidemment pas de se voir jeter à la Bastille, mais de ruiner ou de miner sa position socio-professionnelle, ses ambitions politiques, et de s'aliéner un monde religieux auquel appartenait la majorité des membres d'une famille où bruissaient les soutanes.

De ce point de vue, les lettres de Rica et d'Usbek, nos deux Persans à l'accent girondin, crépitent d'audaces que celles, ultérieures et plus voyantes, de Voltaire et de Diderot ne doivent pas faire sous-estimer. Un peu brouillés par les échos, ici entendus, de la querelle ranimée autour du jansénisme par l'affaire de la bulle *Unigenitus* (Montesquieu, on l'a vu, donne tort au jansénisme sur le fond, à l'Église romaine sur la forme), les propos tenus dans la fameuse Lettre 24 (de Rica à Ibben) auraient eu, moins d'un siècle plus tôt, de quoi faire monter leur auteur sur le bûcher. Passe encore que le magistrat girondin se moque du roi de France, ce « grand magicien » qui « guérit ses sujets de toutes sortes de maux en les touchant, tant sont grandes la force et la puissance qu'il a sur les esprits » – mais voici qui va plus loin :

> … il y a un autre magicien plus fort, qui n'est pas moins maître de son esprit qu'il l'est lui-même de celui des autres. Ce magicien s'appelle le Pape : tantôt il lui fait croire que trois ne font qu'un, que le pain qu'on mange n'est pas du pain, ou que le vin que l'on boit n'est pas du vin ; et mille autres choses de cette espèce*…

Des propos aussi « impies », à propos de la Trinité, de l'incarnation, des sacrements, il s'en tenait dans quelques caves romaines ou tripots parisiens du temps de Saint-Évremond et de ses « libertins », et bientôt Voltaire en fera des merveilles, avant Diderot, Michelet, et les politiciens radicaux de la IIIe République. Au temps de Montesquieu, on ne risquait plus le bûcher pour cela comme sous Giordano Bruno**, ni même le cachot : mais le parti dévot restait sur le qui-vive***. Et c'est

* Et dans la lettre 29, le même Rica écrit « le Pape est une vieille idole que l'on encense par habitude… ».

** Savant moine italien envoyé en 1600 au bûcher à Rome par l'Inquisition pour panthéisme.

*** En 1766 encore, le chevalier de La Barre sera supplicié pour insulte au crucifix.

l'heure où le cardinal Fleury accède aux plus hautes charges. Le nouveau Premier ministre, ancien précepteur du roi, n'est pas Torquemada. Mais il regarde vers Rome : nous le retrouverons à l'œuvre.

Si dures qu'aient été les critiques que lui valurent ses insolences jusque dans sa famille, Montesquieu attendra plus de trente ans pour présenter, dans un projet de préface à la réédition des *Lettres persanes* daté de 1754*, une défense dont le bon sens n'épuise pas le sujet, faisant alors valoir qu'en parlant de la religion catholique, ces Persans ne devaient pas paraître plus instruits que lorsqu'ils parlaient des coutumes ou des usages ordinaires de la nation, et qu'il lui fallait les représenter pleins d'ignorance et de préjugés...

Fort bien. Tel est le droit du romancier. Mais le fait est que ce texte, imprimé à l'étranger, en pays protestant, fut reçu et lu par un milieu où l'irrespect se voilait encore, pour ces choses, d'une vague révérence. Selon l'historien Jacques Solé, ces passages des *Lettres* furent reçus comme autant d'échos « du *Dictionnaire philosophique* de Pierre Bayle à l'usage des gens du monde[1] » – et d'autant plus pernicieux que donnant mille grâces aux défis austères du philosophe réfugié aux Pays-Bas.

Il faut que le charme fût bien grand, et que le nouveau pouvoir incarné par le Régent et Dubois eût bien hardiment ouvert les voies à la liquidation de l'autocratie cléricale, pour que le monsieur de La Brède ne fût atteint que par les reproches intimes qu'on a évoqués... Et qu'en revanche sa notoriété prît d'un coup, et en partie grâce au masque qu'il a choisi de porter pour un temps encore, éclatante.

On parle moins de son accent vigneron, ou des sabots qui semblaient l'empêtrer naguère. Quelle grâce a donc ce Persan persifleur, ce jeune magistrat surgi des vignes, mince, l'œil bleu, la démarche vive ? Voici un homme dont la fortune – dont la légende – est faite... Il est désormais, à trente-deux ans, l'un des hommes de son temps.

D'autant que le vent de l'histoire, qu'il a mieux accompagné que précédé, le pousse. Il est assez rare qu'un « intellectuel » se trouve accordé à un pouvoir qu'il n'a pas contribué à « porter sur les fonts » par quelque manifestation écrite ou orale. Mais il se trouve qu'émer-

1. *La Régence*, Paris, 1990, p. 126.
* Voir le chapitre XV, « L'imagination des nuages... ».

geant à la vie publique sitôt que la mort du vieux roi vient de sacrer Philippe d'Orléans, Montesquieu, libéral-né, se trouve spontanément accordé à cette phase d'ouverture.

Les *Lettres persanes* constituent, en leur partie « française », moins un reportage d'actualité qu'une chronique rétrospective des derniers chapitres du règne qui s'achève. Leurs flèches les plus acérées visent le despotisme en cours d'affaissement, avec son allié le cléricalisme. C'est le système du vieux « magicien » que Montesquieu cloue au pilori – sans que soit épargné pour autant le pouvoir cynique qui lui succède.

Mais si l'auteur des *Lettres* ne cache pas le peu d'estime qu'il porte au Premier ministre – à l'époque de la publication du livre, il s'agit de l'abbé Dubois, fait cardinal peu avant sa mort en 1723 et dont il ne s'est pas donné la peine de considérer les heureuses audaces diplomatiques, conformes à ses propres vues –, il trace un portrait scintillant du Régent, qu'il a choisi de peindre sous le nom d'Alcamène dans ses *Lettres de Xenocrate à Phérès* publiées en 1723, peu après la mort de ce prince. Qu'on en juge :

> Alcamène est né avec un génie supérieur... Il a un certain goût malade qui le porte à se montrer pire qu'il n'est [...] Il a pour les hommes un souverain mépris ; il croit aux talents, et il ne croit pas aux vertus [...] Au lieu de cette gêne qui régnait, il a mis une certaine facilité dans le commandement [...] qui fait qu'on aime encore mieux lui obéir [...] Il se joue du travail des politiques : ses saillies sont ses principes ; ce qu'ils méditent, il le rencontre ; un instant lui donne tout ce qu'ils ont réfléchi [...] Avec ce sublime esprit, qui fait les grandes vertus et les grands crimes, Alcamène pourrait être un homme funeste, si le cœur ne réparait en lui le défaut des principes. Mais le cœur le domine tellement qu'il ne sait ni refuser, ni punir : tombant rarement dans les inconvénients en faisant le mal, il s'y jette sans cesse en faisant le bien[1]...

(On peut penser bien des choses du régent Philippe : mais on lui doit quelque reconnaissance d'avoir servi de modèle à cet admirable portrait – que l'on ne se console pas de ne citer que par fragments, et qui est l'un des joyaux de cette veine psycho-historique où Roger Caillois voit le meilleur du génie de Montesquieu.

1. *Lettres de Xénocrate à Phérès*, La Pléiade, tome 1, p. 513-516.

Quel auteur a jamais mieux traité des *Lettres persanes* que celui qui nia si longtemps avec si peu de vraisemblance en être l'auteur? Quelque vingt ans plus tard, il parlera avec amertume des déboires et mésaventures qui lui avait valu son expédition fictive au pays des *mollah*. Évoquant l'un de ses avatars dont la description fait la trame de cette épopée comique de la métempsycose qu'est *Histoire véritable* (après avoir été éléphant, courtisane ou charlatan, le voici écrivain...).

> ... Dans cette vie-là, je fis un livre. Mon ouvrage eut un grand succès, et non pas moi. J'avais de l'esprit, et, avant cela, on me jugeait propre à tout; mais lorsque j'eus fixé le jugement du public sur un talent particulier, on ne me jugea plus propre à rien. J'avais été jusque-là ami de tout le monde. Mais bientôt j'eus une infinité de rivaux et d'ennemis qui ne m'avaient jamais vu, et que je n'avais jamais vus aussi. Il me fut impossible de me réconcilier avec tous ces gens-là...
> On voulait m'avoir dans les sociétés, et on me donnait l'emploi d'y être agréable, ce qui m'affligeait beaucoup. On ne voulait jamais que je dise une sottise quoique tous ceux qui étaient autour de moi prissent d'étranges libertés à cet égard... Des gens soutenaient que je n'avais pas fait mon livre; l'envie est si sotte qu'elle ne comprenait pas qu'elle ne gagnait rien par là; si ce n'était pas moi qui l'avais fait, il fallait bien que ce fût un autre. Enfin, ce malheureux ouvrage me tourmenta toute ma vie, et, soit qu'on le louât, soit qu'on le blâmât, j'en fûs toujours embarrassé[1].

Comment dire plus joliment, sur soi, de plus jolies choses, et plus pénétrantes, fussent-elles inégalement fondées? Car dénier à un auteur la paternité d'une œuvre – qu'il a lui-même tenté de récuser – n'est pas vain : s'il est vrai qu'il fallut bien que quelqu'un l'eût faite, il n'est pas indifférent, ni pour lui, ni pour l'histoire des lettres, ni pour l'histoire tout court, que notre Charles-Louis, magistrat bordelais, en fût l'auteur.

1. *Histoire véritable*, Pléiade, I, p. 451.

La question allait se poser notamment, et de façon très publique, sept ans plus tard, lorsque ses amis, dont Fontenelle et la marquise de Lambert, poussèrent Montesquieu vers l'Académie française, au fauteuil délaissé à regret par Louis de Sacy, auquel on devait un rassurant *Éloge de l'amitié*.

Il était évident que l'auteur du livre le plus éclatant publié en français depuis le début du siècle avait sa place parmi les Quarante, pour peu qu'il le souhaitât. Mais ledit livre contenait, outre celles qui égratignaient la couronne et l'Église, quelques pages où était moquée l'illustre compagnie. Au surplus, il n'est pas de candidature d'homme de talent qui ne suscite une brigue adverse.

L'avocat Mathieu Marais, qui se voyait fort bien dans le fauteuil de Sacy, fit alliance avec le puissant jésuite Tournemine (ce nom, et pour un jésuite !), le directeur du *Journal de Trévoux* qui n'était pas un sot mais ne représentait pas la tendance la plus éclairée de la Compagnie, pour faire valoir que l'Académie ne saurait accueillir un aussi mauvais esprit. Passe encore de critiquer la religion, mais des évêques ! La cabale s'organisa sur un thème ingénieux : ou bien « le Gascon » est l'auteur des *Lettres persanes*, et cet ennemi de l'Académie et de l'Église n'a pas sa place parmi les Quarante, qu'il a raillés. Ou bien il ne l'est pas – et alors qu'a-t-il donc écrit ? Eh…

Mieux : Marais et ses affidés, qui avaient associé à leur cabale le prestigieux abbé d'Olivet, firent le siège du cardinal Fleury, Premier ministre qui, ayant été le précepteur du roi, avait son oreille et disposait de ce fait d'un droit de veto sur les candidatures à l'Académie. Comment un prince de l'Église pourrait-il souffrir d'y voir siéger un aussi pernicieux contempteur de la religion ? D'abord ébranlé par quelques extraits des *Lettres persanes*, le cardinal, qui n'était pas une bête, accepta de recevoir Montesquieu – lequel ne manqua pas de laisser planer un doute sur la paternité des *Lettres* (il est des situations où même les honnêtes gens…). Bref Fleury qui était, lui, languedocien leva d'autant mieux l'hypothèque qu'il venait d'apprendre que le jeune roi s'était fort diverti à la lecture de quelques railleries de Rica ou d'Usbek.

Si elle ne fut pas ruinée par ses persiflages orientaux, la réception sous la coupole de notre magistrat de Gironde, le 5 janvier 1728, lui valut une assez cruelle leçon, peu banale en ces occurrences, administrée par le directeur en exercice de la Compagnie, un certain Malet. Faisant benoîtement valoir au récipiendaire que le « génie » qu'on avait décelé en lui avait servi à lui faire « attribuer des ouvrages anonymes », malgré sa « prudence » et ses « précautions », l'orateur (par quel diable inspiré ?) décocha à l'adresse du nouvel académicien cette flèche dont beaucoup ne se fussent pas relevés : « Il convient désormais de rendre au plus tôt vos ouvrages publics [en vue de] marcher à la gloire que vous méritez... »

Ricanements des conjurés hostiles : « Le tort ainsi fait au président, écrit l'abbé d'Olivet, ruine absolument sa réputation [...] La Compagnie a consenti à la flétrissure de ce fou... » Lamentation de ses amis : « Le président de Montesquieu a essuyé bien des traverses », gémit Mme de Lambert, sa « marraine ». « Tout ce qui s'est passé est bien à la honte de l'humanité... »[1].

Les Gascons passent pour avoir le sang chaud. Charles-Louis de Montesquieu, baron de La Brède, était dans une situation où l'épée que l'on porte, l'académique, ne fait pas le bretteur, fût-on d'Artagnan. Il reçut la leçon, en se jurant, gageons-le, qu'il ne se mettrait plus jamais en situation d'être ainsi sermonné... Il en resta meurtri – et beaucoup moins assidu aux séances du Quai Conti, où il ne pouvait manquer de surprendre certains sourires moqueurs, qu'à celles de la modeste Académie de Bordeaux.

Mais c'est ailleurs et autrement qu'il savoure déjà les fruits, parfois délicieux, de la gloire.

1. Louis Desgraves, *Chronologie critique...*, *op. cit.*, p. 154-155.

CHAPITRE V

De quelques dames, et luronnes

• « C'est un sexe bien ridicule... » • Jusqu'à trente-cinq ans ? • Au temple de Gnide • Princesse du sang... • Les deux Marie-Anne • Un accouchement inattendu • « Mille coups de poignard... » • Retour de flamme • La bagatelle...

Mince, l'œil bleu et la mèche blonde, taille bien prise, démarche vive, le président de Montesquieu (l'appelait-on jamais Charles-Louis, sinon dans l'intimité ?) est, du temps des *Lettres persanes*, vers la trentaine, un homme séduisant. Et pour si ridicule qu'il puisse d'abord paraître, son accent gascon n'a pas entravé la carrière de séducteurs fameux, comme Lauzun...

S'il n'épousa pas la cousine du Roi-Soleil, s'appliquant, lui, à charmer l'arrière-petite-fille du grand Condé, il est peu de dire que le seigneur de La Brède n'eut pas à se plaindre des dames, en amitié comme en amour. On n'en lit qu'avec plus d'effarement, de lui, cet aphorisme piteux : « C'est un sexe bien ridicule que les femmes[1] » (où l'on voit qu'au moment de laisser échapper une incongruité, un grand écrivain maîtrise moins bien son style...).

« Personne n'est exempt de dire des fadaises, écrit son maître Montaigne. Le malheur est de les dire curieusement[2] » (adverbe que les glossateurs traduisent par « gravement »). Aussi bien Montesquieu, bon lecteur des *Essais*, a-t-il pris soin d'écrire en tête de ses cahiers – publiés un siècle et demi plus tard sous le titre *Mes pensées** qui n'en

1. *Pensées*, 2219.
2. *Essais*, III, 1.
* Voir le chapitre XV.

exprime pas le caractère souvent anecdotique, où le désinvolte côtoie l'admirable : « Je me garderai bien de répondre de toutes les pensées qui sont ici [...] Je n'ai pas eu le temps de les réfléchir[1]... » Comment répondrait-il en effet de cette « fadaise » à propos des femmes, celui qui fut si bien l'ami de Mme de Lambert et de Mme de Tencin, même de Marie du Deffand, et l'amant de quelques autres que nous verrons, point médiocres, et dont la correspondance témoigne des plus vives ardeurs ? Traduites parfois de la plus singulière façon...

Dans l'une de ses *Causeries du lundi*, Sainte-Beuve rapporte que lorsqu'il fut accueilli à La Brède, le premier, pour étudier les manuscrits du grand homme, M. Lainé eut la surprise de découvrir dans le secrétaire qui n'avait pas été ouvert depuis sa mort « une masse de brouillons de tous ses billets doux. L'auteur du *Temple de Gnide* travaillait et raturait même ses billets doux... ». On verra que ni travail ni ratures ne furent vains...

Dessinant dans les premières pages de ses *Pensées* cette « sotte chose » qu'est, selon lui, son propre portrait, Charles-Louis de Montesquieu en vient très vite à ses rapports avec les dames, traités sur un ton de désinvolture un peu lasse où on retrouvera moins sa manière que celle, convenue, des gentilshommes du temps de Marivaux et de *L'Embarquement pour Cythère* :

« J'ai été, dans ma jeunesse, assez heureux pour m'attacher à des femmes que j'ai cru qui m'aimaient. Dès que j'ai cessé de le croire, je m'en suis détaché soudain[2]. » Propos que complète ou précise celui-ci : « Il faut rompre brusquement avec les femmes : rien n'est si insupportable qu'une vieille affaire éreintée[3]. » Avant d'examiner si notre président bordelais fut bien fidèle à ces principes, reprenons quelques

1. *Pensées*, 3.
2. *Pensées*, 213.
3. *Pensées*, 1084.

autres traits de ce *De l'amour* qui se distingue de celui de Stendhal en ce que le magistrat-écrivain a moins de titres à la mélancolie, en ce domaine, que l'écrivain-diplomate :

« J'ai assez aimé de dire aux femmes des fadeurs et de leur rendre des services qui coûtent si peu[1]. » « Quand on veut dire des sottises aux femmes, il ne faut pas parler à l'oreille, mais à l'imagination. » « Dans les affaires de galanterie, j'ai toujours pensé que celui qui était le plus sot (le plus dupe) jouait le plus beau rôle. » « L'amour ne révèle jamais les choses que l'extrême amitié a fait dire. » « Il est bien sûr que l'amour a un caractère différent de l'amitié : celle-ci n'a jamais envoyé un homme aux Petites-Maisons*. » Fort bien, cher Président : voilà qui sent son praticien, lucide et de bon cœur.

Mais il y a aussi des propos qui demandent qu'on les vérifie d'un peu près – ce que l'on fera. Ainsi ce « À l'âge de trente-cinq ans, j'aimais encore », d'une modestie un peu excessive. Trente-cinq ans ? On n'aura pas trop de mal à montrer que, passé la cinquantaine, le seigneur de La Brède n'avait pas renoncé à fléchir la plus illustre de celles qu'il entreprit de séduire – et nous avons vu sa vigilante épouse**, au temps où il achevait *De l'esprit des lois* (il a cinquante-trois ans), s'enquérir sans détour de l'état de telle ou telle de ses « affaires »...

Ce ne sont pas les liens du mariage (célébré à vingt-six ans) qui le retiennent bien fort sur cette voie. Parce qu'il ne voue à sa femme que des sentiments où l'estime l'emporte sur la passion comme l'enseignait, et par l'exemple, Montaigne ? Aussi parce que l'institution même du mariage ne paraissait au juriste, comme à l'historien, guère plus qu'une des procédures inventées par la plupart des sociétés humaines pour canaliser l'appétit sexuel et l'instinct (ou le souci) de reproduction.

Écoutons-le : « Une preuve de l'inconstance des hommes, c'est l'établissement du mariage qu'il a fallu faire. » « Dès que la pluralité des femmes est défendue, que le divorce avec une seule est aussi défendu, il faut nécessairement défendre le concubinage. Car qui

1. *Pensées*, 213.
* Où l'on enfermait les fous.
** Voir le chapitre III.

aurait voulu se marier si le concubinage eût été permis ? » « Ce sont les hommes qu'il faut encourager au mariage, et non pas les filles ; parce que la situation où elles sont les porte assez à se marier : l'honneur ne leur permettant de goûter des plaisirs qu'en commençant par le mariage... » (on aura goûté cet éloquent « en commençant par... » !).

Le mariage, donc, comme digue contre les débordements du sexe et comme antichambre de la volupté : ainsi le président gascon retrouve-t-il par des voies étranges un personnage qui ne faisait pas grand cas non plus de ce sacrement, Bossuet – auquel on a quelque peine à identifier l'admirateur passionné de Fénelon qu'était Montesquieu. Cette conception du mariage, en tout cas, n'était pas pour faire de l'auteur des *Lettres persanes* un mari très scrupuleux. Nous savons déjà qu'il ne le fut pas et qu'évoquant ce sujet, on parle volontiers de « dames », au pluriel.

À l'exclusion de toute autre forme de sexualité ? Nous sommes au temps de la Régence où, en ce domaine, les interdits avaient perdu beaucoup de leur rigueur. Dans une correspondance longtemps inédite, publiée en 1982[1], on lit une lettre du 18 septembre 1735 à lui adressée par son ami Bulkeley à propos d'un séjour du président à Chantilly, nichée de la très haute noblesse, où surgit cette question surprenante : « Avez-vous foutu* le prince ? » (lequel n'est pas nommé...). On peut n'y voir qu'une plaisanterie, émanant d'un gaillard qui fait alors la guerre en Allemagne...

Notons au surplus que si libérées que soient alors les mœurs, elles ne le sont pas tant que l'homosexualité cesse d'être cruellement pourchassée. On a retrouvé une lettre de mai 1726 où Montesquieu, tout libéral qu'il fût, écrit benoîtement qu'« on se prépare à faire un feu » d'un certain Chaufours, qui « tenait une maison où jamais femme n'entra, mais bien, dit-on, des évêques et des ducs... On va faire une chambre ardente contre les bougres de province... ». Voilà un ton où passe peu de compassion... Le fait est que ledit Chaufours monta bel et bien sur le bûcher, en place de Grève, le 24 mai 1726 – seul...

1. René Pomeau, « Correspondance inédite de Montesquieu », *Revue d'histoire littéraire de la France*, avril 1982, n° 2, p. 223.
* En toutes lettres...

On peut imaginer le petit seigneur-paysan de La Brède galopant, de ferme en moulin et de rège de vigne en bosquet sur les traces des bergères – comme Michel de Montaigne au bord de la Lidoire ou de la Dordogne, un siècle et demi plus tôt. Mais point n'est besoin d'imaginer le comportement de l'étudiant en droit dont nous avons cité une lettre à cette demoiselle qui se voit priée de lui accorder deux heures – sans quoi la vie ne vaudrait pas la peine d'être vécue...

Aussi précoce, Charles-Louis, que Michel qui ne se souvenait plus de son pucelage ? Les preuves manquent, et même les confidences... Disons que les présomptions sont fortes. Nous l'avons vu, à peine revenu à Bordeaux, en 1714, courtiser l'une et épouser aussitôt l'autre. Mais il nous faut attendre jusqu'en 1717 – il a vingt-huit ans – pour lire de lui un texte qui ouvre, clairement, une enviable carrière amoureuse, dès avant que la publication semi-clandestine des *Lettres persanes* lui donne la figure irrésistible du séducteur masqué.

C'est en janvier de cette année-là – où il passe à Paris les trois premiers mois, amorçant la rédaction des *Lettres persanes* que, dans le feu de son enquête sur les mœurs de la Régence, il écrit à une anonyme ce billet aigre-doux, où Rica eût découvert les principes d'une stratégie amoureuse quelque peu biaisée, à l'inverse de celle qui prévalait à Ispahan. La destinataire, donc, n'est pas nommée (janvier 1717) :

> C'est, Madame, un mouvement du cœur qui me fait prendre la plume pour vous écrire et vous assurer de la continuation je ne sais pas bien de quoi, car lorsqu'on est attaché aux personnes faites comme vous, on ne connaît jamais bien précisément si c'est amour ou si c'est amitié.
> Vous me marquez que vous prenez du goût pour la retraite : j'ai ouï dire que lorsqu'on commençait à fuir tous les hommes en général, on en aimait quelqu'un en particulier. Vous cherchez la solitude, vous êtes rêveuse, vous voulez vous entretenir avec vous-même : voilà toutes les marques d'une passion. Dieu vous garde d'être aussi malheureuse que vous le méritez dans cette occasion.

Il n'est pas possible d'imaginer rien qui approche de la beauté des derniers bals de ce carnaval.
Là, la princesse Flore avait bien des affaires;
Elle suivait l'amour dans ces lieux si charmants,
Et d'autant de rivaux menaçait ses amants
Qu'elle voyait de mousquetaires[1]...

(Jolie, non, cette chute ?)

Nous ignorons ce que répondit l'inconnue à ce fils de mousquetaire. Ce ne dut pas être très encourageant car, quelque temps plus tard, le jeune magistrat bordelais revint ainsi à la charge, sur un ton où perce l'amertume :

> Vous oubliez, Madame, l'essentiel : je veux dire me donner des nouvelles de votre cœur et de vos sentiments à mon égard; car, quoique je doive prendre condamnation sur certains articles très importants, il y en a de moindre conséquence que je ne voudrais pas négliger, et, quoique l'on ne soit pas de la grande faveur, on serait bien aise de conserver son rang, même dans le subalterne...

Subalterne, notre jeune président à mortier? Faut-il donc que la dame aime les mousquetaires...

Il ne faudrait pas croire que le baron Charles-Louis n'entretient alors avec l'univers féminin que des rapports de cette nature délicate, entre Marivaux et Watteau. Une lettre de la même époque, adressée à un ami (où son éditeur André Masson croit voir le maréchal de Berwick, ce qui rend le ton d'une audace surprenante), nous ouvre de tout autres perspectives :

> Madame de M. ira à la dernière messe. Je ne me mêle pas des intérêts des princes, mais je puis deviner vos vues. Je crois que vous ne réussirez pas dans votre entreprise. La dame a appris que vous la destiniez depuis plus d'un mois à un de vos milords, et, quoiqu'elle soit bien aise d'être f...* sur-le-champ, elle n'aime pourtant pas à être retenue d'avance, et ne veut pas qu'un autre dispose d'un cœur dont elle est si libérale[2].

L'emploi du mot « cœur », ici, est digne de Laclos, ou de Crébillon

1. *Correspondance*, 13.
2. *Correspondance*, 14.
* Cette fois-ci, en abrégé...

fils. Nous voilà assez loin des marivaudages antérieurs. Notre provincial se trouve ainsi mêlé (malgré lui ?) à une affaire qui, « dernière messe » ou pas, sent son entremetteur, et sa Manon Lescaut. Il habitera d'ailleurs bientôt, pendant ses séjours parisiens, à l'hôtel de Transylvanie où des Grieux et sa belle « plument » si bien les clients.

Nous ne retrouverons d'intrigue aussi faisandée ni dans les *Lettres*, ni même dans le *Temple de Gnide*. Mais on louera la conscience professionnelle de ce président bordelais qui s'est jeté dans les tourbillons du Paris de la Régence pour les mieux décrire à ses lecteurs d'Ispahan.

C'est le 3 avril 1724 que le châtelain de Montesquieu entama, si l'on peut dire, son hégire amoureuse. Non qu'il ait couru rejoindre alors à Paris quelque maîtresse impatiente, ou trop longtemps rétive. La marquise à laquelle il s'attachera bientôt n'est certes pas étrangère à ce voyage. Mais ils en sont encore aux approches furtives. Et rien ne permet de tenir pour un pieux mensonge à l'adresse de sa femme le motif déclaré de son départ pour Paris où il allait faire l'un de ses plus longs séjours, manquant même, à l'automne, ses chères vendanges de La Brède : c'est l'escorte faite à son fils Jean-Baptiste, confié non sans réflexion aux soins des jésuites du collège Louis-le-Grand, et plus précisément à son ami le R. P. Castel.

Si vertueux fût le mobile qui le conduisit alors à Paris, on ne saurait dire que la saison qui s'ouvrit alors fut, pour Charles-Louis, celle de l'abstinence : à trente-cinq ans (l'âge, nous l'avons vu, où il prétend situer le terme de sa carrière amoureuse), le président girondin entre, et pour deux ans, dans ce qu'il n'est pas abusif de qualifier de « saison des amours ».

Auteur des fameuses *Lettres persanes* – avec juste encore assez de mystère pour fouetter la curiosité des naïves –, le voici attendu à Chantilly où le duc de Bourbon, encore Premier ministre pour deux ans, flanqué de ses deux sœurs (dont la princesse Marie-Anne de Clermont), accueille le jeune roi. Puis à Belébat, près de Fontainebleau où la tribu des financiers Berthelot, tous anoblis jusqu'aux dents, qu'ils ont longues, reçoit les admirateurs innombrables de la marquise de Prie, fille du chef de clan et maîtresse du Premier ministre. Avouons qu'il aurait fallu être bien vertueux pour rester, en telle compagnie, le digne fils de cette Marie-Françoise qui, selon son mari, « n'aimait pas la bagatelle* ».

L'œil bleu de Charles-Louis se pose sur ces lieux enchantés de nymphes, qu'il va baptiser – si l'on peut dire – Gnide, cité grecque rivale de Paphos et de Lesbos, fameuse pour son temple de l'amour. C'est là que vont faire irruption dans sa vie deux femmes qui ne seront pour lui ni Laure – parce qu'il n'est pas Pétrarque – ni la princesse de Clèves – parce qu'il n'a pas le goût de la tragédie – mais qui, au midi de sa vie, lui inspireront des sentiments forts, et des lettres que d'aucuns peuvent imprudemment préférer aux *Persanes*…

On ne sait comment le Gascon aborda la princesse de Clermont. Sur quelque pelouse de ces jardins de Chantilly, le fameux « parc de Sylvie » dessiné par Le Nôtre ? Dans la belle bibliothèque de Condé ? (Elle lisait beaucoup.) En dansant le rigodon ? Le fait est qu'un soir, son brouillon achevé, recopié et soigneusement conservé, Charles-Louis fit porter à Marie-Anne de Bourbon, princesse de Clermont, arrière-petite-fille du grand Condé, sœur préférée du Premier ministre et, faute de reine, encore, quelque chose comme la première dame du royaume, le billet de lettre suivant** :

> Mademoiselle,
> … après vous avoir quittée, hier au soir, je voulus vous obéir, et faire des vers en votre honneur : mais il faut vous avouer que je n'en pus jamais venir à bout. Enfin je m'endormis, et je ne puis m'empêcher de vous faire part du songe que je fis.
> Je crus voir l'Amour dans l'état du monde le plus pitoyable. C'était à Cythère. Il vous appela mille fois, et vous ne répondîtes pas…
> … Il reconnut enfin vos traces ;
> Princesse, il ne s'y trompa pas
> Quand il vit les Jeux et les Grâces
> Qui marchent toujours sur vos pas.

* Selon d'autres lectures, « les bagatelles ».

** Dont la destinataire n'est pas spécifiée : mais le très savant et prudent André Masson lui-même tient pour assuré qu'il s'agit de Mlle de Clermont.

[...]
« Je vous aime plus que ma mère :
Cependant vous fuyez mes pas !
Sans moi que prétendez-vous faire
De tant de célestes appas ? »
Je vis que, promenant sa main,
Il badina sur votre sein ;
Mille baisers le parcoururent ;
Il aurait descendu plus bas*,
Mais mille grâces accoururent
Qui lui retirèrent le bras.
« Ce beau sein que j'ai fait exprès,
Je vais le percer de mes traits,
Dit pour lors Amour en colère,
Et bientôt, quoi que vous fassiez,
Je verrai le reste, ma mère,
En dépit que vous en ayez. »

Assurant qu'ainsi s'acheva « le plus joli songe qu'un mortel ait jamais eu », le tendre Montesquieu change soudain de ton et, avec une stupéfiante autorité, comme si le président ressuscitait en l'amoureux, déclare tout à trac : « Je vais, Princesse, vous parler raison » (le titre ainsi donné lève toute hésitation quant à la destinataire).

Et le voilà parti dans une solennelle mise en garde contre le mariage que le Premier ministre, son frère, projette alors pour la princesse, plus ou moins promise à quelque duc espagnol en vue de détendre les rapports entre Paris et Madrid assombris par la conspiration dite de Cellamare**, six ans plus tôt. Ainsi notre magistrat bordelais faisait-il la leçon à la princesse (il a trente-cinq ans, il est marié ; elle en a vingt-sept), la mettant en garde contre le mariage dès lors que « l'amour est toujours la victime qu'on immole sur les autels ». Mais de quoi se mêle-t-il ? À quel titre ? Et pour quelle raison ? La raison, la voici, tout emmêlée, masquée, contrefaite soit-elle :

* Ce vers a été coupé par le trop sage conférencier François Gebelin, auteur d'une conférence sur « La clef du *Temple de Gnide* », *Actes du colloque Montesquieu 1955*, Bordeaux, éd. Delmas, 1956, p. 87…

** Du nom de l'ambassadeur d'Espagne qui, avec la complicité de plusieurs des bâtards de Louis XIV, tenta de substituer le roi d'Espagne au Régent.

> Pour moi, depuis que je ne sais plus aimer, il me semble que mon âme n'est plus qu'un faible reste de celle que j'avais autrefois. Cependant je ne me plains point de l'amour, car, s'il m'avait laissé un cœur sensible, il m'aurait peut-être fait aimer si haut, qu'il m'aurait fallu mourir plutôt que d'avouer mon secret.

Dirait-on pas Chérubin ou Ruy Blas, ce Charles-Louis de trente-cinq ans qui passe d'un coup, en véritable amoureux, de l'outrecuidance à l'outre-humilité, « ver de terre amoureux d'une étoile… » ? Mais qui, s'agissant d'une aussi fine mouche que Marie-Anne de Clermont, a bien conscience qu'il se déclare, et sans trop de détours. En attendant la publication, bientôt, du *Temple de Gnide* que suivront – ou précéderont, selon les éditions – le *Voyage à Paphos** et *Céphise et l'Amour*, piécettes dans le même goût érotique et hellénistique qu'était supposée goûter Mlle de Clermont.

Ce qui reste en suspens, dans cette intrigue si bien conduite, ce n'est pas seulement sa conclusion, c'est sa date. Invité à Chantilly – par la grâce des Berthelot de Jouy, « main gauche » du pouvoir –, Montesquieu y fut accueilli, mais on ne sait si ce fut avant ou après l'accident de chasse qui coûta la vie au duc de Melun, amant très officiel de Marie-Anne de Clermont.

L'auteur des *Lettres persanes* se lança-t-il dans cette aventure du vivant de cet amant considérable – qu'elle avait peut-être même épousé en secret – avant son propre séjour à Chantilly, ou après la disparition de son puissant « rival » ? L'argumentation relative au mariage espagnol est-elle concevable si la princesse est encore l'heureuse maîtresse (ou la femme) du duc de Melun – dont nul ne peut ignorer la prépondérance… De quel droit – s'il en eut jamais – l'eût-il mise en garde, celui-ci vivant ?

S'il y parut probablement au début de juillet, avant le drame, ce n'est semble-t-il qu'en août que le magistrat girondin installé à Chantilly y déploya, auprès de l'éplorée, ses charmes de raisonneur amoureux. Quant à l'issue de sa démarche, on est bien en peine de l'évaluer. Le premier biographe de l'auteur de l'*Esprit des lois*, Louis Vian (1889), assure que la princesse de Clermont « fit la galante avec Mon-

* Dont l'attribution à Montesquieu est contestée notamment par Roger Caillois.

tesquieu » (p. 75). Formule assez vague pour être recevable : d'autant plus, nous le verrons, que dix ans plus tard…

Si l'intrigue avec la princesse reste pour nous ambiguë, ce n'est pas seulement de son fait à elle, à cause de ses amours, de sa grandeur : c'est aussi parce que notre Gascon ne se voue pas à cette seule poursuite, et qu'une autre proie, plus accessible, l'occupe fort elle aussi, et depuis plus longtemps. Marivaux étant alors à son apogée (c'est l'année de *La Fausse suivante*), on pense à lui, à quelque substitution ou chassé-croisé entre la princesse et, précisément, la « suivante ».

Le fait est qu'il s'agit d'une marquise, fille d'un maréchal de France, qui, suppléant la princesse, noue alors sa vie, pour quelques mois ou davantage, à celle du seigneur de La Brède. Nous verrons qu'avec elle, le ton se fera moins allégorique, et que le tutoiement prendra vite le dessus. Mais ce ne sont pas non plus des amours ancillaires…

Elle s'appelait (elle aussi…) Marie-Anne. Fille du maréchal de Matignon*, elle avait épousé six ans plus tôt le marquis de Grave, Languedocien de noblesse assez récente dont la famille avait été éloignée de la Cour pour s'être trop liée à Fouquet. Elle était elle-même fort en cour en tant que cousine de la marquise de Prie : on la disait même son « paravent », rôle clef des intrigues amoureuses dont la maîtresse du Premier ministre ne parvenait pas à se lasser…

Précisons que Marie-Anne de Grave, « paravent » ou pas, savait aussi donner de sa personne. Quand le jeune frère du duc de Bourbon, le petit comte de Clermont, ses quinze ans venus, souhaita se libérer de son pucelage, c'est la marquise qui se dévoua, faisant valoir que l'on ne saurait se refuser à un prince du sang – dût le marquis, son époux, en témoigner de l'humeur.

* Lui-même arrière-petit-fils du maréchal du même nom, compagnon de Montaigne, auquel il succéda à la mairie de Bordeaux…

Voici donc notre magistrat bordelais entraîné dans le cercle endiablé de cette *commedia dell'amore* dont Chantilly et Belébat sont les tréteaux fameux. Non content de soupirer après une princesse, le voilà aux prises avec une fière luronne, virtuose en intrigues, intelligente et cultivée comme en témoigne sa correspondance, et quittant le rôle de « paravent » de la maîtresse du Premier ministre pour celui de rivale de l'inaccessible princesse du sang.

Nous la savons très fine, spirituelle. Était-elle aussi belle que Clermont – dont on connaît un joli portrait, par Nattier, exposé à Chantilly ? Non, si l'on en croit le *Journal* de Mathieu Marais, cet avocat que nous avons vu concurrent de Montesquieu à l'Académie*, qui assure que la marquise de Grave « est la plus laide de toute la liste » à Chantilly. Une chanson de l'époque brocarde même une « Vilaine Grave, qui devrait bien se cacher[1] ».

On n'attachera pas trop d'importance à ces cancans : Montesquieu était homme de goût, et, même à cette époque, point assez mondain ou ambitieux pour s'afficher aux côtés d'un laideron bien en cour. On trouve d'ailleurs dans sa correspondance telle référence à la joliesse de son amie qui eût été incongrue, s'adressant à une personne disgraciée.

Il l'avait connue l'année précédente, à Paris, dans l'entourage de son ami Bulkeley, et lui avait donné par écrit des marques de son intérêt : moyennant quoi la marquise avait confié à cet ami commun qu'elle était « très sensible à cette attention ». Commentaire de Bulkeley : « l'absence n'altérera point le goût décidé qu'elle a pour vous ». Ainsi les étés de 1724 et 1725, de Chantilly à Belébat, furent-ils à la fois pour Montesquieu ceux de l'émerveillement provoqué par l'une et des retrouvailles avec l'autre…

Faut-il voir la preuve que la seconde affaire fut menée plus rondement dans deux billets adressés alors à une dame anonyme, où l'on ne peut résister à voir la marquise, sans en être assuré, bien sûr ? Si ce n'est pas le cas, s'il s'agit d'une autre, on peut dire que notre Charles-Louis, encore pour quelques mois président à mortier du Parlement de Bordeaux, est en passe de servir de modèle aux héros de Crébillon ou de Laclos.

1. « La clef du *Temple de Gnide* », *op. cit.*, p. 90.
* Voir chapitre précédent.

Mais non : la « Madame de » à laquelle sont adressés ces mots datés seulement de 1725 est assurément Marie-Anne de Grave :

> Je ne sais si je ne perds point le respect que je vous dois en disant que je vous embrasse de tout mon cœur. Si cela est, vous m'avez troublé la raison et m'avez empêché de prendre garde aux bienséances...

« Troublé la raison » de celui qui sera l'auteur de l'*Esprit des lois*... Bigre ! Mais la marquise va recevoir bientôt un témoignage plus flamboyant de la passion qu'elle inspire à Charles-Louis :

> Mon petit amour, jamais je ne t'ai tant aimée. Tu es plus à moi, [ce] me semble, que tu n'as jamais été, et tu tournes de [telle] manière mon cœur et mon esprit qu'il me semble que mon amour commence là où mon amour semblait être à son plus haut degré. Je n'ai pas cessé un moment de penser à mon petit amour.

Mais... Il y a un mais : il se trouve que, le 27 février 1725, Marie-Anne de Grave met au monde une fille, Marie-Nicole, dont jamais semble-t-il Montesquieu n'a revendiqué la paternité et qui semble avoir été le fruit de ce qu'on pourrait appeler une stratégie défensive du marquis de Grave, l'époux – assez mal ajusté, semble-t-il, aux mœurs de la Régence.

Quel que fût le sentiment que lui inspira cette nouvelle – recevoir d'une maîtresse à laquelle on vient d'écrire « Tu es plus à moi que tu n'as jamais été » l'avis qu'elle vient d'accoucher de l'enfant d'un autre, mari ou pas... –, le gentilhomme de La Brède se comporta non seulement en galant homme mais y mit une touche d'originalité. Peu de temps après le baptême de sa fille*, la marquise de Grave recevait ce curieux billet de son amant de Gironde :

« J'aime cette petite fille de tout mon cœur et rien ne me prouve plus avec quelle passion je désirerais en être le père, car naturellement** je n'aime pas les enfants. » Sans qu'aucune preuve puisse en être donnée, il est permis de penser qu'est alors achevée la phase à proprement parler passionnelle de la liaison entre Marie-Anne de

* Morte quelques mois plus tard.

** Le « naturellement » surprend. Il a aimé les siens, surtout la troisième, Denise.

Grave et Charles-Louis de Montesquieu, qui renaîtra, sous d'autres formes – comme l'amour qu'avoua le président bordelais à la princesse de Clermont.

Ce qui ne signifie pas que la relation entre la marquise et le président fut, comme le conseillait celui-ci, on l'a vu, « brusquement rompue ». Qu'il en ait pris conscience ou non, « éreintée » ou pas, l'affaire survécut un temps, au moins dans le cœur de l'écrivain, comme en témoigne cette lettre qui ne suit que de quelques semaines la révélation de la naissance de l'enfant de l'autre, suivie d'un long mutisme de Marie-Anne de Grave :

> Je pense et repense tous les jours à ce profond silence. La solitude où je suis entretient encore mes chagrins et ma profonde mélancolie. Des intérêts d'honneur et de famille m'attachent encore pour sept ou huit mois dans ce pays-ci* : je commence à sentir combien ce temps me va coûter cher.
>
> Ce sera la dernière lettre dont je t'accablerai : je ne te demande qu'une grâce, qui est de croire que je t'aime encore ; peut-être que c'est la seule chose que je puisse à présent espérer de toi.
>
> Mets au feu toutes les bagatelles que tu sais. J'ai juré de ne plus écrire de ma vie, puisque je n'ai pas réussi pour la seule personne du monde à qui j'aurais souhaité de plaire**. L'état d'incertitude où je suis me paraît plus rude que tous les malheurs que je crains. Je vous demande en grâce, Madame, de m'instruire d'une chose qui doit intéresser toute ma vie. La dernière lettre que vous m'écrivîtes était une lettre très tendre ; je la relus cent mille fois, et je n'aurais jamais soupçonné qu'elle dût être la dernière.
>
> Mon cher cœur, si tu ne m'aimes plus, cache-le-moi encore pour quelque temps ; je n'ai pas encore la force qu'il faut pour pouvoir l'apprendre. Ayez pitié d'un homme que vous avez aimé, si vous n'avez pas pitié du plus malheureux de tous les hommes.

(Certains mettent en doute la sincérité de Montesquieu dans le domaine affectif, et l'authenticité de ses élans, trop « littéraires » à leur goût. Le moyen, pour un écrivain, d'écrire mal parce qu'il souffre ?)

Charles-Louis dut attendre quelques semaines encore avant de rece-

* Le Bordelais.

** *Le Temple de Gnide* a paru quelques semaines plus tôt, et Montesquieu a appris par son ami le R. P. Desmolets que Mme de Grave, en fût-elle l'héroïne, n'en faisait pas grand cas…

voir cette réponse, où l'on ne peut se retenir d'admirer un ton de mélancolie assez digne du destinataire :

> À Paris, ce 24 juin 1725.
> J'ai des torts avec vous, Monsieur, si difficiles à réparer que je croyais qu'une entrevue ne serait pas trop bonne pour cela ; c'est ce qui m'empêchait de me justifier par lettre. Mais, ayant appris [votre] résolution de ne pas revenir si tôt à Paris, j'ai voulu vous écrire, premièrement pour vous assurer que je suis très fâchée de vous voir si courageux à demeurer en province, et ensuite pour vous prier de me conserver un peu de part dans votre souvenir et de m'en assurer de temps en temps par vos lettres. Bien entendu que je serai fort exacte à vous faire réponse, et que je ferai de vos lettres toute l'estime que vous savez que j'en fais depuis longtemps. [...]
> Venez vous consoler avec nous, car il vaut mieux s'affliger tous en commun qu'à deux cents lieues les uns des autres. Voilà mon conseil qui vous paraîtra intéressé et qui l'est en effet, puisque je désire fort de vous revoir ici et de vous assurer que personne n'est plus parfaitement que moi, Monsieur, votre très humble et très obéissante servante.

À quoi le président ne pouvait manquer de répondre, sur un ton aussi dégagé que possible, qui cache mal un très cruel dépit :

> Ce 15 juillet 1725.
> J'ai, ma belle dame, été surpris de recevoir une lettre de vous ; je ne l'ai point été de la trouver très jolie. J'ai cru vous entendre parler et voir ces petites façons que tout le monde aime tant. [...] J'avais été assez heureux pour que M. le marquis de Grave vous eût défendu de m'écrire. Mais l'ordre est tellement renversé que c'est moi qui suis jaloux de lui. [...] Je n'aurais rien à dire si je n'avais à me plaindre que d'un amant ; mais d'un mari, je ne sache rien de si piquant. Je vous conjure donc de prendre quelqu'un pour m'empêcher d'être déshonoré. Sinon, je sèmerai des bruits dans le public et je sacrifierai votre réputation à la mienne. Je ne vous demande plus de joies que je ne puis pas attendre ; je ne vous demande qu'un honnête prétexte à vos refus. Voilà, Madame, l'état des choses ; je crois les avoir mises au point. Du moins personne au monde ne vous honore plus que moi.

Vit-on jamais homme d'esprit moins capable de dissimuler son dépit : être trompé par un mari ! Au point de vouloir, à sa maîtresse, inventer des amants...

On retrouvera Marie-Anne de Grave dans la vie de M. de Montesquieu. Mais ces rencontres se placeront plutôt sous le signe de l'amitié – à la différence des retrouvailles, dix ans plus tard, avec la princesse de Clermont. Ce qui reste surprenant, dans les années où nous sommes – 1724-1725, pour simplifier –, c'est l'imbrication des deux histoires, si différentes qu'elles fussent dans l'esprit, le style, et sous la plume de Montesquieu.

Qu'on le veuille ou non, et ne serait-ce que du fait de l'aventure littéraire du *Temple de Gnide*, il faut nouer, au moins dans le temps, les deux liaisons avec « les » Marie-Anne : outre le piquant de l'affaire, les dissonances, les ruptures de ton et de style, elles forment l'idéale toile de fond d'une nouvelle *Comédie des erreurs* ou d'un autre *Jeu de l'amour et du hasard*, non sans avoir inspiré à Montesquieu une œuvre dont la relative célébrité est due à ses menues audaces érotiques, *Le Temple de Gnide.*

Dût-on faire assez peu de cas de ce bibelot que l'auteur devait traiter lui-même de « bagatelle », on y trouve un très savoureux et suggestif reflet de la « comédie de Chantilly » que nous avons esquissée plus haut – cette intrigue entre la Princesse, le Gascon et la Rouée, dans un décor hellénistique peuplé de déesses, d'éphèbes et de nymphes.

Il est bien clair qu'il s'agit d'un divertissement de salon où chacun doit bien se reconnaître – et dont l'héroïne, Vénus (fallait-il que Montesquieu fût imprégné de littérature latine pour dénommer ainsi, dans un soi-disant « manuscrit grec », Aphrodite !), ne saurait être que la divine princesse de Clermont. Mais Vénus, à Gnide, ne fait qu'apparaître. L'héroïne du récit, à proprement parler, est Thémire.

On a longtemps écrit que Vénus et Thémire ne faisaient qu'une, inspirées l'une et l'autre par Mlle de Clermont. Puis la publication de la correspondance de Montesquieu, dans l'édition d'André Masson (1955), braqua le projecteur sur Mme de Grave. Lors d'un colloque réuni à Bordeaux, à la même époque, François Gebelin soutint que Thémire ne saurait décidément être que la marquise. Comme il en va chez les vrais écrivains, l'auteur des *Lettres persanes* semble bien avoir composé son personnage des deux apports, peut-être d'autres. Au surplus, il ne s'agit que d'une silhouette gracieuse, à peine découpée dans un joli livre d'images – et non d'Hermione ou de Lady Macbeth… L'important, pour notre Gascon, était l'hommage rendu – que la princesse se vît en Vénus, et la marquise en Thémire.

Lire, après la lettre à Mlle de Clermont, ce qui advint à Thémire dans *Le Temple de Gnide*, donne un sentiment de déjà-vu. Qu'on en juge :

> Où croyez-vous que je trouvai l'Amour ? Je le trouvai sur les lèvres de Thémire ; je le trouvai ensuite sur son sein ; il s'était sauvé à ses pieds : je l'y trouvai encore ; il se cacha sous ses genoux, je le suivis, et je l'aurais toujours suivi si Thémire tout en pleurs, Thémire irritée ne m'eût arrêté.

N'est-ce pas à quelques mots ou tournures près, ce qu'écrivait Charles-Louis de Montesquieu à Marie-Anne de Clermont, un soir, à Chantilly* – à la différence qu'ici, ce ne sont pas les amours accourues, mais la pudeur de la dame qui arrête la main de l'audacieux... La princesse s'y reconnut-elle ? Peut-être y trouva-t-elle un mobile pour renouer, plus tard, avec l'entreprenant gentilhomme de Gironde.

La publication du *Temple de Gnide* fut l'occasion pour le magistrat girondin de renouveler la comédie, à vrai dire assez médiocre, de l'anonymat mal masqué. Si inférieur qu'il fût aux *Lettres persanes*, ce petit ouvrage, publié en mai 1725** (pendant la semaine sainte, ce qui aggrava le « scandale ») par l'éditeur Simart, remporta un vif succès, notamment parmi les « cordons bleus » (qu'on appellera plus tard les « bas-bleus »). Une lettre de son ami le père Desmolets datée du 23 avril décrit bien ce petit accès de fièvre littéraire et mondaine :

> La Cour est fort charmée de votre ouvrage, mais les savants ne sont point contents que vous ayez donné cela pour une pièce grecque et pour un poème ; d'autres m'ont dit que cela était très spirituel, que cela ferait honneur à un jeune homme, mais que [...] cela ne valait pas les *Lettres persanes*. Les uns disent qu'on sent partout un jeune débauché, d'autres que c'est un vieux routier en fait de débauche qui a composé cet ouvrage qui renferme, selon eux, les plus grandes obscénités, surtout dans la dernière pièce. Enfin j'ai vu des lettres de Bordeaux, dans lesquelles on assure que vous êtes auteur de cet ouvrage. Je vous dis tout ce que j'entends dire, sans vous rien déguiser, afin que vous preniez vos mesures là-dessus et que vous puissiez ou vous cacher ou vous découvrir selon que vous jugerez plus à propos [1].

1. *Correspondance*, lettre 67.
* Voir plus haut, p. 92-93.
** Une prépublication avait été faite quelques mois plus tôt dans la *Bibliothèque française*.

Montesquieu fut-il vexé de voir cet ouvrage placé si fort en dessous des *Lettres persanes* ? Le fait est qu'il crut bon de « se cacher » quelque temps encore, contre l'évidence – jusque dans une lettre à l'une des personnes les moins susceptibles d'être dupées, en maîtresse d'intrigue qu'elle était : Mme Berthelot de Jouy :

> ... Je ne suis point l'auteur du *Temple de Gnide* ; ce n'est pas que je n'eusse de la tendresse de reste pour cela, mais je n'en suis point l'auteur ; je suis bien fâché de ne le point être, car, puisqu'un homme comme Aristée* vous plairait, peut-être que celui qui aurait imaginé Aristée vous plairait aussi...

Pauvre comédie : ce monde-là ne lui sied décidément pas tout à fait, bien qu'il lui ait permis d'accoucher en lui un Autre fort séduisant en sa rouerie, animal de son siècle, fruit du milieu, du « climat », le Rica en Usbek, le Philinte en Alceste, le Narcisse en Sénèque – son double enfin, celui qui marche à ses côtés sinon en lui, comme il se doit de tout homme qui n'est pas réduit, dès l'adolescence, à sa momie ou à son masque du musée Grévin.

Mais nous allons le retrouver épris, notre Gascon, si évidemment qu'il ait passé les trente-cinq ans – terme, à l'en croire, de sa carrière amoureuse...

Pour celle-ci, nous en sommes réduits aux hypothèses. Qui était « la belle comtesse » qui prit la suite, en sa correspondance, de la princesse et de la marquise ? Et que l'on a trouvée mentionnée jusque dans une lettre de Jeanne de Montesquieu, son épouse, en 1742**, en un temps où, à cinquante-trois ans, le gentilhomme-fermier de La Brède n'a pas tout à fait renoncé aux délices de la galanterie ?

Les premiers mois de l'année 1726, qu'il passe à Paris, sont, pour le

* L'un des personnages du *Temple*.
** Voir le chapitre III, p. 58-59.

seigneur de La Brède, une nouvelle saison des amours. Nous disposons de quatre ou cinq lettres qui en témoignent – adressées à une « belle comtesse » plus mystérieuse que les deux héroïnes précédentes. Pierre Barrière[1] suggère qu'il pourrait s'agir de Jeanne-Thérèse de Barry, comtesse de Pontac-Belhade, qui de fait était belle, en relations plus ou moins mondaines avec le baron de La Brède – et appartenait au surplus à l'une des grandes familles de viticulteurs girondins, on l'a vu. Mais rien, dans la vie de cette dame, ne permet de lui attribuer les débordements qui feront le désespoir de Charles-Louis... Même observation à propos de Mme de Villerville, qu'il salue du titre de « belle comtesse » dans une lettre de septembre 1725. Mais le ton retenu dont il use avec elle n'est pas une preuve d'innocence : il savait passer de ce style à un autre, plus débridé...

On se résignera donc à laisser dans l'anonymat l'héroïne du drame qui va suivre – à laquelle il écrit quelques mois plus tard :

> ... Mon cher cœur, je ne cherche que les reproches et je voudrais que les moindres négligences fassent entre nous des affaires d'État... Je ne sais si je vous aurais assez dit hier combien je vous aime, combien je me donne, et combien je me sens à vous. Toutes les fois que je vous vois, toutes les fois que vous m'écrivez, il me semble que je vous aime davantage.
> Je vous remercie de ce que vous voulez bien travailler à me procurer les moyens de vous voir plus aisément, comme je vous remercie de mon bonheur [...]. Je ne vous ai rien dit ; vous ne me connaissez pas ; d'où vient que je vous aime ?

Voilà bien notre président harponné, et qui va s'enferrer encore, au plus profond, comme en témoignent encore les lettres suivantes (de mars à juin 1726) :

> J'ai été dans le dernier désespoir depuis que je vous ai quittée. J'ai craint et je crains encore que la personne que vous savez n'ait deviné et je me reproche toute la peine que cela vous peut faire. Pardonnez-moi jusques à mon amour. J'ai mille choses à vous dire ; avouez que j'ai été bien sot ; je n'ai jamais été si embarrassé de mon désordre et du vôtre, mais vous aviez encore de l'esprit, et moi je n'en avais plus. Je ne compte pas dans

1. *Un grand provincial...*, *op. cit.*, p. 149.

> ma vie et je ne daigne pas vous offrir les moments qui jusque à samedi [ne] sont rien, puisque je ne les passerai pas avec vous... Vous m'occupez entièrement, vous faites le tourment de mon esprit comme vous faites les délices de mon cœur. Adieu, Madame, je serais heureux si cette nuit... mais je parle inutilement de mes désirs et de mes regrets*...

Quelques jours plus tard, le ton s'exalte de nouveau :

> ... Je suis encore dans l'horrible état où nous étions quand nous nous séparâmes [...] Ton trouble te permit-il de t'apercevoir de tout le mien ? [...] Que je souffris ! Si j'avais pu, en te quittant, te bien peindre mon désespoir, j'aurais trouvé de la consolation à te faire voir que je ne suis pas indigne de ton amour. Je crains toujours de ne t'avoir pas fait connaître tout le mien. J'ai dit un million de fois que je t'aime avec fureur... Je voudrais mourir en te le disant !

Eh bien... Voici déjà, au-delà de Des Grieux, Saint-Preux ou Werther... Ainsi notre flegmatique président ouvre-t-il les voies à la sensibilité romantique.

Mais voici soudain – nous n'avons toujours ni le nom ni les dates – que l'orage survient. Lisez ceci, d'abord :

> J'ai des choses à vous dire, belle comtesse : voilà cinq ou six fois que vous refusez de me voir à l'heure accoutumée, sous divers prétextes que tout votre esprit ne me fera pas passer. Je vais demain à Versailles : la réponse à cette lettre me fera connaître au juste ce que je dois penser de vous et ce que je dois ordonner de moi-même. Adieu.

Aux questions qu'il se pose, qu'il pose, il obtient une réponse apparemment terrible, relative à la vertu, ou simplement peut-être à la réputation de la « belle comtesse ». (En cette société de la Régence, croyait-il avoir découvert Lucrèce, ou Mme de Clèves ?) Une amie, ou supposée telle, a répondu à ses questions, et de façon telle qu'il foudroie ainsi l'objet de sa passion :

> ... J'appris hier au soir** toute votre vie passée, c'est-à-dire que je reçus mille coups de poignard. J'en rougis pour vous, mais j'en rougis bien

* De ce que cette lettre se trouve incluse dans les *Pensées*, cet herbier « à tout faire », de bons spécialistes pensent qu'il s'agit du brouillon d'une fiction.

** La lettre est datée de mai-juin 1726.

plus pour moi qui ne pus m'empêcher de vous aimer, tout indigne que vous en êtes. Hélas, je me croyais le plus heureux de tous les hommes de vous posséder ; je vous trouvais de l'esprit, des agréments, un cœur aussi sensible que le mien ; et de tout ceci il ne me reste plus qu'une ombre, qu'une nuée, et le cruel désespoir de chercher sans cesse celle que j'ai aimée sans pouvoir la trouver. [...] Quand vous avez vu que je m'attachais à vous d'une manière si étrange, que ne me prépariez-vous peu à peu à mon malheur, et que ne m'ôtiez-vous, par des pressentiments, la cruauté d'une surprise qui vous a pensé faire perdre pour jamais celui que votre silence voulait se conserver ? Pourquoi m'aimiez-vous donc ? Était-ce pour me déshonorer ? Mais que dis-je ? Je me trompe toujours ; votre vie passée doit me faire comprendre que vous ne m'avez jamais aimé et si cela est...
[ici, une page arrachée]
... aime à la fureur [...] Je suis dans un désordre inexplicable ; je pars pour la campagne [1].

Le roi de France n'était pas si dolent ni pointilleux sur le passé des marquises et des comtesses dont il partageait la couche, en faisant les arbitres du royaume. Mais nous aimons chez notre héros ce beau ton de vertu, qui sent sa bonne province, et les principes qui prévalaient chez les Secondat (tant d'abbés, tant d'abbesses...). On aura le mauvais goût de rappeler que le mari berné ne l'est pas ici par sa femme – laquelle n'en peut mais...

Ce qui blesse, en cette affaire, c'est que le coup de poignard de la révélation vienne de cette Grave qui, pour avoir étrangement traité le baron de Gironde, ne s'en est pas moins jugée en droit de briser cette nouvelle liaison : c'est d'elle qu'est venu le dévoilement du passé tumultueux de la « belle comtesse ». Et la voilà qui fait l'étonnée dans une lettre à Charles-Louis, auquel elle reproche d'avoir, pour si peu, fui à la campagne :

Je ne me pardonnerai jamais la faute que mon indiscrétion m'a fait faire, en racontant devant vous, par un pur effet du hasard, une nouvelle où vous pouviez prendre part [2]...

1. *Correspondance*, lettre 182.
2. *Ibid.*, lettre 112.

Le hasard… Hypocrite ! Et voilà le monsieur de La Brède rejeté vers sa province, son épouse et ses vignes – mais non plus vers son Parlement : c'est alors en effet qu'il se déleste, contre espèces sonnantes, de sa présidence à mortier. Libre…

À jamais guéri de ce type d'aventures et des déchirements qu'elles entraînent ? Certes non. Nous le retrouverons aux prises avec le sexe qu'il s'est donné le ridicule de juger « ridicule ». Et si, quelque peu malmené par les dames et tel ou tel de ses collègues de l'Académie, il lui paraîtra bon bientôt de prendre le large à travers l'Europe, ce n'est pas pour renoncer à la galanterie, sous quelque forme que ce soit*.

De l'épisode amoureux qui marquera, entre autres, le long voyage à travers l'Europe du président conduit de Vienne à Londres en passant par Venise (et surtout, en l'occurrence, Milan), nous dirons, le moment venu, la saveur, qui doit être appréciée « dans le mouvement », si l'on peut dire, et le parfum des îles Borromées. La question des « climats », déjà…

En attendant d'évoquer, *in situ*, ces amours milanaises qui déjà font entrevoir Stendhal, nous allons retrouver, un peu mûrie certes, mais toujours déesse de Gnide, la princesse de Clermont, peut-être moins inaccessible depuis que la marquise de Grave, retirée avec son époux dans ses terres de l'Hérault, n'est plus là pour jouer les Merteuil. C'est par elle pourtant que nous sommes informés du retour de flamme entre l'héritière des Condé et le seigneur de La Brède, qui a choisi de passer les huit premiers mois de 1736 dans la région parisienne.

Lettre du 29 juillet 1736 de Mme de Grave à Montesquieu :

> Mon président… J'ai su par mes relations que vous faisiez l'ornement de Chantilly et que vous y étiez fort assidu. Je crois le voyage de Mlle de Clermont fini à présent. Il a été très long et m'a donné de furieux regrets,

* Voir le chapitre VIII.

quoique je trouve bien de quoi m'en dédommager ici, comme vous jugez bien[1]...

Quel sens donner à ce « voyage », à ces « furieux regrets », à ce « dédommager » ? Le fait est que notre « président » (puisqu'on ne cessera de l'appeler ainsi) a retrouvé les bosquets de Chantilly, dont il est « l'ornement » et, « voyage » ou pas, la princesse Marie-Anne de Clermont. Nous ne saurons qu'indirectement qu'il a reçu une lettre d'elle, mais si nous en ignorons la teneur, nous connaissons l'effet qu'elle produisit sur Charles-Louis qui, à quarante-sept ans, n'a rien perdu de ses élans.

S'abuse-t-il ? L'âge a-t-il accru sa vulnérabilité ? Il faut lire cette lettre de lui, animée, en dépit de tout – âge, illusions perdues, trahisons, intrigues, affaires de rang –, d'un élan juvénile, presque puéril, à vrai dire bouleversant :

> J'ai baisé mille fois votre adorable lettre. Tout ce que j'y lis me charme (barré : tous vos projets m'enchantent [...]). Je vous laisse donc le soin de mon bonheur. Je le mets tout entre vos mains. Je n'en veux point qui ne me vienne de vous et qui ne retourne à vous [...] Vous me verrez en continuel souci de vous plaire [...] Je vous aime parce que j'y suis destiné. Je vous aime encore parce que [...] je vous vois toutes les belles qualités que j'aie jamais souhaitées dans une personne sous les loix de laquelle je dois vivre...
> Je voudrais que vous sentissiez bien le plaisir que j'ai d'être avec vous et la peine que j'ai d'en être séparé. Combien j'aime à vous voir et à vous entendre. Pour en bien juger, il faudrait que vous fussiez moi, ce n'est pas assez d'être vous[2].

A-t-on jamais vu magistrat en retraite s'offrir si joliment, si naïvement, du ton d'un *Arlequin poli par l'amour** – avec ce trait final qui fait penser au cher Michel de Montaigne ?

Ce que répliqua la princesse à cette demande en amour, formulée douze ans après le rêve érotique de Chantilly, nous ne le savons pas. Mais une lettre de Mme de Grave adressée quelques jours plus tard à son ami gascon entr'ouvre pour nous un coin du voile, non sans nous

1. René Pomeau, *op. cit.*, p. 239.
2. *Ibid.*, p. 240-241.
* Créé l'année précédente.

convaincre que cette manipulatrice de haute volée aurait eu sa place dans *Les Liaisons dangereuses* ou dans *Les Bijoux indiscrets* :

> … Mon Président… Il me revient de tous côtés […] de Chantilly que vous êtes le favori de la Princesse […] que votre cœur se laisse attendrir […] que vos discours tombent toujours sur elle, sur son esprit, sur ses grâces, enfin que vous la trouvez charmante […] Il y a longtemps que je vous ai dit qu'elle l'était, mais qu'il la fallait connaître. Je suis ravie que vous en soyez venu à ce point-là. Elle a même assez de bonté pour permettre qu'on l'aime et je suis persuadée qu'elle recevra vos soins avec plaisir. Mais, mon Président, si vous en voulez davantage, je vous plains. Vous êtes vif, et elle est très froide[1]…

Cette Grave, tout de même, quel toupet… On ne sait si, tout « vif » qu'il soit encore – la marquise ne semble point en douter –, il parvint à triompher de la « froideur » de la déesse de Chantilly. On en vient à le souhaiter, rien que pour faire enrager l'intrigante. Nous avons la chance de pouvoir consulter une lettre écrite un peu plus tard à Montesquieu par Marie-Anne de Clermont. Elle ouvre toutes les hypothèses, mais ne permet pas de conclure :

> Je me porte mieux. Je ne vois pas que je puisse m'opposer que vous alliez à Compiègne*. Je ne fais pas de cas de ces maîtresses qui dérangent les devoirs de l'amitié et les attentions de la société. Imaginez que lorsqu'on exige ces espèces de sacrifices, c'est plus par empire que par tendresse et j'aime mieux paraître tendre qu'absolue […] Vos amours sont un peu languissantes, mais […] je vous aime comme si j'avais la force de Samson[2]…

« Maîtresses », « la force de Samson » – voilà qui ne relève pas à coup sûr du platonique… Mais quoi : nous n'allons pas regarder par le trou de la serrure, pour vérifier si le président, encore « vif », s'était fait « languissant », et si la princesse restait si « froide ». Laissons cela, pour bien garder à l'esprit et au cœur qu'entre la très aimable princesse de Clermont et le seigneur de La Brède, une aventure, amorcée dans les sérénades, les gavottes et les masques de Chantilly, au temps du

1. René Pomeau, *op. cit.*, p. 241.
2. *Ibid.*, p. 259-260.
* Où était pour un temps le roi.

Temple de Gnide, prit une forme très belle, un peu mélancolique, douze ans plus tard, au temps des *Considérations*. Ce sont là gens qu'on aime...

Après cela, est-il séant de s'attarder aux folâtreries du grand homme, que ce soit avec cette petite Guyonnet qui agaçait si fort – avec ou sans raison – Jeanne de Montesquieu ? On ne s'acharnera pas à allonger ou compléter le « catalogue » du seigneur de La Brède, comme Leporello fait pour Don Giovanni – antithèse de Montesquieu à tant d'égards.

Faut-il attacher plus d'intérêt à quelques incursions dans la littérature (ou crayonnage) érotique, ce mini-poème en prose et vers, fruit de quelques confidences, retrouvé dans ses *Pensées* (548) sous le titre *Lettre d'Iris*, et qui sent bien son époque, celle de Crébillon fils et de Boucher :

> ... Quand vous voulûtes bien me laisser, je raccommodai
> ma coiffure et me levai
> cher abbé, de si longues armes
> doivent vaincre tout l'univers.
> Votre raideur met dans les fers
> Les cœurs échappés à vos charmes.
> Votre inflexible dureté
> fait la grandeur de votre empire...

Eh bien, mon Président...

Et ne serait-ce que pour remettre en lumière le génie, lui aussi dissonant, de Diderot*, on ne résiste pas à la tentation de citer cette lettre éblouissante du maître de l'*Encyclopédie* à son amie l'impératrice Catherine II, si friande de cabrioles de toutes espèces, dès lors qu'elle met en cause** notre président gascon :

* Qui fut le seul des philosophes à suivre ses obsèques.
** Certaines éditions de la correspondance de Diderot l'omettent.

> Quand nous étions jeunes, nous allions quelquefois au bordel, Montesquieu, Buffon, le président de Brosses et moi. De nous tous, lorsqu'il s'était bien préparé, le président de Brosses était celui qui présentait la figure la plus imposante ; et le mérite ne laissait pas de contraster avec sa petite taille de quatre pieds et demi* mince et fluette ; or, comme tout petit homme est vaniteux, il se vantait auprès des nymphes du lieu du seul bout qui lui donnât quelque supériorité sur nous autres... Une d'entre elles le tourna et lui dit : « Cela est beau, mais où est le cul qui poussera tout cela ? » Quand je vois de même une esquisse de tableau, un sujet de poème, un plan de tragédie, une entreprise politique, je me rappelle toujours cette diable de fille ; je regarde l'homme et je dis : cela est beau, mais où est le cul ?

Le trait est fulgurant, et il est permis d'imaginer les rêves que fit du coup l'impératrice, méditant à coup sûr d'inviter ce petit président de Brosses à Saint-Pétersbourg... Mais il faut tout de même observer que Montesquieu était de vingt-quatre ans plus âgé que Diderot, ce qui ne faisait pas de lui le compagnon idéal de cette sorte d'expéditions...

Qu'importe : Diderot était romancier, et le président gascon se fût merveilleusement diverti à lire cette *Lettre russe*...

* 1 m 52.

CHAPITRE VI

Autoportrait d'un homme heureux

• Une « machine » bien construite • Irénisme ou volontarisme ? • Certaine tendance au mépris... • Un temps pour le bonheur • Paix et liberté • Ami des clubs, chéri des salons... • De Lambert à Tencin • « Pas plus bête qu'un autre »... • Pas d'ambassade pour le baron • Ministre « voyant clair » ?

Connaît-on, dans l'histoire de la littérature, un auteur, un seul auteur, d'Épicure à André Gide, de Goethe à Walt Whitman, qui ait donné de lui une image plus riante, mieux accordée à la nature, au monde, à ses contemporains ? Et qui l'ait fait, non par le truchement de quelque créature imaginée, de quelque intrigue ou poème, mais par le simple aveu qu'il crayonne dans ses carnets de notes ?

Carnets d'où se détache, de formule en formule, l'autoportrait le plus serein que l'on puisse trouver, et en un certain sens le plus modeste. Car tout ici est rapporté non à l'effort, à la vertu, aux épreuves surmontées, mais à la seule nature, sur un mode d'autant plus crédible qu'il s'agit de carnets intimes et non faits pour la montre (si tant est qu'un écrivain ait jamais écrit pour lui seul...).

Où son maître Michel de Montaigne se présente, certes non comme difforme ou malheureux, mais d'esprit lent et assoupi, le corps lourd et inapte aux exercices (hormis l'équitation), au surplus mal armé pour ceux de l'amour, le baron de La Brède, loin de toute forfanterie du corps ou de l'esprit, se dit bien ajusté à la vie, en accord avec les autres et lui-même et fait pour le bonheur – compte tenu des quelques déboires qui lui advinrent.

Qui écrit cela, à propos de Montesquieu, ne peut prétendre à la moindre révélation. Ces notations sont bien connues – certaines, passées quasiment en proverbes. Il suffit d'ouvrir les cahiers intitulés *Mes pensées* et de s'arrêter à la cascade de notations qui porte le n° 213, pour découvrir, ramassé en deux ou trois pages, le plus savoureux autoportrait qui puisse se concevoir.

Autoportrait dont la seule faiblesse est que les notations n'en sont pas datées sinon par quelques allusions ou références à un événement ou à un livre. Quand fut rédigée telle ou telle de ces confessions d'un homme heureux, dont la signification ne peut manquer de différer selon qu'elle est, pour tout ou partie, rédigée par l'homme qui publie les *Lettres persanes* (1721) ou par celui qui met la dernière main à l'*Esprit des lois* (1748), par l'amoureux de Mlle de Clermont ou le vieil ami de Mme de Tencin, l'ami de Fontenelle ou l'ennemi de Voltaire… S'agit-il de l'expression d'une juvénile confiance dans la vie, ou d'une indulgence crépusculaire ?

Quand les notations des *Essais* ont pu être rapportées à telle ou telle partie de la vie de Montaigne, par Pierre Villey notamment, la plupart de ces *Pensées* plus ou moins nonchalantes, ou méditées, restent pour nous les confidences d'un individu unitaire, qu'il soit le seigneur de Gironde résidant à Paris ou le visiteur de Londres ou de Rome revenu pour quelques jours en Agenais.

Nous savons que cette vie fut, pour l'essentiel, sage et ordonnée. Que la distance prise avec la magistrature ne la bouleverse pas plus que l'investissement dans la viticulture ou même l'aventure littéraire, que nulle tragédie, telle que la mort de La Boétie fut pour l'autre, ne la traversa, ni aucune révélation spirituelle. Vie unie, homme équilibré, qui autorise à tenir cette absence de datation pour un signe de cohérence.

Retenant cet autoportrait comme un « bloc », on peut toutefois s'étonner que le gentilhomme de La Brède ait biffé la première version de l'exorde : « Il faut que je rende grâce à mon bon génie de ce que je suis né très heureux [1]. » Comment choisir meilleure entrée en matière, avec ce « rende grâce », ce « bon génie », ce « très heureux » qui en disaient fort long sur son tempérament et sa « philosophie ». Sans nous arrêter aux raisons qui ont pu pousser le baron à renoncer à ces jolis traits, revenons au texte qu'il a gardé :

1. *Pensées*; *Le Spicilège*, *op. cit.*, p. 943.

> Je me connais assez bien. Je n'ai presque jamais eu de chagrin et encore moins d'ennemi. Ma machine est si heureusement construite que je suis frappé par tous les objets assez vivement pour qu'ils puissent me donner du plaisir, pas assez pour me donner de la peine…

Notons au passage cette « machine » et ce « construite » qui se réfèrent visiblement à la passion pour la physique et les mécanismes qui anime les beaux esprits du temps, et trouvent leur expression parfaite dans l'« horloger » de Voltaire.

Mais revenons aux *Pensées* de Charles-Louis de Montesquieu :

> J'ai l'ambition qu'il faut pour me faire prendre part aux choses de cette vie ; je n'ai point celle qui pourrait me faire trouver du dégoût dans le poste où la nature m'a mis…

L'« ambition » de Montesquieu ? Pour ce qui est du « poste » où la « nature » l'a mis, celui de gentilhomme terrien, magistrat à la retraite, fêté comme l'un des grands esprits de son temps, on peut admettre qu'il n'y avait pas de quoi lui inspirer le « dégoût » du monde et de lui-même. Mais pour ce qui est de la vie publique et des grands emplois, nous aurons l'occasion de relever que c'est par là que cette vie de lumière fut quelque peu assombrie – n'accordant qu'un crédit mesuré à cette autre confidence :

> Ce qui m'a toujours donné assez mauvaise opinion de moi, c'est qu'il y a peu d'états dans la République auxquels j'eusse été véritablement propre.

Curieuse touche d'autodénigrement, et curieuse formulation : on entend bien que la « République », ici, est la *res publica*, la chose publique. Quand il écrivit ces mots, Montesquieu devait être lancé dans la rédaction de ses *Romains*, vers 1733. Mais ce qui étonne davantage ici, c'est le jugement exprimé par Montesquieu sur lui-même, cette impropriété aux « emplois » dont nous verrons que le président bordelais ne fut pas toujours convaincu…

On ne saurait évidemment faire l'économie de ces quelques sentences qui ont popularisé, dans les écoles et les prétoires, le nom de Montesquieu, dont les candidats aux divers examens ont fait tour à tour – et malgré lui – un maître français de l'épicurisme ou le meilleur disciple gascon des stoïciens :

L'étude a été pour moi le souverain remède contre les dégoûts de la vie, n'ayant jamais eu de chagrin qu'une heure de lecture ne m'ait ôté.

Je m'éveille le matin avec une joie secrète; je vois la lumière avec un espèce de ravissement. Tout le reste du jour je suis content.

J'ai naturellement eu de l'amour pour le bien et l'honneur de ma patrie, et peu pour ce qu'on appelle *la gloire*; j'ai toujours senti une joie secrète lorsqu'on a fait quelque règlement qui allât au bien commun.

Quand j'ai été dans le monde, je l'ai aimé comme si je ne pouvais souffrir la retraite. Quand j'ai été dans mes terres, je n'ai plus songé au monde…

Irénisme, tendance à la béatitude, voire à l'autosatisfaction? Une des joies que procure le baron de La Brède à ses lecteurs, c'est par la démonstration qu'il fait que la plus fine culture ne conduit pas irrésistiblement au pessimisme hautain, et que l'on peut être gentilhomme terrien, romancier salué par toute l'Europe, chéri des salons parisiens, et garder pour la vie et les humains une appétence, une empathie radieuse.

On n'a pas dit indulgence, et moins encore aveuglement. Car le lecteur attentif des *Pensées* ne manque pas d'observer qu'au détour de la plus soyeuse d'entre elles, de la plus évangélique en apparence, gicle soudain une notation aiguë, parfois féroce, où l'on découvre que tant de bienveillance ne se maintient ou ne se préserve que par des saillies, des sorties dignes d'un assiégé : comme si la citadelle Montesquieu n'assurait son heureuse défense et la sécurité qui en découle qu'en procédant à de fulgurantes contre-attaques, en décochant des traits acérés. Voyez plutôt :

J'ai eu le malheur de me dégoûter très souvent des gens dont j'avais le plus désiré la bienveillance […] Il n'y a point de gens que j'aie plus méprisé que les petits beaux-esprits et les grands qui sont sans probité […] J'ai eu d'abord, en voyant la plupart des grands, une crainte puérile. Dès que j'ai eu fait connaissance, j'ai passé, presque sans milieu, jusqu'au mépris. […] Ce qui m'a beaucoup nui, c'est que j'ai toujours trop méprisé ceux que je n'estimais pas [1]…

1. *Pensées*, 213, *passim*.

Voilà un onctueux sous la plume duquel vient bien aisément le mot « mépris ». Mais autant on s'est étonné d'une bienveillance qui semble parfois un peu forcée, ou artificielle, autant on doit s'interroger sur l'emploi de ce mot, qui sent son La Rochefoucauld ou son Saint-Simon plutôt que son Montesquieu : la suite de l'histoire le montrera moins allergique aux « grands » que le suggère cette formule – qu'il s'agisse du Régent, de la reine d'Angleterre, du roi de Sardaigne ou de Mme de Pompadour...

Montesquieu n'est ni le Gilles de Watteau, ni un nigaud de Marivaux, ni le Candide de Voltaire, pour s'en tenir à son époque. C'est un homme naturellement porté à l'optimisme, lecteur et disciple de Montaigne – et de Fénelon, inventeur du quiétisme. C'est aussi un homme qu'à titre personnel les dieux n'ont pas maltraité, et qui vécut dans une société et dans un siècle qui, pour n'être pas épargnés par le mal sous toutes ses formes, offraient aux privilégiés – dont il était – un cadre de vie comme il s'en trouva peu.

Que serait en effet un « bonheur » vécu ou ressenti et plus encore affiché au cœur des désastres ? Montaigne tire bien sa grandeur de philosopher sereinement entre deux massacres, et Cervantès de surmonter l'épreuve des galères. Mais convenons que la sérénité du maître de La Brède a beaucoup à voir avec les douceurs (fussent-elles insidieuses) de son temps – celui qui se situe, pour simplifier, entre les désastres de la fin du règne de Louis XIV, et le pourrissement de celui de Louis XV après la déplorable guerre de Sept Ans. Des guerres ont traversé ce champ historique, des faillites comme celle de Law en 1719, des famines et des convulsions religieuses. Mais à tout prendre, pour un gentilhomme qui, assez friand des agitations de la ville et de la Cour, se savait attendu et protégé dans ses vignes et son château, ce temps fut bien celui qu'évoque avec une amoureuse envie Paul Valéry dans sa merveilleuse préface, déjà citée, aux *Lettres persanes* :

> L'ordre pèse toujours à l'individu [qui] recherche [...] une époque [...] où il soit le plus libre et le plus aidé. Il la trouve vers le commencement de la fin d'un ordre social. Alors, entre l'ordre et le désordre, règne un moment délicieux [...] Le temps même de Montesquieu [...] L'Europe était alors le meilleur des mondes possibles ; l'autorité, les facilités s'y composaient ; la vérité gardait quelque mesure ; la matière et l'énergie ne gouvernaient pas directement ; elles ne régnaient pas encore. La

> science était déjà assez belle et les arts très délicats ; il restait de la religion [...] La terre n'était pas encore tant explorée. Les peuples tenaient à l'aise dans le monde [...] Les journées n'étaient point pleines, ni pressées, mais lentes et libres ; les horaires ne hachaient point les pensées[1]...

Ainsi Valéry dessine-t-il avec une virtuosité mathématique le cadre où se déploie – quand il ne se replie pas, douillet, entre ses vignes, les frondaisons de son parc et les rayons de sa bibliothèque voûtée – Charles-Louis de Montesquieu, baron de La Brède. Quel dieu de l'harmonie préétablie eût mieux situé notre quiétiste au cœur tendre et à la plume acérée ? Dans quel écrin placer avec plus de soin et de chance ce candidat au bonheur ? Car ce n'est pas tout de tendre au sort du berger d'Arcadie. Encore faut-il que s'offrent à vous les chances d'y parvenir...

Un tel homme, bien sûr, est avide de paix. Non qu'il méprise la valeur militaire, lui, fils du mousquetaire de Conti, disciple de ce Montaigne qui voulait, lui, qu'on le définisse comme « miles », soldat – et auteur de considérations sur la grandeur des Romains dont la guerre fut longtemps l'industrie et l'école par excellence. Mais Charles-Louis n'était pas seulement un pacifique par nature, que nul ne vit jamais « servir » sous quelque uniforme que ce fût – à la différence de plusieurs de ses maîtres, Montaigne ou Descartes. Il était aussi un viticulteur fort attaché aux exportations de son vin vers les deux marchés essentiels, l'Angleterre et les Pays-Bas, marchés dont l'ouverture dépendait avant tout de l'état des relations entre Paris et les capitales du Nord.

Faute de paix, pas de vin pour les Anglais ou la Hanse, et ruine pour le maître de La Brède, Rochemorin et Raymond. Nous suivrons plus attentivement la courbe de ce trafic et de ces angoisses, tant il est vrai que l'auteur de l'*Esprit des lois* vivait du produit de ses terres, et que

1. Préface aux *Lettres persanes*, dans *Variété II*, *op. cit.*, p. 60-64.

du profit qu'il tirait de ses vendanges dépendaient sa liberté, ses séjours à Paris notamment, ses voyages et par là aussi la découverte progressive des moyens de préserver la liberté collective par la loi.

Cette paix bien-aimée, et nourrissante, il ne la connut pas sans cesse, bien que la disparition du Roi-Soleil – ou, deux ans plus tôt, la signature du traité d'Utrecht – ouvrît des perspectives favorables, saisies avec dextérité par Philippe d'Orléans et son homme de main Dubois.

L'ouverture diplomatique opérée vers Londres et ses alliés des Pays-Bas par ces deux aventuriers bénéfiques fut à coup sûr l'une des composantes de ce qu'on pourrait appeler le « bonheur de Montesquieu », fort lié à ce qu'il nommait « l'amélioration de [ses] terres » et à l'aisance qu'elle lui assura. Sa correspondance en fait foi : pour lui, la paix en Europe – et éventuellement en Asie, où la compétition franco-britannique relative à l'Inde s'envenime – est fondée sur l'harmonie entre le pays de Descartes et celui de Newton.

Non qu'il fût d'emblée envoûté par le génie anglais, et moins encore par la performance des bénéficiaires de la révolution de 1688. Les liens qu'il ne cessa d'entretenir avec les « jacobites »* de France, avec le maréchal de Berwick, fils naturel de Jacques II le détrôné, gouverneur de la Guyenne, comme avec son beau-frère Lord Bulkeley devenu l'un de ses amis les plus intimes, ne l'empêchent pas de porter à l'occasion de rudes jugements sur les gens d'outre-Manche – jusqu'à se voir reprocher par ledit Bulkeley d'« injurier à tort » la nation britannique.

Mais, tout naturellement inscrits dans les relations privilégiées, déjà évoquées, entre le pays d'Aliénor et celui du prince Noir, des liens étroits se nouèrent entre le seigneur de La Brède et les Anglais. Tout y contribua : l'admiration pour le génie scientifique qui rayonne outre-Manche, un attachement profond à la tolérance religieuse qui lui paraît devoir se manifester notamment dans l'ordre diplomatique entre puissances catholiques et protestantes, la découverte des libertés anglaises et, *the last but not the least*, les exigences du commerce.

La paix ? En 1713, à Utrecht, s'est clos le cycle effréné des guerres du roi Soleil. La paix refondée par les hommes de la Régence, sur la base de l'apaisement avec les cours protestantes de Londres et des

* Partisans du roi détrôné Jacques II Stuart.

Pays-Bas, a conduit à la conclusion en 1718 de la Quadruple Alliance, puis à la paix avec l'Espagne en 1721 et au traité de Vienne en 1725.

Voyageant de Vienne à Rome et de Hanovre et Amsterdam à Londres, de 1728 à 1731, Montesquieu sillonnera une Europe en paix, vers laquelle lorgne le tsar Pierre. La guerre de succession de Pologne, de 1734 à 1738, obscurcira à nouveau l'horizon – et même celui de la Manche et de la mer du Nord auquel est attaché surtout notre baron de La Brède. Il faudra que surgisse la question de la succession d'Autriche, et ce trublion de Frédéric de Prusse si cher à Voltaire, pour que la guerre endolorisse à nouveau l'Europe, aggravée d'un nouvel affrontement entre la France et l'Angleterre, en 1744, alors que Montesquieu met la dernière main à son *Esprit des lois* – après trente ans de paix, tout de même…

Qu'eût été cette paix, si douce au cœur de notre baron, si propice à ses intérêts, si elle ne se fût accompagnée d'une certaine liberté ? Le mot, s'agissant de la monarchie française, est audacieux. La plupart des œuvres de Montesquieu n'ont-elles pas été publiées, sous le couvert de l'anonymat, à l'étranger ? Que, parmi ses contemporains et confrères, deux au moins, n'ayant commis nul acte à proprement parler délictueux, Voltaire et Diderot, se soient retrouvés sous les verrous, que tel cercle littéraire, regroupant abbés et gentilshommes, fût contraint de se dissoudre – ce sont tout de même des signes… Quelle liberté est-ce là ?

C'en est une. Des contraintes sont sensibles, tendant moins à la survie de la monarchie ou de la dynastie, comme en Angleterre, qu'à l'hégémonie de la hiérarchie catholique en lutte avec un jansénisme, spirituellement vaincu, mais politiquement vivace en tant que lieu de rencontre entre fronde parlementaire, gallicanisme et antijésuitisme. Mais, tracasseries ou non, et sans oublier les horreurs judiciaires dont sont victimes le protestant Calas ou le chevalier de La Barre, supplicié pour s'être gaussé du crucifix, une liberté d'expression très neuve permet à une littérature profondément subversive par rapport à un régime de ce type de se manifester.

Cette liberté est surveillée, aléatoire, capricieuse. Elle ne se maintient, chancelante, que grâce à l'appui de personnalités aberrantes, du Régent lui-même à Mme de Pompadour. Mais ces réserves n'apportent pas d'entraves décisives à une œuvre – prudente en ses audaces – telle que celle de Montesquieu, avant que celle de Voltaire, plus corrosive, ne se fraie sa voie à coups de ruses et cabrioles.

Parce qu'il restera jusqu'à la fin plus ou moins protégé par sa robe parlementaire, parce qu'il est noble et provincial, parce qu'il est circonspect en ses audaces et jamais en rupture, ni avec le corpus de la doctrine chrétienne, ni avec le système monarchique, ni avec l'ordre établi, Charles-Louis de Secondat, baron de Montesquieu, ne cessera de jouir d'une liberté d'expression à laquelle tracasseries, entraves et cabales ne feront qu'apporter le surcroît de gloire – celle que confère un doux martyre – dont rêve tout écrivain. L'heureux homme...

On a parlé de sa « robe », et de l'avantage qu'il tira, jusqu'aux derniers temps, de son titre de président. En 1726, il remplissait depuis dix ans les fonctions qui n'ajoutaient guère à la gloire de l'auteur des *Lettres persanes*, mais comportaient quelques astreintes, corvées, obligations d'assiduité – et, du fait de ses absences de « parisien » et de viticulteur, lui attiraient de fréquentes remontrances de son président Gillet de Lacaze.

Après dix ans d'impatiences, le président de Montesquieu vit se présenter l'occasion de se débarrasser de cette charge en en tirant des avantages très bienvenus à une époque où (dissipations parisiennes au temps de sa liaison avec Mme de Grave, mévente du vin, imprudences gestionnaires, difficultés à faire rentrer les créances dont disposait la famille de sa femme ?) il devait faire face à des dettes assez lourdes.

Son collègue d'Albessard lui ayant offert de racheter la charge de « président à mortier » héritée dix ans plus tôt de son oncle Jean-Baptiste, il demanda à son ami Barbot de négocier l'affaire, provoquant de la part de cet ami très fidèle une réaction indignée :

> Non, mon cher Président, vous ne vendrez pas cette charge... Vous la devez à vos ancêtres, à votre postérité, à votre province, à vous-même... Songez que dans l'idée commune, vous allez devenir un citoyen oisif, inutile, qui ne veut supporter aucune des charges de la société, ni remplir les devoirs politiques de sa naissance et de son état[1].

« Oisif », « inutile » ? Ce n'est pas ainsi que se voit le Montesquieu qu'attendent projets littéraires, entreprises agricoles, honneurs académiques

1. *Correspondance*, lettre 159.

miques – et, y pense-t-il déjà, quelque poste diplomatique ? Il se voit heureux d'être débarrassé d'une charge qu'il ne remplissait qu'avec ennui et sans talent particulier, et de recevoir en échange une rente de 5 200 livres qui tombe à pic, lui ouvrant des perspectives d'infinie liberté. De voyage, notamment, comme nous le verrons…

D'autant que cette vente se double d'une autre opération qu'il décrit ainsi à son amie Mme de Lambert : « Je viens d'affermer mes terres avec assez de bonheur, 29 000 livres de rentes portables partout qui ne dépendent point du Roi et que j'ai saintement acquises, parce que c'est le patrimoine de mes pères, qui me mettent dans mon tort si je ne suis pas content de ma fortune[1]… » Comment parler mieux « le Montesquieu » qu'en cette admirable formule ? S'il est beau d'être heureux, il est plus beau encore d'en avoir une claire conscience.

« Oisif », « inutile » ? On sait que la vente de sa charge parlementaire ne risque pas de vouer à l'inaction le baron de La Brède, et que l'époque même où il prend cette décision est celle où il entre en conflit avec l'administration pour étendre et développer son vignoble : et quelle que soit la part que prend son épouse à l'administration de ses biens, tout ce qui touche à la viticulture est de son ressort, et avec bonheur.

Bonheur que ne cesse d'entretenir ce qu'on pourrait appeler la santé de Bordeaux, en ces années où le siècle arrive à sa maturité, et où s'opère le grand « décollage » de la capitale de l'Aquitaine vers une prospérité qui connaîtra son apogée à la veille de la Révolution. La paix avec l'Angleterre (1717) et les Pays-Bas marque pour la ville la sortie d'une crise quasiment séculaire : de 1720 à 1780, on estime que les exportations du port de Bordeaux ont quintuplé…

L'enrichissement de cette bourgeoisie ne va pas sans entraîner des échanges intellectuels sur lesquels on reviendra – et qui assurent au président démissionnaire cette sociabilité culturelle dont il ne saurait se priver, pas plus à Bordeaux qu'à Paris, et qui ne sauraient se circonscrire à ses activités d'académicien bordelais. Quand on sait l'attachement qu'il porte à sa ville, l'aisance à vivre qu'il y trouve, les amitiés qu'il y entretient, il ne faut pas compter pour rien, dans ces bonheurs de Montesquieu, l'épanouissement matériel et spirituel du Bordeaux de son temps.

1. *Ibid.*, lettre 245.

Mais il ne suffit pas d'être débarrassé d'un fardeau abusif pour trouver la liberté, et par là le bonheur : encore faut-il que cette libération ouvre les voies à un redéploiement de la personnalité, à une activité créatrice conforme au génie ou au tempérament de l'évadé. Cette année 1726, qui le voit se dépouiller de sa robe comme d'autres défroquent, n'est pas seulement celle où il glisse des bras de la marquise de Grave à ceux de la « belle comtesse » : c'est celle aussi où le brillant auteur d'un ironique chef-d'œuvre, les *Lettres persanes*, échange son statut parisien d'amateur génial pour celui de grand homme de lettres.

Artificier d'une fusée éblouissante dont il feint encore de ne pas être l'auteur, gentilhomme condescendant à griffonner çà et là, le voici qui devient, quoi qu'il en dise, un « intellectuel », un professionnel, au moins à mi-temps : vigneron apte à passer à l'occasion de ses grappes à ses feuillets, on le voit désormais pratiquer l'alternance entre la viticulture et la littérature. Pendant près de vingt ans, avant de s'enraciner en Gironde au temps de l'*Esprit des lois*, il pratique entre Paris et La Brède un va-et-vient qui fut un siècle et demi plus tôt celui auquel s'astreignait Montaigne, dont Thibaudet nous dit que la vraie patrie fut la route entre la Gascogne et Paris…

Le « rempotage » du viticulteur de La Brède dans le monde intellectuel parisien prit des formes très diverses, de l'entrée à l'Académie française (1728) à la fréquentation des salons et des « clubs » préfigurant prudemment encore ceux qui, un demi-siècle plus tard, sèmeront les germes de la Révolution.

À vrai dire, ce vocable de « club » substitué à « cercle », flattant peut-être l'anglomanie naissante du baron de La Brède, ne s'appliquait alors qu'à l'un d'eux, auquel il fut semble-t-il moins assidu qu'à d'autres : celui dit « de l'Entresol » du fait de sa situation dans l'immeuble qu'habitait son hôte, l'aimable président Hénault, ami de Mme du Deffand et de toutes les illustrations du siècle des Lumières.

Animée par l'abbé Alary, la compagnie y était fort relevée, du marquis d'Argenson, spécialiste du droit religieux, au comte de Plélo, commentateur de Spinoza, du marquis de Champeaux à l'intendant Pallu, à l'abbé de Saint-Pierre, inventeur d'un fameux projet de paix perpétuelle, et à ce conseiller Pérelle que l'on a vu* plaidant inlassablement pour accroître les prérogatives du Parlement face au pouvoir royal.

Cet « entresol » bruissait de projets de réformes de l'État et des relations internationales. On y commentait volontiers les gazettes de Hollande ou de Suisse qui ne ménageaient guère Versailles, et de hautes personnalités étrangères, comme Lord Bolingbroke, chef de l'opposition anglaise où le romancier écossais Ramsay, ami de Fénelon, y agitaient des idées hétérodoxes... Au point que le pouvoir, en la personne du cardinal Fleury, Premier ministre de Louis XV, s'en émut. Après sept ans de controverses et débats, le club de l'Entresol dut cesser ses activités.

La part qu'y prit Montesquieu, dont l'esprit s'y mouvait à l'aise, encore qu'un peu effarouché, est difficile à évaluer. Ce qui est à peu près établi, c'est qu'il y fit la lecture de son *Dialogue de Sylla et d'Eucrate* (dont le manuscrit fut retrouvé dans les papiers de l'abbé Alary). Cette esquisse des *Considérations* ne semble pas avoir subjugué ses auditeurs qui voulurent n'y voir qu'un pastiche de Corneille – quand beaucoup de lecteurs modernes, d'André Gide à Charles de Gaulle, y ont trouvé une judicieuse introspection du tyran républicain, assez pénétrante en tout cas pour avoir agacé Napoléon...

Club pour club, le baron de La Brède se trouva d'abord plus heureux à l'hôtel de Soubise, où l'on se réunissait sous l'égide de son ami l'oratorien Desmolets, flanqué de ce Nicolas Fréret que nous avons déjà croisé, expert en affaires asiatiques, à l'époque de la rédaction des *Lettres persanes*. On y voyait Fontenelle et Réaumur, et Montesquieu y aurait goûté de parfaites délices s'il ne s'y était heurté au R. P. Tournemine, jésuite et animateur des *Mémoires de Trévoux***, organe de la faction la plus conservatrice de cette compagnie.

Nous reviendrons bien sûr, et avec soin, sur le sujet très controversé des relations entre Montesquieu et les jésuites, dont certains le touchaient de très près. Ce qui, en attendant, doit être dit, c'est qu'après avoir dénoncé l'irréligion et l'immoralité des *Lettres persanes*, ce

* Voir le chapitre II.
** Autrement appelé *Journal de Trévoux*.

Tournemine n'eut de cesse qu'il ne se soit fait un ennemi du baron de Montesquieu – lequel, exaspéré, note* dans ses *Pensées* : « Il n'avait aucune bonne qualité, et il était même mauvais jésuite [1]. »

Bien qu'il se défendît d'être mondain, qu'il se donnât pour timide et fût, dans un climat aussi raffiné, fort handicapé par cet accent dont on a déjà dit qu'il faisait de lui un Persan à Paris (« qué dé génie dans cette tété-là ! »), Charles-Louis de Montesquieu trouva, mieux que dans les clubs, son bonheur parisien dans deux des célèbres salons du XVIIIe siècle : ceux de Mme de Lambert et de Mme de Tencin.

Nous le verrons faire visite, en connaisseur un peu blasé, chez Mme du Deffand, devenue son amie, puis chez Mme Geoffrin avec laquelle il se brouillera. Mais c'est chez la marquise de Lambert qu'il manifeste d'abord ce qu'on pourrait appeler sa souriante autorité, assez vite reconnue pour avoir fait de l'hôtesse une de ses fidèles, avant qu'il noue avec Claudine-Alexandrine de Tencin une amitié colorée de tendresse.

Avec Montesquieu, il faut se garder de viser bas. Nous avons déjà décelé son ambition et son goût de séduire, son souci de se garder libre aussi. S'il s'inféode au cercle d'Anne-Marie de Courcelles, marquise de Lambert, c'est moins parce que chacun y voit l'antichambre de l'Académie française que du fait du climat de courtoisie savante que fait régner en l'hôtel de Nevers cette hôtesse prestigieuse. Le baron girondin y retrouve non seulement le président Hénault, déjà croisé au club de l'Entresol, mais quelques hommes auxquels l'attachèrent bientôt des liens d'amitié : Fontenelle, Mairan, l'abbé Mongault, La Motte et surtout Marivaux. Faut-il, comme l'ont fait tour à tour Pierre Barrière et Jean Ehrard, établir une sorte de jumelage entre l'auteur des *Lettres persanes* et celui de la *Vie de Marianne* ? Disons en tout cas que leurs relations furent heureuses, leur goût de la liberté comparable, leur civilité commune : et convenons que Rica pourrait être un soupirant d'Araminte.

Ce qui est clair, c'est que le président gascon, avant même d'être porté à l'Académie par les soins de Mme de Lambert, noua avec elle des relations où le sentiment amical le plus vif se mêlait aux raisons du métier. Témoin ces commentaires où l'on s'en voudrait de déceler plus

1. *Pensées*, 1223.
* Abusivement…

de courtisanerie que d'affection, à propos de deux essais de la marquise intitulés *Lettre d'une mère à son fils sur la vraie gloire* et *Avis d'une mère à son fils et à sa fille.*

Du premier, Montesquieu avait dit à son amie qu'il était « au-dessus de ce que les personnes de votre sexe ont jamais fait » (où l'on peut voir les traces d'une misogynie que nous retrouverons...). À propos du second, il écrivit à Mme de Lambert, au cours de son séjour à Vienne où il se l'était fait adresser, qu'elle était « regardée ici comme le plus grand auteur du XVIIIe siècle[1] », ce qui était, du coup, se prosterner bien bas. (Notons que le voyageur a déjà été admis à l'Académie...) En tout cas, au moment de partir pour son grand voyage, Montesquieu écrivit à la marquise « Parlez de moi aux mardis*, c'est-à-dire aux amis les plus chers que j'aie au monde... »[2].

Mais ce qui est affectueuse admiration de Montesquieu à l'endroit d'Anne-Marie de Lambert devient tendresse s'agissant de Claudine-Alexandrine de Tencin. Nous avons déjà rencontré autour du baron quelques enchanteresses et de fières gaillardes. Mais avec la mère de D'Alembert, nous voilà au cœur d'un roman comme il s'en écrivit au siècle de l'abbé Prévost et de Laclos. Peu importent ici ses innombrables amants, fût-ce celui qui l'arracha au couvent où elle avait été nonne et était devenue chanoinesse, fût-ce le Régent ou son ministre le cardinal Dubois, fût-ce ce général Destouches (dit « canon » parce qu'il était artilleur) qui fit d'elle la grand-mère de l'*Encyclopédie*. Peu importe même son internement à la Bastille...

Ce qui importe, c'est l'éclat qu'elle donne à son salon, surtout à partir de la mort de Mme de Lambert, en 1733, et qui fait d'elle l'hôtesse par excellence entre la disparition de la marquise et l'avènement de Mme du Deffand – auteur au surplus d'un *Comte de Comminge* que certains ont l'imprudence de comparer à *La Princesse de Clèves***. De ce salon, Montesquieu, déjà choyé chez Mme de Lambert, fut en quelque sorte l'étoile.

1. Lettre 188.
2. Lettre 176.
* C'était son « jour ».
** Imprudence, oui. L'auteur de ce livre aurait été un piètre soupirant de Claudine de Tencin s'il ne s'était plongé dans ses *Amours tragiques du comte de Comminge* rééditées en 1882 à Paris chez Gaston Samson. Il y a entendu plus de sanglots que perçu de véritable émotion. On est plus près de Greuze que des *Liaisons dangereuses.*

Il est peu vraisemblable que la bouillonnante Claudine ait entretenu avec le président bordelais d'autres relations qu'amicales. Non pour des raisons d'âge : elle n'était que de sept ans son aînée, et en avait vu d'autres. Mais si leurs lettres sont émaillées de formules de « tendresse », si, à partir des *Considérations*, elle ne l'appelle plus que « mon petit Romain », c'est d'amitié qu'il s'agit entre eux, et de « politique » au sens très large. Car en passant du salon de Lambert à celui de Tencin, les hôtes glissaient d'un libéralisme de bon ton, très soucieux du respect des pouvoirs établis, de l'État et de l'Église, à ce qu'on peut déjà appeler « l'esprit philosophique », pré-encyclopédique.

D'Alembert n'est encore que l'enfant caché de l'hôtesse. Mais déjà, dans la cohorte des hôtes et de son frère le cardinal dont elle prétend faire le successeur de Fleury auprès du roi, s'assemblent ceux qu'on appelle « les philosophes ». Auprès des sages, Montesquieu, Fontenelle, Marivaux, se manifestent, plus véhéments, Helvétius, Duclos, Condillac et Astruc, le dernier amant de Claudine* – qui accueille aussi de prestigieux Anglais, Bolingbroke ou Chesterfield. Voltaire excepté, qu'elle n'aime pas, et en attendant Rousseau et Diderot, c'est tout le siècle qui s'agite autour de l'ancienne chanoinesse.

Faut-il voir en ces joutes, en ces fêtes intellectuelles une autre image du « bonheur » du baron de La Brède, cette liberté de pensée, de ton et d'allures qui contribue si fort à l'enchanter dans ce climat de connivence respectueuse qui l'entoure ? Est-ce là l'une des formes d'émancipation qui arrachent le notable provincial, tout empêtré de titres et de soutanes, à tous les conformismes, à la lourde loi des bien-pensants ? Après avoir dénoncé l'absolutisme monarchique, dérangé les convenances catholiques en épousant une protestante, et négligé les contraintes du mariage en s'offrant aux tentations d'un libertinage de haut style, est-il en train d'opérer une dernière sortie – celle de la cité de Dieu ?

En cette saison de la vie de Charles-Louis de Montesquieu – les abords de la quarantaine –, il n'est pas temps encore de trancher sur ce point. Gageons qu'Helvétius et Duclos le pressent de se détacher du bloc chrétien, de « sauter le pas » et sinon d'« écraser l'infâme »

* Est-ce pour cela que Montesquieu le déteste ?

comme Voltaire, au moins de se rallier à un déisme alors de bon aloi. Mais il faut se garder d'aller si loin. Non que ses oncles et frères abbés, ou ses amis Desmolets, l'oratorien, ou Castel, le jésuite, le retiennent très fermement à l'intérieur de la citadelle catholique. Mais compte tenu des sarcasmes « persans » à l'endroit des ordres religieux et même de la Trinité, et compte tenu de sa retenue dans les querelles qui se raniment autour du jansénisme, on incline à voir alors dans le baron de La Brède moins un libre-penseur qu'un penseur libre.

Dégagé des dogmes et interdits mais non des croyances, il est par là même insensible aux fureurs et terreurs qu'ils peuvent impliquer. Encore faut-il retenir cette étonnante *Pensée* (378) : « J'aurais bien exécuté la religion païenne : il ne s'agissait que de fléchir le genou devant quelque statue. Mais chez nous, ne point foutre est un terrible article » (si terrible, Charles-Louis ? À qui donc vous confessiez-vous ?).

Par où donc allons-nous découvrir le défaut de cette cuirasse de bonheur ? Car s'il est clair que ses confidences en forme d'autoportrait visent à nous persuader de voir en lui un homme heureux, c'est peut-être parce qu'il lui faut s'en convaincre lui-même, parce que ayant très tôt décidé qu'il serait heureux, et ayant trouvé dans la vie – œuvres, amours, fortune – les moyens de s'en persuader, il sent quelque faille en lui, en sa « mécanique ». Laquelle ?

Il a refait sa fortune. Il s'est libéré de sa robe. Il a – chose rare – transformé en amitié sa passion pour Mme de Grave. Il est, par Mme de Lambert, porté dans un fauteuil académique, et les cercles littéraires le tiennent pour un augure bienveillant. Il a mis son fils chez les éducateurs jésuites et confié ses intérêts à sa diligente épouse. Par où donc se glisse cette goutte de venin qui va contribuer à le jeter vers un très long voyage, sans pour autant brûler ses vaisseaux ?

L'ombre, sur cette vie de lumière, n'est-ce pas déjà celle de la cécité qui lui interdira les joies de la lecture, donnée essentielle de son bonheur, peu après la cinquantaine ? C'est alors que, si pudique qu'il soit, en bon lecteur des stoïciens, sa correspondance en fait état. On peut considérer qu'à l'époque où nous nous plaçons, ses secrétaires ne sont pas encore « ses yeux » et que l'« heure de lecture » reste pour lui le remède à tous les maux.

Non. Ce qu'on voit de mélancolie en lui, d'insatisfaction, vient plutôt de la privation d'un grand emploi public. S'il a vendu sa présidence (ayant d'ailleurs pris position pour la vénalité des charges), ce n'est pas pour se consacrer à titre définitif et exclusif à ses vignobles. Il lui est certes arrivé de s'interroger on l'a vu* sur ses capacités à remplir de grandes missions au service de l'État, mais il est clair qu'il a souhaité s'y essayer – nous allons voir que sa correspondance en fait foi.

S'agit-il seulement d'une sorte de défi jeté à soi-même, ou autrement d'exaltation du moi ? Faut-il voir là quelque compétition entre lui, seigneur gascon, et tel ou tel rejeton des noblesses bretonnes comme les Rohan, ou provençales comme les Mirabeau ? Mieux que cela, c'est plutôt une tentative de mise en œuvre de la stratégie politique réclamée par le duc de Saint-Simon (auquel il fera bientôt visite) et amorcée par le Régent avec son système de « polysynodie » : le rappel aux responsabilités du pouvoir de la noblesse de province évincée par Richelieu et Louis XIV.

En s'offrant au service du roi hors de ce Parlement qu'il goûte peu dans ses fonctions judiciaires et dont il n'apprécie qu'à demi les prétentions politiques, Montesquieu – qui va s'efforcer d'ériger sa baronnie en marquisat – tend à participer au mouvement de retour des familles titrées aux grandes affaires. Il est vrai que la voie où il tente de s'engager, la diplomatie, est précisément celle où les plus nobles d'entre elles, les Noailles, les Richelieu, les Polignac, n'ont cessé d'être associées aux affaires. Mais rien ne dit que, accrédité auprès de la cour de Vienne ou de Londres, notre baron n'eût pas aspiré à des responsabilités centrales, comme l'en pressa, nous le verrons, son ami le jésuite Castel.

Le long périple qu'il va entreprendre à travers l'Europe, de Vienne à Rome et d'Amsterdam à Londres, eut-il pour mobile principal de prendre contact avec des cours étrangères afin de s'initier à la carrière diplomatique ? Est-ce le voyage lui-même et, mieux même, son compagnon de route, Lord Waldegrave, neveu du maréchal de Berwick en

* Chapitre VI, p. 113.

route pour Vienne où l'attend le poste d'ambassadeur d'Angleterre, qui lui mirent en tête ce projet ? Le fait est que la première manifestation écrite que nous possédions de son ambition de servir dans un poste diplomatique date de ce séjour à Vienne*.

Sa première requête est adressée à l'abbé d'Olivet, dont il n'est pas l'intime, ni même l'ami, cet ecclésiastique très bien en cour n'ayant guère servi sa candidature à l'Académie. Mais il l'a connu au club de l'Entresol et le sait très proche du nouveau ministre, Chauvelin**. Après avoir un peu lourdement rappelé à l'abbé que sa lettre est celle d'« un académicien à un autre académicien », tous deux en droit de se féliciter de la prépondérance de la langue française à Vienne, le solliciteur ne croit pas indigne de lui de rendre un hommage très appuyé au Premier ministre Fleury (dont d'Olivet est l'ami) – « vous ne sauriez croire dans quelle vénération M. le cardinal est dans les pays étrangers »*** –, le baron passe à l'attaque :

> Agréez, de plus, que je vous demande une grâce. Il y a quelques jours que j'écrivais à M. le cardinal et à M. de Chauvelin, que je serais bien aise d'être employé dans les cours étrangères, et que j'avais beaucoup travaillé pour m'en rendre capable. Vous me feriez bien plaisir de voir là-dessus M. Chauvelin et de tâcher de pénétrer dans quels sentiments il est à cet égard. Je n'ai jamais eu occasion de le connaître pendant qu'il a été particulier, et, depuis, je n'ai pas voulu lui donner assez mauvaise opinion de moi pour qu'il pût croire que je cherchais la fortune. Je voudrais savoir si je suis un sujet agréable, où si je dois m'ôter cette idée de la tête, ce qui sera bientôt fait. Les raisons pour qu'on jette les yeux sur moi sont que je ne suis pas plus bête qu'un autre, que j'ai ma fortune faite, et que je travaille pour l'honneur et non pas pour vivre, que je suis assez sociable et assez curieux pour être instruit dans quelque pays que j'aille.
> Adieu, mon cher abbé ; je suis plus à vous qu'à moi-même.

Pour une requête, c'est une requête ! On ne saurait être plus pressant – non sans drôlerie, ou désinvolture : « Je ne suis pas plus bête qu'un autre », « J'ai ma fortune faite », « Je suis assez sociable » –, venant d'un écrivain célèbre, ornement des salons parisiens...

Quelques jours plus tard, il revient à la charge, cette fois auprès du

* Mais il y fait allusion à des démarches antérieures.
** Qui avait prévu de se présenter à l'Académie quand Montesquieu fut élu.
*** Rédaction aussi fâcheuse que la courbette...

maréchal de Richelieu, qui vient précisément de quitter l'ambassade de France à Vienne et de rentrer à Paris (pense-t-il à prendre sa succession, l'auteur des *Lettres persanes* remplaçant le petit-neveu du fondateur de l'Académie ?) :

> Monsieur mon illustre duc*,
> J'ai écrit à la Cour pour l'affaire à laquelle vous avez eu la bonté de m'intéresser. Faites-moi la grâce de me mander ce qu'on en pense, afin que je prenne mon parti, car si je ne suis pas capable de remplir un poste à présent, je ne le serai pas davantage lorsque je l'aurai demandé vingt fois et que j'aurai fait bien des démarches pour l'obtenir [1].

Voilà qui est mettre les points sur les « i ». Mais M. de La Brède ne s'en tient pas là. Il lui faut aussi « chauffer » l'abbé d'Olivet auquel il écrit à nouveau à la veille de quitter Vienne pour l'Italie :

> J'ai, Monsieur mon très-cher abbé, reçu la lettre que vous m'avez fait l'honneur de m'écrire en réponse [...] Je vous remercie de la bonté que vous voulez bien avoir de parler à M. Chauvelin dans l'occasion. J'ai déjà écrit à M. le Cardinal et à M. Chauvelin; M. le Cardinal m'a répondu d'une manière fort favorable [2]...

On peut l'en croire. Mais peut-être Fleury pratiquait-il l'omission ecclésiastique. Car rien ne vint du côté du pouvoir. Avoir écrit les *Lettres persanes* disposerait-il mal un homme à rédiger des dépêches diplomatiques à l'adresse d'un prince de l'Église ? Montesquieu ne se résignera pourtant pas. Dix-huit mois plus tard, ayant accompli l'essentiel de son périple, c'est de Londres – le poste auquel il a vraisemblablement aspiré – qu'il écrit et cette fois à Chauvelin lui-même, le ministre, pour tenter une dernière fois sa chance :

> À Londres, 12 février 1730.
> Monseigneur,
> Il y a deux ans que je suis dans les pays étrangers. En cas que vous me jugiez propre à y remplir quelque place honorable, vous ne pouvez jeter les yeux sur personne qui ait plus envie de faire son devoir de servir le

1. Lettre 179.
2. Lettre 186.
3. Lettre 225.
* La formule est un peu lourde !

> Roi et de mériter votre estime et votre protection. On est aisément porté, Monseigneur, à chercher à servir sous un ministre tel que vous [3].

La courbette, cette fois, n'excède pas les règles du genre. Mais elle restera vaine. La cour de Versailles, où ducs et pairs ont recouvré leurs privilèges, ne daigne pas jeter les yeux sur notre baron et quasi-marquis, jugeant apparemment le futur auteur de l'*Esprit des lois* indigne de représenter la France auprès de la cour de Saint-James, où il était pourtant accueilli en ami, notamment par la reine, et tenu pour un augure aux Communes...

Voilà bien par où notre homme, en ses vignes et entre deux visites flatteuses, peut se plaindre du sort. Voilà par où ce bonheur n'aura pas été universel. Montaigne souffrait de sa gravelle et – osons le dire – de sa mère. Sans parler des troubles religieux, d'une bataille devant Bergerac à une escarmouche du côté de Castillon. Lui, Montesquieu, vit en paix, en harmonie avec lui-même et les pouvoirs, et les siens. Mais ignoré par l'État.

Et il le resta après même que son ami le R. P. Castel, jésuite fort influent, lui eut écrit ceci, en mai 1734, au temps des *Considérations* sur les Romains :

> ... Je me suis très fort mis dans l'esprit que vous êtes un homme nécessaire à l'État et au gouvernement. Je ne vous en donnerais pas le tracas de la pratique, de l'allure ; mais un penseur, un approfondisseur, un voyant clair, un combinateur politique d'histoire de mœurs, de lois – entre nous, vous dis-je et sans compliment – est un titre de ministre que je fonderais en votre faveur. S'ils ont de l'esprit, ils ont besoin de vous, et je crois qu'il y a beaucoup à gagner – je ne dis pas pour vous, mais pour eux – que vous les voyiez [1].

Ces jésuites, tout de même, quel discernement ! « Ministre voyant clair » : le joli titre que voilà, pour notre baron... Dommage...

Faut-il alors attacher une signification particulière à la *Pensée* 267 : « Nous avons l'air d'être heureux mais nous ne le sommes pas ; c'est un faux air » ? Peut-être l'écrivit-il en attendant en vain la réponse de Chauvelin, ou entre la rupture avec la marquise de Grave et les retrouvailles avec Anne-Marie de Clermont... Un nuage. Un simple nuage ?

1. Lettre 244.

CHAPITRE VII

De vigne en verres

• Le mortier et le bouchon • Un prophète : Arnaud de Pontac • La « cuite » de Samuel Pepys • Fièvre d'excellence • Les « rotuli » de 1224 • Rat des champs • Le questionnaire en 29 points • De la « taille » aux « écoulages » • Les vaisseaux vinaires • La « tragédie » des vendanges • Siècle d'or et précarité paysanne • Un seigneur trop « habile » ? • Producteur et négociants • Une littérature bachique ?

Charles-Louis de Secondat, baron de La Brède et de Montesquieu, n'a inventé ni le mariage du droit et du vin, ni le « grand bordeaux ». Mais il a contribué à la célébration de ces noces entre la robe et le bouchon et à l'épanouissement de la merveille, président à mortier épanoui en seigneur des vignes.

Le droit et le vin ? L'union est consommée, dans le cadre bordelais dès le XVIe siècle, avec l'acquisition du domaine de Haut-Brion par un Pontac, magistrat, en 1533 (l'année de la naissance de Montaigne). Dès lors les Pontac vont s'élever conjointement dans l'ordre du droit et dans celui de la viticulture. Au milieu du XVIIe siècle, Arnaud de Pontac est à la fois président au Parlement de Bordeaux (où il aura pour successeur l'oncle de Montesquieu), et le très heureux propriétaire de Haut-Brion qu'il fait prospérer dans les Graves et, dans le Médoc (un terroir que l'on dit alors « prometteur »), d'un château appelé tantôt « Margose » et tantôt « Margo ». La voie est ouverte pour d'autres noces de la vigne et du droit à Calon-Ségur, à Pichon-Longueville, à Lynch-Bages ou à Branne-Cantenac – et à La Brède.

Le 11 avril 1663, un quart de siècle avant la naissance de Charles-Louis, Samuel Pepys, bourgeois londonien, buveur et trousseur sans vergogne, note dans son merveilleux « journal » qu'au cours de la nuit passée en joyeuse compagnie à la *Royal Oak Tavern* (moins d'un mois après s'être juré de ne plus boire une goutte d'alcool) il a dégusté une bouteille de vin français appelé Ho Bryan, « du goût le plus particulier ». L'excellent spécialiste anglais Hugh Johnson voit là une date capitale dans l'histoire du vin : pour la première fois est mentionnée une appellation autre que celle, collective, d'un terroir.

Appellation évidemment fantaisiste. Ho est un mot chinois illustré par un Vietnamien, et Bryan ne se rapporte à rien. On a pensé qu'il s'agissait plutôt d'un O'Brien, Irlandais qui aurait été propriétaire en Guyenne, ce qui n'était pas si rare. Mais il se trouve que c'est à un Bordelais que les Pontac avaient acheté Haut-Brion – puisque c'est de lui qu'il s'agit. Reste que ce « Haut », si on l'orthographie ainsi, est mystérieux : rien de plus plat que ce paysage du sud-ouest de la périphérie bordelaise. L'adjectif viserait-il à saluer l'excellence, comme dans « haut de gamme » ?

Le vignoble bordelais datait du milieu du Ier siècle, créé par les Romains au début du règne de Néron (trente ans plus tôt, Strabon n'a pas vu de vigne proche de la Gironde) mais amélioré par les gens du cru, les Bituriges vivisques. Aussi portés sur la boisson que Mr Pepys, ils importaient du vin de Campanie. Puis ils eurent l'idée d'acclimater en Aquitaine un cépage venu du rivage nord de l'Adriatique que l'on baptisa « biturica »*.

Cépage qui se maria – ou fut marié – non seulement avec le climat pluvieux de la Gironde, mais avec les sols très spécifiques de ces rives, caractérisés à la fois par des *palus* alluvionnaires très prolifiques, et surtout par les *graves*, ces sols caillouteux merveilleusement propices à capter et préserver la chaleur. Qui n'a pas foulé ces pierres humides

* Qui a donné le verbe « biturer »...

bien cuites par le soleil d'août ne sait pas ce qu'est une promesse de bonnes vendanges – promesse qui fut une des raisons de vivre de notre baron de La Brède, terre de « graves »...

Très vite s'établit une relation privilégiée entre ce vin de rivage et les îles Britanniques – moins, à l'origine, du fait de la soif des Anglais que du besoin qu'avaient les Aquitains de l'étain de la Cornouaille. Puis le rapport s'inversa, le métal le cédant progressivement à la liqueur. Londres devint, surtout à partir des trois siècles de l'heureuse colonisation de la Guyenne par les prédécesseurs et successeurs du prince Noir, le principal client du vin de Bordeaux – fût-il transporté par des navigateurs hollandais ou hanséatiques.

Depuis des siècles, donc, les viticulteurs de Gironde pouvaient compter sur le marché anglais et ses « *claret lovers* », ces amoureux du vin « clar » ou « clairet », mot anglicisé au XVIe siècle en « claret », « vin gouleyant et guilleret, proche des rosés actuels (dit) "vin d'une nuit", allusion, non pas à son charme volage, mais à une macération des peaux volontairement raccourcie[1] » (la fermentation du rouge s'opère avec les peaux des grains de raisin, alors que pour celle du « clairet », les peaux sont détachées au bout de 48 heures). Le fait est que, plus ou moins « claret », plus ou moins tannique, le vin de Bordeaux devint un « must » de la haute société anglaise. L'historien Roger Dion signale que « la teneur des lettres royales résumées dans les *rotuli* (rouleaux de parchemin) montre qu'à partir de 1224, c'est la Gascogne, et principalement Bordeaux, qui fournit les trois quarts du vin consommé dans les châteaux royaux d'Angleterre[2] ».

Pourquoi, alors, cette fureur d'excellence, visant une « clientèle » apparemment acquise, fureur qui pousse Arnaud de Pontac, roi des viticulteurs de Guyenne, à envoyer son fils à Londres pour y ouvrir un magasin de haut luxe, le *Pontack's Head*, où les vins, accompagnant une chère raffinée, sont vendus à un prix cinq ou six fois plus élevé que tous leurs concurrents ? Initiative et mode assez frappantes pour avoir déterminé le grand philosophe John Locke à s'en venir en 1677 visiter le vignoble bordelais, théâtre de ce phénomène, non sans avoir au passage observé que les paysans cultivant une terre si riche étaient

1. Robert de Goulaine, in *Senso*, n° 2, septembre 2001.
2. *Visages de la Gironde*, Bordeaux, Delmas, 1956, p. 64.

pauvres. L'auteur illustre des *Lettres sur la tolérance* mué en humble journaliste constate avec stupéfaction que ces vins issus de même origine, vus d'Angleterre, diffèrent d'une paroisse à l'autre en qualité, donc en prix[1]. Mais pourquoi cette émulation intense, cet acharnement à se distinguer, à produire « moins et mieux » ?

L'invention des grands vins bordelais, des crus (celle des millésimes viendra un peu plus tard) est le fruit d'une nécessité, où la haute stratégie eut sa part. Prospère au milieu du XVIIe siècle, le commerce des vins bordelais, pour les trois quarts axé sur le consommateur britannique, est quasiment ruiné par les guerres de Louis XIV (ce qui n'est pas étranger à l'hostilité affichée par Montesquieu à l'encontre du Roi-Soleil).

La paix d'Utrecht de 1713, mettant fin notamment au conflit entre Paris et Londres, aurait dû restaurer la prospérité de naguère. Mais non. Les Britanniques veulent bien (oh ! oui...) acheter de nouveau les vins français : mais, rancuniers, ils les grèvent de droits deux fois plus élevés que leurs concurrents espagnols et portugais. Il ne reste aux Bordelais qu'une chance : offrir aux amateurs assez éclairés pour faire la différence et assez riches pour en payer le prix, des vins de haute qualité. La clientèle existe dans l'Angleterre de la « queen Anne » et des premiers rois hanovriens, aristocrates et financiers comptant de nombreux *claret lovers*[2].

Ainsi est définie, impérieusement, à l'usage des maîtres du vin de Bordeaux, une stratégie de l'exigence, à l'heure où se développe sur place, en cette ville qu'enrichit d'autre part le commerce avec les îles, la prise en charge d'une partie du vignoble girondin par la caste de la noblesse de robe – dût-elle, comme Charles-Louis de Montesquieu, prendre ses distances avec la pratique professionnelle du droit. Mais ce

1. *Bordeaux, vignoble millénaire* de Gérard Aubin, Sandrine Lavaud et Philippe Roudié, Bordeaux, L'Horizon chimérique, p. 73-75.
2. *Ibid.*

n'est pas encore le cas quand le fils de Jacques de Secondat et de Marie-Françoise de Pesnel hérite du domaine de La Brède. C'est en conseiller du Parlement qu'il entre dans l'arène viticole, en 1716, à l'époque où se situe ce que l'historien Henri Enjalbert a appelé la « révolution du bordeaux ».

Cette année-là, précisément, la Chambre de commerce de Bordeaux publie un mémoire où elle prend acte de la réouverture du marché anglais et de la nécessité où est placée la viticulture bordelaise de mettre l'accent sur la qualité la plus raffinée : les prix payés par les importateurs de Londres passent en quatre ans de 180 à 350 livres le tonneau. C'est évidemment un fruit de la paix, non seulement avec les Anglais, mais avec les Néerlandais – ceux-ci se spécialisant plutôt dans le transport de produits de qualité ordinaire, dits « vins de chauffe » ou « de chaudière », et ne s'interdisant pas de trafiquer et de couper plus ou moins tel ou tel vin, ce à quoi se refusent les navigateurs et négociants britanniques.

C'est dans ce climat d'espoir et de compétition exigeante que le jeune Charles-Louis de Secondat de La Brède, conseiller et bientôt président à mortier au Parlement de Bordeaux, encore aux prises avec ses greffiers et ses galériens, s'apprête à prendre en charge son domaine viticole qui d'abord se résume à La Brède et aux métairies voisines. Rat des villes mué en rat des champs, est-il, comme tel, dépassé, empêtré, malhabile ?

Auteur d'un savoureux *Montesquieu et la Vigne* déjà cité, Émile de Perceval fait valoir que, dès avant son installation dans le vignoble, l'inspiration qui se manifeste dans nombre de mémoires ou de notices de caractère scientifique émanant certainement de son contact avec les champs signale en Montesquieu « un rural de race, d'instinct et de formation [1] ». Tout urbanisé qu'il soit depuis sept ou huit ans, Charles-Louis reste à beaucoup d'égards un paysan. On peut avoir fréquenté les écoles et les universités, les salons et les châteaux – et les rues de Paris sous un masque de Persan perspicace –, et rester le gamin qui jusqu'à dix ans a couru en sabots entre chais et vignes, nourri de croustades et de frottées à l'ail, levant le coude à l'occasion et parlant, on le sait, le patois des vignerons.

1. Perceval, *op. cit.*, p. 73.

A-t-il, avant de reprendre en main La Brède au lendemain de la mort de son père et de son propre mariage avec une rurale, pris un réel intérêt à ces champs, ces bois et ces règes de vigne ? On n'en trouve guère de preuves. Mais il est resté lié avec ses camarades d'enfance, son frère de lait Jean Demarennes, ses cousins Loyac. Et au lointain collège de Juilly, les liens avec la Gironde restaient étroits : on y parlait latin avec l'accent du vignoble…

Il ne lui a pas fallu longtemps pour prendre à cœur, et à bras-le-corps, son nouveau métier, d'abord à mi-temps, aux côtés d'une femme issue d'un terroir tout voisin, l'Agenais. Quelle meilleure preuve de son investissement profond dans tout ce qu'implique le vignoble que l'admonestation adressée en 1726 à l'intendant Boucher* pour le mettre en garde contre les interdits dont ce personnage entend frapper l'extension de la viticulture en Gironde ? Pour ces trente journaux** de terre sablonneuse qu'il prétend complanter en vigne, que de batailles…

Entre la prise en charge de La Brède en 1716 et le grand voyage européen entamé en 1728 – nous le retrouverons plus tard, mieux enraciné, « envignoblé » encore – et compte tenu de son enquête pour les *Lettres persanes*, de ses escapades à Chantilly, de ses intrigues amoureuses et de sa campagne académique, il passe un peu plus de la moitié de l'année à La Brède, notamment à partir de septembre et de la saison des vendanges. Vigneron…

Compétent ? Abordant l'évocation de ce personnage d'écrivain-viticulteur, on s'en voudrait de ne pas citer un texte qu'il aimait particulièrement, extrait des *Géorgiques* de Virgile, qui semble résumer à la fois sa culture latine, son goût de l'agriculture et aussi, d'une certaine façon, la théorie des climats que rendront fameuse quelques pages de l'*Esprit des lois* et qu'il est évidemment plus facile d'appliquer à la vigne qu'à l'élaboration des textes juridiques…

At prius ignotum ferro quam scindimus æquor
Ventos et varium cœli prædiscere morem
Cura sit, ac patrios cultusque habitusque locorum
Et quid quæque ferat regio, et quid quæque recuset.

* Voir ci-dessus, chapitre I.
** À peu près dix hectares.

(On procède immédiatement à la traduction dont, à la différence de Montesquieu, l'auteur de ce livre ne saurait se passer, gageant que le lecteur lui en saura gré...)

> Avant d'entailler par le soc une mouvante terre
> dont nous connaissons mal la nature, sachons étudier
> le régime des vents et les variations du ciel
> aussi bien que les coutumes et cultures traditionnelles du pays
> en tenant compte de ce qu'il tolère ou de ce qu'il rejette.

Voilà qui est se placer sous de bons auspices. Les principes sont excellents. Mais la compétence ? Bien sûr, un Bordelais, fils et petit-fils de châtelains de la vigne, ne va pas sans quelques connaissances innées ou acquises, ni sans quelque état-major de chefs de cultures ou maîtres de chais. Montesquieu a assuré la notoriété de son collaborateur de ce type, devenu familier aux lecteurs de son œuvre sous le nom de L'Éveillé, qui sent son Molière ou son Regnard. Il s'appelait Guillaume Grenier, ne lui parlait que patois et manifestait tant de fidélité et de compétence que son seigneur et maître lui assura un substantiel métayage – lui qui n'était pas si munificent de nature. Et le baron-viticulteur put constamment bénéficier des avis et des services de son notaire favori, quasiment un ami, Pierre Latapie.

Mais pour être bien entouré, l'auteur de l'*Esprit des lois* n'était pas homme à faire les choses légèrement. Est-ce pour se rassurer sur ses talents et ses connaissances, ou peut-être pour en assurer sa femme, voire son frère l'abbé, très influent, ou son fils, qu'il a rédigé un étonnant vade-mecum du viticulteur (d'autres parleront de tables de la loi...) à propos du questionnaire que cet éducateur-né adressait à ses confrères, propriétaires des terroirs de Graves – qui fut découvert par l'érudit local R. Dezeimeris dans les papiers d'un conseiller au Parlement, de Lamontaigne, et publié en 1886 dans le *Bulletin du Comice de Cadillac* ?

Ce texte, qui semble dater de 1726 – dix ans après sa prise en charge du domaine –, permet d'apprécier la qualité et la minutie de son information, et prend une force particulière du fait d'être formulé sous une forme interrogative. Le grand homme ne prétend pas jouer les oracles, les docteurs miracles : il interroge et s'interroge... Non sans proposer une déclaration, non des droits, mais des devoirs du viticulteur :

1° Quelle est la manière de tailler la vigne, et quel temps ?
2° Celle de l'ouvrier et de quelle œuvre ?
3° Celle de la culture à bras et de quelle œuvre ?
4° Combien lui donne-t-on de labours ? Et en quel temps ?
5° De quelle hauteur on la laisse ?
6° Combien de flèches à chaque sep et combien d'yeux on laisse à chaque flèche ?
7° Si le vin est blanc ou rouge ?
8° Comment on appelle les cépages ? Quels sont les meilleurs et les plus ordinaires ?
9° Quelle est la nature des terres du païs* ?
10° S'il y a des terrains ou vignes de diverse nature, et quels lui sont les plus propres ?
11° S'il y a des vignes en jouale**, et quel est leur arrangement ?
12° Si les cépages blancs, en quantité égale, donnent plus ou moins que les rouges ?
13° Quels sont les plus tôt mûrs, les blancs ou les rouges ?
14° Dans quels temps on vendange ?
15° Quelle est la méthode de faire les vendanges ?
16° Comment on répare les vignes et l'on remplace les pieds qui manquent ? par des plants ? du barbau ? du provins ? de l'avant-cap, du saute-gris*** ?
17° La manière de plier et lier la vigne à l'échalas ?
18° S'il y a des vignes basses à l'arrière, les flèches se lient comme en espalier à un laton soutenu par deux carrassons****, comme dans nos graves de Bordeaux ?
19° S'il y a des terrains pierreux, des terrains de cailloutage et des terrains de sable ?
20° S'il y a des hautains***** ?
21° Si dans le pays il y a des palus****** complantés en vignobles ?
22° S'il y a des tertres, côtes, plaines, vallons, complantés en vignes ? Où le vin est-il le meilleur ?
23° Quelle qualité ont les vins ? de la force ? de la douceur ? Deviennent-ils roux ou gras ? Se conservent-ils longtemps ?
24° Quel est le prix de ces vins, ou environ ?
25° Si on effeuille, et en quel temps ?

* Cf. le Virgile déjà cité.
** Jachère.
*** Plants dont certains ont été délaissés.
**** Support de bois.
***** Culture en altitude.
****** Zone marécageuse.

26° Si on épampre, et en quel temps ?
27° Si on ébourgeonne, et en quel temps ?
28° Si l'on ébarbe ?
29° Si l'on fume ou si l'on terre, et de quelle espèce de fumier on se sert ?

Que Montesquieu fût un « passionné viticulteur », très attentif à la nature des sols, « silico-caillouteux » à petite proportion d'argile, ou « aliotique », on le sait aussi par son fils Jean-Baptiste, auteur d'un *Mémoire sur la culture de la vigne en Guyenne* qui est un évident reflet des connaissances et des pratiques du baron de La Brède.

Particulièrement instructifs, en cet ouvrage, sont les développements relatifs aux cépages, entre autres à ce « biturica » qu'on appelle ici « biture » ou en patois « vidure » pour « la petite vigne dure », le « cabernet » ou « cavernet » mélangé ou non au « massoulet » – conseillé par le marquis de Navarre, collègue de Montesquieu à l'Académie de Bordeaux, assez économe au demeurant, pour préciser que ces cépages donnent « des raisins qui mûrissent successivement, ce qui permet d'en sauver beaucoup des mains des paysans et de leurs enfants qui en mangent une grande quantité »... (Voilà un marquis bien près de ses grappes...)

Instruit par son père, Jean-Baptiste de Secondat, lui-même physicien avisé, soutient que le « cabernet » fait un « raisin sans défaut », principalement dans les Graves, où il produit un vin de couleur vive et brillante, moelleux et suave, « au bouquet très prononcé, promptement potable et de durée moyenne ».

Outre le cabernet, les cépages sont déjà d'une variété surprenante. Jean-Baptiste de Secondat en énumère 46, soit : « 18 cépages rouges, à graines rondes, et 6 à graines longues ; 13 cépages blancs à grains ronds et 9 à graines allongées ». Tels le « malbec », ou « côte rouge », le « balouzat », le « massoulet », pour le rouge ; et, pour le blanc, le « sémillon », roi des vignobles (mais qui jaunit en vieillissant, ce qui préoccupait Montesquieu), le « muscat » et ses dérivés « muscadelle » et « musquelle » ; le « blanc mou » (doux), le « prueras ou prunelat », (« ces plants, précisa Émile de Perceval[1], sont toujours représentés à La Brède... il est permis de penser qu'on en usa, comme on en use partiellement aujourd'hui dans le vignoble du château »), sans pré-

1. *Op. cit.*, p. 83.

judice de cépages réputés au XVIIIe siècle, « mêlier », « malvoisie », « auvernat » doux et sucré...

N'allons pas imaginer que le baron et son fils ont ainsi fait étalage, après coup, de leur science viticole et vinicole, faute d'en avoir donné les preuves sur le terrain. Rien ne permet de penser que l'auteur sur l'*Essai sur le goût* n'ait pas eu celui, bien affirmé, et motivé, du vin. Et que la gestion d'un vignoble sans cesse accru, jusqu'à l'achat tardif de Bisqueytan, ait pu souffrir de quelque « amateurisme ». Grâce à L'Éveillé ? Peut-être. Mais Napoléon lui-même devait beaucoup à Berthier.

On a déjà parlé de la diversité des domaines, inégalement viticoles. Si c'est bien là le qualificatif qui convient à La Brède et ses immédiates dépendances (Rochemorin à Martillac, la métairie de Saint-Morillon), plus tard aux douze hectares de sable achetés à Pessac pour être voués à la vigne, comme, à dix lieues de là, dans l'Entre-deux-Mers, le domaine de Raymond (ou Ramonet) et celui de Bisqueytan, on ne saurait en dire autant des multiples fiefs que possédaient les seigneurs de La Brède et dont les titres ont été retrouvés le 2 mai 1755, peu après la mort de l'écrivain, non seulement dans les « paroisses » de La Brède, Saint-Morillon et Martillac, mais à Saint-Selve, Beautiran, Barsac, Gradignan, Talence, Léognan, Preignac, Cadillac, Cénac, La Tresne, Camblanes, Saint-Médard-en-Jalles, Cabanac, Neyrac, Quinsac, Cenon, Floirac, Fargues, Langoiran, Arbis, Sainte-Croix-du-Mont, Sadirac, Sainte-Eulalie-d'Ambarès, Cuillac en Périgord, et dans les Landes Gujan, Le Teich et Mios (ceux du pays de Buch avaient été vendus en 1633).

On s'intéressera essentiellement, pour la suite de cette évocation de Montesquieu viticulteur, à l'ensemble groupé autour de La Brède et Martillac – 77 hectares, dont 11 de vignes, dans le terroir des « Graves de Bordeaux », le beau domaine de Raymond (60 hectares) et celui de Bisqueytan étant situés dans l'« Entre-deux-Mers » où les pratiques et le produit final sont quelque peu différents. Montesquieu aimait beaucoup la belle « maison noble » de Raymond, qui lui venait de son cher oncle Jean-Baptiste, lui-même héritier du fameux président du Bernet, modèle des magistrats de son temps. C'est là, dit-on, qu'il aurait écrit une bonne partie des *Lettres persanes*. Mais le vin n'y était pas tout à fait selon son goût de fanatique des graves, hors desquels il n'était, selon lui, pas de salut...

C'est donc à La Brède, et, mieux, dans le domaine de Rochemorin, à Martillac distant de moins de cinq kilomètres du château, où était installé l'essentiel de son appareillage, ses cuves et pressoirs, que nous le suivrons dans les opérations majeures conclues par les vendanges et la vinification.

On n'accompagnera pas le baron-viticulteur dans toutes les démarches qu'impliquent la culture de la vigne et l'élaboration du vin, ne serait-ce que parce qu'il en négligeait certaines. Nous savons en tout cas que, revenant le plus souvent de Paris – où il passait volontiers le printemps et l'été – au début de septembre, il sort de chez lui au petit matin pour faire, à partir de Rochemorin, le tour des métairies voisines (Tanticoste, Broustet, Calenta, Lambarran), bonnet de laine ou large chapeau de paille sur le crâne, une canne à la main ou un échalas sur l'épaule. Guillaume, dit L'Éveillé, lui emboîte le pas au cours de la tournée.

Le maître de La Brède est presque toujours dans le vignoble à la fin de l'hiver pour les premières opérations viticoles, la taille (dite aussi vinée, ou aste), qui s'opère alors à la serpe et impose des choix délicats quant au nombre de « flèches » ou branches à fruits que l'on supprime ou que l'on sauve ; l'assermentage et le pliage, qui consistent à lier et fagoter les retombées de la première opération ; mais il quitte souvent ses terres pour Bordeaux ou Paris à l'époque des labours, en avril – labours pratiqués à l'« arayre », corrigés ou complétés par la « marra », la houe à main, et affinés par le « hudir » (enfouissement) et le « binar » (nettoyage). Et on ne le voit guère au moment d'autres opérations qui scandent la vie du vigneron qu'il est – l'« ébourgeonnement », l'« épamprage »...

Subit-il toujours sur place les effets des gelées, ou de la grêle du début de l'été, de l'« échaudure » de juillet ? On aimerait avoir des attestations de la part qu'il prend à ces soins délicieux qu'appelle la viticulture et qu'évoque si bien la *Maison rustique* du temps :

« Si le vent a endommagé la vigne, il faut couvrir l'endroit offensé avec du fumier de chèvre, brebis ou vache, mêlé avec de la terre bien liée. » « Il est bon, après les brouillards, d'arroser la vigne avec le jus des racines ou feuilles de concombre sauvage ou de coloquinte pilée et trempée dans l'eau. » « L'eau de mer, la vieille urine mêlée de fumier et de terre font merveille aux vignes... dont les feuilles rougissent, faute d'humidité. »

Ami de Montesquieu, on le sait, le marquis de Navarre dénonce éloquemment ainsi les souffrances de la vigne, « la phtisie ou son contraire, la "luxuria vitis", c'est-à-dire le trop-plein de sève, la "rougeur des feuilles"… et "l'antipathie", autrement dit la répugnance qu'a la vigne à voisiner avec le chou… ». Le monde des plantes a aussi son *Esprit des lois* – ou son *De l'amour…*

Bon. Vers la fin de septembre, le temps des vendanges est venu – et il est bien rare que le baron n'ait pas, quelques jours plus tôt, venant de Bordeaux ou de Paris, sauté de sa vieille berline pour prendre la direction des opérations, assisté de Guillaume Grenier, de Pierre Latapie, de sa très active épouse, de son fils Jean-Bapriste, parfois même de son ami l'abbé Guasco, bon connaisseur des choses rurales – que nous retrouverons.

Le « ban » des vendanges a été fixé par les officiers royaux, répercuté par le curé qui ne manque pas de rappeler à ses paroissiens l'interdiction de vendanger, la nuit, le « vin de lune »… Les prix des travaux sont fixés : de 11 à 14 sols, selon le terrain et le temps. De la fin de septembre à la mi-octobre alternent les travaux et les célébrations, souvent sonores, déjà, de la vendange.

Tout au long des opérations, le seigneur du cru, flanqué de L'Éveillé, surveille dans le chai « le vin de goutte », la « mère goutte de cuvier », c'est-à-dire le jus du raisin non encore traité, filtrant à travers un faisceau d'asperges sauvages (pour expulser les grains) dans les « sineaux » de bois qui le recueillent. Ou il assiste à l'égrappage, éliminant, durant le foulage des raisins rouges surtout, la rafle à la saveur amère pour laisser au vin son arôme, car « la grappe diminue la grâce et le relief du vin », disait-on. Et puis vient l'heure des *soutirages* pour les vins blancs, des *écoulages* pour les rouges. La révélation du meilleur ou du pire.

Notation savoureuse dans les *Pensées* (n° 1384) : « Outre le plaisir que le vin nous fait, nous devons encore à la joie des vendanges le plaisir des tragédies et des comédies. » Tragédies ? N'est-ce pas beaucoup dire ? Montesquieu s'en expliquait ainsi dans une lettre à son amie Mme Dupré de Saint-Maur*, parlant des vendanges en cours : « Imaginez-vous que toute ma fortune dépend de trois jours de beau

* Femme de l'intendant qui succéda à Tourny.

soleil ! » Mais le baron ne s'en va pas moins fredonnant, vers la fin d'octobre, la vieille comptine : « Adieu paniers, vendanges sont faites... »

De toutes ces grappes jetées dans les cuves par « bastots » de bois emplis par les vendangeurs, puis de la « mère goutte », reste à faire un vin digne de ce terroir fameux, si proche de Haut-Brion. Le faire, oui, mais où ? Ici se pose la question capitale, dans ce monde de la vigne, des « vaisseaux vinaires », superbe formule qui désigne l'énorme appareillage que réclame la vinification – cuves, pressoirs, celliers, tonneaux, chais de conservation. Seules en disposent les grosses exploitations, la seigneurie notamment. En quoi le maître de la vigne s'apparente à la fois à l'armateur et à l'amiral, le vigneron au matelot...

On doit à ce propos couper court à une légende, celle des cuves et celliers du château de La Brède, assez séduisante et tenace pour être reprise par un auteur aussi compétent qu'Émile de Perceval, plusieurs fois cité à ce titre. Dans un ouvrage intitulé *Montesquieu et ses notaires de La Brède*, le Dr Eylaud, longtemps président de l'Académie Montesquieu et qui a eu accès à tous les documents juridiques relatifs à l'écrivain et à la gestion de ses biens, démontre que si La Brède fut bien le cœur viticole de la baronnie, ce n'en fut pas le centre vinicole. Citons donc ce fidèle admirateur de Montesquieu, éclairé par l'inventaire établi en mai 1755, peu après la mort de l'auteur de l'*Esprit des lois* : « Dans les communs du château, il est fait état d'un “cuvier”. Mais, dans ce cuvier, qu'a-t-on trouvé ? Non point des cuves, des pressoirs, des tonneaux ou autres engins composant le matériel nécessaire à la vinification, mais seulement, “une vieille et mauvaise couchette garnie de sa literie, elle-même vieille et mauvaise, et un très vieux coffre à avoine”. »

On ne peut donc attacher le moindre crédit à l'évocation traditionnelle d'un Montesquieu quittant sa chambre en négligé, accompagné ou non de L'Éveillé pour aller, en son cellier, de l'autre côté de la cour, faire déguster son vin de La Brède, tiré à la pipette de quelque tonneau, comme le font tant de ses émules...

Non. Le vin de La Brède, dût-il porter cette appellation (tout à fait recevable, compte tenu de la proximité du château proprement dit, et de la gloire qui s'attache à ce nom), venait pour l'essentiel de Rochemorin*, la propriété de Martillac, où l'inventaire signale un cuvier, un « chay neuf » joignant le cuvier et un « grand chay ». Là, à cinq kilomètres du château de La Brède, sont les pressoirs, les « fouloirs », des cuves, des foudres, le « vaisseau vinaire », tous instruments qui situent bien là la chambre des machines de la vinification et la naissance du produit dont le seigneur de La Brède était si fier.

Retenons ces précisions supplémentaires d'un bon informateur, l'historien Michel Figeac :

> Dans le cuvier, cinq cuves pouvaient écouler de 33 à 40 tonneaux de vin rouge et blanc ; dans le chai neuf, cinq autres cuves voisinaient avec deux foudres de vingt barriques chacun. Six pressoirs garnis, installés dans un autre chai, confirment que nous avions affaire à une très grosse exploitation des Graves de Bordeaux. À Raymond, dans l'Entre-deux-Mers, deux chais et deux cuviers étaient en mesure de recevoir plus de 500 barriques. Au lendemain de la mort du philosophe, 387 barriques de rouge et une centaine de blanc attendaient que les négociants bordelais, auxquels elles avaient déjà été vendues, viennent les chercher[1]...

S'agissant de l'origine de son vin, Montesquieu, s'adressant à divers correspondants, parle volontiers de « mon vin de Rochemorin » dont il est fier. Il lui arrive d'ailleurs d'écrire « Rochemaurice », l'ancien nom de ce domaine qui se déploie à flanc de colline, beaucoup plus propice à la viticulture que la basse plaine de La Brède, autour d'une ferme-château de belle allure. Et comme pour rendre hommage aux savants ouvrages du seigneur du cru, c'est une ancienne voie romaine qui unit La Brède à Rochemorin.

Il va de soi que ces mises au point ne diminuent en rien ni la primauté de La Brède, ni la qualité du travail du vigneron Montesquieu, ni la force de son implication dans l'ensemble de ces opérations. Non plus que cette autre constatation faite par le Dr Eylaud à partir de l'inventaire de 1755 : qu'au château de La Brède ne fut pas trouvée la moindre provision de vin en bouteilles tandis que, dans un grenier, était conservés du blé, du seigle, du maïs – et alors que l'inventaire dressé à Paris à la même époque fait apparaître, dans l'appartement qu'occupait l'écrivain rue Saint-Dominique, 870 bouteilles et 50 demi-

1. Communication au colloque Montesquieu de 2001.
* C'est l'appellation d'aujourd'hui.

bouteilles… D'où il ressort qu'à La Brède, le vin était tiré à la barrique pour la consommation quotidienne et qu'il était expédié en tonneaux ou en bouteilles à Paris et à Londres…

Le maître de La Brède avait-il conscience de produire un « grand vin », d'être parmi les promoteurs de cette révolution de la qualité exigée, nous l'avons vu, par les vicissitudes du commerce international et le système de taxation britannique ? Se prit-il pour un des créateurs, des apôtres de cet évangile, de cet « art du vin » dont les prophètes furent les Pontac et un peu plus tard les Ségur, en attendant les Rothschild ?

Dans une communication faite à l'Académie Montesquieu (actes 1991, cahier n° 6), Henri Lagrave faisait valoir qu'« il n'est point de vigneron qui ne goûte son vin… Montesquieu ne fait pas exception. Il boit du vin, se plaît à lever son verre à la santé de ses amis, adopte aisément la coutume anglaise du toast, prend plaisir à faire "taster" le produit de ses vignes ».

Sa correspondance comporte quelques notations suggestives. S'il n'est pas assuré que son vin de Rochemorin soit le meilleur d'un terroir illustré notamment par ses voisins de Haut-Brion ou par ceux, à peine moins illustres, de Chevalier, de La Louvière, de Carbonnieux ou de Fieuzal, il le défend bravement contre tel de ses amis comme Bulkeley qui lui a lancé, riant sous cape, cette pique : « Misérable enfant de la terre, j'espère que vous en avez recueilli les fruits, et que votre chai se trouve à présent rempli de cette maudite liqueur dont vous empoisonnez nos pauvres Anglais[1]. » Et nous le verrons acharné à se faire le commis voyageur de sa « liqueur », notamment en Angleterre*. Mais aussi à Paris, à Rome, à Vienne.

Il aime son vin, ne serait-ce que parce qu'il est son œuvre. Une de ses dernières lettres adressée à l'abbé Guasco, à la fin de 1754, est consacrée au vignoble de Rochemorin. Deux ans auparavant, désireux de faire plaisir à son ami l'évêque anglais Warburton, il pense à lui offrir la nouvelle édition de l'*Esprit des lois*, alors en cours de publication. Mais il se ravise et, apparemment pour faire mieux encore, il écrit à leur ami commun Charles Yorke : « Je croirais ne lui envoyer

1. *Correspondance*, lettre 51.
* Avec l'aide de l'épouse de l'ambassadeur de Mirepoix.

rien. Je voudrais donc lui envoyer une des choses du monde que j'aime le plus, qui est une pièce de mon vin, que je voudrais qu'il me fît l'honneur d'accepter[1]. » Bigre… Le rochemorin plus digne de Warburton que l'*Esprit des lois* !

Que le graves de notre baron fût un grand, ou plus simplement un bon vin, que Montesquieu ait été ou non le rival des Pontac ou des Ségur, on est en droit de s'interroger sur le type de seigneur qu'il fut. Pour en arriver aux bouteilles que consommaient Bulkeley et Warburton, comment se comportait ce baron de Gironde avec les artisans et paysans qu'il employait ? Était-il, en ce domaine, et sur son domaine (« sur ma terre, avec mes vassaux »), digne à la fois du produit délicieux dont il faisait commerce, et de la « philosophie » des Lumières qui déboucherait un jour sur l'idéologie des droits de l'homme ? On a relevé plus haut qu'il voyait à la vigne, entre autres vertus, celle de procurer de nombreux emplois. Certes. Mais dans quelles conditions ?

Sur la vie des paysans au début du XVIIIe siècle qui n'est plus tout à fait celle dont La Bruyère, Vauban et Fénelon dénonçaient l'horreur, on peut se reporter à quelques témoignages fameux, celui par exemple de D'Argenson, futur ministre des Affaires étrangères de Louis XV, qui écrivait en 1739 :

> En pleine paix, avec les apparences d'une récolte, sinon abondante, du moins passable, les hommes meurent autour de nous comme des mouches, et sont réduits par la pauvreté à brouter l'herbe… Le duc d'Orléans porta dernièrement au Conseil un morceau de pain de fougère… À l'ouverture de la séance, il le posa sur la table du roi en disant : « Sire, voilà de quoi vos sujets se nourrissent !… »

En terre viticole, dans le Bordelais, la situation est moins tragique. Montesquieu dispose pour son vignoble d'ouvriers à la journée, de faisandiers, prix-faîteurs ou vignerons proprement dits. Ceux-ci doivent

1. *Correspondance*, lettre 693.

être au travail, depuis le 1er juin jusqu'au 1er octobre, à cinq heures du matin, pour ne le quitter qu'à six heures du soir, et depuis le 1er octobre jusqu'au 1er mars, à la pointe du jour pour ne le quitter qu'à « telle heure qu'ils arrivent à la nuit à leur maison ; sans dormir à midi et sans discontinuation pour prendre les repas ».

Le généreux Émile de Perceval nous décrit un « Montesquieu indulgent, du moins quand il le juge à propos – qui, dans sa revue quotidienne, s'entretient cordialement avec ses hommes, tenanciers, vignerons, journaliers, s'intéressant à leurs affaires particulières, leur donnant ses conseils, les pacifiant dans leurs querelles, s'interposant en leur faveur auprès de ses puissantes », en somme « tout à fait bonhomme »[1].

Le Dr Eylaud, qu'on ne saurait taxer de malveillance à l'encontre de Montesquieu, a pu consulter, on l'a dit, les divers documents relatifs à la conduite de ces domaines par le baron – ou son épouse, souvent chargée des responsabilités en l'absence de l'écrivain. Il est plus critique. Voulant y voir surtout la preuve du caractère essentiellement paysan de Montesquieu, il met l'accent sur le soin mis à établir des contrats de métayers pour faire participer l'exploitant direct aux bénéfices de la culture de la terre. Loin de la notion de servage qui prévalait au Moyen Âge, il donnait aux plus laborieux la possibilité d'acquérir des terres et de les exploiter pour leur compte personnel.

Certes. Mais dans un climat de rapport de forces, ou de droit strict. Montesquieu était-il avare, comme on l'a parfois écrit, ou seulement, comme il le fait entendre, appliqué à accroître son bien, pour « une certaine idée d'habileté que cela me donnerait[2] » ? Moins donc en vue de devenir riche qu'à l'effet de ne pas avoir l'air d'un sot... Le Dr Eylaud, ayant compulsé des centaines de documents, contrats, assignations, mises en demeure émanant du seigneur de La Brède, n'en a retenu aucun qui mette en évidence « la moindre générosité ou abandon de droits » et n'a vu là que « des contrats où chacun fait valoir ses justes intérêts » conformément aux « prérogatives du seigneur ». Et notre médecin-historien de relever que cette fermeté dans la défense de ces intérêts trahit peut-être une malice qui va jusqu'à

1. Perceval, *op. cit.*, p. 89.
2. *Pensées*, 213.

« l'habileté[1] » (le mot utilisé, nous l'avons vu, par l'auteur des *Pensées*). Il faut bien reconnaître que cette habileté est celle non seulement du plus fort, du plus riche, mais de celui qui, par profession, connaît les arcanes du droit et sait « comment » rédiger ou lire un document.

Dans un mémoire universitaire rédigé pour l'Université de Bordeaux[2], Anne Ribowski, étudiant les conditions de vie des vignerons de La Brède entre 1735 et 1755, d'après les registres des notaires Pierre Latapie et Jean Giraudeau qui traitèrent avec diligence les affaires du baron des Graves, met l'accent sur la précarité des conditions de vie des vignerons qu'il emploie, et même des métayers.

S'il est vrai que, comme Montesquieu s'en flatte, l'emploi est abondant, la terre est rare. Beaucoup de ménages sont réduits à la culture d'un « journal » (33 ares) ou moins... Face aux nobles et aux bourgeois enrichis – parfois venus de Bordeaux, parfois issus du strict milieu local –, les paysans sortis du servage restent totalement dépendants des maîtres de l'outillage, *a fortiori* des détenteurs du « vaisseau vinaire ». Et si, du fait du métayage, cette condition semble s'améliorer, les injustices du système fiscal, de la taille surtout, vont souvent transformer cette ascension en déclin : car les terres passent aux mains de riches bourgeois bordelais, qui se prévalent, à ce titre, d'exemption de l'impôt personnel – dont la charge retombe sur les villageois. Au point que l'auteur du mémoire cité suggère qu'en fin de compte, le « siècle d'or bordelais », qui fut celui de l'épiphanie des grands vins, pourrait bien avoir été un temps d'épreuves accrues pour le peuple vigneron, que n'épargnaient ni la corvée, ni la « milice », ni la dîme...

Que les souffrances paysannes dans ce riche pays de graves soient plus ou moins imputables à l'injustice fiscale, aggravée par l'implantation accélérée de bourgeois trop habiles à esquiver ces charges*, le fait est que le petit peuple de la viticulture sur lequel règne notre baron de La Brède, en ce milieu du XVIIIe siècle supposé si bénéfique aux Girondins, se débat entre misère et précarité.

1. Eylaud, *op. cit.*, p. 85-86.
2. Sous la direction d'Anne-Marie Cocula, qui m'a communiqué cette excellente étude.
* Le mémoire de Mme Ribowski signale parmi ces bourgeois abusifs un nommé Jean Lacouture...

On n'en rendra évidemment pas responsable le seul Montesquieu. De cet homme fondamentalement bon, on cite de nombreux traits de bienveillance sociale – comme la distribution de céréales aux paysans de la région de Clairac, celle de sa femme, lors d'une famine du milieu du siècle. Le système social qui prévaut en France sous le roi appelé (pour quelque temps encore) le « Bien-Aimé » est celui qui conduira, entre autres anomalies et scandales, aux convulsions de la fin du siècle. Montesquieu, « philosophe » marginal, est de ces privilèges un utilisateur plutôt libéral, un interprète sans rigueur. Mais très – trop ? – « habile ». Ceux qui portent de l'affection à Charles-Louis, avec l'admiration qui s'impose à l'endroit de Montesquieu, ne tiennent pas tous son comportement, en tant que maître féodal du vignoble, pour aussi exemplaire que le fut celui de l'inventeur de la sociologie comparée, en tant que citoyen et qu'écrivain.

Viticulteur passionné et apparemment compétent, « maître » un peu trop habile dans la défense de ses intérêts domaniaux, le seigneur de Rochemorin fut-il un bon « marchand de vin » ? On emploie ici une formulation un peu vulgaire pour bien marquer que, s'il lui arriva, notamment au cours de son voyage en Italie, à Gênes par exemple, de juger peu honorable l'activité marchande – non sans la mettre au crédit, un peu plus tard, de ses hôtes britanniques… – Charles-Louis de Montesquieu déploya de longs et patients efforts en vue d'éviter que « son » vin ne restât dans la soute de ses « vaisseaux vinaires » de Martillac.

Comme le fait valoir le Dr Martin, commentant la correspondance de l'intendant de Courson au début du XVIIIe siècle, si tout Bordelais est plus ou moins commerçant, tout viticulteur est marchand, sinon du vin des autres, du sien naturellement, et Montesquieu n'a pas échappé à la règle. D'autant que, « pour se défaire d'une récolte, il était plus simple alors d'user de ses propres moyens. Des négociants en vins existaient bien, mais en titre et nominalement parlant – tout au moins au début du XVIIIe siècle – simples entrepositaires, commissionnaires de la clientèle étrangère et n'achetant que sur commande. Mieux valait donc se passer d'eux[1] ».

Montesquieu fut-il habile à susciter directement l'amateur, voire l'acheteur, le recherchant, le provoquant, comme le suggère Émile de Perceval ? Le fait est qu'intérêt et plaisir mêlés, il en faisait valoir le charme en recevant à La Brède ou visitant les gens de son immédiat voisinage : propriétaires, gens de négoce, courtiers, parlementaires, amis – parmi lesquels d'aimables châtelaines : Mme Duguat à « l'Estivette », Mme Gaussen, sa « Mme de Tencin de campagne », à Eyquem – Montaigne est proche – et à la Sangue Mme Dorly, « matrone de sens ».

Avec elles et chez elles plutôt – car on sait, et l'inventaire de 1755 le prouve, que La Brède se signalait par l'économie du mobilier, des vaisselles et autres équipements mondains et semble-t-il de la chère –, dîners, soupers, causeries s'organisaient entre voisins, Montesquieu y trouvant les satisfactions de l'esprit comme celles de la dégustation des vins de la région, dont le sien, évidemment.

Ces opérations de charme local ne visaient qu'à en préparer d'autres, plus ambitieuses, à Paris et à Londres surtout. On reviendra sur les « campagnes » conduites outre-Manche par le seigneur de La Brède, campagnes à forte odeur de vin. Mais sa vie parisienne ne va pas non plus sans ce type de préoccupation. Il y aurait à faire de la carrière mondaine du président-académicien bordelais une « lecture » bachique, du salon de Mme de Tencin à celui de Mme Geoffrin, du quai de Conti à Chantilly. Sa correspondance est émaillée de traits tels que celui-ci, à l'adresse de son ami le chevalier d'Aydie : « Je bus hier, mon cher chevalier, trois verres de vin à la confusion du père de Palène… C'est une santé anglaise… » (l'ecclésiastique en question les avait tous deux repris méchamment pour l'une ou l'autre de leurs publications ou attitudes). Il est peu de dire que ses relations parisiennes contribuaient à activer son négoce. Ainsi le président Hénault lui passait-il cette commande, en novembre 1748 : « On dit, mon cher confrère, que l'année est admirable. Je me recommande à vous avec instance, et je vous prie de m'ordonner une pièce de vin, si grande

1. Voir Extraits de la correspondance de l'intendant de Courson (7 mars 1711), choisis par le Dr Georges Martin, *Aperçu historique sur les vins de Graves*, Bordeaux.

qu'elle puisse être, et toute la meilleure. Je vous promets de vous attendre pour l'entamer : *non alia bibam mercede*[1]. »

Mais c'est tout de même à Bordeaux que se déploie, à propos de la vente de son vin, l'essentiel de l'activité de Montesquieu – qui se plaint souvent de la mévente, due aux guerres ou aux intempéries, mais dispose, à partir de 1730, et grâce à ses vignobles, de rentes estimées par certains à près de 60 000 livres. Bordeaux, à sa porte – quand il n'y habite pas –, est le grand, l'incomparable marché du vin. On peut y suivre mieux qu'ailleurs les fluctuations des cours, déchiffrer les secrets de la cote à venir, discuter avec les courtiers et les négociants comme Risteau, qui ne se contente pas d'éclairer l'écrivain en fait de vins mais se posera en défenseur de l'*Esprit des lois* ; comme Balguerie, grand nom du commerce bordelais (lié aux Pays-Bas), comme Abraham Gradis, correspondant fidèle de Charles-Louis qui lui donne du « Cher Ami », comme Beaujon que Montesquieu retrouvera à Paris, fondateur du palais de l'Élysée où s'installera (après lui) Mme de Pompadour, qui entretient de bonnes relations avec lui ; comme d'Arcy, Irlandais dont le fils se fit un temps son secrétaire...

On a signalé le peu de cas qu'il faisait des négociants au début de sa carrière de producteur de vin, les jugeant inutiles. À partir de 1740, il reconsidère leur rôle, les jugeant à la fois indispensables, et dangereux. Indispensables, parce que s'est créée, notamment à Bordeaux, une élite de spécialistes branchés sur le monde extérieur, et affirmés dans leurs compétences commerciales et techniques ; et dangereux, parce que, souvent « en cheville » avec les transporteurs hollandais – mais non avec les Anglais, qui s'y refusent –, ils ont tendance à « améliorer », par coupages ou chaptalisation*, la marchandise.

Par cette voie et par d'autres, le baron-viticulteur trouva, hors du cadre de ses clients familiers, des débouchés pour ses récoltes et put corriger ses prix le plus souvent à la hausse ; il savait de bonne source que la production de telle année était prometteuse, qu'il fallait patienter pour s'en défaire ; mais que les « 1725 » n'allaient pas tenir, se piquant, « au grand dommage et mécontentement de l'acheteur étran-

1. Horace, auteur de prédilection des deux correspondants : « je ne boirai pas en d'autre commerce ».

* Procédé qui consiste à sucrer le vin en cours de vinification pour obtenir un plus fort taux d'alcool.

ger » ; alors que les « 1728 », « 1729 » et « 1730 » seraient demandés et que, plus tard, les « 1743 » feraient prime et seraient longtemps recherchés…

Reste un point assez controversé : la part qu'occupent la vigne et le vin dans l'œuvre du baron-président. On ne saurait dire que cet amateur de vin en ait fait un thème porteur de sa littérature. Bien sûr, on trouve ici et là quelque personnage bachique ; et, inspiré ou non par l'« esprit de vin », l'auteur de l'*Esprit des lois* ne manque pas de s'intéresser aux réglementations de l'usage de l'alcool, dans les climats chauds comme dans les froids, distinguant soigneusement l'ivrognerie « privée » de la « publique ». Mais on ne trouve pas là des échos bien parlants de La Brède.

Il n'en est pas moins amusant de relever quelques textes pertinents à notre thème. Dans une pochade de jeunesse que lui inspira un séjour à Belébat, chez la marquise de Prie où l'abstinence n'était pas la règle, il consacre quelques vers à certain curé de Courdimanche, en qui il voit l'« Anacréon des curés de village », et qu'il apostrophe ainsi :

> Tu n'as point la délicatesse
> De nos fades abbés blondins,
> Ton gosier sans relâche avale ;
> Rien ne peut de ta faim interrompre le cours ;
> Tu joins, à la soif de Tantale
> Le plaisir de boire toujours…

Dans les *Lettres persanes*, il n'est pas surprenant que les héros musulmans, et notamment Usbek, dénoncent les risques que fait courir le vin : « Le saint prophète a eu principalement en vue de nous priver de tout ce qui peut troubler notre raison : il nous a interdit l'usage du vin, qui la tient ensevelie […] le vin prend rang parmi les plus terribles ennemis de la santé et de la raison[1]. »

1. Lettres 33 et 51.

Les voyages de Montesquieu lui donnent souvent l'occasion d'aborder la question du vin, soit sous l'angle du producteur et du marchand, qui observe (non sans inquiétude) que la culture de la vigne se développe en Piémont, ou (non sans agacement) que les vins de coteaux du Rhin se vendent « deux fois plus cher que chez nous » ; soit sous l'angle du consommateur parfois abusif, à l'occasion de telle ou telle réception. De Vienne, il écrit ainsi en 1728 à son ami Berwick :

« Un évêque de Belgrade [...] me prit si fort en affection [...] qu'à force de me porter des santés *excellentissimo domino palatino, serenissimo principi primati, ad ordines et status regni Hungariæ* [...], nous nous enivrâmes mutuellement[1]... » (diverses notations révèlent qu'il éprouve une vraie passion pour le tokay, ce vin blanc hongrois très sucré et alcoolisé...).

Fût-elle limitée à l'Hexagone, sa correspondance porte bien des traces de son goût pour le vin – que n'entache décidément aucun sectarisme... Cette ouverture d'esprit, ou de gosier, se manifeste dans une lettre du grand naturaliste La Condamine, qui lui écrit le 14 février 1753 : « Nous boirons à la santé de Solon un vin de Champagne, en dépit de la Sorbonne[2]. »

Mais ce sont évidemment les développements du chapitre X du livre XIV de l'*Esprit des lois* qui en disent le plus long sur les rapports avec le vin et l'alcool : « ... la partie aqueuse du sang se dissipant beaucoup dans les pays chauds par la transpiration », il y faut « substituer un liquide pareil » ; l'eau « y est d'un usage admirable », car les « liqueurs fortes y coaguleraient les globules du sang ». Dans les pays froids au contraire, ladite partie aqueuse y restant en grande abondance, « on y peut donc user des liqueurs spiritueuses sans que le sang se coagule... ».

On peut en sourire. On peut aussi y trouver l'expression de sa sagesse coutumière, cette passion de trouver partout et toujours une relation de cause à effet ! Car il y a aussi un esprit de vin.

1. Lettre 183.
2. Lettre 665.

Parce qu'il est toujours agréable – et flatteur – d'être en accord avec un homme d'esprit, on a plaisir à citer ici Jean Starobinski : « L'image de Montesquieu vigneron permet de situer sa doctrine économique et sa pensée politique[1]. » Situer ? Disons en tout cas que l'« esprit » du vigneron put inspirer, en ses incessantes recherches de sens et de causes, d'enracinement et de rationalités sociales, celui du dégustateur, du « tasteur » de lois : ne les vit-il pas s'adoucir à l'exemple du « claret » – et pourquoi ? – ou devenir plus « tanniques », ou corsées, et à quel effet ?

Le moins que l'on puisse dire est que ce n'est pas dans ses « règes » de Saint-Morillon à ses « vaisseaux vinaires » de Martillac que le baron de La Brède risqua de perdre de vue l'esprit des mécanismes sociaux, l'origine de leur superstructure juridique ou politique…

1. Jean Starobinski, *Montesquieu*, Paris, « Écrivains de toujours », 1953, p. 28.

CHAPITRE VIII

Un baron en voyage

• Partir, pourquoi ? • Initiation à la diplomatie et enquête sociologique • Les traces de Montaigne • Avec Lord Waldegrave • Vienne et le prince Eugène • Le savant chevalier Jacob • Les demoiselles de Venise • Des Génois insociables • Mourir pour la princesse... • Les grâces de Florence • De Rome et des beaux-arts • Les malices du Sacré Collège • Combien d'Allemagnes ? • La corruption d'Amsterdam...

On sait bien pourquoi Montaigne avait fui sa tour d'Aquitaine pour s'en aller « le cul sur la selle » à travers l'Europe : il lui fallait soigner sa gravelle, sa « pierre » douloureuse, aux eaux de Plombières et de La Villa en Toscane ; il s'ennuyait en sa campagne sitôt sorti de sa librairie, ayant peu de goût pour les travaux des champs, et harcelé par une mère acariâtre ; il lui fallait s'arracher aux horreurs quotidiennes de la guerre religieuse qui ensanglantait la Dordogne et chercher, en d'autres terres disputées de Suisse et d'Allemagne, des modèles de solution ou d'atténuation de ces tensions.

Rien (ou presque rien) de tel pour Montesquieu, heureux viticulteur en un temps de paix*, incommodé de peu de maux encore ; rien, sinon l'honorable ennui que distille autour de lui une épouse austère et l'amertume provoquée par quelques déboires amoureux, de marquise infidèle en comtesse rouée, aussi par une élection académique en fin de compte assez humiliante du fait des intrigues et ragots qui l'avaient accompagnée, et surtout des commentaires acides que s'était autorisé à faire sur son compte le médiocre confrère chargé de le recevoir.

Fuite, donc ? Non. S'il quitte la France au début du mois d'avril

* Le traité de Vienne a été signé en 1725.

1728 pour un voyage européen qu'il prévoit long – pas tout à fait autant qu'il le fut –, c'est aussi, c'est surtout pour des raisons positives. Qu'il ait ou non en tête, déjà, ce qui deviendra *De l'esprit des lois*, Montesquieu est au moins en quête, en ce temps-là, d'une sociologie comparative un peu mieux fondée que celle qui se dégage spontanément des *Lettres* de 1721. Visiter la capitale de l'Empire autrichien, divers États d'Italie et quelques principautés allemandes – tel est le projet initial – lui permettra de recueillir des informations essentielles sur l'art de vivre en société et de gouverner les hommes.

Et n'oublions pas ce rêve que poursuit déjà, par diverses approches, l'ancien président à mortier, celui d'une participation au service diplomatique. Nous en avons recueilli divers témoignages exprimés dans plusieurs correspondances. Si les premières démarches en ce sens auprès de l'abbé d'Olivet datent du voyage, il est clair que le baron avait déjà alerté Chauvelin et Fleury. Comment mieux s'initier à cette activité qu'en voyageant, comme on lui propose de le faire, aux côtés d'un ami chargé déjà d'une grande ambassade et partant, au cœur de l'Europe orientale, occuper sa charge ?

On a déjà esquissé un parallèle avec le voyage de Montaigne. De 1580 à 1728, rien n'est semblable, bien sûr, ni le moyen de transport – Michel chevauche en compagnie de sept ou huit compagnons sur des chemins souvent dangereux, Charles-Louis fait route en berline, ou « chaise de poste », plus confortable, mieux protégée –, ni le confort des séjours, ni la longueur des étapes. Ce qui pourtant rapproche les deux expéditions, c'est le profil général de l'itinéraire : l'homme des *Essais* n'a pas pris Vienne comme premier point de mire, et met un terme à son voyage en Toscane – parce qu'il vient d'être appelé à la mairie de Bordeaux. Mais c'est vers l'est, le Rhin, les Alpes et l'Italie qu'ils s'élancent tous deux, et leurs escales sont souvent identiques, Augsbourg et Rome, Venise et Munich, Florence et Notre-Dame-de-Lorette.

Le décalage entre les deux entreprises n'en doit pas moins être bien marqué. L'auteur des *Essais* (dont les deux premiers livres sont achevés) se lance évidemment dans un « dernier voyage ». Il a près de cinquante ans, en un temps où c'est un âge avancé. Il est malade : il entreprend là, avant qu'il soit trop tard, de couronner sa vie par une sorte de « tour d'honneur ». Le voyage du seigneur de La Brède qui a moins de quarante ans est encore presque initiatique ; ce qu'il cherche ce n'est pas un monde auquel il fait ses adieux, c'est un objet d'étude pour son œuvre à venir – pour l'*Esprit des lois* en tout cas. Pour l'un, c'est déjà un testament (voir Rome avant de mourir...), pour l'autre c'est encore un voyage de fin d'études. Cet amoureux de Fénelon peut se prendre encore pour Télémaque.

Au fond, notre « président » si raisonnable est à certains égards un nomade, un gyrovague, qui n'aime rien tant que sillonner les routes, non seulement de La Brède à Paris, de Bordeaux à Agen et de Versailles à Chantilly, mais maintenant jusqu'à Vienne. Et peut-être la Turquie, ou la Moscovie... Ses amis lui en font souvent le reproche, Mme de Grave, Bulkeley et même la très bienveillante marquise de Lambert, dont l'admonestation, reçue par Montesquieu en cours de route, est trop jolie pour n'être pas citée :

> Dites-moi je vous prie, si les voyages contribuent au bonheur ou à la perfection... Il me semble que vous n'aimez pas séjourner même sur ce qui vous plaît : mais ce qui vous plaît ne vous plaît pas longtemps : votre bonheur n'est donc que dans l'espace et votre agitation vous tient lieu de félicité. Vous êtes brouillé avec le repos.

À quoi notre voyageur avait d'avance opposé la réflexion la plus mélancoliquement savoureuse que l'on puisse attendre d'un philosophe nomade :

> Vous ne sauriez croire quelle peine c'est, dans les pays étrangers, de penser qu'on se lie à des gens que l'on doit bientôt ne plus revoir [...] Il me semble que le cœur est trop étroit pour tous les honnêtes gens que l'on pourrait aimer.

Qui, depuis Montaigne, a dit mieux, plus simplement et en moins de mots, son ouverture au genre humain ? Auxquels il faut joindre ceux-ci, tirés de la *Pensée* 213, son « autoportrait » :

> Quand j'ai voyagé dans les pays étrangers, je m'y suis attaché comme au mien propre : j'ai pris part à leur fortune et j'aurais souhaité qu'ils fussent dans un état florissant.

Rien ne nous prouve pour autant que Montesquieu ait voulu se glisser dans les pas de Montaigne. Mais il était trop attaché au maître des

Essais pour n'avoir pas pris parfois conscience de certain mimétisme. Il n'est pas jusqu'au recours à la langue italienne – pour la rédaction de la seconde partie de son « journal de voyage », s'agissant de Michel, ou celle de quelques lettres à de nobles dames, de la part de Charles-Louis – qui ne les identifie : et leurs relations également délicates avec une papauté quelque peu méfiante à leur endroit tisseront encore entre les deux aventures des liens singuliers. Comment peut-on, fût-ce au-delà des Alpes, n'être plus gascon ?

Montaigne avait fait de son voyage une cavalcade collective, une chevauchée à travers guerres et tensions, flanqué d'un secrétaire – chargé de tenir, jusqu'à Rome, son journal de voyage – et de quelques gentilshommes, dont le fils de la séduisante Louise d'Estissac qui aurait eu des bontés pour lui, à tel point que le jeune comte passait pour être son fils. Montesquieu, au moins pendant la première partie du voyage, n'a qu'un seul compagnon de route, Lord Waldegrave (neveu du maréchal de Berwick et petit-fils du roi détrôné Jacques II Stuart) qui, partant prendre son poste d'ambassadeur d'Angleterre à Vienne*, lui a proposé de l'accompagner. On voyage en berline, véhicule relativement confortable, par étapes quotidiennes d'une vingtaine de lieues, entre soixante et cent kilomètres.

L'auteur des *Essais* avait joint à sa caravane en guise de secrétaire un jeune homme désireux d'étudier à Rome. Il lui confiait au jour le jour ses impressions – avant de prendre la plume, en italien... Montesquieu rédige lui-même ses notes de voyage qui, pour l'essentiel, ont été conservées**. Pas toujours pour sa gloire : rien de plus ennuyeux, et plat, que ses notations sur l'Autriche, où il n'est question que de notables, de leurs titres et petitesses, de bâtiments ternes et de conflits d'étiquettes... Ce n'est qu'en arrivant en Italie que le baron retrouvera sa verve, celle de Rica à Paris...

Avant de quitter Paris, le 5 avril, dans la berline de Lord Waldegrave, Montesquieu a écrit quelques lettres significatives, dont l'une à son ami l'oratorien Desmolets – qui se voit demander entre autres livres un dictionnaire italien, un Ovide « non châtré » (au moins les *Métamorphoses*) et une *Histoire du Concile de Trente* en italien... Ce qui nous

* Il sera ensuite ambassadeur à Paris.

** À une grave exception près, nous le verrons..

rappelle que le baron n'a pas perdu le goût de la littérature érotique dont raffolent les dames de condition, qu'il veut soigner son italien – toujours pour les dames, ou pour les monsignores ? – et ses connaissances religieuses. En vue de négocier avec la Curie romaine ?

Le 5 avril, fouette cocher ! Rien à signaler jusqu'à Ratisbonne où quelques avaries de voiture contraindront les voyageurs à faire l'étape suivante à cheval. C'est de là que le baron de Gironde mande à Mme de Grave – qui n'est pas sortie de sa vie – qu'il vient de rendre visite à « la diète de Ratisbonne » et croit bon d'ajouter « N'allez pas prendre la diète pour une dame allemande, car il vous arrive quelques fois de grands accidents du côté de l'érudition[1] » (ce qui n'est rien d'autre qu'une muflerie ; les amants délaissés ont de ces giclées de rancune...).

Quelques jours avant l'arrivée de nos deux voyageurs à Vienne, le duc de Richelieu, ambassadeur de France, qui est sur le départ, a mandé à Paris que Vienne s'apprête à accueillir le nouvel ambassadeur britannique, Lord Waldegrave. Mais pas un mot de Montesquieu, qu'il connaît pourtant. Trop petit seigneur ? C'est par un journal autrichien, le *Wienerisches Diarium*, du 16 avril, que nous apprenons la prochaine arrivée dans la capitale impériale du président de Montesquieu qui, est-il précisé, a l'intention en outre de visiter d'autres cours allemandes pour « mettre par écrit ce qui est mémorable ».

C'est probablement le 26 avril 1728 que le diplomate anglais et l'écrivain français prennent leurs quartiers à Vienne. L'emploi du temps de l'auteur des *Lettres persanes* dans la capitale autrichienne nous est mal connu, tant sont floues ses notes de voyage de cette période. Les quelques lettres qu'il rédige cependant sont un peu plus éloquentes. C'est par l'une d'elles, à l'abbé d'Olivet, que nous apprenons que « le duc de Richelieu est parti d'ici, adoré des femmes et très estimé des gens sensés[2] » – et par une autre, adressée à ce même diplomate rentré à Paris, que l'empereur quittant Vienne pour Gratz, il se propose d'y aller lui-même, et en Hongrie. Une autre correspondance nous apprend qu'il a été reçu avant leur départ par Leurs Majestés impériales, qu'il a rendu visite à l'illustre prince Eugène, le plus

1. Lettre 177.
2. Lettre 178.

fameux stratège du temps, et qu'il visite les musées viennois avec un Anglais, Hildebrand Jacob, que nous retrouverons.

De sa rencontre avec François de Savoie, dit le prince Eugène, on recueille peu d'échos. Ce grand capitaine ne lui confia pas moins qu'il avait – du fait des hasards de la guerre ? – attrapé la vérole. « Pas la petite », précise notre voyageur, qui porte au demeurant la plus vive admiration au prince combattant. Sa réception au château impérial de Laxelburg ne lui a laissé qu'un souvenir : celui d'avoir baisé la main des souverains.

De ce séjour autrichien assez terne – en tout cas dans l'ordre de la littérature –, on ne voudrait retenir que l'initiation à la peinture reçue par Montesquieu, dans les musées viennois, d'Hildebrand Jacob, historien d'art anglais dit « le chevalier ». On peut s'étonner de ce que l'homme cultivé qu'était le voyageur, contemporain de Watteau et de Nattier, hôte de Chantilly dans le milieu le plus éclairé du temps, ait dû venir chercher si loin quelques clartés sur cet art. Le *Spicilège*, en tout cas, est explicite : « J'ai été voir bien des tableaux à Vienne avec M. Jacob. C'est à lui que je dois une idée de l'art de la peinture[1]. »

« Idée » qui n'ira jamais jusqu'à une grande compétence. Mais, toujours grâce à Hildebrand Jacob qui va l'accompagner en Italie, il acquerra, de Venise à Florence et surtout à Rome, une teinture esthétique, sinon un goût très sûr : il apprécie plus finement l'Arioste et Vico par rapport à Virgile ou Machiavel que le Guide et le Guerchin face à Titien ou Botticelli… Assez bon reflet, en cela aussi, de son cher Montaigne qui, dans un Michel-Ange, avait tendance à privilégier la « ressemblance » sur l'élan poétique… (Faut-il y voir, chez les Gascons, une certaine inaptitude à discerner aussi bien « l'esprit des formes » que les mouvements de la pensée, ou l'élan des phrases, ou des notes ? À cette question, des réponses appropriées seront données, au XXe siècle, par Élie Faure, André Lhote, Jacques Rivière et quelques autres…)

Si tenté que l'on soit de piquer sur Venise et l'Italie avec le baron girondin et le chevalier anglais, il faut s'attarder un instant encore en cet empire des Habsbourg où Montesquieu a voulu connaître Gratz, dût-il s'y ennuyer ferme, Bratislava (alors Presbourg) en Slovaquie et

1. Jean Ehrard, *Montesquieu critique d'art*, Paris, 1965, p. 46.

la Hongrie, où il passe près d'un mois pour y découvrir « les mœurs de nos pères », « une idée de l'Europe d'autrefois », et notamment le rôle imparti à la noblesse entre le trône et le peuple. Il se trouve qu'en ce pays, le trône est étranger et qu'entre les Habsbourg de Vienne opprimant la liberté hongroise et les paysans magyars, la noblesse fit le choix de soutenir le trône. La caste, plutôt que la nation*. À quoi le futur auteur de l'*Esprit des lois* ne trouve rien à redire, tant la nécessité de l'alliance entre la couronne et l'aristocratie lui paraît l'emporter d'abord sur les libertés populaires et nationales.

On ne voudrait pas s'attarder trop avec notre baron en cette Mitteleuropa des Habsbourg, fût-ce pour dire à quel point il s'est abreuvé, lui, seigneur de Rochemorin, de vin de Tokay, tant on est impatient de le suivre en Italie avec son ami Jacob. Il faut tout de même signaler qu'il résiste alors à l'offre de son ami le duc de Liria** d'aller le rejoindre à Moscou *via* Constantinople ; et citer cette dépêche savoureuse adressée à la cour de Dresde par l'ambassadeur de Saxe en Autriche, à propos du voyageur :

> J'ai fait la connaissance d'un M. de Montesquieu, auteur des *Lettres persiennes* [sic] ce bel esprit qui n'a pas voulu rester dans les limites du barreau et connaître les pays étrangers... Ce Français est plus français qu'aucun autre par rapport à la vivacité de son esprit et de ses saillies... Il s'est proposé de plaire, coûte que coûte, à la nation allemande et ayant ouï dire que le titre d'excellence était fort en vogue à Vienne, il le donne à tour de bras à toutes les demoiselles... Se trouvant dans une galerie de tableaux avec un autre cavalier, il lui fit l'éloge de chaque pièce... L'Allemand l'écouta enchanté, puis lui avoua qu'il n'avait aucune connaissance en peinture. « Et moi non plus ! » répliqua tout sec le feu président. Ils se séparèrent surpris l'un de l'autre[1]...

1. *Chronologie critique*, *op. cit.*, p. 161.
* Déjà une idée de Varennes, et des émigrés ?
** De la famille de Berwick.

Le 12 août 1728, flanqué du chevalier Jacob, M. de Montesquieu prend la route de Venise par la Styrie, la Carniole, le Frioul. Le 16, il est sur la Lagune, décidé à consacrer six mois à l'Italie – où il passera près d'un an. Le moins que l'on puisse dire est que ce n'est pas l'impression que lui fait la cité des Doges qui l'aura convaincu de modifier ainsi son programme. Certes, reconnaît-il, « il n'est point de ville où l'on aime mieux être, le premier jour [...] par la nouveauté du spectacle et des plaisirs... ». Le premier jour : mais il va vite passer de l'enchantement à la satiété. Témoin cette lettre adressée à Lord Waldegrave à Vienne, deux jours après son arrivée :

> L'immobile M. Jacob a volé sur les ailes de l'amour, depuis Gratz jusque ici, sans se reposer un moment... Le beau sexe lui a tellement fait les honneurs de la ville qu'il songe déjà à y établir sa demeure. Pour moi, qui suis convaincu que je trouverai des catins d'un bout de la terre à l'autre, et que je ne puis manquer que de besoins, je quitterai Venise dans une quinzaine de jours ; et je vous avoue que je suis dans une véritable colère contre les barquerolles* qui, trompés sans doute par mon air robuste, veulent m'arrêter à toutes les portes où il y a des putains et branlent la tête lorsque je les fais passer plus avant, comme si c'était ma faute[1]...

Le sujet semble avoir obsédé les deux voyageurs, au moins pendant quelques semaines. Note dans les carnets de voyage : « les p... de Venise, exécrables, p... intéressées jusqu'à donner du dégoût au plus déterminé... ayant enfin les défauts de la profession plus que celle d'aucun pays au monde... ». Et c'est encore à l'ambassadeur de Sa Majesté britannique à Vienne que notre baron de Venise donne ces précisions, le 3 septembre :

« Je vis ici sous les lois d'une belle qui me dit toujours *ah ! caro* ; et comme elle m'a usé tous mes condoms**, je vais la répudier en faveur de M. Jacob[2]. » Lequel marquera sa reconnaissance en faisant découvrir à M. de La Brède quelques Tintoret et Véronèse...

Si malaisé qu'il puisse être de distinguer ici les choses du sexe de

1. *Correspondance*, lettre 191.
2. *Correspondance*, lettre 194.
* Gondoliers.
** Préservatifs.

celles du pouvoir, Montesquieu va s'y risquer en soulignant, par mille traits, la décadence de cette République où il a voulu voir longtemps un modèle de liberté : il ne la retrouve plus, et à l'excès, que dans les mœurs. Il constate que face « au Turc » et à tous ses voisins, le fameux Conseil des Dix ne fait plus trembler qui que ce soit. Partout flotte, selon lui, une odeur de décadence et de résignation…

Deux bons résumés de ces impressions. L'un dans le journal de voyage : « Mes yeux sont très satisfaits à Venise, mon cœur et mon esprit ne le sont point. Je n'aime point une ville où rien n'engage à se rendre aimable ni vertueux. Le plaisir même que l'on nous donne, pour suppléer à ceux qu'on nous ôte, commence à me déplaire, et, à la différence de Messaline*, on est rassasié sans être las[1]… » L'autre dans une lettre du 2 septembre à son cher maréchal de Berwick : « Je pars de Venise dans deux jours. C'est une ville qui ne conserve plus que son nom : plus de forces, de commerce, de richesses, de lois ; seulement la débauche s'y appelle liberté. »

Compte tenu de la connaissance qu'il y fait de l'abbé Conti, qui restera son ami, et de ses visites en compagnie de M. Jacob aux églises et aux musées où règnent Titien et Véronèse, le séjour vénitien de Montesquieu est marqué par deux rencontres ici fort exotiques : celle du comte de Bonneval qui, avant d'aller en Turquie se convertir à l'islam, est déjà tenu pour l'un des *condottieri* du siècle et l'un des esprits les plus inventifs de son temps, toujours en quête d'une machine pour traverser le ciel ou curer les canaux de Venise ; et celle de l'improbable John Law qui, après la banqueroute de 1719, a réussi à quitter la France pour se réfugier, non sans quelques économies, chez les Doges – qui se gardent bien de recourir à ses talents. En deux longs entretiens (29 et 31 août), le financier écossais tente de persuader son interlocuteur – qui l'a étrillé dans les *Lettres persanes*[2] – que son système, fondé sur la confiance, n'a échoué que faute de celle du Régent. Conclusion de Montesquieu : « C'est un homme captieux… d'ailleurs plus amoureux de ses idées que de son argent[3]. »

Un mois à Venise, c'est assez. Le 14 septembre, il part pour Milan,

1. *Voyages*, Pléiade, p. 559.
2. Lettre 88 de Rica à Ibben.
3. *Voyages*, p. 574.
* Qui, selon Tacite, de l'amour sortait « lasse mais jamais rassasiée ».

passant par Padoue où il admire les Giotto et les Mantegna*, Vicence où règne l'ordre de Palladio, Vérone où la beauté de l'amphithéâtre ne peut dissimuler une pauvreté qui ouvre le champ à toutes les violences. Et le 24 septembre, il est à Milan – où il va vivre une aventure qui l'arrachera, un temps, à la mélancolie du voyageur solitaire.

D'emblée, la capitale des Sforza a pris pour lui le visage et la voix de la très noble et très savante comtesse Borromée, amie de l'abbé Conti, qui le reçoit « comme s'il descendait du Parnasse » et lui ouvre toutes les voies, bibliothèques, couvents, galeries. Mais la comtesse n'est pas seulement une étonnante polyglotte, qui parle jusqu'à l'arabe. Il se trouve que cette femme savante est la belle-sœur d'un homme considérable, le prince Trivulzio (nom souvent francisé en Trivulce) dont la femme, la princesse Maria Archinto, est une beauté. Et voici notre baron de Gironde, à peine remis de ses vénales amours vénitiennes, frappé par la foudre. « À trente-cinq ans, j'aimais encore », avons-nous lu naguère. Allons donc : la quarantaine approche, et voici Charles-Louis fou de passion.

Qu'on en juge. Il est à Milan depuis deux semaines, il n'a vu que trois fois la princesse Maria, et écoutez-le :

> Je suis, ma chère princesse, dans la situation du monde la plus cruelle : il me semble qu'il m'est impossible de vivre sans vous, et je sens que je vais vous perdre... Votre départ** va déterminer le mien. Car que ferais-je ici, privé de la seule personne qui m'y attache ? Tout ce que je verrais ne ferait qu'augmenter mon désespoir.
> Je vous jure, ma petite, qu'en quelque lieu que je sois, un mot de votre part me rappellera toujours à vous et que je trouverai un vrai plaisir à sacrifier tout pour suivre aveuglément le penchant invincible qui m'entraîne vers vous, que je serai toujours charmé d'apprendre que vous êtes heureuse, que je serai dans la douleur si je sais que vous ne l'êtes pas, que, si le destin l'avait permis, j'aurais mis toute mon ambition à vous plaire. Il me semble que ma passion est différente de toutes celles que j'ai eues en ma vie : je vous ai vue, et soudain j'ai senti du plaisir à vous aimer. Ma chère petite, je crois que si je te tenais, je mourrais dans tes bras[1].

1. *Correspondance*, lettre 323.
* Les leçons du chevalier Jacob portent déjà leurs fruits...
** Le prince et sa femme s'apprêtent à quitter Milan pour leur château lombard...

Eh bien… Ce soudain passage au « tu », cette mort si douce…

Et le voilà, six jours plus tard, de Novare où après un bref séjour – solitaire – dans les îles Borromées, il fait escale sur la route de Turin, qui revient vaillamment à la charge :

> Je ne saurais vous dire, mon cher cœur, avec quel regret je vous quittai : rien n'approche de l'affreux désespoir où j'étais [ici, il a écrit, puis biffé le : Je vous aime, et jamais je n'ai tant aimé ; je laissais tout ce que j'avais de plus cher dans le monde…]. Mon esprit se perdait, et quand vous me demandâtes si vous pouviez me rendre service en quelque chose : « à rien », vous dis-je. Et qu'auriez-vous pu faire pour moi lorsque vous me priviez de votre présence et du plus cher objet de mon cœur, ma chère petite ? Il me semblait qu'en vous perdant je m'anéantissais… Je suis parti accablé de chagrin, et j'ai béni le ciel de ce que je ne voyais rien qui pût m'empêcher de penser à vous. J'ai demeuré deux jours dans une auberge auprès du lac Majeur, sans pouvoir ni avancer ni reculer ; enfin j'ai vu ces îles si renommées, j'en ai été enchanté. Hélas, si je pouvais passer quelques jours avec vous, si je pouvais y vivre avec ma chère petite princesse ! Aime-moi, je t'en prie, mon adorable princesse, et je crois que je t'aimerai jusqu'au dernier soupir. Adieu ; quand pourrais-je te revoir ? Je crois que si je puis jamais t'embrasser, je mourrai dans tes bras[1]…

Mourir dans les bras de la princesse… Voilà un viticulteur gascon qui ne craint pas l'ivresse. N'oublions pas qu'il n'a vu Maria que quatre ou cinq fois, presque toujours en public – et que ce quasi-quadragénaire est un père de famille dont le fils fait ses études chez les jésuites… Mais nous savons qu'il vient du pays des troubadours où, à quelques lieues de La Brède, Jofroi Rudel languit pour une princesse plus lointaine encore…

Si romanesque que fût cette « lettre à la princesse », que dire de celle qu'adresse alors le chargé d'affaires de France à Milan, un certain Leblond, à son ministre :

> Il est arrivé en cette ville un Français nommé M. de Montesquieu, qui a été président au Parlement de Bordeaux, il est de l'Académie française et nie être l'auteur d'un livre intitulé les *Lettres persiennes* […]. Cette tournée me paraît trop bien concertée par un homme qui ne voyage que pour

1. *Correspondance*, lettre 325.

son plaisir... cela me donne quelque soupçon qu'il puisse y avoir d'autres raisons...

Montesquieu agent secret – comme plus tard Beaumarchais ? Si la princesse l'avait su...

Le Piémont ne lui offrira pas de pareilles délices. Dès le lendemain de son arrivée à Turin, le 24 octobre, il est reçu par le roi de « Piémont-Sardaigne » Victor-Amédée II qui lui demande d'emblée des nouvelles de son oncle l'abbé de Montesquieu – inspirant au visiteur cette réplique qu'il ne se retient pas de rapporter : « Votre Majesté est comme César, qui n'avait jamais oublié aucun nom... » Nous l'avons vu, à Milan, amoureux. Nous le retrouvons, à Turin, courtisan...

La capitale du Piémont lui semble « riante » mais « petite » (« le plus beau village du monde ») – bien qu'il trouve la place centrale « une des belles choses qui se puissent voir ». Il relève aigrement qu'« on ne mange point à Turin », c'est-à-dire qu'on n'y est jamais convié à souper (« il n'y a rien de si gêné que cette cour »...). D'une brève excursion en Sardaigne, il retient que « les Sardes ont de l'esprit ». De retour à Turin, il observe que tout le monde espionne tout le monde (« ici, les murailles parlent »). Et du Saint Suaire, beau sujet, fût-ce pour un philosophe, il ne trouve rien d'autre à dire qu'il est conservé « derrière le maître-autel de la cathédrale ». Bref, il s'est ennuyé – peut-être de la petite princesse Maria...

Gênes le séduira moins encore. La patrie de Colomb (mais n'est-il pas né à Savone ?) lui semble pauvre, et peuplée d'avares insociables : « Donner à manger est à Gênes une chose inouïe » ; et « si dans ces palais, vous voyez un page, c'est parce qu'il n'y a point de laquais... ». Il ne voit que gens affairés au commerce, dans une ville dont « le Doge est le premier marchand » – ce qui fait « les âmes les plus basses ». Il est vrai que le représentant du roi de France, M. de Campredon, est « un imbécile, de cette imbécillité qui vient d'une grande sottise... » (est-ce en pensant à ses propres ambitions, à ses offres restées sans réponse qu'il ajoute : « le Roi envoie des ministres ordinairement très sots » ?) [1].

M. le baron poursuit sa route, par Portofino, qui n'est pas encore à la mode mais où on lui sert « de bons rougets », gagne Lucques – où personne ne lui rappelle que Montaigne avait fait un long séjour pour soigner sa gravelle aux bains fameux de La Villa, y terminant son périple italien avant qu'on vienne le quérir pour aller faire le maire à Bordeaux – et pénètre, par Pise, puis Livourne, dans cette Toscane où il découvre enfin l'Italie de ses rêves et va vivre six semaines de bonheur.

Tout, d'un coup, lui paraît aimable. Il n'est pas jusqu'au ministre de France, M. de la Bâtie, qu'il ne loue, et qu'il ne juge « très aimé ». Alors qu'à Milan l'opéra ne lui plaisait que parce qu'« on y bavarde et y soupe et n'y entend point la musique », à Florence, il devient assidu des *Virtuosi* de la marquise Ferroni, et goûte fort le théâtre lyrique où chante la Turcotta, rivale de l'illustre Faustina (« J'ai bien pris du goût à ces opéras italiens... »). Et comme cet accord avec les gens et les lieux allège et éclaire son style ! Pâteuses et mornes à Vienne et souvent depuis lors, ses notes de voyage ont soudain des ailes... Le style de la joie. Le greffier qui opérait en Autriche s'est fait, six mois plus tard, en Toscane, poète. Les notations jaillissent :

> On vit à Florence avec beaucoup d'économie. Les hommes vont à pied. Le soir, on est éclairé par une petite lanterne. Les femmes vont dans de grands carrosses. Du reste, la noblesse de Florence est affable, et le sang y est assez beau... Avec une lanterne sourde pour la nuit et une ombrelle pour la pluie, on a un équipage complet... Je pensais, avec ma petite lanterne et mon ombrelle, sortant de la maison, que les anciens Médicis sortaient comme cela de chez leurs voisins [2]...

Les « dames de Florence » – qui fascinaient déjà Montaigne – ont droit à des éloges qui, pour une fois, ne semblent pas inspirés par une passion singulière ou exclusive :

> Elles ne savent ce que c'est que se farder... Elles n'ont point de rouge... elles ont toutes un très grand air de jeunesse : à quarante ans, la plupart

1. *Voyages*, p. 629.
2. *Voyages*, p. 626-627.

> paraissent fraîches comme à vingt. Vous voyez des femmes qui ont parturié dix à douze fois et qui sont jolies, fraîches, aimables comme la première fois. Je crois que la vie réglée, le grand régime et, outre ce, une disposition particulière de l'air les soutiennent ainsi[1]...

Mais le voyageur ne s'en tient pas à ces traits de mœurs où perce déjà sa théorie des climats. Le politologue reprend vite le dessus. Déçu par les républiques vénitienne et génoise, peu séduit par l'acariâtre monarchie de Piémont-Sardaigne, il découvre ici, avec une joie prudente, une de ces principautés tempérées dont il rêve : « Il y a à Florence une domination assez douce. Personne ne connaît et ne sent guère le Prince et la Cour. Ce petit pays a, en cela, l'air d'un grand pays. » Il y voit tous les signes de l'avènement des Lumières en Italie.

On lui dit que le grand-duc, Gian-Gastone, dernier des Médicis, est « indéterminé et paresseux », qu'il « aime à boire, et même des liqueurs », qu'il « brusque ses ministres... ce qui peut venir des quarts d'heure du vin ». Mais Montesquieu le tient pour « le meilleur homme du monde », qui a refusé d'envoyer un individu aux galères pour avoir fait des « placards » contre lui. Conclusion : « C'est un bon prince »[2]...

Mais Florence, c'est surtout, pour lui, beaucoup mieux que Vienne et que Venise, et en attendant Rome, le lieu de la révélation esthétique. Grâce au chevalier Jacob et du fait de ses bonnes dispositions naturelles, sont nées les premières émotions. Que ce soit dans ses notes de voyage ou dans sa correspondance, on voit éclore en lui l'amateur d'art qui, sans s'égaler à Diderot, apprend peu à peu à ouvrir les yeux.

L'une de ses premières notes de voyage, en arrivant dans la capitale toscane, révèle déjà une bonne ouverture d'esprit : « Il est sorti de Florence, de tous temps, de grands hommes et de grands génies... qui ont contribué plus qu'en aucune ville d'Italie au renouvellement des arts. Cimabue et Giotto commencèrent à faire revivre la sculpture et la peinture[3]... » Bien. Notre baron n'est pas devenu un historien de l'art, mais ses progrès sont rapides.

Et lisons maintenant par-dessus l'épaule de sa correspondante, la chère marquise de Lambert, cette jolie lettre d'amateur :

1. *Voyages*, p. 657.
2. *Voyages*, p. 649.
3. *Voyages*, p. 645.

> On n'y peut lever les yeux sans voir quelque chef-d'œuvre de sculpture, peinture, architecture. Il y a eu ici de grands ouvriers, et plusieurs princes qui aimaient les arts. On voit partout le grand goût de Michel-Ange naître peu à peu dans ceux qui l'ont précédé, et se soutenir dans ceux qui l'ont suivi. La galerie du Grand-Duc est non seulement une belle chose, mais aussi une chose unique. Il y a des gens qui la voient en un quart d'heure, et il y a un mois que j'y vais tous les matins et je n'en ai encore vu qu'une partie. Là, et au palais Pitti, est un amas immense de statues antiques et de tableaux des plus grands maîtres [...] Outre le plaisir de voir une chose qui ne se trouve que là, on a encore celui de comparer les manières. Depuis que je suis en Italie, j'ai ouvert les yeux sur des arts dont je n'avais aucune idée ; c'est un pays entièrement nouveau pour moi... Florence et Rome m'apprendront à voir Paris, car je ne l'ai point encore vu[1]...

Ce louable aveu se double d'une confidence où l'excellente Mme de Lambert, qui croyait connaître son baron bordelais autant qu'elle l'aimait, dut trouver ample matière à méditer, et à sourire : « À mesure que les goûts dominants commencent à s'affaiblir, on se dédommage par un grand nombre de petits goûts ; c'est un échange qu'on fait malgré soi ; ainsi il ne faut pas examiner si on y perd ou si on y gagne[2]... »

Ces « goûts dominants » qui commencent à « s'affaiblir », quels sont-ils, cher président ? Pas le droit, bien sûr. Ni la littérature, qui va bon train ; ni le vin, qui vieillit bien ; ni l'ambition, qui est en ébullition. Que reste-t-il, pour « s'affaiblir », que le goût pour la bagatelle ?

Mme de Lambert, ignorante à coup sûr de la « passion Trivulzio », dut avoir une pensée pour la marquise de Grave, et pousser un soupir : « Ces Gascons... » En somme, ce que constatait l'auteur des *Lettres persanes*, c'est que les beautés se faisant plus lointaines, la beauté pouvait prendre le relais. Les « petits goûts »... Passé la Vénus de Chantilly, vient le temps des Madones. Les voies du musée sont impénétrables...

1. *Correspondance*, lettre 339, 26 décembre 1728.
2. Addition dont il existe deux versions ; *Correspondance*, *OC*, t. 18, p. 395.

Rome, donc… Pour un homme de la génération de Montesquieu, la « ville éternelle », c'est d'abord l'ancienne capitale d'un empire dont lui importent la grandeur et la décadence : c'est aussi celle d'une Église catholique qui, rappelle-t-il avec humeur, intervient souvent et non sans abus dans la vie publique de la France, et c'est enfin le siège d'un pouvoir temporel, les « États du pape », notoirement archaïque, l'une des monarchies les plus mal gouvernées du monde.

Bref, le voilà romain et tout prêt à opposer les délices toscanes d'où il émerge aux pesanteurs pourpres de la capitale du catholicisme, mais impatient aussi d'en découvrir les splendeurs antiques et renaissantes en compagnie de son ami Jacob qui l'attend en ces lieux.

Mais la belle et bonne surprise qui marque son arrivée à Rome, c'est l'accueil que lui fait l'ambassadeur de France, « l'un des hommes le plus aimables que j'aie vus de ma vie et qui est l'idole de Rome, je veux dire le cardinal Melchior de Polignac[1] ». Cette amitié cardinalice ne le retient pas (au contraire ?) de prendre du bon temps. Extrait de la même lettre : « Je me damne le carnaval, en attendant que je me sauve la Semaine Sainte » (laquelle n'est pas prévue avant trois mois…).

En attendant de se plonger dans les arcanes de la politique romaine, et plus encore dans l'univers des formes découvert à Florence, le voilà happé par la musique : non certes la française, mais l'italienne, qu'il entend ici, à l'opéra, toujours inventive, interprétée devant un public « furieux de musique », cordonniers et boutiquiers compris, par de merveilleux castrats. Tous ne sont pas pour autant aussi parfaits. De lui, à ce propos, cette note ainsi rédigée en italien dans son carnet de voyage : « *A un castrato che cantara male, dicevo "mi farei rendere testicoli miei"**… » D'où il ressort que son italien est devenu courant, sinon correct, ce qui ne l'empêche pas de travailler l'anglais avec un

1. *Correspondance*, lettre 341.
* À un castré qui chantait mal, je disais : « rendez-moi mes testicules ».

Irlandais de Rome, car il a déjà en tête (depuis quand ?) de prolonger son périple vers l'Angleterre.

Ce sont les arts plastiques tout de même qui lui feront écrire que « Rome [est] la plus belle ville du monde. Si les arts étaient perdus, on les retrouverait dans Rome ». Et s'il est vrai que, flanqué ou non, pour telle ou telle visite, par Hildebrand Jacob ou le sculpteur Bouchardon, ses jugements sur tel ou tel maître souffrent de ce que l'intérêt qu'il porte à ces choses est bien neuf, on peut juger que ce novice quadragénaire a, pour l'essentiel, le goût bon. Mais se guérit-on jamais de n'avoir pris goût à la peinture qu'à trente-cinq ans passés, comme il s'en plaint dans une lettre à Mme de Lambert ?

Le temps perdu, il fait de son mieux pour le rattraper. Mais c'est, curieusement, aux dépens des vestiges de la Rome antique. Tout aurait permis de prévoir – dût-on se garder de tout anachronisme, et ne pas voir prématurément en lui l'auteur de *Grandeur et Décadence* – que ce bon élève des oratoriens, auteur d'une tragédie de jeunesse inspirée de l'histoire romaine, citant volontiers Horace et Ovide, porterait un intérêt passionné aux vestiges de la république et des Césars – au Forum, au Colisée, au Capitole, aux Thermes... Mais s'il les visite, prenant des notes, c'est comme un touriste éclairé, sans plus : voilà l'une des surprises que procurent ses notes de voyage...

Il met plus d'enthousiasme à courir de palais en église, de musée en galerie, de Saint-Pierre en Villa Borghèse, le plus souvent accompagné par quelque prince de l'Église, notamment son ami le cardinal de Polignac. On lui a mis en tête que l'art pictural, au moins à Rome, c'est avant tout trois tableaux – la *Transfiguration* de Raphaël, le *Saint-Jérôme* du Dominiquin et la *Descente de Croix* de Daniel de Volterra. Il court les voir, et se garde heureusement de les mettre sur le même plan, tenant déjà Raphaël pour le peintre des peintres – non seulement parce qu'« on y voit tout ce qui plaît », mais parce que, « dans la peinture, l'imagination a toujours quelque chose à faire [1] ». Voilà une notation bien judicieuse (dût-elle dater d'avant le voyage) qui marque une heureuse propension, chez notre novice, à se distinguer de ses pareils qui ont toujours agrippé au principe de reproduction du réel – Montaigne, par exemple.

1. *Pensées*, 203.

Aussi bien la primauté absolue qu'il donne, en son empyrée de la peinture, à Raphaël, ne se fonde-t-elle pas sur le seul culte de la « belle nature ». Il sait, ici comme ailleurs, que la beauté peut résulter « d'un certain embarras de l'âme », et reconnaît l'art des « beautés d'opposition » [1] (le voici, pour le coup, qui se hisse d'un battement d'ailes au plan de Diderot, ou de Baudelaire...). Et lui qui est passé naguère à côté du génie des Vénitiens – sinon de Titien et de Véronèse, en tout cas du Tintoret ou de Carpaccio – n'a pas vraiment reconnu l'art de Florentins comme Botticelli et semble méconnaître Vinci, saluera la grandeur de Michel-Ange. Il goûte assez le Corrège pour le comparer tantôt à La Fontaine, tantôt à Clément Marot (quand il met en parallèle Michel-Ange et Corneille, Raphaël et Racine...).

Ce n'est pas à Naples qu'il enrichira ou affinera ses notations esthétiques : « Il me paraît, écrit-il en arrivant dans le grand port du sud, qu'il est plus facile [à Naples] de se gâter le goût que de se le former [2]... » Lui que nous avons vu si amoureux de Florence, et subjugué par Rome, le voilà ramené par sa vision de Naples à cette humeur chagrine où l'ont plongé Venise et Gênes. Il peut s'avouer ébloui par la baie, par Capri et le souvenir de Tibère, par Pouzzoles et le Vésuve, il ne voit, dans la capitale du *mezzogiorno*, que « goût gothique » (pour lui l'horreur), paresse et misère.

Le « morceau » le plus réussi de ce séjour à Naples est sa description du miracle de la liquéfaction du sang de saint Janvier, épiphanie de l'esprit napolitain. Il se garde d'y voir quelque « fourberie » et décrit le phénomène dans l'esprit d'un physicien rationaliste à la d'Alembert : la merveille provient du réchauffement d'un corps extrait d'une sacristie fraîche pour être plongé dans un grand concours de peuple et d'embrassements – on le croirait déjà en train d'expliquer la part prise dans l'élaboration d'une loi par le milieu ambiant...

Moins de deux semaines en pays napolitain, c'est assez pour lui. Il met à nouveau le cap sur Rome où, bien rassasié d'art, il s'applique cette fois à redevenir sociologue, sans aménité. Écoutez-le décrire les mœurs romaines, Usbek transformé en Asmodée : « Comme à Rome, les principaux du pays ne se marient pas, il s'y est formé des mœurs

1. *Essai sur le goût*, Paris, Payot, 1993, p. 42. Voir chapitre XIV.
2. *Voyages*, p. 719.

conséquentes... Les gens mariés ne sont que les dépositaires des maîtresses de ceux qui ont part au gouvernement... Un prélat marie la fille dont il a joui à son domestique. Dès qu'une fille se marie, on cherche à quel prélat, à quel cardinal elle sera... On dit que [le cardinal] Ottoboni a soixante à soixante-dix bâtards[1]. » (On croirait Luther décrivant la Rome d'avant Paul III. Jeanne de Lartigue dut sourire en lisant ces lignes...)

Il ne faudrait pas croire pourtant que les relations du voyageur avec la Curie romaine se réduisirent à ces ricanements. L'amitié que Montesquieu a nouée d'emblée avec le cardinal de Polignac – dont il admire fort l'*Anti-Lucrèce* – lui vaut de tisser des liens très chaleureux non seulement avec les abbés Nicolini et Cerati (lequel deviendra l'un de ses plus proches compagnons), mais avec Mgr Fouquet, jésuite et sinologue et, plus remarquable, avec le cardinal toscan Lorenzo Corsini qui sera bientôt élu pape sous le nom de Clément XII.

Voilà un prince de l'Église avec lequel Montesquieu ne se croit pas tenu de ne parler que du mystère de la Sainte Trinité. Il cite, du futur souverain pontife, cette saillie digne de Voltaire : que c'est l'invention des perruques qui a perdu Venise, dès lors que les vieillards, n'ayant plus de cheveux blancs, n'avaient plus honte de faire l'amour ; et que, dans les Conseils, on n'a plus distingué l'avis des anciens de celui des jeunes gens[2]...

Savoureuse, en sa brièveté, est cette amitié entre le cardinal issu d'un milieu pisan intellectuellement très libre et le magistrat bordelais marié à une calviniste – et bientôt franc-maçon. Surtout si l'on pense que c'est ce Corsini, devenu Clément XII qui condamnera bientôt la franc-maçonnerie (en 1738, sept ans après l'affiliation de Montesquieu...) et qui sera élevé au pontificat malgré l'exclusive jetée contre lui par la France, et la prédiction de son ami Montesquieu qui note dans ses carnets que « Corsini ne sera jamais élu pape »...

Lors du séjour à Rome du baron de Gironde, le pontife est Benoît XIII, dominicain élu malgré ses supplications (« Je n'ai aucune capacité à gouverner ! »). Montesquieu respecte l'homme (« on dit que c'est une manière de fin qui fait l'imbécile... »), mais le dit méprisé

1. *Voyages*, p. 702.
2. *Pensées*, 361.

par le peuple romain qui lui reproche de faire passer la religion avant ses responsabilités politiques...

Cet ami (et parent) de tant d'hommes d'Église ne craint pas plus à Rome qu'à Paris d'affronter tout ce qui, dans la religion avec laquelle il ne rompra jamais, lui paraît faire insulte à la raison, tout au moins au sens commun. Notation digne des *Lettres persanes* (mais ici plus compromettante, et tout masque arraché) : « Je ne sais pas si nous sommes obligés de croire que le pape soit infaillible ; mais je suis bien sûr qu'il n'est pas possible que la personne d'aucun pape puisse croire ce dogme-là*[1]. »

On peut être homme de lumières, très libre en matière de religion, et ne pas négliger de rendre hommage à telle ou telle des manifestations du catholicisme le plus traditionnel : ainsi verra-t-on le baron de La Brède, ami des philosophes, quittant Rome pour les pays du nord, faire escale, sur la côte Adriatique, à Notre-Dame-de-Lorette. On retiendra moins ici quelques notations très flegmatiques que le silence surprenant qu'il observe à propos d'un voyageur qui l'y a précédé, près de deux siècles plus tôt, et dont la visite en ce pieux sanctuaire sera sévèrement jugée par ses amis de l'*Encyclopédie* : Michel de Montaigne, qui y laissa un *ex-voto* « Montanus, Gallus Vasco, 1580 ».

Mais ce n'est pas pour ses relations avec les choses et gens de la religion catholique que l'on suit à la trace M. de Montesquieu dans cette Italie plurielle, encore en mal des Lumières autant que de son unité. C'est naturellement dans l'ordre de la chose publique que l'on guette les réflexes de celui qui sera bientôt l'historien de Rome, puis l'inventeur de la sociologie comparative.

1. *Voyages*, p. 721.

* Le mot est prématuré : cette « dogmatisation » ne sera proclamée qu'un siècle et demi plus tard, en juin 1870, par le premier concile de Vatican.

L'une des incertitudes que comporte la relation du périple italien de Montesquieu est celle qui a trait à une rencontre avec le grand philosophe de l'histoire Giambattista Vico, l'auteur de la *Scienza nuova*, publiée en 1725, et qui peut être tenu, après Locke et autrement Machiavel, pour l'un de ses inspirateurs : c'est lui qui propose de résumer l'histoire en un cycle de trois âges, celui des dieux, celui des héros et celui des hommes, thème que reprendra l'auteur de l'*Esprit des lois*.

On lit dans ses notes de voyage datées de Venise qu'il se propose d'acheter le livre de Vico à Naples, où enseigne l'historien. L'a-t-il fait ? A-t-il rencontré Vico, protégé de son ami le cardinal Corsini ? Benedetto Croce l'affirme, non sans ajouter que l'échange ne pouvait que rester sans conséquence, Montesquieu étant « trop inférieur » à son interlocuteur. Jugement qui semble aussi inconsidéré qu'aventureuse l'information…

Retenons quelques diagnostics de ce voyageur qui, ayant pour principe, sitôt arrivé dans une ville, d'en « gagner le point le plus élevé pour en prendre une vue globale » (ce qui peut le conduire à des synthèses prématurées, souvent corrigées en cours de route), s'empresse un peu vite de voir l'Italie, désunie et partiellement occupée par l'étranger, tombée « aux mains des prêtres et des femmes ». Les femmes ? Il en a connu, exquises ou souveraines, qui n'étaient pas indignes de se mêler des grandes affaires. Les prêtres ? Faut-il le renvoyer à ses amis Conti, Cerati, Niccolini, au « fin » pape Benoît XIII ou au cardinal Corsini ?

Retenons en tout cas que pour lui « les républiques d'Italie ne sont que de misérables aristocraties qui ne subsistent que par la pitié qu'on leur accorde et où les nobles, sans aucun sentiment de grandeur ou de gloire, n'ont d'autres ambitions que de maintenir leur oisiveté et leurs prérogatives [1] » (ceci dit notamment pour Venise et pour Gênes).

On le voit plus sévère encore pour les États du pape qui sont, à ses yeux, désespérément arriérés et anachroniques, mal gérés et cultivés (sauf dans la zone Adriatique), minés par la simonie, la corruption et les intrigues (« on n'a jamais vu dans un gouvernement de l'Église le crime régner si ouvertement »). Des princes et souverains d'Italie, il ne fait pas, en général, très grand cas, non sans observer quelques

1. *Voyages*, p. 715.

années plus tard que « le roi de Sardaigne Victor-Amédée II a conservé sa puissance militaire. [...] Encore un coup de collier et nous le rendrons maître de l'Italie et il sera notre égal[1] » (anticipation prophétique : on croirait l'entendre parler, cent trente ans avant l'heure, de Napoléon III partant pour Plombières à la rencontre de Cavour...).

Si l'on tient compte de l'admiration qu'il éprouve pour la monarchie tempérée observée à Florence dont le fonctionnement est assez proche, à vrai dire, de son propre idéal politique, on peut estimer que ce « bain d'Italie » de Charles-Louis de Montesquieu ne fut pas seulement illuminé par sa brève liaison avec Maria Archinto, princesse Trivulzio, ni par la découverte de l'art qu'y fit ce compatriote de Poussin, ce contemporain de Chardin, mais aussi par les prémices qu'il vit, ici et là, d'une renaissance politique du pays de Machiavel, de Vico et de Muratori.

On trouve une très intelligente évocation de notre voyageur péninsulaire dans un article de l'excellent spécialiste italien de Montesquieu qu'est Corrado Rosso :

> La réaction de Montesquieu à l'Italie est toujours pleine de saveur et de force. Le jeu global de tous ces rapports de sympathie et d'antipathie, de compréhension et d'incompréhension, [...] s'avère essentiel pour une prise de conscience en profondeur et de l'œuvre de Montesquieu et de l'image que prenait l'Italie, à l'aube des Lumières, dans le miroir... parfois trop étroit que lui tendait le châtelain de La Brède. C'est une image que Montesquieu a, néanmoins, portée dans son cœur.

Est-ce déjà une application, *in vivo*, de la théorie des climats ? Sitôt qu'il remonte vers le nord, les montagnes, le Rhin, la Prusse et les mers froides, voici notre baron assombri. Non certes aveuglé, ni renfermé dans une incompréhension de touriste au menton haut : il ne cessera de porter sur les gens et les choses l'œil avide de celui qui, à la

1. *Pensées*, 344.

différence de tant d'autres, ne cherche que pour trouver un peu plus de lumière. Mais – la peste soit du climat ! – nous allons le trouver souvent enchifrené, au matériel d'abord, et puis au figuré.

Le 3 août, après cinq journées de voyage assez rudes de Vérone à Trente et d'Innsbruck à Munich, il écrit à sa cousine Mme d'Herbigny : « J'ai fait une bien pénible marche de Rome à Munich, la moitié du chemin dans un chaud excessif, une autre partie dans un froid mortel, au mois d'août, dans les montagnes du Tyrol[1]. » Et le voilà fort enrhumé – mais pas assez pour se retenir d'écrire au prince Trivulzio à qui il demande tout bonnement des nouvelles de la très chère Maria (n'a-t-il pas écrit « Tous les maris sont laids » ?) et pour manquer de passer la soirée avec l'électeur de Bavière qui l'invite à l'opéra (« mauvais ») et à souper (« fort mince »...).

Traits de mœurs locales, à la pointe sèche : « L'Électeur a couché avec la fille [de son Premier ministre] et l'a mariée à un bon gentilhomme de ce pays-là, lui a promis une dot et ne l'a pas payée. Il f... actuellement la seconde, mais à juste prix... Sa mère est à Venise, où elle amasse[2]... »

L'étape d'Augsbourg ne lui inspire aucune référence à Montaigne, qui y fit un séjour riche d'enseignements (ce qu'il cherchait) pour ce qui touche aux rapports entre catholiques et protestants – les trouvant plus harmonieux qu'en France. Il est vrai que les seconds, ici, sont luthériens, comme le souligne à son tour Montesquieu, entre deux accès de fièvre qui le contraignent à avoir recours à la médecine bavaroise. Qui consulter ? Son banquier lui promet de lui trouver un médecin catholique... Réplique du baron, digne de Molière : « Je lui dis que j'en voudrais bien avoir un Turc, qui fût bon. Il me dit qu'il n'y en avait pas dans la ville... » De Turc, ou de bon ?

Cap sur la Rhénanie, à la fin d'août, par Louisbourg, Heidelberg, Mannheim, Francfort, Bonn, Cologne, Düsseldorf. Puis il oblique vers le nord et l'est, Münster, Osnabrück et Hanovre – où il rejoint, le 14 septembre, son cher compagnon de route Lord Waldegrave qui a quitté pour quelques jours son ambassade de Vienne. Retrouvailles fructueuses : car ce même diplomate anglais qui est à l'origine du

1. Lettre 349.
2. *Voyages*, p. 810.

voyage va en orienter la suite et la fin. C'est alors en effet que Montesquieu écrit au maréchal de Berwick : sa décision est prise, après avoir vu la cour de Brunswick, il gagnera Hambourg, les Pays-Bas... et l'Angleterre.

Nous savons qu'il prenait des cours d'anglais à Rome. N'était-ce pas déjà en vue d'une visite à Londres ? Et l'encadrement très britannique de ce voyage, de Waldegrave en Jacob et en Berwick, donne à penser qu'il ne pouvait manquer de s'achever outre-Manche. Mais le fait est que la décision fut arrêtée, ou formulée, à Hanovre – qui était en quelque sorte l'antichambre de Londres depuis que la *glorious revolution* de 1688 avait, au-delà du règne de la reine Anne, porté au trône l'électeur de Hanovre.

Séjournant précisément en son ancienne capitale, George II reçoit à sa table l'écrivain français et lui fait le plaisir de l'interroger longuement sur son voyage. Enchantement du conteur... Et l'hôte royal met le comble à ses bontés en organisant une lecture de *L'Irrésolu*, de Destouches, alors à la mode. Le voyage en Angleterre s'annonce bien...

Mais on ne saurait accompagner Montesquieu au-delà de la Manche, pour ce qui sera le couronnement, et peut-être la meilleure justification de son grand voyage, sans faire avec lui, par les marches de la Prusse, un détour essentiel : à la veille de l'accession au pouvoir (1740) du grand Frédéric qui séduira si fort tel ou tel de ses amis philosophes, Charles-Louis de Montesquieu découvre avec horreur à Brunswick – sans pousser, lui, jusqu'à Berlin – l'image, un peu décalée par la distance, du despotisme de Frédéric-Guillaume, le « roi-sergent », dont le moins qu'on puisse dire est qu'il n'est pas « éclairé » :

> Le roi de Prusse exerce sur ses sujets une tyrannie effroyable. Il ne veut pas que les pères fassent étudier leurs enfants, ce qui va mettre dans ses États la barbarie... Lorsqu'un enfant a dix ans, il le fait enrôler... Plusieurs pères ont estropié leurs enfants pour les conserver... La pauvreté est sur ses États, et le ridicule sur sa personne[1]...

Dans cette enquête sur la nature et l'exercice des pouvoirs en Europe en quoi se transforme progressivement son voyage – en attendant bien sûr la décisive étape anglaise –, Montesquieu aura ainsi découvert en

1. *Voyages*, p. 847-848.

Prusse la caricature absolue de ce despotisme qui est l'objet de son opprobre. Tout près de reconnaître la nécessité de régimes tyranniques dans les sociétés orientales où le climat épuise les humains et affaiblit leur faculté d'intervenir dans la chose publique, il s'indigne de voir, en des sociétés issues des grandes tribus germaniques aptes à l'action et à la décision, l'homme réduit à une manière d'esclavage. Il lui reste à découvrir une autre forme de perversion.

M. de La Brède, académicien bordelais écouté en ces matières, est assez épris de technique et de physique pour avoir consumé quelques journées, de la fin de septembre au début d'octobre 1729, aux mines d'argent du Hartz, l'ancienne Hercynie, dans le pays de Hanovre, et avoir tiré de cette visite un mémoire extrêmement documenté, tant en ce qui a trait aux méthodes d'extraction du minerai qu'à l'administration de l'entreprise qu'il juge « admirable » et à la santé des travailleurs, qui ne lui paraît menacée que dans les mines où est travaillé le vif-argent. Si périmée ou superficielle que puisse paraître ce type d'enquête en redingote et souliers vernis, on est en droit d'admirer l'ardeur questionneuse du baron-voyageur que rien, décidément, ne rebute ou ne laisse indifférent. On le jugera ailleurs un peu « snob », imbu de sa gloire, soucieux des salons et des titres, quémandeur d'invitations à souper, attentif à ménager ou accroître ses relations... Mais si ardent à connaître, et à faire connaître ! L'esprit de l'*Encyclopédie* est en lui. On l'aime ainsi...

Mais le voici, en quelques rudes étapes ballotté au fond de sa chaise de poste, parvenu aux Pays-Bas et d'abord à Utrecht – où fut signé le traité qui a mis fin à la guerre perpétuelle entretenue par le Roi-Soleil. Dire que la Hollande ne le séduit pas est faible. Tout bordelais qu'il soit, et donc lié par le commerce et par l'histoire aux compatriotes de Guillaume d'Orange dont une colonie s'active à Bordeaux, on voit ici Montesquieu, si porté à voir dans les pays qu'il visite le reflet vivant de son propre bonheur, afficher l'humeur la plus chagrine que ne vient même pas tempérer l'admiration généralement inspirée par la peinture hollandaise aux visiteurs de ce pays.

On entend bien que la muséographie n'a pas encore pris son essor. Mais un voyageur tel que Montesquieu – on l'a vu en Italie – ne manque pas des introductions nécessaires pour visiter, en tel palais ou hôtel de bourgmestre cossu, les plus beaux Rembrandt, les plus savoureux Frans Hals. Pas un mot sur ces chefs-d'œuvre ! Et aucune allusion non plus au grand philosophe dont le génie hante encore ces lieux, et inspire déjà l'esprit des Lumières, Spinoza...

Voici donc, négligeant le génie plastique des Néerlandais, son réquisitoire :

> Tout ce qu'on m'avait dit de l'avarice, de la friponnerie, de l'escroquerie des Hollandais, n'est point fardé, c'est la vérité pure... Comme ils sont accablés d'impôts, il faut qu'ils aient de l'argent par toutes les voies. Les voies sont deux : l'avarice et la rapine... Le cœur des habitants qui vivent de commerce est entièrement corrompu... Du reste, la Hollande est pleine d'impôts ridicules... Tout paye ; tout demande ; à chaque pas que vous faites, vous trouvez un impôt [1].

Impitoyable à propos des mœurs quotidiennes, M. de Montesquieu ne l'est pas moins, s'agissant de l'organisation des affaires publiques :

> Les Hollandais ont deux sortes de rois : les bourgmestres, qui distribuent tous les emplois... et le bas peuple, qui est le tyran le plus insolent que l'on puisse avoir... Le malheur de la République est que la corruption s'y est mise tellement que les magistrats s'entendent avec ceux qui afferment pour avoir des pots-de-vin... Il règne à Amsterdam un dégoût général pour ces magistrats, dont on tient la conduite reprochable. Cette République ne se relèvera jamais sans un Stathouder* [2].

Décidément, l'enquête politique menée depuis dix-huit mois par le futur auteur de l'*Esprit des lois* n'est guère favorable sinon à l'idée, en tout cas à la pratique républicaine. De Venise à Gênes et à Amsterdam, il n'a vu que bassesse ou corruption. On dira certes qu'il ne

1. *Voyages*, p. 864.
2. *Ibid.*
* Souverain, comme naguère Guillaume d'Orange, mort en 1650, qui laissa le pouvoir aux républicains.

ménage pas la plupart des monarchies qu'il a visitées : à Rome comme à Brunswick, il a pu constater le caractère vicieux du despotisme – clérical ou militaire.

En somme, notre politologue, face à une douzaine de régimes, n'a jugé digne d'estime que celui du grand-duché de Toscane, modéré, économe, soucieux de « productivité ». Mais il s'agit là d'un pays aux dimensions modestes, aux ressources assurées, riche en génies de toutes sortes, et dès longtemps épargné par la guerre.

Il lui faut décidément, en quête d'une société politique digne de ce nom, découvrir l'Angleterre.

CHAPITRE IX

Les caves de Londres

• « Rempoté » à Londres... • La gloire de l'Empire britannique • « Parlez anglais, *please* » • Un autodafé familial • « Rien de si affreux que les rues de Londres... » • « La liberté des honnêtes gens... » • Hommage à la reine Caroline • Walpole et ses pots-de-vin... • L'éloquence de Bolingbroke • Le bon M. Pierre Coste • Franc-maçon ! • Mon vin contre ta liberté • Le grand gosier de Lord Morton • Le flot de l'océan et la soif des Anglais...

Pour un Bordelais, de surcroît vigneron, un premier voyage en Angleterre est une expérience très particulière qui ne saurait être assimilée tout à fait à la découverte de l'Allemagne, de l'Espagne ou même de l'Italie – ce débarquement outre-Manche fût-il, comme dans le cas de notre baron-voyageur, le complément plus ou moins improvisé d'un périple européen.

En prenant pied sur le sol britannique, un homme tel que Montesquieu, héritier très conscient d'une tradition aquitaine marquée par une longue et fructueuse implantation anglaise, par une pratique politique citadine et un système fiscal modelés par Edward de Woodstock et ses successeurs, ne peut manquer d'éprouver un sentiment de déjà-vu ou déjà-connu, ou mieux de « reconnaissance », dans tous les sens du mot.

N'est-il pas, ce Charles-Louis de Montesquieu de La Brède, l'incarnation de cette aristocratie viticole qui, depuis plus de treize siècles, depuis l'acclimatation en Gironde du cépage dit « biturica », vit de la gloire du vin de Bordeaux qui semble dépendre aussi bien de la fidélité des consommateurs britanniques que des pluies ruisselantes sur les « croupes graveleuses » chauffées par le soleil au bord de la Garonne ?

En débarquant à Londres, l'auteur des *Lettres persanes* abordait une terre et des hommes depuis très longtemps familiers à son esprit. À son cœur, aussi ? Nous savons, nous qui cheminons depuis quarante ans aux côtés du baron de La Brède, que les amitiés anglaises ne lui manquent pas. Voilà une douzaine d'années que Montesquieu multiplie les échanges avec des Britanniques. À Bordeaux, il fraie avec le maréchal de Berwick, gouverneur de Guyenne et futur chef des armées françaises, dont le neveu Waldegrave et surtout le beau-frère Bulkeley sont des amis avec lesquels il correspond constamment et échange bons mots et bonnes adresses (féminines entre autres).

Mais notre baron ne doit pas seulement à ces compagnons et commensaux prestigieux l'attachement qu'il porte aux Anglais et le respect que lui inspire le Royaume-Uni. Si grande soit la considération que l'on porte à l'Angleterre devenue l'Empire des Indes et le centre du monde, de William Pitt à la reine Victoria et à Winston Churchill, il est difficile d'imaginer, deux ou trois siècles après l'abordage à Londres de Charles-Louis de Montesquieu, à quel point rayonnait alors le génie de cette nation.

Pas de Shakespeare sur la scène ? De Turner sur les murs ? Mais une floraison incomparable de philosophes, de savants, d'essayistes, de juristes, encore baignés dans la gloire de Newton – qui vient de mourir – et de Locke, comme la France l'était un siècle plus tôt par celle de Descartes et de Pascal – à ceci près que le génie anglais s'« exportait », que ces hommes voyageaient, que l'on voyait Locke, Bolingbroke, Hume ou Horace Walpole sillonner l'Europe. N'oublions pas en outre que s'il n'est pas encore l'universel médium qu'il deviendra dans la seconde partie du siècle, Voltaire vient de passer en Angleterre trois années qui ont fait de lui, rentré en France peu avant le départ de Montesquieu pour Londres, un avocat enthousiaste du système et de la philosophie d'outre-Manche.

Charles-Louis de Montesquieu, fils d'un catholique non conformiste, en tout cas hostile aux persécuteurs des jansénistes, et lui-même marié à une protestante, était porté à goûter une société ouverte à la libre-pensée et aux débats de fond. Il est vrai que ses premiers amis anglais sont des exilés fort proches du roi détrôné, ceux qu'on appelle les « jacobites », en rupture plus ou moins durable avec la dynastie régnante à Londres depuis 1714. Il est vrai aussi que cet amant de la liberté n'est pas un révolutionnaire : ne lit-on pas dans les *Lettres per-*

sanes que la liberté anglaise est née « des feux de la discorde et de la sédition[1] » ?

Mais victimes ou non de la *glorious revolution*, de la disparition de la reine Anne et de l'installation de la dynastie de Hanovre, les amis « jacobites » de Montesquieu se sont ralliés pour la plupart au nouveau régime, dans un pays où toutes choses sont débattues et où se met en place un équilibre entre les pouvoirs.

Terrain fertile pour notre vigneron des idées et des mots, prêt à fouler la terre des hommes qu'il admire entre tous ses contemporains – Fénelon et Malebranche mis à part –, la terre de Locke, de Pope, d'Addison et de Shaftesbury. On lui prêtait – outre-Manche en tout cas – ce mot qui valait toutes les lettres d'accréditation : « Il ne naît d'hommes de bon sens qu'en Angleterre… »

La question de la langue se posait-elle de façon à contrecarrer ces noces espérées ? Nous savons qu'une assez bonne connaissance de l'italien avait contribué à ses succès – de tous ordres – à Milan, à Florence ou à Rome. L'anglais ? Il avait lu, dans la version originale, si l'on en croit sa correspondance avec Bulkeley, des auteurs anglais comme Clarendon. Nous l'avons vu prendre des leçons d'anglais à Rome. Et les familiers de ses *Pensées* ou du *Spicilège* sont frappés des emprunts qu'il fait très souvent à la langue anglaise – avec plus ou moins de bonheur. On le surprend à entamer une citation, non par « Je disais… » mais par « *I said* »… Au surplus, le séjour de notre baron en Grande-Bretagne fut assez long (dix-sept mois) pour qu'après le premier tiers de ce temps, sa pratique de l'anglais fût au moins correcte.

Reste l'histoire racontée par Diderot (qui ne voulait certes pas de mal à son aîné) dans une lettre à Sophie Volland : en visite au château de Blenheim, domaine des Marlborough, le baron Charles-Louis s'entretient dans la langue locale avec son hôte – qui, après un moment d'échanges, lui dit poliment : « Veuillez parler anglais, monsieur. Je n'entends point le français… » Vraie, cette anecdote ? Le grand Marlborough était mort quelques années plus tôt. D'autres attribuent le mot au duc de Montagu, son neveu, un excentrique qui deviendra l'ami de notre Bordelais. Gageons que son accent « anglais » était exécrable. Mais comment était celui du roi George ?

1. Lettre 104.

Que savons-nous vraiment de ce voyage ou plutôt de ce séjour de dix-sept mois ? Le dernier biographe anglais de Montesquieu, Robert Shakleton*, assure que les sources anglaises sont « à peu près muettes » et que, dans leur correspondance, les grands écrivains anglais de l'époque ne parlent guère du visiteur, la presse elle-même gardant un silence quasi absolu**. On peut trouver étonnant que ce long séjour d'un écrivain étranger notoire et laudateur déclaré du pays d'accueil, de ses lois et de son système, et tenu pour tel en pays britannique, n'y ait laissé que de si faibles traces. Un ouvrage fut bien consacré aux relations de Voltaire, Rousseau et Montesquieu[1] avec l'Angleterre – ce qui est assimiler trois types de relations fort diverses. Mais qui ouvre l'*Encyclopædia Britannica*, archétype de la haute vulgarisation en pays anglais, constate que, si près de trois cents lignes fort pertinentes sont consacrées à notre philosophe, les dix-sept mois (capiteux) qu'il passa en Angleterre sont traités en deux lignes...

Le journal de voyage, qui nous a si bien servi pour la relation du voyage en Autriche, en Italie, en Allemagne et aux Pays-Bas, que nous dit-il de ce séjour culminant ? Ici se situe un des épisodes les plus navrants de l'histoire littéraire et plus précisément de ces étranges relations qui s'établissent parfois entre un grand écrivain et ses descendants. Le chapitre « anglais » de son voyage fut bel et bien écrit par Charles-Louis de Montesquieu mais fut brûlé – oui, on a bien lu – par son petit-fils (fils de Jean-Baptiste) qui s'appelait lui-même Charles-Louis... Mais pourquoi cet attentat, pire encore que celui perpétré par la veuve de Jules Renard, supprimant du merveilleux *Journal* des notations relatives à la vie privée de son mari ? Pourquoi cet inestimable « Moi en Angleterre » de Montesquieu, comparable à un « Moi en Égypte » de Champollion, fut-il quasiment anéanti*** par un héritier du grand homme ?

Parce que ce petit-fils, installé en Angleterre où, naturalisé anglais, il

1. J. C. Collins, Londres, 1908.

* Qui a cru bon d'intituler son ouvrage : *Montesquieu, biographie critique*. Serait-ce à dire que les autres biographes ne sont pas « critiques », c'est-à-dire qu'ils sont aveugles ou complaisants ? Son livre est équitable, comme il sied...

** À une exception près, nous le verrons plus loin.

*** Seuls ont échappé au désastre quelques feuillets de réflexions discontinues publiés dans l'édition de La Pléiade (p. 875-884) sous le titre *Notes sur l'Angleterre*, auxquelles on se référera ci-dessous.

mourut à Canterbury en 1824, estima vraisemblablement que ces notations parfois acerbes pouvaient nuire à la mémoire de son aïeul, ou à sa propre situation ? Présomption ridicule, s'agissant d'un pays où fleurissait la plus flamboyante contestation ; et où, compte tenu de la gloire de l'auteur de l'*Esprit des lois* et de ce qu'elle doit, précisément, au génie britannique, chacun eût convenu qu'il n'est pas de critique d'un tel écrivain qui ne vaille mieux que l'éloge d'un médiocre. Un tel attentat ne peut inspirer que la fureur. Il est heureux que depuis lors les descendants du maître de La Brède en aient usé tout autrement, se faisant volontiers, eux, les éditeurs, les gardiens ou promoteurs de textes oubliés ou d'épisodes camouflés…

« Je partis le dernier octobre 1729 de La Haye ; je fis le voyage avec Milord Chesterfield, qui voulut bien me proposer une place sur son yacht[1]. »

Chesterfield (Philip Stanhope, comte de Chesterfield, écrivain et diplomate) avait fait la connaissance de Montesquieu, nanti d'une lettre de recommandation de Lord Waldegrave, à La Haye où il représentait la cour de Saint-James. Le gentilhomme fut d'emblée assez séduit pour offrir à l'écrivain français non seulement « une place sur son yacht » le temps d'une brève traversée, mais l'hospitalité dans sa résidence londonienne.

Ils avaient quitté les Pays-Bas le 20 – et non le 31 comme l'indique Montesquieu, trompé par le système des Britanniques rétifs au calendrier julien (papiste !) et de ce fait en retard de onze jours sur celui des continentaux. La traversée de la mer du Nord fut agitée. On n'attribuera pourtant pas à ce déboire la responsabilité des premières impressions londoniennes, très défavorables, de notre baron anglophile. Bien que l'éditeur des *Notes sur l'Angleterre* échappées à l'autodafé ne prétende pas les présenter dans l'ordre chronologique, on a de bonnes rai-

1. *Notes sur l'Angleterre*, Pléiade, p. 875-884.

sons de penser que les notations qui succèdent immédiatement à la brève évocation du voyage citée ci-dessus reflètent les premières impressions du visiteur bordelais :

> Il n'y a rien de si affreux que les rues de Londres ; elles sont très malpropres... Il faut faire son testament lorsqu'on va en fiacre... qui s'enfonce dans les trous et il se fait un cahotement qui fait perdre la tête...
>
> Le peuple de Londres mange beaucoup de viande ; cela le rend très robuste ; mais à l'âge de quarante ou quarante-cinq ans, il crève [si nous avons bon souvenir, le baron ne parlait pas ainsi de la mort des Florentins, ni Rica de celle des Parisiens...].
>
> L'argent est ici souverainement estimé. L'honneur et la vertu, peu.
>
> La corruption s'est mise dans toutes les conditions. Il y a trente ans qu'on n'entendait pas parler d'un voleur dans Londres ; à présent, il n'y a que cela... Pour les ministres, ils n'ont point de projet fixe. À chaque jour suffit sa peine. Ils gouvernent jour par jour...
>
> Les Anglais ne sont plus dignes de leur liberté. Ils la vendent au roi ; et si le roi la leur redonnait, ils la lui vendraient encore...

Mais peu à peu, le ton acerbe, gonflé de déception, se nuance :

> Les jeunes seigneurs anglais sont divisés en deux classes : les uns savent beaucoup, parce qu'ils ont été longtemps dans les universités ; ce qui leur a donné un air gêné avec une mauvaise honte. Les autres ne savent absolument rien, et ceux-là ne sont rien moins que honteux, et ce sont les petits maîtres de la nation. En général, les Anglais sont modestes.

Pour ce dernier trait, et si joliment amené, on lui pardonne – parce qu'on n'est pas britannique ? – l'âcreté des notations précédentes.

Et de la nuance, on va vers l'équilibre, avant l'admiration :

> Il me semble que Paris est une belle ville où il y a des choses plus laides, et Londres une vilaine ville où il y a de très belles choses...

Mais voici une note bien intéressante, qui marque non seulement un tournant dans sa vision de l'Angleterre, mais mieux encore de sa compréhension des rapports entre deux sociétés, et deux « situations » :

> C'est une chose lamentable que les plaintes des étrangers, surtout des Français, qui sont à Londres*. Ils disent qu'ils ne peuvent y faire un ami ; que, plus ils y restent, moins ils en ont ; que leurs politesses sont reçues comme des injures...

Et après avoir mis en cause l'ambassadeur de France, le comte de Broglie, comme particulièrement atteint de ce travers, il martèle :

> Ces gens-là veulent que les Anglais soient faits comme eux. Comment les Anglais aimeraient-ils les étrangers ? Ils ne s'aiment pas eux-mêmes. Comment nous donneraient-ils à dîner ? Ils ne se donnent pas à dîner entre eux [...] Enfin, il faut prendre les pays tels qu'ils sont[1]...

(Le climat, mon cher, le climat...)

Et voilà le baron de La Brède qui, sans trop s'apercevoir qu'il fustige ainsi le Montesquieu des premiers temps de son séjour, va, enfin acclimaté, de compréhension en pénétration, et, décidément redevenu lui-même, de la sympathie au respect :

> À Londres, liberté et égalité. La liberté de Londres est la liberté des honnêtes gens, en quoi elle diffère de celle de Venise, qui est la liberté de vivre secrètement avec des p... et de les épouser [...] et de la liberté de la Hollande, qui est la liberté de la canaille[2]...

Faut-il dater la prise de conscience du visiteur de cette lettre du 21 décembre 1729, deux mois après son accostage à Londres, lettre adressée à son ami le R. P. Cerati, qui introduit dans ses jugements, d'abord négatifs, le thème de la différence objective : « Je suis, ici, dans un pays qui ne ressemble guère au reste de l'Europe[3]... » Pardi ! eût-il murmuré, plus jeune (peut-être avait-il préservé le style gascon à quarante ans ?).

Entre-temps, passée l'acrimonie des premières notations d'amoureux déçu (combien de sanglots de ce genre Paris n'inspira-t-il pas à un poète polonais, à un universitaire arabe et – pourquoi pas ? – à tel philosophe anglais ?), il a procédé à une révision radicale de son

1. *Notes sur l'Angleterre*, p. 876.
2. *Ibid.*, p. 877.
3. *Correspondance*, lettre 356.
* Nous le verrons nuancer, ou même contredire, cette assertion.

appréciation des choses anglaises, grâce à un Français exilé, Pierre Coste, protestant réfugié à Londres et qui s'y était institué médiateur entre les deux cultures. Étudiant l'imprégnation de Montesquieu par la philosophie anglaise, Joseph Dedieu présente Pierre Coste comme un « gazetier de génie [1] », un admirable traducteur et commentateur des grands penseurs politiques d'outre-Manche, Locke, Hobbes, Harrington.

Nul en tout cas n'a mieux servi que Pierre Coste la compréhension, par Montesquieu, de l'œuvre et de la pensée de John Locke, dont il avait traduit notamment l'*Essai sur le gouvernement civil*, où il n'est pas très difficile de trouver des germes de l'*Esprit des lois*. L'influence du médiateur huguenot sur le visiteur s'exerça d'autant mieux que tous deux étaient des familiers de Montaigne – dont Coste était si intensément imprégné qu'il finit semble-t-il par se prendre, les ayant traduits en anglais, pour l'auteur même des *Essais*. Montesquieu raconte plaisamment, sans nommer Coste, mais seulement « un ami », que si l'on citait Montaigne devant lui, cet honnête homme faisait une petite révérence et rougissait, comme s'il était confus de l'éloge...

Grâce à Chesterfield, avant que cet ami ne regagne son ambassade à La Haye, et à beaucoup d'autres (dont Pierre Coste) ensuite, Montesquieu rencontra puis fréquenta à peu près tous ceux qui animaient la vie politique et littéraire anglaise, de Bolingbroke à Clarendon, de Martin Folkes à l'évêque Warburton, l'un des précurseurs de Champollion dans le déchiffrement – ou le dévoilement, à cette étape – des hiéroglyphes. Il entretint des relations d'estime chaleureuse (dont on a relevé au moins une curieuse manifestation) avec Horace Walpole, Hume et Charles Yorke. Fit-il la connaissance de Pope ? On n'en trouve pas de preuve.

Aucune de ses relations anglaises ne laissa probablement plus de traces sur lui que celle qu'il noua avec Bolingbroke, déjà rencontré à Paris et avec lequel il rompit lors de son séjour anglais (« j'ai connu Milord Bolingbroke, et je l'ai déconnu », écrit-il simplement...). Entre le sobre Gascon en quête de la « modération » anglaise et le flamboyant Henry Saint John, vicomte de Bolingbroke, mélange de Saint-Simon et de Mirabeau – voire de Talleyrand – qui s'était juré à quinze

1. *Montesquieu*, Paris, 1943, p. 75.

ans d'être un nouvel Alcibiade et dont la vie aventureuse ne fut qu'un bruyant défi au pouvoir établi, l'entente ne pouvait pas être durable. Mais la fascination le fut.

Montesquieu n'admirait pas sans réserve l'orateur, chef de l'opposition clouant au pilori, à la Chambre des Communes, le Premier ministre Robert Walpole, dit « Robin », qui se vantait d'acheter des voix de parlementaires à un tarif quasi officiel – à tel point que les libéralités dont il était prodigue pouvaient mieux que toute autre, compte tenu des trésors que recelaient ses caves fameuses, être appelées des « pots-de-vin »... S'il portait Bolingbroke aux nues, c'était en temps que directeur du *Craftsman*, journal qu'il ne cite pas moins de sept fois dans son *Spicilège*.

L'auteur des *Lettres persanes*, qui ne laissait pas d'user lui-même d'une plume acérée, semble avoir trouvé dans cet organe des *tories* le modèle de la grande satire politique – notant au passage que les textes de Bolingbroke et de Pulteney, son lieutenant, étaient, avant publication, soumis à l'examen de trois avocats. Le souci de la loi...

Partisan déterminé de la mise en cause du pouvoir par la plume, à condition qu'elle se tienne dans les limites du droit, le visiteur français était, on le sait, animé d'un préjugé favorable à l'endroit du système parlementaire. Comment n'aurait-il pas souhaité en apprécier les mérites – ou les inconvénients – sur place, et *de visu* ? Il obtint par deux fois au moins d'être accueilli à Westminster aux Communes, qu'il appelle toujours la « Chambre basse ». Ainsi avons-nous de lui deux témoignages – pour ne pas dire deux reportages – relatifs au travail de la Chambre des Communes au temps de Walpole – qui se maintint à la tête du ministère pendant vingt-trois ans... – et de Bolingbroke.

Pas plus que la capitale anglaise ne l'avait séduit à première vue, le fonctionnement de la Chambre des Communes ne l'enchanta d'abord. Il en trouva le climat trop passionné, les échanges trop abrupts, et manquant de la décence qui sied au traitement des affaires publiques. Au surplus, la brutalité de certaines polémiques s'envenima à ses yeux du fait qu'au cours de la deuxième séance à laquelle il assista, la France fut mise en accusation.

Le premier de ces débats – le 28 janvier 1730 – avait pour thème un projet de création d'une armée permanente de 17 000 hommes en temps de paix. L'idée eût paru banale sur le continent. Ici, elle en choquait beaucoup. Le principal orateur de l'opposition *tory* s'appelait William Schippen (dans son récit, Montesquieu en fait « M. Chipin »...). C'était un personnage très respecté, que Pope comparait à Montaigne. Lui ne respectait guère le pouvoir en place, fût-il monarchique : il clama que « seul un tyran ou un usurpateur avait besoin de troupes pour se maintenir » et qu'il ne goûtait guère ces « maximes hanovriennes » – ce qui était quasiment mettre en cause la dynastie même...

Notre baron aquitain ne cache pas qu'il fut scandalisé d'une telle audace : « Cela était si vif que la Chambre eut peur », avance-t-il, ajoutant que l'on passa aux voix pour interrompre un débat trop périlleux. Première expérience parlementaire qui marquera l'esprit de Montesquieu, déjà porté, depuis ses escales à Gênes ou en Hollande, à se méfier des débordements et extravagances où peut conduire telle ou telle pratique de la liberté par le populaire...

Pour ce qui est du fond du sujet discuté ce jour-là – le bien-fondé de la permanence d'une armée en terre anglaise, dynastie de Hanovre ou pas –, on relève dans les *Pensées* de notre auteur une remarque très éclairante pour ce qui a trait à l'idée qu'il se fait des relations franco-britanniques : « Grande maxime pour la France d'obliger l'Angleterre d'avoir toujours une armée de terre. Cela lui coûte beaucoup d'argent, l'embarrasse par la méfiance qu'elle a contre cette armée, diminue d'autant les fonds pour la marine[1]. » Bien sûr, Montesquieu aimait l'Angleterre ; bien sûr, il n'était pas machiavellien. Mais...

Un mois plus tard, Charles-Louis se retrouva à la « Chambre basse », où le débat porte sur le comportement du gouvernement français, accusé de reconstruire les fortifications de Dunkerque en violation du traité d'Utrecht signé dix-sept ans plus tôt. « Je n'ai jamais vu

1. *Pensées*, 428.

Portrait de Charles de Secondat.
Photo RMN.

Buste de Montesquieu par Lemoyne.
Ce gentilhomme d'Aquitaine, épistolier persan et législateur des nations, fut l'un des inventeurs de ce siècle qui a donné au monde l'exemple d'un art de vivre hors de la pesanteur.
Photo Bridgeman Giraudon.

Le château de La Brède.
Le château de La Brède, dont Montesquieu n'aimait pas le caractère « gothique », mais où il a passé la moitié de son existence, plus attaché à ses arbres et à ses vignes qu'à ses pierres.
Photo D.R. Archives Seuil.

Denise de Montesquieu.
Ce portrait de Denise de Montesquieu de Secondat, troisième enfant du président, est accroché dans sa chambre, à côté de son lit, comme pour manifester les liens qui unissent celui-ci à sa « petite secrétaire ».
Photo D.R. Archives Seuil.

La chambre à coucher de Montesquieu.
La chambre à coucher de Montesquieu que Stendhal trouvait « pauvre », mais où trônent les bustes de Lemoyne et de Houdon.
Photo D.R. Archives Seuil.

Philippe de France.
Du Régent, si ambigu et impropre à la Vertu, Montesquieu a tracé un portrait où perce l'admiration : n'a-t-il pas incarné, après le despotisme, l'« ouverture » ?
Photo Roger-Viollet.

Madame du Deffand.
Avec Anne-Marie du Deffand, vue ici par Staal, Montesquieu n'a pas seulement échangé quelques-uns des propos les plus brillants du siècle – mais aussi partagé une cécité qui assombrissait leur vieillesse respective.
Photo Roger-Viollet.

Madame de Tencin.
De Claudine-Alexandrine de Tencin qui l'appelait « mon petit Romain », le baron de La Brède ne fut vraisemblablement pas l'un des innombrables amants, mais l'ami très affectueux.
Photo Bridgeman Giraudon.

Un Persan.
Extrait d'un recueil d'estampes de 1707,
voici un seigneur persan qui pourrait bien être l'Usbek
imaginé par l'auteur des *Lettres persanes.*
Photo Bridgeman Giraudon/collection Charmet.

Deux sultanes.
Deux sultanes sur leur métier à tapisser, peintes par
Carle van Loo, sont évidemment des personnages
des *Lettres* de Montesquieu, qu'aimait tant la marquise.
La Confidente, 1755. Paris, musée des Arts décoratifs. Tous droits réservés

Esclaves.
L'esclavage colonial, au temps du président, était devenu si atroce que les maîtres de la Traite avaient dû inventer des appareils en forme de muselières pour empêcher les malheureux de se suicider en mangeant de la terre...
Photo RMN/J. G. Berrizi.

Londres.
Tel était le port de Londres, en 1700, trente ans avant qu'y accoste Montesquieu aux côtés de son ami Lord Chesterfield.
Photo Bridgeman Giraudon.

Madame de Clermont. La grâce n'est pas toujours le fait des princesses de sang. Elle fut impartie en tout cas à cette Anne-Marie de Clermont-Condé, qui inspira au baron de La Brède des sentiments où le respect n'a pas toujours jugulé la passion.
Photo Wallace Collection.

Madame de Pompadour. Vue par le grand Quentin de La Tour, cette madame d'Estioles, marquise de Pompadour, ne régna pas seulement dans le cœur de Louis XV, mais aussi sur les affaires de la France – admirant fort le président de Montesquieu, et admirée par lui.
Photo RMN/G. Blot.

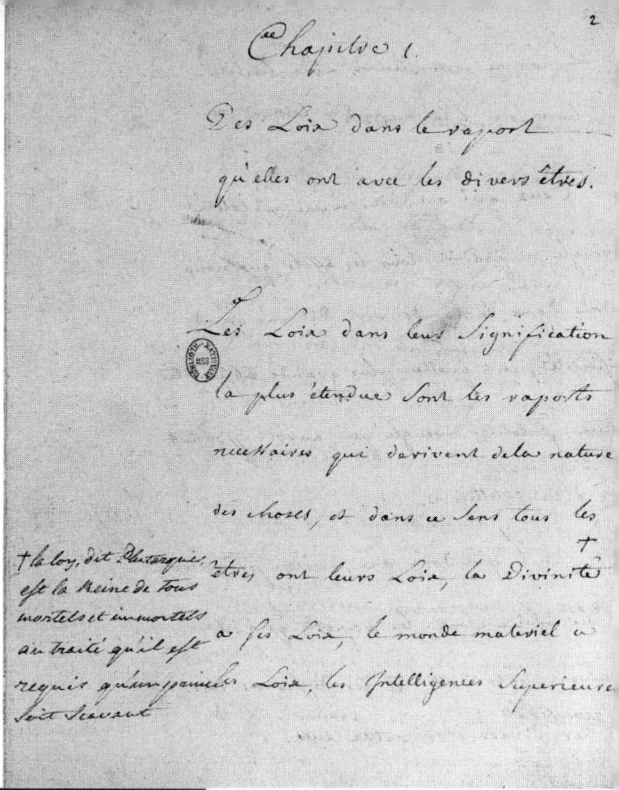

2

Chapitre 1.

Des Loix dans le raport
qu'elles ont avec les divers êtres.

Les Loix dans leur signification
la plus étendue sont les raports
necessaires qui derivent de la nature
des choses, et dans ce sens tous les
êtres ont leurs Loix, la Divinité
a ses Loix, le monde materiel a
ses Loix, les Intelligences Superieures

+ la loy, dit Plutarque, est la Reine de tous mortels et immortels au traité qu'il est requis qu'un prince soit scavant

Chapitre I de l'*Esprit des Loix*.
Ainsi s'ouvre, dans les hésitations d'une main de quasi-aveugle, l'un des plus grands livres de la littérature française.
Photo D.R. Archives Seuil.

Claude Adrien Helvétius.
Fermier-général ennemi des impôts et critique impitoyable de l'*Esprit des lois* dont il admirait amicalement l'auteur.
Photo D.R. Archives Seuil.

D'alembert.
Jean Le Rond d'Alembert,
fils clandestin de la chère
Claudine de Tencin,
fut l'un des admirateurs
les plus fidèles de Montesquieu,
qu'il invita à collaborer
à l'*Encyclopédie*.
Photo RMN/J. G. Berrizi.

un aussi grand feu, écrit Montesquieu... Les Français furent bien mal menés; je remarquai jusqu'où va l'affreuse jalousie qui est entre les deux nations. M. Walpole (le Premier ministre) attaqua Bolingbroke de la façon la plus cruelle, disant que c'est lui qui avait mené toute cette intrigue... » (le chef de l'opposition, du temps qu'il était encore Henry Saint John, avait pris une part très active aux négociations d'Utrecht. De là à en être l'un des saboteurs...).

Que son pays soit ainsi mis sur la sellette n'a pas contribué à faire de Montesquieu un admirateur de la « Chambre basse ». Mais là n'est pas le seul ressort de la méfiance un peu chagrine qu'il vouera désormais au fonctionnement du Parlement. Témoin cette notation plus tardive : « Un ministre ne songe qu'à triompher de son adversaire dans la Chambre basse; et pourvu qu'il en vienne à bout, il vendrait l'Angleterre et toutes les puissances du monde[1]. »

Ne le voyons pas pour autant revenu de son penchant pour les « pouvoirs intermédiaires », à commencer par le parlementaire, et moins encore résigné au retour à un pouvoir autocratique. Mais le voici porté à souhaiter que la monarchie, pour « tempérée » qu'elle soit, ou équilibrée, s'affirme par le truchement de personnalités actives, ou vigoureuses. Il a vu l'exécutif anglais incarné par un *Prime minister* plus manœuvrier que stratège. Quant au roi, est-il de taille à incarner ce qui reste ici de monarchie ?

Nous avons vu le baron de Montesquieu reçu à Hanovre par le roi George II alors accompagné de Lord Townsend, frère du Premier ministre, et satisfait de cet accueil, son hôte royal lui ayant obligeamment donné l'occasion de briller en lui racontant l'Europe... Bien. Mais une nouvelle entrevue va quelque peu amoindrir l'idée qu'il s'est faite d'abord du deuxième successeur de la reine Anne.

C'est près d'un an après son arrivée en Angleterre, au début d'octobre 1730, que le baron de Montesquieu fut reçu par les souverains et le prince de Galles (« Je fus présenté au prince, au roi et à la reine[2] », écrit-il dans cet ordre singulier...) au château de Kensington. Sans faire aucunement état de George II et de ce qu'il aurait bien pu lui dire cette fois, le visiteur cite d'emblée la reine, Caroline d'Anspach, fille

1. *Notes sur l'Angleterre*, p. 878-880.
2. *Ibid.*, p. 875.

de l'électeur de Brandebourg, femme à coup sûr remarquable et qui parlait très bien le français.

Au cours de cette discussion, fort relevée, il est question de Shakespeare, de Corneille et de Racine. La reine demande notamment au visiteur pourquoi l'auteur de *Hamlet* fait « mal parler les femmes » (ce qui est fort contestable si l'on pense notamment à Portia ou à Cymbeline...). Le visiteur fit valoir que s'il lui est facile de faire parler les héros, le grand écrivain ne peut donner justement la parole aux femmes que s'il a l'usage du monde le plus raffiné (lequel ne paraît pourtant pas avoir manqué à l'auteur de *Roméo et Juliette*). Bref, s'il ne manqua pas d'intérêt, ce face-à-face révèle surtout que l'écrivain ne retint aucun propos de George II méritant d'être rapporté, fût-ce à propos de chasse ou de guerre...

Quelque temps plus tard, il ajoutait à ses carnets de route cette note (qui est de celles qui ont heureusement survécu à l'autodafé) :

> Je regarde le roi d'Angleterre comme un homme qui a une belle femme, cent domestiques, de beaux équipages, une bonne table. On le croit heureux. Tout cela est au-dehors. Quand tout le monde est retiré, que la porte est fermée, il faut qu'il se querelle avec sa femme, avec ses domestiques, qu'il jure contre son maître d'hôtel ; il n'est plus si heureux [1].

Étrange notation. A-t-il deviné cela lors de sa visite à Kensington ? Le lui a-t-on soufflé, chez Chesterfield ou Bolingbroke ? Est-ce une impression qu'il a retirée de l'un ou l'autre des entretiens qu'il eut ensuite avec la reine Caroline ? cette « belle femme » fort cultivée qu'il admirait et couvrait d'éloges, et qui était si friande d'histoires venues de France qu'en échange de confidences relatives à la mélancolie royale et à des « querelles avec ses domestiques », le visiteur se répandit en anecdotes sur Versailles et Paris si précises et révélatrices que le comte de Broglie, ambassadeur de France, évidemment prévenu, prit la mouche et s'en ouvrit aigrement auprès de son ministre, Chauvelin : ce M. de Montesquieu en dit trop à la reine, louant exagérément l'Angleterre et dénigrant la France...

Quand on sait que, six mois plus tôt, notre baron de La Brède avait écrit une fois de plus à ce ministre pour solliciter un poste diploma-

1. *Notes sur l'Angleterre*, p. 878-879.

tique, on peut penser que c'est là, avec la séduisante reine Caroline si férue de Racine et de Versailles, qu'il gaspilla les dernières chances qu'eut la France d'être représentée à Rome ou à Vienne par l'auteur des *Lettres persanes* (mais peut-être cette charge l'eût-elle détourné d'écrire l'*Esprit des lois*, nous en privant...).

L'évocation des rapports entre le baron de La Brède et la cour de Saint-James ne serait pas juste si elle ne comportait le rappel d'un épisode savoureux. Après la visite à Kensington de l'écrivain français, Frederick, prince de Galles, lui avait demandé de composer un florilège de textes des plus jolies chansons françaises. Notre baron bon vivant se mit à l'œuvre, mais constata bientôt que, regroupés, ces textes savoureux tournaient ses compatriotes en ridicule.

Non sans observer que « c'est l'ouvrage de la joie et de la gaieté française », « un délire agréable de notre nation » qui « s'est réservé la liberté de la fable et ne connaît point de loi qui y régisse les plaisirs », il estima qu'« on ne doit communiquer qu'avec précaution » (les ragots de Versailles, ou *Au clair de la lune* ?) et décida de garder le recueil gaillard pour sa bibliothèque... Moyennant quoi Robert Shakleton, qui rapporte l'histoire, signale qu'en 1818, le petit-fils de Montesquieu* l'offrit au régent d'Angleterre, qui le remit dans la bibliothèque royale de Windsor[1]...

Les écrivains, les Communes, les politiciens, la Cour, voilà bien qui compose une sorte de séjour idéal. Mais le baron de Montesquieu ne laisse pas d'être un peu snob. Il ne déteste pas de s'adonner au jeu du *dropping names* qui consiste à faire savoir, en « laissant tomber » quelques noms, qu'il n'est pas de personnage de la *gentry* qu'il n'ait côtoyé, de la duchesse de Marlborough à la très brillante et voyageuse Lady Mary Wortley Montagu, d'Arabella Churchill à Lady Hervey. Peste... Mais il s'agissait là de dames qui ne sauraient, par définition, si mûres fussent-elles, et comme la reine fort cultivées, laisser indifférent un Gascon anglophile mâtiné de Persan. S'agissant des messieurs, on peut s'autoriser à plus de réserve...

Montesquieu assurait à tel ou tel de ses vrais amis anglais – nous les connaissons déjà pour assez délurés – qu'il avait passé « les meilleures

1. Shakleton, *op. cit.*, p. 100.
* Le fâcheux qui brûla le chapitre anglais du *Journal de voyage*...

années de sa vie » en compagnie de quelques dandys de la haute société londonienne du temps du *Rake's progress,* notamment les ducs de Richmond et de Montagu, que leurs amis appelaient *magnifico* et *chiarissimo*[1]. Si le second, fils de Marlborough, avait l'originalité de compter parmi ses correspondants un Arabe et un Chinois, le premier, bien que protecteur officiel de l'Académie des sciences, était notoirement « abruti par le vin et la crapule ». Mais de si noble origine...

Parce que la culture ne saurait être cantonnée aux livres ni même aux chansons à boire, on vit notre président se mêler aussi de danse. Il avait reçu à Londres une lettre de son vieil ami Fontenelle, réputé pour la pluralité de ses goûts, attirant son attention sur une danseuse, Mlle Sallé, qui avait paru quelques années plus tôt sur une scène londonienne et aspirait à y paraître à nouveau. Au surplus, croyait devoir préciser le vieil écrivain, sa protégée était « sage ». Qu'il en fût édifié, ou déçu, Charles-Louis fit jouer ses relations tant et si bien que Marie Sallé parut devant les souverains et une foule bienveillante au Théâtre royal de *Lincoln's Inn Fields*, en mars 1731. Ainsi notre baron couronna-t-il sa carrière mondaine en terre britannique.

Pour beaucoup de ses fidèles, le long séjour de Montesquieu à Londres fut surtout marqué par son admission au sein de la franc-maçonnerie. Que l'on s'accorde sur ce point ou non, il est de fait que le baron girondin tint cette réception pour un honneur et pour l'un des épisodes les plus gratifiants de son séjour anglais, à l'égal de son admission au sein de la Royal Society.

La *freemasonry*, si profondément qu'elle fût enracinée dans les traditions artisanales dont elle reprit insignes et pratiques rituelles, était de fondation assez récente (la date de 1717 était retenue par certains) et comptait parmi ses adhérents anglais et écossais de nombreux et prestigieux représentants de la haute société et de l'Église anglicane, et

1. *Shakleton, op. cit.*, p. 101.

des étrangers. L'invitation de Montesquieu n'eut absolument rien d'insolite. On comptait parmi les fondateurs non seulement ses amis Waldegrave, Richmond ou Montagu, mais plusieurs émigrés français, huguenots ou jansénistes.

Le plus remarquable était à coup sûr Desaguliers, que beaucoup tenaient pour le vrai fondateur de la franc-maçonnerie moderne. Fils d'un pasteur de La Rochelle passé en Angleterre, Jean-Théophile Desaguliers avait conquis ses diplômes à Oxford où il s'était fait le champion, du point de vue chrétien, des thèses de Newton. Distingué par la reine Caroline, rallié à l'Église anglicane, il était devenu *chaplain* du prince de Galles. C'était un homme intrépide et un physicien ingénieux. Son rôle dans l'histoire de la franc-maçonnerie jusqu'au milieu du siècle restera capital. On peut considérer qu'il fut au moins l'un des initiateurs de Montesquieu.

Il est singulier que la première mention faite par la presse anglaise du nom de Montesquieu, écrivain déjà célèbre, familier de la haute société britannique, interlocuteur de Bolingbroke et qui vient d'être reçu membre de la Royal Society par son ami Martin Folkes, ait eu pour occasion son admission dans une société réputée secrète… Le fait est que, le 16 mai 1730, six mois après l'arrivée du baron à Londres, le *British Journal* publiait la notice suivante :

> Nous apprenons que mardi soir, à une tenue de loge à la Horn Tavern dans Westminster, où étaient présents le duc de Norfolk, grand-maître […] ainsi que le duc de Richmond, maître de la loge […] le marquis de Beaumont et plusieurs autres personnes de distinction, les nobles étrangers dont les noms suivent :
> François-Louis de Gouffier, Charles-Louis, président de Montsquier [sic], François, comte de Sade furent reçus membres de l'ancienne et honorable société des Francs-Maçons [1].

On voit à quel point cette société de « maçons » est devenue l'expression d'une aristocratie : Gouffier était le cousin du duc de Richmond, et Sade, le propre père du « divin marquis »*. Le président « de Montsquier » ne se commettait pas avec la canaille… Le fait est que

1. *Shakleton*, *op. cit.*, p. 108-109.
* Nous verrons qu'il détestait Montesquieu.

cette intronisation ne resta pas sans effet sur lui. Qu'il se soit ou non considéré, dès ce jour, comme lié à la franc-maçonnerie, il maintint des relations régulières avec la société, revit en France Desaguliers et tel ou tel maçon britannique comme Martin Folkes. Sa vision du monde rejoignait si bien, en son rationalisme respectueux de l'Église établie, celle des « frères » de Westminster...

Qu'elle prenne ou non la forme de la maçonnerie, la découverte qui donne sa claire signification au séjour de Charles-Louis de Montesquieu outre-Manche de l'automne 1729 au printemps 1731 est effectivement celle de la liberté vécue. Bernard Groethuysen dit très bien qu'« il a trouvé le modèle de l'homme libre en décrivant l'Anglais de son temps [1] ».

Que cette liberté puisse entraîner bien des abus, le visiteur ne se prive pas de le signaler. Que les institutions britanniques ne soient que trop perméables à la corruption, il le constate, non sans mélancolie. Que ces « lois » ne soient pas, d'évidence, adaptées à la société française, il le laisse entendre. Mais avec quelle force clame-t-il, notre Gascon provisoirement « rempoté » en terre anglaise, la vertu fondamentale de cette vie publique que définissait ainsi son ami Nathaniel Hooke : « Un homme a trois raisons de vivre en Angleterre, la liberté, la liberté, la liberté... »

On ne se lasserait pas de citer les formules, tout aussi parlantes, dont Montesquieu a fait une sorte d'hymne à cette combinaison surprenante de pratiques sociales et de dispositions légales – celles-ci découlant de celles-là, et les encadrant – qui assure aux citoyens britanniques la libre disposition de leur vie. Il lui faudra quelques années encore pour voir, en cette victoire permanente de la personne sur la tribu, celle de l'humanisme de Locke sur le pessimisme de Hobbes. Mais il résume admirablement son sentiment en ces quelques notes échappées au bûcher :

> L'Angleterre est à présent le pays le plus libre qui soit au monde, je n'en excepte aucune république. Je l'appelle libre parce que le prince n'a le pouvoir de faire aucun tort imaginable à qui que ce soit, par la raison que son pouvoir est contrôlé et borné par un acte. Mais si la Chambre basse devenait maîtresse, son pouvoir serait illimité et dangereux, parce

1. *Autres Portraits*, Paris, 1995, p. 74.

> qu'elle aurait en même temps la puissance exécutive ; au lieu qu'à présent, le pouvoir illimité est dans le Parlement et le roi, et la puissance exécutive dans le roi, dont le pouvoir est borné.

(À quelques nuances près, on est déjà là au cœur du Livre XI de l'*Esprit des lois* – à sa racine, si l'on peut dire, racine qui s'enfonce visiblement dans le sol du pays qui a ainsi accueilli Montesquieu.)

> Quand un homme en Angleterre aurait autant d'ennemis qu'il a de cheveux sur la tête, il ne lui en arriverait rien : c'est beaucoup, car la santé de l'âme est aussi nécessaire que celle du corps [1].

(Cette association entre les principes de liberté et de sécurité ne manqua pas de déconcerter beaucoup de préjugés, qui associent volontiers la sûreté des biens et des corps à la restriction des gestes et à la surveillance des individus : elle restera l'un des apports les plus originaux de ce sociologue de l'individu*...)

Plus on lit, relit et retourne ces quelques *Notes sur l'Angleterre*, et plus on s'étonne de la réputation d'aigreur déçue, sinon d'animosité qui leur est faite par certains spécialistes de Montesquieu. Qui s'attend à un agenouillement dévot du seigneur de La Brède devant la collectivité ou le système anglais s'étonne évidemment de tant de critiques et de sarcasmes. Mais il se trouve que l'auteur des *Lettres persanes* n'avait pas l'esprit de dévotion. Et c'est encore de quoi il loue, non sans excès, ses hôtes de Londres :

> Point de religion en Angleterre... Si quelqu'un parle de religion, tout le monde se met à rire. Un homme ayant dit de mon temps : « Je crois cela comme un article de foi », tout le monde se mit à rire [2]...

Semblant oublier le temps des « têtes rondes », Montesquieu considère un pays qui vient d'en finir avec ses guerres religieuses. Il ne peut raisonnablement pas prévoir ce qu'il sera, un siècle et demi plus tard, au temps de l'impératrice des Indes et de M. Gladstone.

1. *Notes sur l'Angleterre*, p. 884.
2. *Ibid.*
* Voir le chapitre XII.

Extrapolations, raccourcis abusifs, naïvetés parfois ? Les fragments des « notes anglaises » de Montesquieu ne sauraient être comparés aux splendides considérations rapportées des États-Unis par le plus glorieux de ses épigones, Tocqueville. On ne saurait, génie pour génie, comparer un brouillon amputé à un grand livre. Mais cette pochade portait en germe un chef-d'œuvre, le livre XI de l'*Esprit des lois*.

Rentré en Europe, le président bordelais aurait pu choisir de faire de ces notes un livre. Il préféra méditer sur l'histoire romaine – non sans penser à celle de l'Angleterre. De telle notation, relative aux risques que fait courir à ce dernier empire l'envoi de tant de ses « habitants » outre-mer, on peut inférer que « si quelque nation est abandonnée de ses colonies, cela commencera par la nation anglaise[1] », ce qui fait penser que cette « grandeur » annonce, conformément au « cycle » dessiné par Vico, une possible « décadence »…

My God ! Des souverains, des duchesses, deux douzaines de lords, quelques évêques, des frères maçons, une danseuse, voilà qui est fort beau. Mais Charles-Louis de Montesquieu est bien aussi ce vigneron qui s'enivrait de vin de Tokay en Hongrie, s'inquiétait de voir les Piémontais accroître leur vignoble, s'irritait de payer, sur les bords du Rhin, le vin deux fois plus cher que chez lui le bordeaux. Comment imaginer que, parvenu en ce pays qui était quasiment la raison d'être de la viticulture bordelaise, ce vigneron n'en fût point occupé ?

Nul moins que lui n'ignorait que la cave du Premier ministre Robert Walpole était la mieux fournie du monde en Haut-Brion et en « margose » ou margaux – ce dont tirait gloire son frère Horace. « Robin » achetait-il les votes des *tories* écossais avec des bouteilles de bordeaux ? Pour peu que ce fussent des graves, le baron de La Brède s'en fût-il moins indigné ?

Il est tout de même l'homme dont la fortune « dépend de trois jour-

1. *Ibid.*, p. 883.

nées de soleil » sur les coteaux de Gironde, l'homme qui avait choisi la vigne contre la robe, et pas seulement parce que celle-là lui laissait plus d'heures que celle-ci à consacrer à la méditation sur le sort des Romains ou l'invention des lois. Comment un « marchand de vin » comme lui, tout imprégné de l'odeur du « bouchon » bordelais, n'eût-il pas suivi l'exemple donné un siècle plus tôt par Arnaud de Pontac pour emplir plus sûrement de ses bouteilles les caves de Londres ?

Nous ne disposons guère de récits ou documents attestant que, de la résidence de Lord Chesterfield au palais de Kensington ou à la « loge » de Westminster, le baron de La Brède, bien carré dans un fauteuil de cuir, glissait volontiers à ses hôtes empanachés : « *By the way*, milord, avez-vous tâté de mon rochemorin ? » Peut-être le faisait-il. Peut-être pas. Les Anglais sont à la fois si réservés, et si *matter of fact...*

Peut-être n'opérait-il que par l'envoi de caisses accompagnées d'un « mot de lettre » bien senti. Le fait est, écrit Michel Figeac, historien de Bordeaux, que « Montesquieu avait parfaitement compris le parti qu'il pouvait tirer de ses réseaux aristocratiques et de ses voyages qui lui permettaient de pénétrer sur les marchés étrangers, particulièrement anglais... Fort de sa célébrité, l'auteur de l'*Esprit des lois* n'eut jamais de mal à trouver des acheteurs pour sa production ».

Dans son esprit, Londres n'était pas seulement riche d'un Parlement, d'admirables bibliothèques, de jardins ombreux, mais aussi, le long des *mews* qui bordent la Tamise, de caves en quête de beaux et bons tonneaux de vin de Graves.

On a vu que ses rapports avec l'ambassadeur en mission lors de son séjour à Londres, le comte de Broglie, ne furent pas des plus heureux – ce dernier se plaignant des indiscrétions commises dans ses entretiens avec la reine Caroline par l'écrivain bordelais, lequel déplorait pour sa part que le couple chargé de représenter la France auprès de la cour de Saint-James se plaignît sottement de n'être pas traité en « ami » par la société londonienne.

Cela devait bien changer quelques années plus tard quand furent désignés pour l'ambassade de Londres le marquis et la marquise de Mirepoix. Partant pour Londres en 1749, cette femme de goût écrivit au baron de La Brède pour lui exprimer sa ferme intention de lui servir de mandataire à Londres :

> J'espère que nous y mettrons le vin de La Brède à la mode ; ce sera ma seule affaire et je vous réponds que je m'en acquitterai bien*.

Que ce soit ou non du fait de la marquise dont le rayonnement était grand et la beauté reconnue, le vin « de La Brède » devint en effet à la mode, s'ouvrant un bon accès aux caves de Londres. Si bien que, le 24 octobre 1734, rentré chez lui, le baron écrit à son ami Lord Bulkeley :

> Je suis depuis quinze jours à La Brède, où je plante du chou... Votre serviteur est occupé à dépêcher son vin dans le royaume d'Irlande, aux habitants duquel il pria Dieu d'augmenter la soif[1]...

Quelques années plus tard, c'est d'une autre partie du Royaume-Uni qu'un prestigieux Écossais, Lord Morton, lui adresse à la fois une commande flatteuse et un avertissement qui en disent long au propriétaire-négociant qu'il est :

> J'ai eu récemment l'occasion de voir un gentleman qui m'a dit avoir goûté du très bon vin rouge provenant de vos vignobles, vin que vous aviez envoyé à Lord Elibank, et, comme je trouve très difficile, sinon impossible de me procurer du vin pur et sans mélange, dès qu'il a passé par les mains d'un marchand de vins, je vous serais infiniment obligé d'ordonner à la personne qui dirige votre cellier de m'envoyer huit barriques du meilleur vin rouge de vos dernières vendanges [...] Le vin doit être tout soutiré et mis en doubles futailles, parce que les capitaines et les matelots sont très capables de falsifier les vins qu'ils savent destinés à la consommation des particuliers, et les marchands les encouragent à ces pratiques malhonnêtes[2].

Ce qui s'appelle être au cœur du problème. On a dit que la rumeur, aussi bien à Londres qu'à Bordeaux, imputait ces pratiques de « falsification » aux navigateurs hollandais. Mais jalousies et concurrences – et intérêts – étaient si grands... Le fait est que notre baron recevait ainsi commande de pas moins de huit barriques d'un coup... Des

1. Lettre 249.
2. Lettre 722.
* La marquise de Mirepoix, ci-devant princesse de Lixin, était une amie très fidèle de Montesquieu, bien qu'il ait pris le risque de lui conseiller de ne pas épouser le marquis... lequel n'avait « accepté » l'ambassade de Londres qu'à condition d'être fait duc...

maîtres buveurs, ces Écossais ! Ce qui donne quelque fondement à la très savoureuse (elle aussi) réflexion qui clôt cette lettre adressée à l'inévitable Lord Bulkeley par le châtelain de La Brède, qui vient alors de publier l'*Esprit des lois* :

> J'ai reçu d'Angleterre la réponse pour le vin que vous m'avez fait envoyer à Milord Elibank*, il a été trouvé extrêmement bon. On me demande une commission pour quinze tonneaux, ce qui fera que je serai en état de finir ma maison rustique. Le succès que mon livre a eu dans ce pays-là contribue, à ce qu'il paraît, au succès de mon vin [1].

La voilà bien, enfin dévoilée, la relation que l'on devinait, sinon entre l'esprit de vin et l'*Esprit des lois* – en tout cas entre certain vin et certaine littérature... On voudrait pousser un peu plus loin cette découverte et, pour s'en tenir au domaine anglais, mettre l'accent sur la relation qui s'établit progressivement entre certaine démarche du président bordelais en quête de philosophie politique anglaise – cette synthèse quelque peu miraculeuse entre le vieil *habeas corpus,* les fautes des Stuart, l'idéologie du « libre examen », le génie de John Locke, la vitalité des Communes, le savoir-faire de quelques hommes publics – et les vendanges qu'il faisait, lui, Montesquieu, à l'automne, aux bords de la Garonne.

Il serait bien grossier, et même un peu niais, de résumer un tel rapport en cette formule : « Donne-moi ton vin, je te donnerai mon art d'être libre... » Pour simpliste qu'elle soit, cette formule peut donner une idée du système d'échanges qui s'établit confusément entre les grandes leçons émanant d'une société politique et les merveilles produites par une terre et des hommes. Il serait malséant de voir là un quelconque automatisme – encore que l'auteur de l'*Esprit des lois* en suggère d'aussi déconcertants, entre telle disposition légale ou prescription religieuse et tel climat...

Retenons en tout cas ceci : que tant pour des raisons matérielles – il vit, qu'on le veuille ou non, de la vente de son vin, et surtout de cette vente aux Britanniques, par tonneaux – que spirituelles, liées à une culture aquitaine imprégnée de traditions et de dispositions légales

1. Lettre 419.
* Toujours lui, vingt ans après. Quel client ! Quel gosier...

anglaises, l'homme de La Brède était plus que tout autre enclin à recevoir et faire fructifier les leçons venues d'outre-Manche. Et il se trouve que ses enseignements, qu'il pouvait bien sûr trouver dans sa bibliothèque où les rayons étaient porteurs des œuvres de Bacon, de Locke et de Shaftesbury et dans ses innombrables entretiens avec les Britanniques qui lui étaient chers, Berwick, Waldegrave, Bulkeley, Chesterfield, il les entendit « sur le terrain », *on the spot*, lors de son voyage en Angleterre.

Nous savons maintenant que ce voyage fut d'autant plus instructif, et fertilisant, qu'entamé dans la déception, le doute, le refus banal d'un Français en voyage chez « les autres », il ne cessa de se transformer de mois en mois, de s'épanouir en collection de découvertes heureuses, et en alliance. Nous avons vu la méfiance se muer constamment en clartés – des entretiens avec Pierre Coste aux dialogues avec la reine Caroline et de l'admission à la Royal Society à l'intronisation dans la maçonnerie.

Sur l'anglophilie de Montesquieu, tout a été dit, et l'on y reviendra à propos des travaux pratiques de l'écrivain. Mais il n'est tout de même pas inutile, pour apprécier ses démarches et son système de pensée, de signaler ses comportements, ses pratiques ou ses « tics » d'écriture d'anglomane qui lui font si souvent formuler telle ou telle *Pensée* ou notation du *Spicilège*, en anglais, et citer dans la langue originelle de longs fragments d'auteurs anglais. Pour bien comprendre cela, il faut tenir compte aussi de ce puissant lien économique, commercial, qui l'attachait à ses clients d'outre-Manche.

Liens qui n'apparaissaient bien sûr qu'avec plus de rigueur, ou de nécessité, quand ils étaient rompus par la guerre. Jusqu'en 1717 par l'affaire de la succession d'Espagne, tout au début de la carrière de vigneron du maître de La Brède. Et plus encore, parce qu'il est à cette époque devenu un grand exportateur, lors de la guerre de succession d'Autriche, de 1744 à 1748. De quels sarcasmes ne couvre-t-il pas alors l'inventeur (du côté français) de ce conflit ruineux pour lui, le maréchal de Belle-Isle. Pour lui « ce fou de Belle-Isle [est] comme les singes qui montent en haut de l'arbre jusqu'à ce qu'ils montrent leur cul[1]... ».

1. *Pensées*, 1447.

De la vigueur et de la profondeur du lien noué entre Montesquieu, sa vigne et l'Angleterre, terre de liberté, rien ne témoigne mieux peut-être que le projet que le maître de La Brède forma, à la fin de sa vie, d'ériger dans son domaine une pyramide dotée de cette inscription dans le style d'Ovide :

> *Stet lapis hic donec fluctus girunda recuset*
> *oceano regi gererosaque vina britannis*

que l'on peut traduire par

> *Que cette pierre demeure jusqu'à ce que la Gironde refuse*
> *son flot au roi océan, et ses vins généreux aux Anglais*[1].

La pyramide ne fut pas érigée. Mais, exception faite des temps de guerre, on peut assurer que, pas plus que Garonne et Gironde ne se sont détournées du « roi océan », le « vin généreux » produit dans les Graves par le baron de La Brède et ses émules n'a été refusé aux Anglais. Qui n'ont pas laissé eux-mêmes d'irriguer à leur manière certain esprit de Gironde.

1. *Pensées*, 1386. On a le regret de signaler que dans la version des *Pensées* publiée par M. Desgraves, ce dernier vers est traduit par : « … ses vins généreux aux *Bretons* » (! ! !).

CHAPITRE X

Sur un thème latin…

• D'abord, l'Angleterre ? • Un détour par Rome… • Admirateur des Latins ? • Du point de vue de Shakespeare • Les leçons de Machiavel • Mais où sont les héros cornéliens ? • Guerre et liberté • De décadence en décomposition • L'histoire, la Providence et la Raison…

Voilà donc un homme instruit, comme il se doit, par son voyage – instruit surtout en ces domaines auxquels s'applique mieux qu'à d'autres son esprit : mœurs des nations, systèmes de pouvoir, régulations sociales. S'il a proposé naguère une description ironique de la société française du début du siècle par des Persans imaginaires (fussent-ils, par quelque biais, autobiographiques…), le voici désormais en mesure de traiter, en réaliste, le réel : républiques corrompues de Venise ou des Pays-Bas, monarchies languissantes de Vienne ou de Rome, pouvoir équilibré de Florence, despotisme militaire prussien, libéralisme anglais…

Bien sûr, c'est à ce dernier que va s'appliquer d'emblée son génie. Le baron de La Brède n'est pas de ces esprits chagrins qui, d'une belle journée, ne veulent retenir que la tombée de la nuit. Passé les premiers déboires – ou aveuglements –, l'Angleterre lui a offert un modèle politique et social où il a reconnu, pour l'essentiel, ses attentes. Voici donc un beau thème pour manifester non seulement sa bienveillance naturelle, son goût de l'autre, ses idées libérales, mais aussi son souci de servir cet État français dont les plus hauts responsables se refusent à faire appel à ses talents.

Nous le voyons déjà lancé dans la rédaction du grand tableau de la société politique anglaise, donnée en modèle à l'univers des Lumières

– et au royaume de France – par l'hôte heureux de Chesterfield et de la reine Caroline, de Bolingbroke et de Folkes, tout frémissant encore du souffle de la liberté vécue à Londres. « Et c'est précisément ce qu'il n'a pas fait ! » coupe, justement fier de la science acquise dans les bons livres, le jeune lauréat du Concours général, qui sait que le prochain livre de Montesquieu a trait aux Romains.

Mais si : c'est bien ce qu'il a fait, notre baron revenu parmi les siens, parallèlement à un bref essai intitulé *Réflexions sur la monarchie universelle en Europe* qui, en quelques pages plus ou moins inspirées par ses récentes expériences de voyageur, dénonce comme essentiellement périlleuses les successives prétentions à l'Empire paneuropéen que tentèrent d'imposer Charlemagne et la papauté, les Turcs, Charles Quint et peut-être Louis XIV. Sitôt publié, cet opuscule fut retiré de la circulation, probablement parce que les amis du président girondin lui firent valoir que la mise en question simultanée de la papauté, de l'Espagne et de l'arrière-grand-père du souverain régnant était de nature à lui valoir plus de désagréments que les *Lettres persanes*...

Ce qui est certain, c'est que le châtelain de La Brède rédigea à cette époque (d'avril 1731 à l'été 1733) un autre texte, plus bref encore, mais qui devait avoir une tout autre fortune, le texte qui, selon Robert Shakleton, « devait exercer une influence plus grande que tout le reste de ses écrits[1] » : le célèbre chapitre VI du livre XI de l'*Esprit des lois*, analyse du système politique anglais où est formulée la théorie de ce qu'on appelle, abusivement en l'occurrence, la « séparation des pouvoirs ».

S'il ne devait rester que quelques pages de l'œuvre de Montesquieu (et dût-on placer plus haut encore tel de ses portraits ou telle de ses *Pensées*), chacun sait que ce seraient celles-là, publiées en 1748. Or, nous savons par un « mémoire » rédigé par son propre fils Jean-Baptiste et cité dans la première biographie de Montesquieu, celle de Louis Vian (1879), qu'avant de publier ses *Considérations* sur les Romains, le maître de La Brède avait rédigé sa description de la Constitution britannique, et qu'il songea à la rendre publique aussitôt.

Le témoignage de l'homme discret, très attaché à son père qu'était Jean-Baptiste, mérite certainement d'être cru. Aussi celui de Robert

1. *Op. cit.*, p. 118.

Shakleton qui avance – sans en donner la preuve – que la rédaction de ce texte fameux fut « commencée à coup sûr en Angleterre ». Il est certain que ces pages furent corrigées et complétées à diverses reprises jusqu'à l'heure de leur publication, à la fin de 1748 – ce qui était bien la façon de travailler de Montesquieu.

Pourquoi ce texte, dont il ne pouvait manquer de sentir l'importance capitale, et mieux encore l'utilité publique, fut-il retenu pendant plus de dix ans, et précédé par l'essai sur les Romains, plus rhétorique, sinon artificiel ? Pourquoi ce témoignage décisif, jailli d'une expérience récente et exaltante, fut-il ainsi tenu sous le boisseau par le voyageur impatient de jouer un rôle dans l'État ?

Lui fit-on voir, jugea-t-il lui-même que cet éloge trop précis et solennel d'un royaume voisin et rival, à l'occasion ennemi*, risquait de faire scandale, et de ruiner ses dernières chances de carrière diplomatique ? Nous avons vu** que l'ambassadeur de France à Londres, le comte de Broglie, avait dénoncé au ministre son anglophilie, à ses yeux abusive...

On peut aussi penser que le grand projet de l'*Esprit des lois* (sous ce titre ou un autre) était déjà formé dans sa tête, où il voyait le « grand œuvre » de sa vie, et qu'il préféra conserver par-devers lui ce morceau prestigieux pour en faire le joyau central d'un ouvrage majeur, pris dans une masse qui atténuerait le caractère quelque peu provocant de son anglophilie...

On serait alors tenté de voir, dans le thème « latin » choisi par l'écrivain, une sorte d'« habillage », ou d'allégorie de l'ouvrage qu'il garde en réserve. Les Romains, comme substituts des Anglais ? Décrire l'empire emblématique des Anciens, pour mieux annoncer celui qui, au temps des Habsbourg et des Bourbons, se présente sur le devant de la scène, assumant, non la « monarchie universelle » parallèlement dénoncée, mais une primauté fondée à la fois sur l'excellence des institutions, la multiplication des échanges commerciaux, le rayonnement culturel – et une flotte à vocation universelle, voire impériale ?

Si peu assimilables que puissent paraître les démarches de Trajan et de Robert Walpole, leurs visées, leur style, leurs moyens d'action

* Dix ans plus tard, encore, à Fontenoy...
** Voir chapitre précédent.

– légions romaines pour l'empire des terres, trois-mâts britanniques pour la maîtrise des mers –, et la nature même des deux hégémonies, les séquences historiques valaient, avec dix-sept siècles d'écart, d'être comparées. Scipion à Carthage, en attendant Clive aux Indes...

Immédiat prédécesseur de Montesquieu à Londres, Voltaire fait valoir, dans les *Lettres philosophiques*, que rien ne faisait plus de plaisir à ses hôtes britanniques que le parallèle qu'il suggérait parfois entre l'histoire de l'empire de Rome et celui qui passait des mains des Stuart à celles des Hanovre. Mettre en balance Henry VIII et Néron, Jules César et Oliver Cromwell...

Tout au long de son séjour en Angleterre, Montesquieu avait été lui-même frappé par l'insistance et l'ardeur avec lesquelles ses amis du *Craftsman,* et notamment Bolingbroke qui se prenait volontiers pour un personnage de Shakespeare – tantôt Cassius, tantôt Antoine –, se référaient à l'histoire romaine pour justifier ou valoriser leurs initiatives politiques.

Qu'il ait cru ou non le faire dans l'esprit de l'auteur d'*Antoine et Cléopâtre,* et bien que l'Angleterre de George II fît moins penser aux tragédies du forum que celle d'Élisabeth ou de Marie Tudor, Montesquieu, tout plein des enseignements de son enquête anglaise, tourna ses regards vers Rome sans oublier Londres. Et quelles qu'aient pu être les informations répandues ici et là à propos de son projet, la première mention qui en est faite dans sa correspondance publiée s'adresse précisément à une interlocutrice anglaise, Lady Mary Hervey dont il était un admirateur déclaré, le 28 septembre 1733 :

> Vous allez voir paraître un ouvrage de moi qui s'imprime actuellement en Hollande. Je voulais me cacher, comme autrefois, mais mon secret a transpiré. Vous me ferez plaisir de m'en dire votre sentiment, car je ne me trouve incapable [ni] de faire un bon ouvrage ni d'en faire un mauvais. Il est intitulé : *Considérations sur les causes de l'agrandissement des Romains et de leur décadence*[1].

Il est courant que les auteurs modifient leur titre en cours de route, mais il y a de quoi s'étonner que ce grand esprit ait trahi à ce point sa propre pensée : confondre « agrandissement » et « grandeur » est l'un

1. *Correspondance*, lettre 237.

de ces contresens que condamnaient si fort nos maîtres de latin. L'un des enseignements majeurs de ce livre ne consiste-t-il pas dans la démonstration que c'est précisément l'« agrandissement » indéfini de l'empire qui condamna la « grandeur » de Rome ?

Bref, c'est avant la fin de septembre 1733 que le baron revenu sur ses terres remit son manuscrit à l'éditeur Desbordes, d'Amsterdam.

Le choix des Romains, comme thème d'une méditation historique sur la croissance et la fragilité des empires – qu'il songeât ou non au britannique –, allait-il de soi ? Nul n'en doute, s'agissant d'un gentilhomme de ce temps-là formé par les oratoriens, aussi éminents latinistes que leurs concurrents jésuites, familier de Cicéron et d'Ovide, et dont la première œuvre connue est, nous l'avons dit*, une tragédie, *Britomare*, inspirée de l'histoire de Cléopâtre et qui manifeste honorablement son goût pour Rome. Ou pour l'Orient ? Ou pour Shakespeare ? Notons le « Brito » qui précède le « mare » latin...

Oui... Mais pour féru qu'il soit de Cicéron – auquel son seul portrait authentique ressemble de façon si frappante qu'on est tenté de croire qu'il s'était « fait la tête » de l'orateur des *Catilinaires* –, il est permis de s'interroger sur la ferveur latine de Charles-Louis. D'une étude très attentive de ses travaux d'écolier à Juilly, conduite par un professeur de latin, Maurice Mendel[1], il ressort que cette *historia romana* que l'on voit rangée parfois parmi ses « œuvres » de jeunesse n'est en fait qu'une suite de dictées relatives à cette histoire familière à beaucoup d'adolescents européens de cette époque, assez maladroitement recueillies et qui ne révèlent pas de goût particulier pour cette culture.

1. Dont le compte rendu par Catherine Volpilhac-Auger figure dans la *Revue Montesquieu*, n° 3.

* Chapitre III.

Bon. Ne chicanons pas : que ce fût au collège ou plus tard, Montesquieu était devenu un bon latiniste, échangeant des citations d'Horace ou de Virgile avec ses amis, comme le faisait son cher Montaigne, admirateur de Tacite, ami de cœur de Cicéron et positivement « coiffé » d'Ovide, dont la veine érotique a visiblement inspiré *Le Temple de Gnide* : on a vu qu'il en avait emporté en voyage un exemplaire non expurgé...

Mieux. Beaucoup mieux. Élu à l'Académie de Bordeaux en 1716, le jeune magistrat devenu depuis un mois baron de Montesquieu, choisit, pour thème de sa communication inaugurale, *La Politique des Romains dans la religion.* Les bibliographies de Montesquieu citent ce titre négligemment. Mais qui se reporte aujourd'hui au texte le découvre fort bon. Si le jeune « M. de La Brède » n'avait pas été le phénix des collégiens de Juilly, convenons qu'il avait bien travaillé entre-temps. La petite « dissertation » est excellente, et digne déjà de l'auteur du livre de 1734. Qu'on en juge :

> Ce ne fut ni la crainte ni la piété qui établit la religion chez les Romains, mais la nécessité où sont toutes les sociétés d'en avoir une [...] Ils n'eurent d'abord qu'une vue générale qui était d'inspirer à un peuple qui ne craignait rien la crainte des dieux et de se servir de cette crainte pour le conduire à leur fantaisie [...].
> Les augures et les aruspices étaient proprement les grotesques du paganisme ; mais on ne les trouvera point ridicules, si on fait réflexion que, dans une religion toute populaire comme celle-là, rien ne paraissait extravagant. La crédulité du peuple réparait tout chez les Romains : plus une chose était contraire à la raison humaine, plus elle leur paraissait divine*. Une vérité simple ne les aurait pas vivement touchés : il leur fallait des signes de la divinité ; et ils ne les trouvaient que dans le merveilleux et le ridicule.
> C'était à la vérité une chose très extravagante de faire dépendre le salut de la république de l'appétit sacré d'un poulet et de la disposition des entrailles des victimes ; mais ceux qui introduisirent ces cérémonies en connaissaient bien le fort et le faible, et ce ne fut que par de bonnes raisons qu'ils péchèrent contre la raison même. Si ce culte avait été plus raisonnable, les gens d'esprit en auraient été la dupe aussi bien que le peuple, et par là on aurait perdu tout l'avantage qu'on en pouvait attendre : il fallait donc des cérémonies qui pussent entretenir la super-

* Observation qui ne vaut pas pour les seuls Romains.

> stition des uns, et entrer dans la politique des autres : c'est ce qui se trouvait dans les divinations. On y mettait les arrêts du Ciel dans la bouche des principaux sénateurs, gens éclairés et qui connaissaient également le ridicule et l'utilité des divinations... ainsi Claudius Pulcher, voulant donner un combat naval, fit jeter les poulets sacrés à la mer, afin de les faire boire, disait-il, puisqu'ils ne voulaient pas manger.
> Les Romains voulaient faire voir au peuple que les mauvais succès, les villes prises, les batailles perdues n'étaient point l'effet d'une mauvaise constitution de l'État, ou de la faiblesse de la république, mais de l'impiété d'un citoyen, contre lequel les dieux étaient irrités. Avec cette persuasion, il n'était pas difficile de rendre la confiance au peuple ; il ne fallait pour cela que quelques cérémonies et quelques sacrifices.
> Scévola, grand pontife, et Varron, un de leurs grands théologiens, disaient qu'il était nécessaire que le peuple ignorât beaucoup de choses vraies, et en crût beaucoup de fausses : saint Augustin dit que Varron avait découvert par là tout le secret des politiques*...

N'est-ce pas là un texte pertinent, digne du meilleur Voltaire, et qui annonce l'acidité des *Lettres persanes* ? Pour un jeune magistrat provincial de vingt-sept ans, voilà qui est de bon augure (si l'on ose ici ce mot) et lui ouvre ce qu'on pourrait appeler une voie romaine...

Reste une ombre, sur son « latinisme », ou son « romanisme ». Nous l'avons vu, douze ans plus tard, visiter Rome avec passion, soit avec son ami Hildebrand Jacob, soit avec le cardinal de Polignac ou le sculpteur Bouchardon. Mais ce qui nous a frappé, chez ce visiteur cultivé, c'est à quel point il privilégiait, dans la ville dite éternelle, les merveilles de la Renaissance sur celles de l'Antiquité. Il se dira enchanté par *Roma antica et moderna*. Voire. Une étude plus attentive de son séjour romain que celle esquissée ici (chapitre VIII) fait apparaître cette extravagance : qu'un séjour de six mois à Rome n'a pas incité cet humaniste nourri de lettres latines à consacrer à la *Roma antica* plus que quelques notes furtives, d'ailleurs admiratives (« Rien de plus beau que le somptueux portique du Forum Trajanum »)...

Peut-être ne s'étonnerait-on pas outre mesure que le baron de Gironde ait pris un intérêt si bref à ces pierres illustres, si chargées d'émotion épique et qui sont comme le socle de la culture des gens de

* Dont les grands cardinaux-ministres italiens, français ou espagnols...

sa classe et de sa religion, peut-être trouverait-on normal qu'il consacre plus de lignes à la moindre statue de Bernin, à quelque toile de Carrache ou du Dominiquin, à la plus vaine ou cynique intrigue de la Curie romaine, à la pratique sexuelle de tel ou tel cardinal qu'à l'évocation du Forum ou du Colisée, si la légende ne faisait pas de lui le double de Cicéron, une réincarnation de Tacite, l'icône vivante de la culture latine.

Quand on pense à la ferveur des pages que son maître et modèle Michel de Montaigne a consacrées aux sites majeurs de la capitale de l'empire des Césars*, avec quelle passion il se penche, à la bibliothèque vaticane, sur les plus anciennes éditions de Virgile, avec quelle joie il foule les dalles jadis piétinées par les prétoriens de Brutus, on reste décontenancé par cet autre visiteur bordelais, si nourri d'humanités qu'il en semble rassasié… « Encore des pierres, encore un temple… »

Mais point n'est besoin d'être envoûté par un sujet pour s'attacher à l'éclairer. La distance peut aider à la compréhension. Peut-être même la méfiance… On peut suggérer qu'en choisissant le thème latin, le voyageur a, pour diverses raisons, préféré à un grandiose « reportage » crépitant de leçons politiques immédiates recueillies en Angleterre mais encore insuffisamment recoupées, un exercice d'école, un cadre de références, un décor où s'agitent, en surimpression, quelques empires exténués, quelques royaumes en suspens et surtout une puissance en mouvement.

Va donc pour Rome et ses fureurs, prétexte incomparable à une méditation sur les « raisons », ou même « la raison » de l'histoire. Mais choisir ce thème, pour Montesquieu, n'est pas s'enfermer plus strictement dans Rome et ses pierres que, pour Racine, le choix

* Le *Journal de voyage en Italie* nous apprend qu'il s'y attacha si passionnément qu'après quelques jours, il était en mesure de « reguider son guide ».

d'*Esther* n'implique de détourner les yeux de Versailles et du couple régnant.

De 1731 à 1733, installé mais non enfermé à La Brède, il va entrelacer méditations et lectures anglaises avec des lectures et méditations romaines, comme en témoignent ses notes du *Spicilège* de ces années-là, où Bacon et Clarke sont mentionnés comme Aulu-Gelle, Ammien Marcellin ou Salluste. Mais on trouve aussi dans cette liste le nom d'un auteur qui va compter beaucoup, sinon dans sa propre vision de la vie publique (on y reviendra...), en tout cas dans la description de l'histoire de l'Empire romain qu'il s'applique à retracer : Machiavel.

Gibier ramené d'Italie ? On hésite à le croire. L'auteur du *Prince*, et plus encore des *Discorsi*, était en France un classique, dût-il être voué à l'exécration des honnêtes gens, notamment dans l'enseignement des oratoriens qui lui attribuaient une part de la « perversité » des jésuites. Dans l'univers culturel irrigué par la Réforme et d'une autre façon par le jansénisme auquel étaient perméables les maîtres de Juilly, le Florentin résumait les vices du papisme. Il était violemment dénoncé à ce titre par l'historien protestant Innocent Gentillet. Et c'est au même titre que le chanoine Machon, proche collaborateur de Richelieu, avait écrit pour son maître une *Apologie* du Florentin que consulta Montesquieu, dont la haine pour le cardinal s'en trouva avivée...

Que Machiavel, bien qu'il ne soit cité que deux fois dans les *Essais*, et non sans embarras ou ambiguïté, ait nourri la pensée politique de Montaigne, ne serait-ce qu'à travers Catherine de Médicis à laquelle le maire de Bordeaux vouait mieux que de l'admiration et qu'il servit avec diligence, ne suffit pas à convaincre Montesquieu. Au machiavélien un peu honteux qu'est Montaigne, dont le premier chapitre du livre III des *Essais* (« De l'utile et de l'honnête ») est une adaptation du *Prince* « à la sauce bordelaise », paraît s'opposer l'antimachiavélisme du baron, stoïcien souriant – dont on peut se demander s'il en fût resté à ce vertueux rejet, pour peu qu'il eût obtenu la charge publique dont il rêvait...

Ici, il faut faire un temps d'arrêt pour relever beaucoup plus qu'une coïncidence. C'est aussi après une déception de ce type que Machiavel s'était mis à ses propres « Romains ». En 1513, ayant envoyé le premier exemplaire du *Prince* à Vettori, ministre des Médicis, le diligent secrétaire de César Borgia avait sollicité un poste dans la diplomatie florentine. Découragé, il s'était résigné à « rester dans [sa] pouillerie[1] » et, abandonnant tout espoir de jouer un nouveau rôle politique, s'était résolu à « n'être plus qu'un homme de lettres ». On croit avoir déjà lu quelque chose comme cela...

Ajoutons qu'entre les *Discorsi* du Florentin et les *Considérations* du Bordelais, il y a beaucoup plus qu'une analogie de circonstances ou de carrières. La thèse centrale de Montesquieu est la même que celle de Machiavel : c'est la vertu (celui-ci écrit *virtù,* qui a un sens plus collectif, et dynamique) romaine, fondée à la fois sur l'amour de la liberté et le dévouement à la patrie, qui fit la grandeur de César et provoqua la décadence, dès avant l'extension démentielle de l'Empire. Le juriste peut bien prendre ses distances avec le secrétaire : les pensées convergent.

Le fait est que l'exemplaire des œuvres de Machiavel qui trônait dans la bibliothèque de La Brède, et notamment les *Discorsi* sur la première décade de Tite-Live, magistral abrégé de l'histoire de l'Empire à son apogée, a éclairé ou, mieux, affûté le regard sans complaisance porté sur les Romains par l'auteur des *Considérations.*

Sans complaisance ? C'est une litote. Plus le lecteur (qui a en tête quelques fragments célèbres) avance dans l'ouvrage du baron de La Brède, et plus il est frappé par la réserve que ces péripéties prodigieuses, et plus encore ces « héros » dont s'est nourrie notre culture, inspirent au magistrat de Gironde. Que n'a-t-il choisi pour thème la Grèce et ses cités aristocratiques, ses tragédies cycliques ? Cette énorme avalanche de vertus fracassées et de crimes hyperboliques qui mène de Tarquin en Caracalla, de Néron en Justinien, ne semble plus lui inspirer, en fin de compte, que du dégoût...

Non qu'il ignore la grandeur de Coriolan ou de Scipion, les talents de César, ni qu'il oublie tout à fait son cher Cicéron – devenu bien pâle, pourtant, chez lui (« beau génie, âme commune »). Non qu'il oublie de rendre un vibrant hommage à Trajan (« ce fut un bonheur d'être né sous son règne ») et aux Antonins. Mais quels portraits du « grand » Pompée, dont il fait un opportuniste bafoué, d'Octave Auguste (« le seul des capitaines romains qui ait gagné l'affection de ses soldats en leur donnant sans cesse les marques d'une lâcheté natu-

1. Quentin Skinner, *Machiavel*, Paris, éd. 2001, p. 88.

relle ») ou du reptilien Tibère ! On dirait que ce philosophe de la liberté est mieux inspiré par la haine du despotisme que par les hauts faits des libres citoyens...

Lui dont la thèse centrale est que la cause première de la décadence de Rome fut le dépérissement de la liberté républicaine, consacre beaucoup plus de pages à celui-là qu'à celle-ci. Il n'accorde au noble épisode des Gracques que quelques lignes (une citation de Tiberius Gracchus, d'ailleurs magnifique, sur les contradictions entre justice sociale et ambitions impériales...).

Cette antipathie (le mot est impropre peut-être, mais quel autre ?) pour les héros exaltés par Corneille et le *De viris illustribus* de notre adolescence ne se manifeste pas seulement par l'évocation du comportement de Lépide ou de Catilina, mais *a contrario,* par la mise en lumière, éclatante, des ennemis les plus fameux de Rome : de Pyrrhus à Hannibal et à Mithridate, voire à Attila (« un des grands monarques dont l'histoire ait jamais parlé »), il n'est pas d'épithète assez flatteuse, dans ces *Considérations*, pour ceux qui défièrent l'Empire – dont la conservation, laisse entendre Montesquieu, ne doit être attribuée qu'à la chance des Romains : ils furent en effet assez heureux pour ne se voir attaqués que tour à tour par leurs divers ennemis, comme l'Horace de Corneille par les Curiaces. On peut imaginer l'effet qu'eussent produit, convergeant simultanément vers Rome, éléphants d'Hannibal et chariots à faux de Mithridate*, quand Napoléon se vit submergé à la fois par les Highlanders et les Cosaques...

Il serait bien imprudent d'imputer à Machiavel cette lecture pessimiste, ou cynique, de l'histoire de Rome. Les *Discorsi* de l'historien florentin n'assombrissent pas plus la terrible histoire des maîtres de Rome que *Le Prince* ne caricature l'exercice du pouvoir par les Borgia à travers les convulsions du XVe siècle italien. Machiavel donne aux lecteurs les clefs du fonctionnement d'un système qu'il a lui-même inventé, ou mis au point. Dans les *Discorsi,* il propose un système d'interprétation – que reprend souvent Montesquieu, préoccupé comme lui d'arracher la réflexion historique au magistère « providentiel ».

S'il s'est cru obligé de prendre ses distances verbales par rapport à Machiavel, coupable selon lui d'avoir donné aux Princes trop de

* Qu'un demi-siècle, il est vrai, sépare...

leçons propres à l'exercice du despotisme, « ce qui n'était pas digne de ce grand esprit », Montesquieu n'a pas même jugé utile de le faire à propos de Bossuet, tant son propre ouvrage se présente comme une réfutation du « providentialisme » qui inspire le *Discours sur l'histoire universelle.*

Tout ce que l'évêque de Meaux rapporte à la volonté divine, progrès de l'empire, triomphe des Barbares ou infortunes de la vertu, le baron de La Brède s'applique à en découvrir des « causes » relevant de ce qu'il appellera la « nature des choses », poids des armes, distance entre les conquêtes, voracité des politiques, dévouement des légions, périls maritimes, rigueur des climats, avidité des familles…

En ce sens, ce livre qui n'avait peut-être été entrepris que pour esquiver les risques liés à l'étude des relations entre États et systèmes politiques contemporains, était lui-même lourd de quelques dangers. Comment traiter de la décadence de l'Empire romain sans aborder les responsabilités historiques du christianisme ? En quoi la religion du Christ était-elle – à partir précisément de l'époque où la mise en place du système impérial dissout les dernières traces des libertés, sinon des vertus romaines – associée ou complice, peut-être même responsable du grand naufrage ?

Les persécutions infligées aux chrétiens, de Néron à Dioclétien et au-delà, ne peuvent faire oublier la proclamation de saint Paul en faveur du ralliement de la secte chrétienne au pouvoir impérial (qui est alors aux mains de Caligula…), compte tenu « des bienfaits procurés à tous par la *Pax Romana* ». Le fait est que trois siècles de résistance entrecoupée d'apaisements provisoires aboutissent à la conversion de l'empereur – et de l'Empire – au christianisme par Constantin en 313*. Les rapports entre César et Dieu ne furent pas seulement d'ordre monétaire… Facteur de « décadence » ou source d'une nouvelle « grandeur » ? Compromission ? Démission de l'Église ? Chance non saisie par l'un ou l'autre d'une rédemption ?

Montesquieu était un penseur audacieux, mais un écrivain prudent. L'affaire pouvait le conduire beaucoup plus loin que les railleries des *Lettres persanes*. Il ne se contenta pas de se faire publier de nouveau à Amsterdam, nous l'avons vu, et à titre anonyme (mais cette fois sans

* Date d'ailleurs contestée par des historiens contemporains.

illusion...), il choisit de soumettre son texte à un ecclésiastique éminent, le R. P. Castel (jésuite, à la fois théologien et physicien, très influent au fameux *Journal de Trévoux*). Bertrand Castel était aussi son ami, assez proche pour que lui soit confiée une mission aussi confidentielle – ce qui ramène à de justes proportions la légende de l'inimitié de Montesquieu à l'endroit des jésuites, qui ne tient pas beaucoup plus que celle de sa dévotion pour les Romains...

La note de lecture de Castel, pris pour censeur des *Considérations,* est d'une grande saveur. S'il ne manque pas de se dire « enchanté » par un ouvrage « si quintessencié, si exquis », et s'il félicite son ami de ne pas avoir cédé à la tentation des « gens du monde », de « traiter de haut en bas ce qu'ils appellent la prêtraille monastique... », ce jésuite avisé reprend Montesquieu sur un sujet important, tant du point de vue historique que des débats qui agitaient alors l'Église catholique.

> Le schisme des Grecs fut surtout pernicieux en ce que les troubles ne furent plus apaisés chez eux par l'autorité de l'Église d'Occident,

a écrit Montesquieu. Castel objecte :

> Ce n'est pas avec les papes que ces paroles-ci pourraient vous brouiller, mais avec le clergé de France [...] si vous disiez : par l'autorité de l'Église, tout court, vous ne vous brouilleriez sûrement avec personne ; au lieu qu'en disant l'Église d'Occident, vous semblez donner au Pape l'infaillibilité qu'on lui conteste dans ce pays-ci*. Lorsque vous mettez cette autorité dans l'Église d'Occident, vous excluez celle d'Orient, et par conséquent l'universalité. Vous sentez bien que l'Église d'Occident ne peut s'attribuer d'autorité sur celle d'Orient qu'à raison du Pape[1]...

Voilà un ultramontain qui sait ménager son monde, gallicans compris, et son ami, auquel il se garde de reprocher la médiocrité du traitement général de l'immense et passionnant problème de la christianisation de l'Empire, soit à Rome, soit à Byzance, qui est l'une des faiblesses les plus évidentes des *Considérations.* Ce n'est pas tel ou tel correctif que devait demander l'auteur des *Romains* aux amis ecclésiastiques qu'il avait de Rome à Paris et à Bordeaux, de Venuti à

* Ce fut le cas jusqu'au concile du Vatican de 1870.
1. *Correspondance*, lettre 240.

Castel et de Conti à Desmolets, mais l'étude d'un bon cours d'histoire.

Il serait dérisoire de reprendre Montesquieu, comme tant d'autres l'ont fait après Voltaire, sur les bizarreries de sa composition, les incertitudes de sa documentation, l'absence de critique des sources, qui le conduisent à traiter sur le même pied, en tant que références, Ammien Marcellin et Tacite, Zocine (ou Zosime ?) et Tite-Live, ou à ces comiques renvois à d'improbables auteurs feuilletés à La Brède (« voyez Sozomène » !). Après tout, Camille Jullian, qui savait de quoi il parlait, lui concède d'avoir fait œuvre d'historien...

Mais tout de même : traiter de ces quelque douze siècles d'histoire sans jamais donner une date, fût-ce très approximative ! On dira certes qu'il ne s'agit pas d'une histoire, mais d'un essai, de « considérations » sur des causes. Mais le simple rappel, par exemple, que beaucoup plus de temps s'écoula entre l'établissement des Tarquins et l'assassinat de César qu'entre l'avènement d'Auguste et la révolte des « circoncellions* » d'Afrique du Nord ne nuirait pas à la méditation sur les « causes » et les « effets ». Ou aussi le rappel qu'il fallait plus de temps et d'efforts à des cavaliers parthes qu'à des guerriers de Numance pour venir menacer Rome...

Et quelle étrange économie de l'histoire que de consacrer plus de pages à la nauséeuse décomposition de l'Empire d'Orient qu'à la construction de l'État républicain avant les guerres puniques ! Peut-on d'ailleurs parler encore de « Romains » à partir du grand « partage » de Constantin et du transport du pouvoir impérial à Byzance ? On est alors bien au-delà de la « décadence », dans le croupissement.

À Camille Jullian qui s'étonnait de ce que les libéraux contemporains de Montesquieu, notamment les francs-maçons allemands, aient vu dans les *Considérations* un réquisitoire non seulement contre la tyrannie mais contre ce qu'on allait appeler le cléricalisme, Jean Ehrard, dans l'excellente préface qu'il a donnée en 1968 à une réédition de l'ouvrage**, fait justement valoir que le magistrat girondin dénonce, aussi bien que le despotisme, la « bigoterie universelle » – ce qui n'était pas sans risque dans une France encore enfiévrée par les querelles autour du jansénisme.

* Rebelles « donatistes » du temps de saint Augustin.

** Antérieure à celle publiée en 2000 dans le tome 2 des *Œuvres complètes* de la Voltaire Foundation.

Mais la question que la plupart des exégètes des *Considérations* évitent de poser est celle-ci : comment concilier, dans la description de la République romaine, le respect supposé des « libertés » et le système de guerre perpétuelle si bien décrit par Montesquieu ? Un pouvoir incessamment impliqué dans des opérations militaires contre ses voisins pouvait-il respecter les libertés domestiques ? La guerre peut être source de grandes vertus (et de *virtù*...) fraternelles ou égalitaires – mais de liberté, point. Comment croire que l'asservissement systématique des Volsques et des Eques, des Sunnites et des Sabins, des Toscans, des Capouans, des Tarentins, était compatible avec le respect des libertés dans Rome ? À moins de croire que la violence s'exporte, en échange de l'importation de la civilité.

On dira certes que l'auteur avait en tête l'exemple du pouvoir anglais qui, dans le même temps, amorçait la construction d'un empire en respectant, *at home**, les libertés citoyennes. Mais ce qu'on peut bien appeler le miracle anglais ne faisait que s'amorcer. Et c'est autre chose de s'agrandir au loin que de guerroyer à ses portes, ne serait-ce que parce qu'un général au bord du Rubicon est autrement menaçant, pour les libertés de la république, qu'un amiral couvert d'or aux Indes orientales...

Timide dans le traitement des rapports entre l'état de guerre et l'exercice des libertés intérieures, l'incompatibilité entre la liberté vécue au sein d'une république et l'oppression qu'elle exerce hors de ses frontières, Montesquieu jette quelques traits fulgurants sur les rapports entre la guerre civile et la puissance d'un État : comme les conflits qui dressaient Marius contre Sylla, César contre Pompée n'avaient fait qu'accroître la puissance de Rome, le président fait observer que la France ne fut jamais si redoutable qu'après les troubles de la Ligue ou de la Fronde, l'Angleterre sous Cromwell après les guerres du *Long Parliament*. Mais là encore, si la grandeur s'affirme, la liberté trouve-t-elle son compte, ô baron de La Brède ?

Est-ce pour ces raisons ou parce qu'elles rompaient avec la tradition de l'histoire narrative**, que ces *Considérations* furent assez froidement reçues à Paris ? Il s'y trouva quelques bons amis pour dauber sur

* Mais non en Irlande, ni en Écosse.
** Comme l'a suggéré Jean Ehrard à l'auteur.

la « décadence de Montesquieu ». Voltaire, toujours aux aguets, daigna y trouver « quelques aperçus ». Des admirateurs comme l'effervescente Claudine de Tencin (« quelle profondeur de génie ! ») qui ne l'appellera plus que « mon petit Romain » se mobilisèrent pour lui, avec le « parti anglais » – encore que le perspicace Lord Hervey ait joliment relevé que « pour dire ce que personne n'avait dit avant lui, il dit des choses que personne ne dira après lui[1]... ».

Comment se fait-il alors que cet essai aventureux et bancal soit mis au rang des chefs-d'œuvre de ce grand écrivain, presque au niveau des *Lettres* et de l'*Esprit des lois* ? Pour trois raisons : parce qu'il est illuminé par quelques-uns de ces « aperçus » que Voltaire lui-même consentit à y découvrir ; parce qu'au fil d'une histoire qui ne s'y prête guère, il met en lumière les vertus éminentes de la liberté, aussi bénéfique au bonheur des citoyens qu'à la durée de l'empire ; et parce que, avec ses inégalités formelles, il contient quelques-uns des joyaux d'écriture du maître de La Brède.

On ne saurait mieux lui rendre justice, après tant de réserves aventurées, qu'en citant quelques-uns de ses traits, de ceux qui aident à la compréhension globale de la marche des sociétés, hier comme demain, et semblent jaillis de la plume d'un Tacite qu'aurait traduit le cardinal de Retz.

Sur les procédures qui assurèrent l'hégémonie romaine :

> Les Romains ne firent jamais la paix que vainqueurs... Dans cette idée, ils augmentaient toujours leurs prétentions à mesure de leurs défaites ; par là, ils consternaient les vainqueurs et s'imposaient à eux-mêmes une plus grande nécessité de vaincre.

> La guerre était pour eux une méditation. La paix, un exercice.

1. Lettre à Henry Fox, *in* Shakleton, *op. cit.*, p. 121.

Les Romains étaient ambitieux par orgueil, et les Carthaginois par avarice ; les uns voulaient commander, les autres acquérir ; et ces derniers, calculant sans cesse la recette et la dépense, firent toujours la guerre sans l'aimer.

Comme [les Romains] ne faisaient jamais la paix de bonne foi [...] leurs traités n'étaient à proprement que des suspensions de guerre, ils y mettaient des conditions qui commençaient toujours la ruine de l'État qui les acceptait [...]. Quand quelque prince ou quelque peuple s'était soustrait de l'obéissance de son souverain, ils lui accordaient d'abord le titre d'allié du peuple romain, et par là, ils le rendaient sacré ou inviolable ; de manière qu'il n'y avait pas de roi, quelque grand qu'il fût, qui pût être sûr de ses sujets, ni même de sa famille... Lorsque deux peuples étaient en guerre, quoiqu'ils n'eussent aucune alliance, ni rien à démêler [...] ils prenaient le parti du plus faible... Leur maxime constante fut de diviser... Ravisseurs moins injustes en qualité de conquérants qu'en qualité de législateurs... Lorsqu'ils faisaient la guerre à quelque prince, ils l'accablaient pour ainsi dire de tout l'univers... Ainsi Rome n'était pas à proprement parler une monarchie ou une république, mais la tête du corps formé par tous les peuples du monde.

Sur les mécanismes permanents qui déterminent l'histoire :

On dit qu'Annibal* fit une grande faute de mener son armée à Capoue, où elle s'amollit. Mais [...] les soldats de cette armée, devenus riches après tant de victoires, n'auraient-ils par trouvé partout Capoue ?
Ceux qui obéissent à un roi sont moins tourmentés d'envie et de jalousie que ceux qui vivent dans une aristocratie héréditaire. Le Prince est si loin de ses sujets qu'il n'est presque pas vu... Mais les nobles [...] sont sous les yeux de tous... Aussi a-t-on vu de tout temps [...] le peuple détester les sénateurs...

Si le hasard d'une bataille, c'est-à-dire une cause particulière, a ruiné un État, il y avait une cause générale qui faisait que cet État devait périr par une seule bataille.

... Si César et Pompée avaient pensé comme Caton**, d'autres auraient pensé comme firent César et Pompée et la République, destinée à périr, aurait été entraînée au précipice par une autre main.

Ce projet d'envahir tout, si bien formé, si bien soutenu, si bien fini, à quoi aboutit-il, qu'à assouvir le bonheur de cinq ou six monstres...

* Orthographe que Montesquieu préfère à celle d'Hannibal.
** Archétype de la vertu républicaine.

Sur le caractère inéluctable de la « décadence » :

> Lorsque la domination de Rome était bornée dans l'Italie, la République pouvait facilement subsister… Mais quand les légions passèrent les Alpes et la mer… les soldats commencèrent à ne reconnaître que leur général… Ce ne furent plus des soldats de la République, mais de Sylla, de Marius, de Pompée, de César…
> Demander, dans un État libre, des gens hardis dans la guerre et timides dans la paix, c'est vouloir des choses impossibles… Toutes les fois qu'on verra tout le monde tranquille dans un État qui se donne le nom de *république,* on peut être assuré que la liberté n'y est pas…
> Rome était faite pour s'agrandir, et ses lois étaient admirables pour cela… Elle perdit sa liberté parce qu'elle acheva trop tôt son ouvrage…
> La République devait nécessairement périr, il n'était plus question que de savoir comment et par qui elle devait être abattue.
> Telle fut la fin de l'Empire d'Occident – Rome s'était agrandie […] chaque nation, par un bonheur inconcevable, ne l'attaquant que quand l'autre avait été ruinée. Rome fut détruite parce que toutes les nations l'attaquèrent à la fois…

Et comment se retenir de citer la conclusion des *Considérations* si touchante en sa mélancolie, et qui laisse filtrer, après tant d'acidités impitoyables, plus de tendresse pour les acteurs de cette décadence que de respect pour les héros flamboyants de la grandeur ?

> Je n'ai pas le courage de parler des misères qui suivirent. Je dirai seulement que sous les derniers empereurs, l'Empire, réduit aux faubourgs de Constantinople, finit comme le Rhin, qui n'est plus qu'un ruisseau lorsqu'il se perd dans l'Océan.

Le président a achevé son imposant thème latin, exercice parfois laborieux, souvent étincelant, de rationalisme historique : quand Voltaire en est encore à enluminer des vies, non plus de saints, mais de héros tels que Charles XII, lui, contre Bossuet et son « providentialisme », et même contre l'« occasionnalisme » de son cher Malebranche qui fait de l'histoire des hommes libres autant d'« occasions » offertes à la volonté divine de disposer d'eux, lui décrit la marche d'une société conduite par un enchaînement rigoureux de raisons dont le climat et les mœurs et les lois qui en émanent, la « valeur » propre des individus, les impératifs du commerce, de l'économie alimentaire et industrielle, se composent et décomposent pour produire ce qu'on est convenu d'appeler l'histoire. Déjà Auguste Comte, Taine ?

Ce qui retient Montesquieu sur la voie d'un déterminisme mécanique, c'est cette passion qui l'anime pour la liberté, et qui le conduit jusque dans ses constats les plus fatalistes en apparence, à laisser sa chance à l'appétit d'être libre. Son trait fulgurant à propos de César et Pompée (« s'ils avaient pensé comme Caton, d'autres auraient pensé comme firent César et Pompée... ») ne rend pas le même son que l'assertion du marxiste Plekhanov pour qui, Bonaparte ou pas, une autre épée se fût offerte pour abattre la Révolution. Montesquieu, lui, laisse un espace entre « pensée » et action. Et il a pris soin auparavant de décrire les mécanismes qui ont conduit, d'étape en étape, à César.

Comment toutefois harmoniser cette lecture d'une histoire soigneusement déterminée avec la passion de la liberté qui l'anime et le conduit à maudire si fort les protagonistes du césarisme ? Comme pour montrer que la libre conduite des affaires collectives peut donner un tout autre sens à l'enchaînement des « raisons » déterminantes, Montesquieu ne résiste pas à faire surgir dans ses *Considérations,* et de façon apparemment incongrue, le modèle anglais – dont il vient, on l'a vu, d'amorcer la description.

Évoquant l'incapacité à se réformer qui fit périr Carthage, Athènes et même la Rome des décemvirs, le maître de La Brède donne cet exemple :

> Le gouvernement d'Angleterre est plus sage, parce qu'il a un corps qui l'examine continuellement lui-même, et telles sont ses erreurs qu'elles ne sont jamais longues, et que, par l'esprit d'attention qu'elles donnent à la Nation, elles sont souvent utiles. En un mot, un gouvernement libre, c'est-à-dire toujours agité, ne saurait se maintenir s'il n'est, par ses propres lois, capable de correction[1].

1. *Considérations*, éd. Garnier-Flammarion, 1968, p. 78.

Le thème latin ne tendait-il qu'à aborder, par l'absurde, ou par un détour grandiose, la version anglaise ? Pour mieux honorer la liberté, peut-être fallait-il passer par la description des offenses les plus cruelles qui lui furent infligées. Mieux encore que les guerres des Deux Roses, le supplice de Charles Ier ou la dictature de Cromwell, les annales romaines, de Tarquin à Cicéron, de César à Justinien, permettaient à l'homme de La Brède de faire du récit de l'assassinat des libertés et de la « modération », un réquisitoire contre le despotisme.

CHAPITRE XI

Le maître de La Brède

• Fabrice chez les Persans • Un château « gothique » • « Mon argent est sous mes pieds... » • Un frère de lait bien fidèle • « Je me fous de vous ! » • La châtelaine est diligente • Mes enfants, des amis... • Le mariage de Denise • Une bibliothèque en forme de cathédrale • Chefs-d'œuvre oubliés... • À Bordeaux, un promeneur distrait...

Quel meilleur guide choisir, pour visiter le château de La Brède et y sentir la présence du maître, que Stendhal, admirateur déclaré de l'*Esprit des lois* aussi bien que des *Lettres persanes* ? On le suivra donc, quitte à proposer quelques retouches (d'indigène et de visiteur du XXIe siècle) à la description du nonchalant touriste qui, le 7 avril 1838, griffonnant quelques notes sur son carnet en vue de son *Voyage dans le midi*[1], pense aussi aux personnages de la *Chartreuse de Parme* qu'il publiera quelques mois plus tard. Ainsi Fabrice del Dongo, avant de s'enfermer dans un couvent de Parme, fit-il une visite imaginaire au pays des Persans…

> Ce n'est pas précisément de l'amour que j'ai pour Montesquieu [écrit Stendhal], c'est de la vénération*… Je suis allé à La Brède ce matin. En y arrivant j'ai été saisi d'un respect d'enfant, comme jadis en visitant Potsdam et touchant le chapeau percé d'une balle de Frédéric II. Ce jour de La Brède marquera dans ma vie ; ordinairement la visite d'un palais de roi ne m'inspire que l'envie de me moquer.

1. *Voyage dans le midi de Bordeaux à Marseille*, Paris, Encre, 1984.

* La Bibliothèque nationale conserve un exemplaire de l'*Esprit des lois* annoté par l'auteur de *De l'amour*, où on lit notamment : « Montesquieu est mon Titien, presque toujours la couleur, jamais le fond, les idées… » (Je dois cette indication savoureuse au président de la BNF, mon ami Jean-Noël Jeanneney.)

> La terre de la Brède où Montesquieu était né, mais qu'il mit en culture et augmenta, est située sur l'extrême bord des terres cultivées... Un peu plus loin, on entre dans ce vaste désert de sable nommé les Landes. C'est le pays le plus triste du monde; le sable est à peine couvert, de temps à autre, par des pins qu'on écorche pour avoir de la résine. Même quand il n'est pas écorché, ce pin est le plus vilain arbre du monde...

(Cher monsieur Beyle, qui manifestez à l'égard de Montesquieu la « vénération » que nous vouons à l'auteur d'*Armance*, permettez-moi d'objecter que nous sommes quelques-uns à ne pas voir ce pays qui est le nôtre comme « le plus triste du monde », mais l'un des plus gracieux, et en nos pins, surtout depuis les grandes plantations du XIXe siècle, plutôt que de « vilains arbres », les mâts splendides d'une flotte échouée, telle que l'imaginait François Mauriac, quand Julien Gracq y a retrouvé les lances d'un tableau d'Uccello ou de Vélasquez...)

> Une antique avenue, plantée par l'auteur de l'*Esprit des lois*, conduisait au château où il est né [...] Venant du bourg de La Brède, on tourne à droite vers le château... J'ai aperçu un édifice sans façade à peu près rond, environné de fossés fort larges remplis d'une eau fort propre, mais couleur de café. Cette eau vient des Landes et les poissons ne peuvent y vivre. Cet aspect horriblement triste et sévère m'a rappelé le château où Armide retenait prisonniers les chevaliers chrétiens qu'elle avait amenés du camp des Croisés.

(Couleur de café, cette eau, qui provient d'un ruisseau que l'on nomme le Sesque, affluent de l'« estey » appelé le Saucats qui, avant d'irriguer les vignes du baron, s'en va finir dans la Garonne voisine? Après tout, c'est le droit des poètes de voir minuit à quatorze heure et Armide chez Aliénor. Mais café, thé ou chocolat, ce qui est certain c'est que le jour où vous y fûtes, cher monsieur Beyle, les carpes sommeillaient, bien vivantes, dans la vase : nous sommes nombreux à avoir vu leur progéniture lointaine s'y mouvoir aussi bien que dans la fable de La Fontaine...)

> Ce château est élevé; il a l'air très fort. Dans l'endroit le plus large, les fossés ont 70 pieds de large et 30 ou 35 dans le lieu le plus étroit... Pour y entrer il faut passer trois ponts-levis et l'on va de l'un à l'autre entre deux bons murs percés de meurtrières. Aujourd'hui ces petits ponts sont en bois et fixes. Après le premier, et vis-à-vis la porte, on trouve une

> petite île qui fait tête de pont; on en a fait un jardin grand comme la main; elle est défendue par trois tours rondes dont deux au-delà du fossé. [...] On passe pour y entrer dans une belle tour ronde à mâchicoulis [...] C'est tout ce qu'offre d'élégant l'extérieur sévère de ce château sans façade. On voit que la prudence en a percé les fenêtres étroites.
> ... Une petite servante disgracieuse, quoique non laide, nous a introduits avec mauvaise humeur... dans un salon boisé en noyer et gothique. Mais cette décoration n'a rien de grand; c'est du petit gothique mesquin comme la décoration en ogive des petits théâtres du boulevard. Ce salon, peu élevé avec une seule fenêtre, est sombre, triste et prépare bien à la pièce voisine qui est la chambre à coucher de Montesquieu [...] Cette chambre montre l'extrême simplicité du grand homme qui avait compris les grands peintres d'Italie et pour lequel tout ornement bourgeois et mesquin faisait *laideur*. Cette chambre n'a qu'une seule fenêtre, à la vérité assez grande, et ouvrant au midi sur la partie la moins large du fossé qui a bien là 35 pieds... Le lit à quatre colonnes est en damas vert bien fané... [il] est soutenu par quatre colonnes fort grosses de noyer absolument sans ornement [...]
> Nous ne pouvions nous détacher, ni madame S. ni moi, de cette chambre dont les progrès de luxe rendent l'aspect simple jusqu'à la pauvreté. C'est absolument le contraire du vilain genre joli de la cour de Louis XV... Le jambage droit de la cheminée gothique et dont le rebord est bien à 4 ou 5 pieds de haut, est usé par la pantoufle de Montesquieu qui avait coutume d'écrire là sur son genou.

(Cette histoire de pierre usée par la pantoufle – d'autres disent, plus réalistes, le soulier – de l'écrivain, il nous plaît que l'auteur des *Chroniques italiennes* l'ait retenue. De là à y ajouter foi...)

> Près du lit est un portrait, horriblement mal fait, d'une femme assez jolie; la physionomie a une expression de douceur; on dit que c'est une des maîtresses de Montesquieu. J'ai eu tort de ne pas copier le nom qui est à la partie supérieure du portrait, suivant le bon usage du XVIIe siècle. Mais j'étais un peu ému, je l'avoue, et, dans ce cas, la rêverie est si douce que tout soin manuel coûte infiniment.

(On n'est pas pour rien l'auteur de *De l'amour*, ce qui a conduit le visiteur à voir celui de l'« une des maîtresses de Montesquieu » dans le touchant portrait de sa fille Denise – que nous retrouverons, chère à son cœur...)

> La servante nous a fait passer à la bibliothèque, pièce immense et aussi simple que la chambre. La voûte, en plein cintre, est recouverte de planches peintes d'une couleur claire. La pièce peut avoir 50 pieds de long et 20 de largeur. Les livres sont dans des armoires vitrées [...] Les reliures sont simples et, ce me semble, fort postérieures au siècle de Montesquieu. J'ai remarqué des éditions in-4° de la plupart des bons auteurs romains et grecs.
> Mais la servante nous disait en grognant : je suis attendue.

(Le visiteur d'aujourd'hui trouve bien de la vérité en ces notations, notamment ce qui a trait à la noble simplicité du cadre, à propos duquel il n'ose pas tout de même parler de « pauvreté ». Mais ce qui a peut-être changé surtout, c'est l'humeur de la personne chargée de montrer ces merveilles : en un peu moins de deux siècles, la « servante grognon » s'est muée en cette cicérone diserte et discrète que M. Beyle appelait de ses vœux...)

Au piquant « reportage » de l'auteur de *La Chartreuse*, on ne se retiendra pas d'ajouter quelques traits, ne serait-ce qu'en raison des aménagements apportés depuis lors à l'édifice et à son environnement immédiat, celui de la tour pigeonnière proche des douves, au bord du Sesques – et des ravages causés au cher parc « à l'anglaise » du maître de La Brède par les terribles orages de décembre 1999.

Note très heureuse : les deux formidables malles de cuir bruni placées de part et d'autre de l'entrée. Si le porche a été orné de la formule *Assidue veniebat** qui dit bien la forte présence du maître des lieux, ces malles sont là pour rappeler que le monde était à sa porte, et peuple ses livres...

On s'étonne un peu, non que le visiteur de 1838 n'ait pas relevé la brièveté du lit, s'agissant d'un homme de taille moyenne, mais que ce mécréant de M. Beyle n'ait pas remarqué avec humeur la présence d'un prie-Dieu accoté au lit et surmonté d'une pieuse image où, incongrûment, paraissent des insignes de la franc-maçonnerie... Ces objets ont-ils été disposés depuis lors ?

* Il venait assidûment.

Charles-Louis de Montesquieu aimait La Brède où « ni l'eau ni le ciel ne se séparent de la terre » (Henri Gaudin), mieux que le château proprement dit. À tel de ses amis qu'il souhaite y accueillir, il vante le domaine, décrit comme « un lieu aussi agréable qu'il y ait en France, au château près… un château gothique à la vérité ». On a déjà laissé entendre qu'il déteste ce qu'il appelle « le gothique », lui qui, dans ses souvenirs d'Italie, écrit que la « Spina » de Pise est « le morceau gothique le plus achevé que j'aie vu, et ce petit ouvrage a de la beauté, autant qu'il peut y en avoir dans un mauvais goût*… ».

À vrai dire, un historien de l'architecture aurait du mal à dater tout uniment la demeure fortifiée dont les premières pierres furent assemblées semble-t-il à la fin du XIe siècle et qui n'a cessé d'être remodelée de siècle en siècle – en tout cas jusqu'au XVIe, qui y a laissé des traces bien voyantes, et fort belles – au gré des propriétaires. Les La Lande, vieille famille d'Aquitaine apparentée aux d'Albret et aux Bourbons, furent-ils les premiers ? L'un d'eux, bien que réputé du « parti anglais », vit sa forteresse rasée (pour rébellion ?) par le roi Henry III d'Angleterre, au XIIIe siècle. Il la rebâtit incontinent. En tout cas, ce sont des héritiers des La Lande, les de Pesnel, qui se transmirent La Brède jusqu'à Marie-Françoise qui l'apporta en dot au capitaine de Secondat, jurat de la ville de Bordeaux et bientôt père de Charles-Louis.

Que telle tour du XIVe ne s'harmonise pas mieux avec les fenêtres à meneaux qui ornent la façade qu'au Louvre l'aile de Lescot avec la colonnade de Perrault, le fait est que la demeure du seigneur de l'*Esprit des lois* ne paraît pas aujourd'hui, émergeant de ses eaux sombres, d'une moins fière élégance qu'une phrase de ses *Romains*.

Le profond attachement qu'éprouvait Charles-Louis de Montesquieu pour le domaine, le parc – et, on l'a vu, ses vignes – est attesté par mille traits de sa correspondance ou de ses *Pensées*. Une des plus fameuses en dit long sur l'article :

* Il faudra attendre les romantiques pour que ces « siècles obscurs » soient réhabilités…

> Ce qui fait que j'aime être à La Brède, c'est qu'à La Brède il me semble que mon argent est sous mes pieds. À Paris, il me semble que je l'ai sur mes épaules. À Paris, je dis « Il ne faut dépenser que cela ». À la campagne, je dis « Il faut dépenser tout cela »... Je n'ai pas laissé, je crois, d'augmenter mon bien; j'ai fait de grandes améliorations à mes terres, [assuré de les] tenir [...] immédiatement de la main des dieux[1]...

Voilà qui situe bien, dans l'ordre de l'économie bien comprise, la « ruralité » de Montesquieu, très loin du « sentiment de la nature » qui fera la gloire de Rousseau, ou l'agrément de Marie-Antoinette. Le maître de La Brède aime sa terre, d'abord en propriétaire-exploitant, ensuite comme lieu de beauté et retraite où penser, lire et écrire. Il s'y fait un cadre de vie méditative et studieuse, mais à partir d'une terre de rapport, traitée comme telle, avec sérieux et compétence. On l'a dit à propos de la vigne, première servie. On le répétera à propos des champs et des bois.

C'est un bien beau domaine, à vrai dire, et bien au-delà du château et du parc, qu'il a hérité des siens. L'imposante bâtisse médiévale n'est en effet que le « chef-lieu » d'une seigneurie* qui tenait en sa vassalité les fiefs de Martillac et de Saint-Morillon, de Léognan et d'Olivier, de l'Isle-Saint-Georges, de quelques îles aux bords de la Garonne, de Saint-Selve et de Saucats.

Du point de vue agricole, et compte tenu des vignes dont il a été amplement question, le domaine du seigneur de La Brède se composait de prés, de bois et de cultures céréalières. Ses bois, il est faible de dire qu'il les aima comme ses vignes, écrivant à son ami Berthelot de Duchy : « Je vous quitte, parce qu'il y a dans un endroit deux pieds de charme qui ne vont pas bien, et ailleurs quatre ormeaux qui ont besoin d'être émondés[2]... »

Il n'est pas un de ses voyages à travers l'Europe qu'il ait trouvé trop lointain pour adresser ses instructions à La Brède en vue de défricher telle lande ou de replanter telle portion de son parc, pour enrichir ses pelouses ou ses prés d'un arbre d'agrément ou de prestige, cèdre ou hêtre pourpre, minutieusement choisi par lui.

1. *Pensées*, 213.
2. *Correspondance*, lettre 61.
* Jusqu'au XVe siècle seuls le château et le domaine portaient le nom de La Brède. La commune était dite Saint-Jean-d'Étampes, comme le ruisseau appelé aujourd'hui le Saucats.

Quel soin porté à ses futaies de chênes, à ses « garennes* » comme on dit dans ce pays, à tel recoin du parc, à ses « pignadas », ses taillis de bruyère et d'ajoncs, à ses fougères qui tapissent les landes, trouées de larges flaques, de marécages coupés de grands bois où vont, sur leurs échasses, les bergers – un petit peuple perché que notre gentilhomme connaît assez bien grâce à un personnage savoureux, son frère de lait Jean Demarennes, avec lequel il n'a cessé d'entretenir son accent, son goût de la croustade, sa pratique de la chasse au canard, et qui ne laisse pas passer de semaine sans venir à La Brède le tenir au courant de tout, choses et gens. Selon Émile de Perceval, il allait même chaque année prendre pension quelques jours chez lui, à Paris.

Incursion dans le pittoresque, quatre pas d'intellectuel citadin dans les nuages de sylviculture ? Pas du tout. Il est très attentif à orner un parc qu'il a voulu « à l'anglaise » très libre de lignes et de courbes, il est non moins acharné à assurer les rendements et récoltes dont ses terres sont porteuses. Émile de Perceval a relevé, en connaisseur, ces apports de La Brède aux revenus du baron : bûches de chêne, « faissonnats », « bourrées de tête », rondins ou planches de pin, échalas, et même exploitation systématique de la résine déjà utilisée empiriquement, selon une « facture » imitée des Suédois, pour en tirer de la térébenthine : « Bon revenu pour le seigneur que cette gemme... expédiée surtout en Hollande », précise cet auteur. Quant aux terres de culture céréalières, on y récoltait plus de seigle ou de maïs que de froment. Mais c'était le cas de la plupart des zones rurales du royaume...

Regardons-le, notre baron à la tête emplie d'histoires de législateurs grecs et de guerriers romains, arpentant ces terres de Guyenne où les cailloux sont les amis du vin et où les arbres saignent déjà d'une manière d'essence – tel que l'ont décrit tour à tour ses visiteurs anglais ou italiens, le fils de son notaire Latapie, plus tard l'abbé Baurein, un certain Garat et, en 1821, un écrivain bordelais nommé Edmond Géraud qui visite La Brède quelques années avant Stendhal :

> Un vieux paysan, qui se vante d'avoir vécu à La Brède en même temps que Montesquieu, nous en parla longuement. Il nous le peignit se promenant dans le village, un bâton sur l'épaule, questionnant celui-ci, riant avec celui-là, et, les jours de fête, arrangeant les différends de ses

* Petit bois touffu.

vassaux, assis sur un banc ou sous un chêne, comme le saint roi Louis. Cette simplicité de mœurs, presque toujours compagne inséparable du génie, ne nous étonna point dans l'auteur de tant de beaux ouvrages ; mais nous fûmes bien aise d'apprendre qu'il semait les bonnes actions à La Brède avec le même naturel et la même facilité que les bons mots à Paris[1]. »

Le Dr Eylaud, nouant en gerbe divers témoignages, nous le présente ainsi :

> … Il porte un bonnet de coton sur sa tête, on lui sait des gros bas de laine et si l'on peut voir dans sa chambre, près de son lit, une canne à poignée d'or, on sait aussi que pour aller dans ses terres voir ses tenanciers il préférait se servir d'un échalas, symbole sans doute de ce que la vigne lui servait de soutien pour son œuvre.
> Dans ces jardins, en compagnie de son homme d'affaires, L'Éveillé, il va sans perruque, vêtu d'un habit de roguet, vrai bourgeois campagnard, chaussé de sabots ou de souliers ferrés[2]…

Deux jeunes Anglais lui rendant visite vers 1750 l'ont décrit, sexagénaire ingambe, les essoufflant par son allure, un grand chapeau de paille sur le crâne, un échalas de vigne en main ; parce qu'une barrière était trop fermement attachée à un piquet, la franchissant d'un saut allègre en jetant un juron en patois gascon… Et, rentrés au château, ils dînent tous trois de croûtons trempés dans du vin, sur une table de bois épais où est posé un Ovide…

On racontait volontiers dans le pays l'histoire des deux Montesquieu, l'honnête et le coquin. À l'époque où son fils Jean-Baptiste vivait à La Brède, un paysan frappe à la porte du château. « Le sire de Montesquieu ? » demande le visiteur. « L'honnête homme, ou le coquing ? répond une voix. – Le coquing, bien sûr ! – Le coquing, c'est moi ! ! ! fait Charles-Louis. Parle… » (En patois l'histoire est plus jolie…)

Affectation de bonhomie ? Le baron ne prétend pas toujours jouer les bons seigneurs de village à la Rousseau ou à la Greuze. On le voit au ton d'une lettre adressée à un fermier voisin : « Monsieur, je me fous de vous, de votre femme, de vos parents, et de tous les laquais,

1. *Actes de l'Académie Montesquieu*, 1986-1987, n° 4, p. 108.
2. Dr Eylaud, *Mercure de France*, 1939, p. 300.

qui à force d'être fripons sont devenus fermiers*. » Et c'est bien le même « bon seigneur » qui écrivait à son ami l'abbé Guasco pour se plaindre des activités des braconniers et émet l'idée de tendre des pièges pour y prendre ces fâcheux « bipèdes ». Plaisanterie ? Mais on retient de lui des traits d'une autre nature.

En 1747, se déclara en Aquitaine une famine, particulièrement cruelle dans la région de Clairac et Montesquieu. En décembre, alors qu'il est à La Brède, le président est averti de la gravité de la situation. Il convoque les curés des quatre paroisses de la seigneurie de Montesquieu et leur enjoint de procurer quelque soulagement à leurs paroissiens.

> Vous connaissez ceux qui manquent de blé ou d'argent pour en acheter. Je veux que tout ce qui est dans mes magasins leur soit distribué gratuitement : mon intendant délivrera les quantités que vous fixerez, à mesure que tous les besoins vous seront connus. Il ne faut pas qu'on manque du nécessaire chez moi, quand j'y ai du superflu [...]. Veuillez m'en garder le secret.

Selon un chroniqueur local, cité par l'historien Jean Cavignac, plus de 200 boisseaux de froment auraient été distribués par l'intendant[1].

Donnons la parole à un bon connaisseur de ce climat et de ces lieux, le Dr Pierre Mauriac, frère aîné de François :

> La Brède était pour lui le refuge des jours sans argent ; en attendant des jours meilleurs il allait se « mettre dans sa coquille ». Il y resta plus de trois ans sans aller à Paris. « La province est ruinée, écrivait-il en 1751, et dans ce cas tout le monde a besoin d'être chez soi. On me mande qu'à Paris le luxe est affreux : nous avons perdu ici le nôtre, et nous n'avons pas perdu grand-chose. [...] » Il tient La Brède pour le plus beau lieu du monde. « Toute la nature s'y trouve dans sa robe de chambre et au lever de son lit... L'air, les raisins, les vues du bord de la Garonne et l'humeur des Gascons sont d'excellents antidotes contre la mélancolie »[2].

L'air de Gascogne... En janvier 1737, relevant d'une fluxion de poitrine à Paris, il écrit à sa chère Claudine de Tencin : « Je compte partir

1. *Bulletin de l'Académie Montesquieu*, 1985.
2. « Montesquieu campagnard », *Bulletin de la Société de bibliophiles de Guyenne*, 1931, p. 108-112.
* Certains suggèrent que le destinataire pouvait être un fermier général – ce qui change le sens de l'apostrophe...

au commencement d'avril. Ma santé se rétablit au point que je veux laisser faire mon air de Gascogne[1]... »

À un joli livre publié en 1994 dans la collection « Maison d'écrivains », Allain Glykos a donné ce titre surprenant : *Montesquieu, hôte fugitif de La Brède*[2], non sans citer en exergue ces mots splendides de l'écrivain : « Il faut songer à se faire un lieu non pas pour se retenir, mais pour s'inviter soi-même à se retirer. » Certes. Mais l'adjectif « fugitif », à propos de la relation entre La Brède et son seigneur, n'est pas recevable pour autant*. Qu'y étant né, y ayant passé son enfance, il y ait passé plus d'un tiers de sa vie – si l'on tient compte de l'impeccable évaluation de Louis Desgraves –, qu'il y ait écrit, sinon les *Lettres persanes*, en tout cas l'essentiel de *Grandeur et Décadence* et de l'*Esprit des lois*, impose de considérer ce domaine, non comme une résidence fugitive, mais comme le sanctuaire Montesquieu par excellence – à la différence du Malagar de Mauriac, par exemple, qui partage ce privilège avec le chalet de Saint-Symphorien et ne fut jamais qu'une résidence de vacances – encore que l'auteur du *Bloc-Notes* l'ait défini comme sa *querencia*, son refuge...

Ce qui donne un caractère étonnant à la découverte que fit le Dr Eylaud en compulsant les actes notariés relatifs à La Brède : jamais Montesquieu ne définit comme son « domicile » ce lieu que la naissance, son œuvre, la légende et l'histoire confondent avec son personnage. Jamais, au cours de son enquête, l'ancien président de l'Académie Montesquieu n'a relevé un acte certifiant que l'écrivain fut « domicilié » à La Brède. Ces documents le disent simplement « dans son château de La Brède » ou spécifient parfois aussi qu'un acte a été signé « au château de La Brède » plutôt que dans l'étude du notaire.

Faut-il en inférer que Montesquieu considérait La Brède comme une « résidence secondaire » où il se consacrait à ses affaires domestiques, à la gestion de ses domaines et à l'écriture, alors que la nécessité de tenir son rang lui imposait de demeurer à Bordeaux ou à Paris ? Le Dr Eylaud n'en conclut à aucun éloignement ou distance entre l'écrivain et le domaine. Mais cette curiosité juridique révèle peut-être une

1. Louis Desgraves, *Chronologie critique...*, *op. cit.*, p. 254.
2. Pirot éditeur, 1994.
* M. Glykos fait valoir que le mot s'applique aux hôtes du merveilleux pigeonnier qui flanque, au bord des douves, le château.

certaine répugnance à être pris, officiellement, pour un rustaud, un Pourceaugnac…

Est-ce du fait de cette volonté de marginalisation juridique de ce statut « secondaire » ? Le fait est que les papiers et autres documents découverts par le Dr Eylaud, et d'abord l'inventaire de 1755, révèlent que les Montesquieu vivaient à La Brède non dans la « pauvreté » suggérée par Stendhal, mais dans un environnement frisant la frugalité. On reviendra évidemment sur le personnage de Jeanne de Lartigue, épouse austère et assez agrippée à son calvinisme pour se garder de verser dans le luxe. Et, non sans citer tel beau geste de cet homme fondamentalement généreux, on a fait allusion déjà à une relative « pingrerie* » du maître du château. Les documents de 1755 sont, à cet égard, fort éloquents.

Pour s'en tenir à un article très important en matière de rang, et plus généralement de cette noblesse à laquelle nous savons l'auteur de l'*Esprit des lois* si fort attaché, on citera ce passage de l'opuscule du Dr Eylaud, relatif à l'état des écuries de La Brède :

> Relevons, au cours de l'énumération des objets trouvés dans l'écurie, à La Brède « quatre vieux et mauvais chevaux maigres et poussifs, dont deux sont *inservables* » et les quatre bêtes ne valent pas 200 livres !…
> L'état de la berline, qui sera décrit plus loin, met en évidence que Montesquieu n'attachait pas une grande importance au luxe de ses attelages et qu'il devait faire piètre figure s'il se rendait à Bordeaux ou à Raymond avec de pareilles montures et voiture.
> Était-ce signe de ressources modestes ? D'indifférence ? De modestie ? De désir de ne pas attirer l'attention sur son rang et sa fortune ?
> Toutes les interprétations nous paraissent autorisées avec une égale valeur de présomption[1].

S'il est vrai qu'« un seigneur se devine au pas de son cheval », on peut en juger par là de l'état de la « maison » de La Brède – ce qui conduit à évoquer bien sûr le personnage de Mme de Montesquieu, née Lartigue, qui ne cacha d'ailleurs jamais qu'elle préférait, à ce château papiste, sa sobre demeure huguenote de Vivens à Clairac…

* Contestée, on le verra plus loin (chap. XII), par un aussi bon connaisseur de Montesquieu que Jean Ehrard.

1. *Op. cit.*, p. 70.

Dans une lettre citée plus haut adressée à une cousine, Charles-Louis se disait « amoureux de [ses] bois, de [son] jardin, de [sa] solitude et de [sa] femme ». Énumération qui donne à penser que son épouse tenait une place médiocre dans son existence, ce qui n'est, semble-t-il, pas exact. À une autre correspondante, Mme de Grave – qui avait été, on le sait, sa maîtresse –, Charles-Louis écrira autrement qu'il aime son épouse parce qu'elle le contredit sans cesse et lui donne des « soufflets ». Il écrit « parce que » et non « bien que »…

On le sait, Jeanne de Lartigue, épousée « à la hussarde » en avril 1715 au lendemain de fiançailles rompues avec une autre, n'était pas belle et boitait légèrement, surtout quand elle se savait regardée, signe d'un psychisme un peu fragile. Les époux faisaient non seulement chambre à part, comme la plupart des « gens de qualité » de ce temps-là, mais même « étages séparés » – sans vivre, comme Françoise et Michel de Montaigne, dans des corps de bâtiments distincts… Ce qui est plus préoccupant, à propos de leurs relations, c'est que l'on n'a pas retrouvé une seule lettre intime adressée à son épouse par ce grand voyageur qui déambula pendant trois ans à travers l'Europe, passait près d'un tiers de l'année à Paris, à peu près autant à Bordeaux, alors que Jeanne résidait volontiers à Clairac dans sa famille parfois même quand son mari était à La Brède, en état de régenter le domaine…

On a cité* la très belle lettre adressée par Jeanne à Charles-Louis en 1742 (ou 1743), lettre où se manifeste, sans fard, beaucoup mieux que de la tendresse, et plus encore de mélancolie. Une femme capable d'écrire cela mérite bien qu'on l'aime – si tant est qu'il soit ici question de « mérite »…

Plutôt que d'« amour » (nous le tiendrons pour acquis, et pratiqué par le seigneur et maître selon l'exemple du prince de Ligne qui, rentrant d'un long voyage, répondait à la question de sa femme « Me fûtes-vous fidèle ? – Souvent, madame… »), on parlera, à propos de

* Voir chapitre III, p. 58-59.

Jeanne et de Charles-Louis, d'entente active. Nul n'a jamais mis en doute la diligence dont fit preuve l'épouse de Montesquieu dans la gestion de leurs biens, et dont témoignent les innombrables procurations qu'il lui donna pour agir, acter ou signer en son nom. De cette substitution devenue légendaire, on a un curieux témoin, le père de Mirabeau, prodigue s'il en fut, qui, lors d'un séjour à Bordeaux, écrivait à Vauvenargues, le 7 février 1739 :

> M. de Montesquieu, loin que ses affaires dépérissent par ses voyages continuels, de Rome, dispose de l'arbre qu'il veut qu'on plante à tel coin de sa terre ; sa femme exécute, il trouve ses ouvrages faits au retour, et a augmenté considérablement son revenu dans le temps qu'un misérable casanier se plaint que la terre devient tous les jours plus ingrate[1].

Que la vigilante châtelaine renchérit en exigence, rigueur ou âpreté sur le baron, on n'en a pas de preuve. Mais tout donne à penser que son magistère fut pour beaucoup dans l'accroissement d'un « revenu » évalué, à la fin de sa vie, à plus de 30 000 livres – ce qui correspond à un capital d'environ 600 000 livres*, l'héritage qu'il laissa à ses enfants, si l'on en croit ses plus minutieux biographes, Louis Desgraves et Robert Shakleton – et à un revenu lui assurant une large aisance, mais non l'opulence.

Jeanne de Lartigue s'épuisait-elle à exercer ces responsabilités ? Le fait est qu'en juin 1736, une cousine du baron, qui séjourne alors à Paris, lui écrit après une visite à son épouse, elle-même pour quelques jours à Bordeaux :

> J'ai été voir Mme de Montesquieu d'abord qu'elle a été arrivée. Je l'ai trouvée très maigre et très changée. Elle prend du lait. Je ne sais quelle est son incommodité. Il y avait trop de monde dans la chambre pour la questionner. En revanche, Mlle de Montesquieu** porte l'embonpoint et la jeunesse sur son visage[2]...

Cette confortable aisance ne suffisait apparemment pas au seigneur de La Brède, non plus que sa qualité de membre de quatre ou cinq aca-

1. J. Geffriaud Rosso, *Montesquieu et la Féminité*, 1977, p. 34.
2. Louis Desgraves, *Chronologie critique…*, *op. cit.*, p. 247.
* Équivalant à la moitié en euros, me souffle-t-on.
** Leur fille aînée, Marie, a alors dix-neuf ans.

démies. La baronnie dont il a hérité de l'oncle Jean-Baptiste qui la tenait de ses ancêtres depuis deux siècles, le roi Henri IV ne s'était-il pas engagé auprès de Jacob de Secondat, premier baron de Montesquieu, à l'ériger en marquisat ? C'est bien ce que le maître de La Brède se préoccupe de mettre à l'œuvre à partir de son retour de voyage, peut-être émoustillé par l'éclat de ses relations anglaises, roi et reine et prince et lords et ladies, ducs et duchesses et jusqu'au vicomte Bolingbroke…

Si bien que le 15 décembre 1731, son voisin en Agenais Sébastien Redon des Fosses lui écrit : « J'ai appris avec bien du plaisir que vous faisiez ériger Montesquieu en marquisat. » Cette démarche parut longtemps être restée sans suite, en dépit de l'argument historique que pouvait faire valoir Montesquieu, et des hautes relations dont il se prévalait. Sept ans plus tard, le président au Parlement de Bordeaux Antoine de Gasq, personnage de haut rang, son collègue à l'Académie, lui écrivait à titre officiel, en août, puis en septembre 1739, en le qualifiant de « marquis de La Brède » (et non de Montesquieu), ce qui semblait valoir authentification. Mais on ne retrouvera plus mention de ce titre, ni par les autres, ni bien sûr par lui-même – qui connaissait son monde, et son Molière…

« J'ai assez aimé ma famille pour faire ce qui allait au bien dans les choses essentielles ; mais je me suis affranchi des menus détails. Avec mes enfants, j'ai vécu comme avec mes amis[1]. » Voilà qui décrit un père dont on dirait volontiers aujourd'hui qu'il a tiré les leçons de mai 1968. Nous verrons qu'il s'en fallut parfois de beaucoup. Mais on peut admettre que, mari approximatif, le maître de La Brède qui aimait assez son frère Joseph, abbé de Saint-Seurin pour être son hôte habituel à Bordeaux et entretenait une correspondance soutenue avec l'une de ses sœurs, Thérèse, supérieure de couvent à Agen, fut un père bienveillant.

1. *Pensées*, 213.

Si tenté que l'on soit de voir dans la génération des « philosophes » celle des hommes sans fils – particularité due en partie à des affaires de sexualité compliquées –, on doit signaler que sur ce point comme sur d'autres, Montesquieu fait exception. Non que Jean-Baptiste fût un héritier tout à fait à sa mesure : mais on est mal informé de la qualité des travaux de cet homme de science, dont la distraction surpassait à tel point celle, légendaire, de son père, qu'il risqua parfois la prison parce qu'il oubliait de régler ses achats dans les marchés, et devait se faire suivre par un valet à la bourse pleine pour éviter les ennuis.

Ce qui nous fait aimer ce Jean-Baptiste, ce n'est pas tant qu'à dix-sept ans, il se mêla de s'amouracher de la plus explosive des amies de son père, Claudine de Tencin qui devait bien avoir le triple de son âge et s'étonnait en riant que cet adolescent la « prît encore pour une femme »*, c'est qu'il nous a laissé, de son illustre père, le plus décent portrait qui soit, écrit moins de trois mois après la mort du baron. Retenons-en ces quelques lignes de conclusion où on se gardera de deviner comme un reproche :

> Il vivait avec beaucoup de frugalité et d'économie, et par ce moyen, malgré les dépenses de ses voyages et de sa vie dans le grand monde, celles où l'engageait la faiblesse de sa vue et de ce que lui a coûté l'impression de ses ouvrages, il a transmis à ses enfants l'héritage médiocre qu'il a reçu de ses pères [1].

On donnera au mot « médiocre » le sens de « sans excès » qu'il avait jadis – non sans observer que ce bon fils est un peu sévère pour la gestion de ses parents...

Si distancié qu'il se soit voulu des affaires de justice, Charles-Louis de Montesquieu ne badinait pas avec le principe d'équité. Sa vie en témoigna souvent, mais on ne saurait dire qu'il s'en inspira toujours dans ses rapports avec ses trois enfants – tant la préférence qu'il donna à sa fille cadette, Denise, fut affichée avec une sorte de candeur. Au point d'agacer son épouse : on en trouve la preuve dans la lettre que l'on a citée où elle demande à son mari, sur un ton pincé, des nouvelles de la « belle Denise » en pension à Paris et sur laquelle est censé veiller le baron, qui réside souvent dans la capitale en ces années 1742-1743.

1. *Œuvres complètes*, « L'Intégrale », Seuil, 1964, présentation de Daniel Oster, p. 19.
* Voir chapitre XIV.

Dans une correspondance de ton parfois un peu compassé, coupée de tendres drôleries quand il s'adresse à Mme d'Herbigny ou à la chère Tencin, ou de libertés assez lestes échangées avec un Bulkeley, les lettres adressées à Denise sont d'un ton étonnamment familier pour l'époque, où l'étiquette familiale restait rigide.

En novembre 1741 – elle a quatorze ans –, il lui écrit afin de lui signifier qu'il a choisi de la retirer des mains des éducatrices de Prouillan, dans le Gers, pour l'envoyer à Paris, au couvent de Bon-Secours. Décision classique pour l'époque. Mais il croit bon de s'expliquer : « Si je ne vous aimais pas, il me serait fort indifférent que vous vinssiez ici, mais je dois vous procurer [...] toute la perfection dont vous pouvez être capable » (son père lui en avait-il tant dit, pour justifier son envoi à Juilly ?). Suit une série de lettres du baron à sa fille, datées de 1743 et 1744, d'une familiarité charmante :

> Ce 4 de décembre 1743
> Ma petite fille,
> Je me porte bien. J'irai dans quelques jours à Bordeaux, afin de mettre ordre à nos dettes. J'écrirai à Mme l'abbesse. Il n'est pas temps encore d'ordonner votre corps* dans un temps aussi mauvais que celui-ci. Il ne faut pas faire de dépenses inutiles. Votre mère vous fait bien des compliments.
>
> À La Brède, ce 25 de septembre 1743
> Ma chère fille,
> J'ai reçu avec bien du plaisir votre lettre. Mon voyage a été très heureux. Votre mère ne se porte pas trop bien. Le petit chat m'a fait enrager pendant tout le voyage dans ma chaise, mais je l'ai attaché par le cou avec un ruban, et quand il s'est vu cinq ou six fois pendu, il est resté en repos...
>
> À Bordeaux, ce 14 de mars 1744
> Ma petite fille,
> Je vous aime beaucoup et, quoique je ne vous aie pas écrit, comptez que ce sont mes affaires qui me tournent la tête. Vous pouvez vous faire faire un corps comme vous me le demandez. Faites bien ma cour à Mme l'abbesse.
> Adieu ma fille ; aimez-moi un peu, donnez-moi de vos nouvelles. Je vous aime de tout mon cœur.

* Corps : se dit aussi des habits. Le corps de pourpoint, ce corps de juppe (Furetière).

[Non datée, ni située]
Que vous êtes injuste, petite Denise ! Il semble que vous affectiez de me gronder dans le temps que vous avez plus sujet de vous louer de moi. C'est précisément quand je vous aime le plus que vous me faites plus de reproches, comme si c'était à vous de me punir de ce que j'ai pour vous trop de tendresse et d'amour*.
Croyez que je vous aime, et à cette condition je croirai que vous m'aimez. Je ne vous demande pas de vous aveugler, mais seulement d'ouvrir les yeux.

Et en mai 1744, si le père plein d'attentions rappelle auprès de lui la jeune fille, alors âgée de dix-sept ans, est-ce parce qu'elle lui manque trop, ou parce qu'il mûrit un projet secret ?

À La Brède, ce 20 de mai 1744
Je crois, ma fille, que j'aurai une occasion de vous faire revenir auprès de moi... Vous ferez un paquet de tous vos habits et linge, et vous en viendrez gaiement à La Brède ; vous n'y goûterez pas les plaisirs de Paris**, mais y serez très bien reçue... J'ai bien de l'impatience de vous revoir...

Le maître de La Brède, dont la vue baisse alors de jour en jour – on parle maintenant de cataracte – songe-t-il à faire appel à cette jeune fille intelligente pour l'aider dans ses travaux ? Au moins pour lui faire la lecture ? Ne pense-t-il pas déjà au projet de mariage dont il va être question – ce qui expliquerait ces « reproches » dont se plaint le père, qui a pu s'entendre dire par la demoiselle qu'elle ne songe pas à être si tôt mariée ?

Le fait est que Denise – qui ne sera jamais très jolie, mais dont les hôtes de son père ont tous vanté le charme et la vivacité – est de retour à La Brède au printemps. Très vite, il sera question du mariage « de raison » que ce père, pour attendri qu'il soit, a bien décidé pour elle. Son fils Jean-Baptiste n'ayant pas d'héritier après quatre ans de mariage, le baron de La Brède a décidé de marier Denise à un Secondat, pour préserver le nom. Sollicité par l'oncle Joseph, abbé de Saint-

* S'agit-il du projet de mariage qui se précisera plus loin ?
** Au couvent de Bon-Secours ?

Seurin, un cousin de l'Agenais, Godefroy, quadragénaire assez effacé, n'a pas dit non…

Mais Denise ? Se sent-elle vouée à préserver l'avenir d'« une famille qui tombe » ? Le nom de Secondat est-il si illustre qu'il faille lui sacrifier sa vie ? Si encore il s'agissait de celui de Montesquieu*… Le cousin Godefroy ! Bref, baron ou marquis, c'est en « maître » que le seigneur de La Brède a pris sa décision. Et puisqu'il faut être vrai, disons que les formes que prit l'« affaire » font moins d'honneur à notre grand homme que l'esprit qui l'inspira. Cette enfant de dix-sept ans qu'il chérit si évidemment, il en fait l'instrument d'une opération dont la médiocrité, voire la mesquinerie, se retrouvera dans chaque détail.

Le mariage se fera à Clairac – ce qui implique une réception plus économique. Point de cadeaux de noces. Il fournit les « nippes ». La dot sera, pour ce qui le concerne, d'une modestie exemplaire (70 000 livres, dont 60 000 payées par son épouse Jeanne de Lartigue, sa propre part étant versée sous forme de pension annuelle de 500 livres…). Pour brutal qu'il soit, le résumé que Robert Shakleton fait de l'affaire vaut d'être cité : « Ce mariage semble avoir été une simple opération commerciale inspirée par le désir qu'avait Montesquieu d'assurer à bon compte sa postérité[1]. »

Les choses, en ce temps-là, allaient ainsi, dira-t-on. Pas toujours dans ce climat d'âpreté domestique. D'autant qu'il s'agissait de la fille particulièrement chérie d'un homme qui osait par ailleurs affronter abus et préjugés de son temps – de l'absolutisme à la torture et à l'esclavage. D'une telle intrigue, d'autres ont fait des comédies, où Chrysale et Géronte sont moqués…

Maussade épisode, en tout cas – dût-il avoir assuré l'heureuse perpétuation de la lignée. Et dût la jeune mariée malgré elle ne pas en tenir rigueur à son illustre père. Témoin la très belle lettre qu'elle devait écrire un demi-siècle plus tard (1795) au secrétaire d'un comité du Directoire qui s'occupait de publier par souscription les œuvres complètes de Montesquieu :

1. *Op. cit.*, p. 154.

* Dans son testament rédigé en 1750, Montesquieu stipule que sa terre et son nom seront dévolus aux descendants de Denise de Secondat.

Citoyen.
Mon fils, qui arrive ici de Bordeaux, m'apprend que vous vous occupez à faire une collection complète des ouvrages de Montesquieu. Je suis sa fille, et je viens vous en témoigner ma reconnaissance.
... Mon cher papa [...] m'avait honorée du titre de son petit secrétaire avant mon mariage, et je l'ai conservé depuis. Il me dictait son *Esprit des lois* avec autant de facilité qu'il aurait fait une lettre ordinaire ; mais je crois fort qu'il composait ces chapitres dans les longues promenades qu'il faisait, auxquelles il n'y avait guère que moi qui pût le suivre [...] Ces petits détails [...] flattent ma vanité, et je vous jure que je n'en ai d'autre que d'être née d'un si vertueux père et d'un si estimable citoyen.
Je vous prie de me mettre au nombre de vos souscripteurs...
[Signé :] Secondat-Montesquieu[1].

On n'est pas seigneur de La Brède sans qu'un petit peuple plus ou moins diligent gravite à l'entour. Et ce seigneur-là n'était pas de ceux qui laissent s'opérer dédaigneusement une telle gravitation. La correspondance et les témoignages recueillis manifestent au contraire l'intérêt que le baron et son épouse portaient à leur entourage et à leurs « gens ». Esprit d'économie bien comprise ? Non. Leur attention allait au-delà.

Dans le système plus ou moins féodal qui prévaut toujours en cet âge des Lumières, on est tenté d'assimiler à ces « gens » des personnages comme les notaires Latapie et Giraudeau, dont le Dr Eylaud devait heureusement exploiter les « minutes ». Mais, si étroitement qu'ils fussent associés à la fortune, aux faits et gestes du couple seigneurial, ils étaient aussi des « bourgeois » – le premier très lié en outre à la vie familiale des châtelains par son fils, François de Paule*, ami intime du fils de la maison, Jean-Baptiste.

On retrouve très proches du maître du château des hommes comme l'avocat Grenouilleau, comme Jean Argeau, agent d'affaires à La

1. *Correspondance*, lettre 758.
* Dont la rumeur, reconnue pour maligne, fait un temps le fils adultérin du baron.

Brède, comme Jean Lannes, qui fait le lien entre la baronnie girondine et les terres de l'Agenais. Aussi Henri Saint-Marc, Charles Couloumié, agent d'affaires à Bordeaux – et puis Jean Lacroix, « maître chirurgien » à La Brède, Jacques Dumeynieu, son confrère de Saint-Morillon, et Pierre Fauquey, « médecin de bœufs »…

C'est de la « maison » même de La Brède que relèvent ces quelques familiers : d'abord le fameux L'Éveillé, de son vrai nom Guillaume Grenier, que l'on a vu* « maître de chai » à Rochemorin, lors des vendanges, mais qui est plus généralement l'intendant du domaine, le très libre confident du baron avec lequel il ne parle que le patois au cours de leurs longues randonnées pédestres, d'une métairie à l'autre.

Autres personnages importants : les gardes-chasse Jean Billau et Jean Bosser, André Mansenqual, dit « Pichin », maître laboureur, la nourrice des enfants Jeanne Donnadieu, Jean Brau le cuisinier et un laquais nommé François Goudrie. Et voici enfin, en assez piètre équipage, nous l'avons vu, le cocher Étienne Bertrand, le postillon André Luquet et le palefrenier Anet Godofre, dont les gages ne devaient pas être plus abondants, en proportion, que la dot de Denise…

L'hospitalité de La Brède n'était pas fastueuse et la chère moyenne, si le vin était bon. Mais le baron y accueillait volontiers ses amis, le président Barbot, Helvétius, Lord Bulkeley, grand amateur de chasse, et surtout l'abbé Guasco (ou Goasco), Piémontais habile en toutes choses, notamment informé des questions de la terre, féru d'irrigation et dont les judicieux conseils, en matière agricole et viticole, furent souvent utiles. Nous les retrouverons, les uns et les autres, étroitement mêlés à la vie et aux œuvres du maître de La Brède.

Lequel n'était pas aussi isolé dans ses terres de Graves que le font parfois entendre ses lettres d'« exilé », ou les appels pressants de quelques amis parisiens – Mme de Tencin, par exemple –, persuadés

* Voir chapitre VII.

qu'il s'ennuie en sa retraite campagnarde. Ce qui est faux. Ne serait-ce que parce qu'il est, mieux qu'un homme du monde, un écrivain, un amoureux des livres, et qu'il écrit. Et qu'il lit – dût-il, la cinquantaine venue, faire appel à des lecteurs.

Il est bien peu de dire que la bibliothèque est le cœur et le cerveau, et la chambre des machines du château de La Brède. Depuis la dation globale faite à la bibliothèque de Bordeaux par la comtesse de Chabannes, descendante de Denise de Secondat-Montesquieu, l'ancienne salle des gardes du château, transformée en salle des livres par un ancêtre du baron, n'est plus qu'une coquille vide*. Mais elle reste propice aux rêves sous l'immense plafond voûté, peint en ocre rouge comme un tombeau aztèque, où méditèrent Stendhal et des milliers de visiteurs.

Le maître de La Brède avait hérité d'une bibliothèque bien fournie en ouvrages juridiques, ou militaires, ou consacrés aux controverses religieuses entre papistes et huguenots, ne serait-ce que pour des raisons de famille… L'agriculture y avait aussi sa part, avec un exemplaire du *Practica Forensis* (1555) revêtu de la signature d'un propriétaire nommé Michel de Montaigne – à laquelle le maître de céans ajouta son ex-libris : *Ex bibliotheca P. P. Praesidiis Montesqieu.*

Le catalogue des quelque 3300 ouvrages ici assemblés – les uns venant de l'héritage familial, les autres trouvés par le très amical père Desmolets, bibliothécaire des oratoriens (auquel le baron de La Brède dut à coup sûr dix-huit volumes de la collection de Malebranche) – fut établi par le premier de ses dix-neuf secrétaires successifs, le très diligent abbé Duval, sous cinq rubriques : théologie, droit, science et arts, belles-lettres et histoire. Si les annotations de Montesquieu sont rares, on relève pourtant, en tête de la collection des livres de droit, cette citation de Virgile, qui en dit long sur le goût que portait à ce type de littérature l'homme qui travailla vingt ans à l'*Esprit des lois* : « *Monstrum horrendum ingens*[1] »…

On a cité le nom de l'abbé Duval qui fut le premier des secrétaires connus de Montesquieu. Robert Shakleton qui a, de longues années

1. Introduction aux *Pensées*, p. 69.

* Où, au temps où Jacques Chaban-Delmas était maire de Bordeaux, furent donnés de beaux concerts de musique de chambre.

durant, de La Brède à la Bibliothèque nationale et à la *Bodleyan Library* d'Oxford, dont il avait la charge, compulsé la quasi-totalité des manuscrits du maître de l'*Esprit des lois*, n'a pas repéré moins de dix-neuf écritures différentes, qui révèlent l'existence d'autant d'assistants de l'écrivain. Lequel, rappelons-le, de plus en plus affecté par sa cataracte à partir de 1745, ne pouvait alors ni lire ni vraiment écrire de sa propre main.

De ces dix-neuf secrétaires-lecteurs – on en excepte Denise, qui, de son retour du couvent à son mariage, ne put se dévouer très longtemps à l'œuvre de son père, dût-il l'appeler « ma petite secrétaire » –, le plus important fut à coup sûr l'abbé Duval (ou Bottereau-Duval) qui fut non seulement le fondé de pouvoir de Montesquieu auprès de Jean Desbordes à Amsterdam en vue de l'édition des *Lettres persanes*, mais rédigea le catalogue de la bibliothèque de La Brède pendant le grand voyage du baron.

Presque aussi notoire, pour de fâcheuses raisons, est un certain Damours qui, par mégarde, jeta au feu le manuscrit d'un *Louis XI**, le prenant pour un brouillon entre-temps remis au net par Montesquieu ! On croit savoir que le chimiste Jean Darcet exerça les mêmes fonctions, comme François de Paule Latapie, le fils du notaire, le libraire Moreau, Henri Saint-Marc, un certain Jude, deux Irlandais nommés Fitz-Patrick et Clancy, et un moine bénédictin en rupture de couvent, hébergé à La Brède sous un faux nom[1]...

On pouvait, en cette forêt de livres assemblée et entretenue par le seigneur de La Brède, se croire au centre de son œuvre, de son esprit même, de l'âme de celui dont la pensée peut-être la plus fameuse a

1. Shakleton, *op. cit.*, p. 342.

* Du « Louis XI de Montesquieu », quelques feuillets ont surnagé, épars à travers ses *Pensées*. On lira plus loin le parallèle tracé par l'auteur des *Réflexions sur les caractères de quelques princes* entre Tibère et Louis XI : il donne une idée de la férocité qui inspirait la biographie du vainqueur de Charles le Téméraire par Montesquieu...

trait à cette « heure de lecture » par quoi tous les chagrins sont dissipés… Mais, citation pour citation, il ne faut pas négliger non plus cette phrase d'une lettre adressée en juin 1751 par un Charles-Louis sexagénaire à sa vieille amie la marquise du Deffand : « … Je m'occupe à lire des romans… Mais je sens qu'il n'y a pas une lecture qui puisse remplacer un quart d'heure de ces soupers qui faisaient mes délices[1]. » Il est toujours bon de rappeler que nul être ne saurait être réduit sans dommage à sa passion prédominante…

Que ce soit sous cette noble voûte, ou sous le plafond strié de fortes poutres de sa chambre, devant la cheminée au chambranle usé, c'est ici que Montesquieu a rédigé la plus grande partie de son œuvre – hormis les *Lettres persanes* réputées écrites pour partie à Raymond. S'il travailla à l'*Esprit des lois* (sans avoir encore pris la décision d'entreprendre une œuvre aussi monumentale) dès son retour de voyage (1731), en rédigeant très vite le chapitre sur le système politique anglais avant de passer deux ou trois ans avec ses *Romains*, il ne cessa entre-temps de s'occuper à des ouvrages d'histoire – essais, chroniques, portraits –, du *Dialogue de Sylla et d'Eucrate* (dont une première version date probablement de 1722) aux *Lettres de Xénocrate à Phérès.*

Quant aux *Réflexions sur le caractère de quelques princes et sur quelques événements de leur vie*, Roger Caillois les a regroupées dans son édition de La Pléiade, précédées de ce commentaire éloquent : « Dans cette série de "Portraits politiques", absolument originaux pour la conception et sans rivaux pour la vigueur du trait, le style de Montesquieu atteint sa perfection propre. Il n'y a rien de supérieur à ces pages dans la prose française. » Dût-on trouver plus d'éclat encore à tel trait de Retz, à tel croquis de Saint-Simon, à telle fresque de Michelet, on peut accorder à Caillois que le meilleur du maître de La Brède, en tant qu'artiste, est là. Et s'étonner de l'ombre qui a recouvert ces textes superbes jaillis de sous les ombrages de La Brède, entre les *Romains* et l'*Esprit des lois*, en vue d'une « histoire de France » dont le chapitre sur Louis XI, on l'a vu, fut brûlé par un secrétaire malencontreux.

On a déjà cité*, extrait des *Lettres de Xénocrate à Phérès*, le magni-

1. Lettre 607.
* Voir chapitre II.

fique portrait d'« Alcamène », c'est-à-dire du régent Philippe d'Orléans. Entre bien d'autres « parallèles » à la manière de Plutarque, on ne résiste pas au plaisir de reproduire quelques lignes de celui où Montesquieu oppose deux génies politiques qu'il exécrait également, non sans les tenir pour inégalement pervers, Tibère et Louis XI :

> Tibère cherchait à gouverner les hommes ; Louis ne songeait qu'à les tromper. Tibère ne laissa sortir ses vices qu'à mesure qu'il vit qu'il le pouvait faire impunément ; l'autre ne fut jamais le maître des siens. Tibère sut paraître vertueux lorsqu'il fallut qu'il se montrât tel ; celui-ci se discrédita dès le premier jour de son règne.
> … Enfin, Louis avait de la finesse ; Tibère, de la profondeur. On pouvait, avec peu d'esprit, se défendre des artifices de Louis. Le Romain mettait des ombres devant tous les esprits et se dérobait à mesure qu'on commençait à le voir… Louis réparait assez heureusement ses imprudences, et le Romain n'en faisait point…

On peut bien sûr contester tel ou tel de ces jugements, mais non que l'auteur de l'*Esprit des lois* eût une tête historienne. On lui doit des coups de sonde et des synthèses qui font penser à Thucydide et à Tacite. Son information n'est pas toujours très sûre, et moins encore sa critique des sources. Au surplus, il sait vraiment trop mal dissimuler ses préventions – aussi mal que Michelet, mais avec moins d'arguments. On mesure bien sa haine – oui, le mot n'est pas trop fort – à l'encontre de Louis XI, de Richelieu, de Louvois, mais on ne voit pas à quelle aune elle se mesure. Sinon que tous auront, à leur manière, contribué à la constitution en France de ce régime despotique qu'il exècre…

Ainsi le maître de La Brède, tout en méditant à long terme sur l'esprit qui inspire les législateurs des nations, d'un climat à l'autre, médite, en son château « gothique » planté au cœur de l'Aquitaine, sur l'histoire des dynasties, de la féodalité et des systèmes qui ont façonné son pays, « amateur » libre de toute discipline et de toute autre sanction que les sarcasmes de Voltaire ou la malédiction des jansénistes, assez implantés dans son terroir, en tout cas pour apprécier les rapports féodaux qui ont ligué, des siècles durant, seigneur et paysans contre le pouvoir central.

« Exilé » à La Brède ? Il l'est d'autant moins, notre baron, qu'il sait humer, une ou deux fois la semaine, l'air de Bordeaux. Jeune, il faisait la route (quatre lieues) à cheval. Président, académicien et quasiment marquis, c'est dans sa vieille berline, conduit par le cocher Bertrand flanqué du postillon Luquet, qu'il gagne son logis bordelais. Après ceux de la rue du Mirail, puis de la porte Dijeaux et de la rue Margaux*, il a élu domicile chez son frère Joseph, l'abbé de Saint-Seurin. Économies…

Il aime Bordeaux, l'ancien président à mortier, mais point trop les travaux ambitieux qu'y entreprend à partir de 1743 l'intendant de Tourny. Il s'est félicité de voir ce gentilhomme réformateur venu de Limoges (comme plus tard Turgot), substitué à ce Boucher avec lequel il avait eu maille à partir à propos de vignes**, et qu'il tenait pour « une bête ». Le marquis de Tourny est d'une autre stature, et ses projets sont de grand style. Mais le baron de La Brède n'aime ni le pouvoir central ni les bouleversements – tel celui, ordonné par l'intendant, qui voue à la disparition l'immeuble où siège sa chère Académie…

Il va, du palais de l'Ombrière où naguère il siégea, son mortier posé près de la main, à la rue de la Rousselle où déjà se décrépit la maison des Eyquem de Montaigne, du marché Sainte-Colombe à la rue Saint-James où sont les libraires et les imprimeurs, dans cette ville dont son père fut l'un des jurats comme celui de Montaigne, mais non maire – cette ville dont il est devenu l'une des gloires reconnues, dans le temps même où, ayant secoué le joug parisien, elle redevenait une sorte de capitale.

Il est peu de dire que ce Girondin est heureux de la renaissance fastueuse que connaît alors la vieille métropole aquitaine d'où Edward de Woodstock, dit le « prince Noir », traitait d'égal à égal (et également) avec Londres et Paris. Renaissance due, on le sait, à l'exporta-

* Rue où logera le jeune François Mauriac.
** Voir le chapitre I.

tion vers l'Angleterre, les Pays-Bas et la Hanse de ces vins que le maître de La Brède contribue à ennoblir ; aussi au développement foudroyant du commerce avec les îles américaines – qui, à partir de 1738, n'exclura plus la sinistre traite des Noirs dont Bordeaux, longtemps exempt de ce trafic, prend désormais sa lourde part : sujet que l'on retrouvera bien sûr à propos de l'*Esprit des lois**...

Ses incursions bordelaises lui donnent, entre autres plaisirs, celui de rencontrer un interlocuteur de grand style, Helvétius, personnage porté à une contestation plus radicale que lui, et dont il s'étonne qu'il puisse y remplir la charge exécrée de fermier général : mais il l'admire d'inciter les Bordelais à résister aux pressions fiscales qu'il leur inflige... Nous retrouverons, à propos de l'*Esprit des lois*, les interminables débats qui tissèrent des liens amicaux entre ces philosophes discordants...

Plaisirs bordelais encore, ceux que lui procurent les soirées chez cette du Deffand bordelaise qu'est la spirituelle Mme Duplessy, où il retrouve ses vieux amis le président Barbot, Jean-Jacques Bel, le président de Gasq, le baron de Caupos, le président de Ségur, grand homme du vignoble, le marquis de Navarre, féru lui aussi de viticulture, le comte de la Tresne et la comtesse de Pontac-Belhade, héritière du fondateur du « grand bordeaux », et dont le charme et l'entregent préoccupaient fort la mélancolique baronne de Montesquieu. (« Où en êtes-vous avec la belle comtesse ? »)

Est-ce elle, l'invisible héroïne d'une histoire qui fut racontée à Stendhal après sa visite de La Brède, pour illustrer la légendaire distraction de Montesquieu ? Traversant Bordeaux en voiture avec son épouse, le baron s'avise que l'attelage passe devant un hôtel qu'il connaît bien.. « Pardonnez chère amie. Je monte un instant saluer Mme de... » « Il ne descendit qu'au bout de trois heures, raconte Stendhal : il avait oublié sa femme. Distraction et non mauvais procédé. Le fâcheux, c'est que la dame passait pour être sa maîtresse[1]. »

1. *Voyage dans le midi*, *op. cit.*, p. 101.
* Voir le chapitre XIII.

CHAPITRE XII

Comment l'esprit vient aux lois

• Un manuscrit de « premier jet » • Moins un livre qu'une existence • Des gammes, jusque dans les *Considérations*... • Recours aux sciences • Un travail de vingt ans ? • « Si j'avais des yeux... » • « Brûlez ce manuscrit ! » • Un éditeur genevois • La loi et la raison • Le climat, dites-vous... • Une liberté héréditaire ? • Que le pouvoir arrête le pouvoir • Des esclaves et du climat • D'une interprétation marxiste du baron de La Brède.

Tenir entre ses mains le manuscrit de *De l'Esprit des Loix* dont la couverture porte la mention « premier jet », comme il m'a été donné de le faire en juin 2002 à la Bibliothèque nationale*, est quelque peu grisant, comme l'avait été cinq ans plus tôt de compulser l'édition des *Essais*, dite de Bordeaux**, enrichie des corrections et « allongeails » de la main de Montaigne, et comme le sera quelques semaines plus tard de manipuler les trois volumes manuscrits des *Pensées* de Montesquieu, dans le même cadre.

Par Henri Barckhausen, qui fut le premier, voici un siècle, à faire l'étude systématique de ce document, nous savons qu'il s'agit là de « l'état de l'*Esprit des lois* entre 1742 et 1748 », c'est-à-dire du reflet irréfutable de la démarche d'un grand esprit en train d'élaborer son chef-d'œuvre. On sait par ailleurs que le manuscrit envoyé à la fin de 1747 par Montesquieu au pasteur Jacob Vernet, responsable de l'édition à Genève, a été perdu.

* Grâce à l'amitié du président Jean-Noël Jeanneney et sous la garde amicale de Mauricette Berne.

** Du fait de l'obligeance du conservateur de la Bibliothèque de Bordeaux, Pierre Botineau, de Mmes de Bellaigue et Nadine Massias.

Rien ne saurait dire l'émotion que l'on éprouve à essayer de retrouver ou distinguer les paragraphes écrits de la main même du maître de La Brède – écriture fine, longiligne, troublée, celle de l'aveugle qu'il est en train de devenir en ces années-là – et celles plus rondes et fermes de quelques-uns des dix-neuf secrétaires qui se succédèrent auprès de lui.

Est-il bien de sa main, le traitement de la première page où on lit « Des loix en [mot soigneusement raturé] en générales », puis « matériaux pour servir à l'esprit des Loix » ? Probablement, vu le désordre proprement créateur, et le tremblé, et l'orthographe qui, tous les spécialistes le savent, n'était pas le fort (toutes époques et pratiques confondues et en un temps où elle n'était pas fixée…) de ce grand homme.

Une douzaine de lignes seulement par page, de très grandes marges souvent encombrées (enrichies…) d'annotations, de citations (de Plutarque, de « Hobes ») de « remords » et ajouts, une visible passion de ne rien hasarder, de compléter ou nuancer – le tout sur un très beau papier filigrané, un peu jauni bien sûr, un papier qui montre que si notre président était selon la légende – spirituellement combattue par Jean Ehrard* – un peu parcimonieux, son esprit de stricte économie, sensible à propos de ses chandelles et de son carrosse, ne s'appliquait pas à la matière première de l'écrivain.

Que Montesquieu ait ou non consacré plus de vingt ans de sa vie à *De l'esprit des lois*, les traces d'un travail minutieux, de très longue haleine, sont bien là, renvoyant à d'innombrables lectures et entretiens. Ainsi voit-on bien comment il retouche en profondeur le paragraphe 25 du livre I, sur la division de l'« État populaire » en « classes », et la « durée » de la démocratie ; comment il biffe une phrase sur « la gloire, lumière du christianisme », et surtout comment il ampute un développement fameux, repris dans le paragraphe 5 du livre XV, sur les « nègres ». Ayant d'abord écrit :

> il faut bien se garder de leur donner connaissance de la religion chrétienne, car si nous les instruisions, nous supposerions qu'ils sont des hommes, et si nous les supposions des hommes, nous commencerions à croire que nous ne sommes pas nous-mêmes chrétiens,

* « Le poêle du Président », in *L'Esprit des mots*, Genève, 1998, p. 27-39.

il se reprend en biffant l'audacieuse référence à l'enseignement du christianisme (ce qui ne lui évitera pas certains ennuis ultérieurs...) et laïcise ainsi sa rédaction :

> Il est impossible que nous supposions que ces gens-là soient des hommes parce que si nous les supposions des hommes, nous commencerions à croire que nous ne sommes pas nous-mêmes chrétiens.

De quoi désarmer les censeurs ? Non, comme nous le verrons...

Que *De l'esprit des lois* soit son livre majeur vers lequel converge l'œuvre tout entière, nul n'en doute. Au point même que Georges Vedel, dans la préface qu'il écrivit pour « L'Intégrale » des œuvres du président bordelais, pose la question de savoir si, cet ouvrage eût-il disparu comme le *Louis XI* jeté au feu par un secrétaire étourdi, le nom même de Montesquieu eût survécu autrement que comme celui d'un petit-maître de la Régence...

Ce qui suggère une autre question, tout aussi saugrenue, mais encore plus stimulante : Charles-Louis de Montesquieu était-il voué par sa nature, sa vie, ses études, ses expériences, son talent et les attentes de l'époque à devenir le noble inventeur de la sociologie comparative, voire de la science politique ?

Dût-on l'appeler jusqu'au dernier temps « le Président », ce que nous savons de lui par ses *Pensées* et le *Spicilège*, par sa correspondance et celle de ses amis et par ses autres œuvres, des *Lettres persanes* à la savoureuse *Histoire véritable*, suggère un tout autre épanouissement de son génie, plus allègre, où se fût manifesté moins le précurseur du *Contrat social* que celui de l'auteur de *Candide*, moins le disciple de Locke que le lecteur de Swift, moins le contradicteur d'Aristote que l'inspirateur du Diderot du *Neveu de Rameau* (ou des *Bijoux indiscrets*...).

Il y avait en lui, devisant avec son cher Marivaux ou la non moins chère Tencin, flânant avec l'abbé Guasco sous les charmilles de La

Brède, ou avec le chevalier de Vivens du côté de Clairac, soupant chez Marie du Deffand ou soupirant après la divine Clermont, toute la saveur acide et soyeuse de ce siècle dont les lumières n'étaient pas seulement celles de la philosophie. Ce siècle qui de Watteau à Fragonard, en attendant Beaumarchais, pensait moins à déclamer ou endoctriner qu'à rire des infirmités sociales de peur d'être obligé d'en pleurer. Nul ne doute que l'auteur des *Lettres persanes,* à la prose si svelte et à l'esprit aigu, aurait pu inventer, au retour de son grand voyage, un *Gulliver* gascon, un *Gil Blas* qui eût roulé sa bosse bien au-delà de Sentillane, et mieux encore un autre *Supplément aux voyages de Bougainville.*

Mais non. L'hédoniste saisi par le juriste, le sonore Girondin par le studieux sociologue, Rica le sarcastique par le grave Usbek, ce fut, toujours pour notre bien collectif et souvent pour notre délectation, *De l'Esprit des Loix, ou des rapports que les loix doivent avoir la Constitution de chaque gouvernement, les Mœurs, le Climat, la Religion, le Commerce etc., à quoi l'Auteur a ajouté des recherches nouvelles sur les Loix Romaines touchant les Successions, sur les Loix Françaises et sur les Loix Féodales* (les 24 derniers mots ayant été ajoutés par l'auteur à la demande du pasteur Jacob Vernet, éditeur du livre chez Barrillot et Fils, à Genève – apparemment déçu par la brièveté du premier titre…).

Gustave Lanson soutient que *De l'esprit des lois* est à Montesquieu ce que les *Essais* sont à Montaigne, quand Émile Faguet y voit « moins un livre qu'une existence ». C'est faire bien peu de cas de la diversité d'une œuvre multiple, par l'ampleur comme par l'esprit et les significations. C'est oublier l'« autre » Montesquieu. Mais on peut soutenir que la plupart des travaux du baron de La Brède – y compris certaines des *Lettres persanes* et bien entendu les *Considérations* – sont comme des gammes, ou des pierres d'attente, en vue du grand ouvrage de 1748. Un ouvrage qui, si l'on peut dire, vient de loin.

Il est vain de se demander si ces « gammes » furent, dès l'origine, considérées comme telles par l'auteur, qu'il s'agisse des essais sur Cicéron, du *Mémoire sur l'histoire naturelle* ou des *Considérations sur les richesses de l'Espagne*, du *Mémoire sur les dettes de l'État* ou de l'*Éloge de la sincérité*, ou si c'est de pierre en pierre que se dressa l'édifice – la décision d'entreprendre le « grand œuvre » n'intervenant qu'après le grand voyage de 1728-1731. Décision qui se fonderait alors sur deux bonnes raisons : l'échec auquel est décidément vouée sa tentative d'entrer dans la carrière diplomatique, devenu patent après le rejet de sa troisième requête formulée à Londres en 1730 ; et la conscience qu'il prend alors de la richesse de son information sociologique, politique et juridique, après ces trente mois de vagabondage studieux de Vienne à Rome et de Munich à Londres.

Ballons d'essai en vue du grand ouvrage dès longtemps médité, brouillons heureusement redécouverts ou simples « moments » dans la longue maturation d'une intelligence en mouvement, nombre des thèmes majeurs du grand ouvrage surgissent ici et là dans les essais antérieurs : *Des Causes qui peuvent affecter les esprits et les caractères* ou *De la politique*.

Dans le premier est clairement formulée la thèse de l'influence du « milieu » sur les personnages, ici entendu d'ailleurs dans l'ordre social ou éducatif plutôt que climatique. Dans le second se manifeste l'antimachiavélisme tranquille du baron de La Brède, sous cette forme savoureuse : dès lors que le cours de l'histoire est orienté par mille facteurs qui échappent à notre volonté, pourquoi s'épuiser à tant de ruses, détours et complots ? Pourquoi ne pas vivre vertueusement l'inéluctable ?

Mais les traits les plus clairement annonciateurs de la philosophie de l'*Esprit des lois*, de son puissant rationalisme historique, c'est dans les *Considérations* romaines qu'on les trouve. On l'a dit plus haut, mais il faut y revenir. On ne saurait préparer mieux l'énoncé de sa thèse essentielle que ne le fait Montesquieu en écrivant « si le hasard d'une bataille, c'est-à-dire une cause particulière, a ruiné un État, il y avait une cause générale qui faisait que cet État devait nécessairement périr par une seule bataille » ; ou encore : « Si César et Pompée avaient pensé comme Caton, d'autres auraient pensé comme César et Pompée », ou encore « les soldats d'Hannibal n'auraient-ils pas trouvé partout Capoue ? ».

Ainsi va-t-il passer du principe de rationalité longue de l'histoire au principe de rationalité sourde qui inspire, selon lui, les relations sociales en général. La décadence des Romains donne une figure emblématique à la marche, apparemment aberrante, des sociétés, ce long tumulte de raisons contradictoires scandé, plutôt que modifié, par l'héroïsme de celui-ci, les crimes de celui-là, les extravagances des mystiques, les entreprises des navigateurs ou les intrigues des chevaliers d'industrie...

Ayant étudié les méfaits causés par « les richesses de l'Espagne », les tentatives de « monarchie universelle », le despotisme « à la française », de Louis XI ou de Richelieu, la corruption de l'État romain – et médité sur les tentatives pour organiser, en Angleterre, la liberté, il va pouvoir opérer la grande synthèse rationalisante de tant d'observations, vécues ou livresques.

La longue marche de Charles-Louis vers le grand achèvement de 1748 ne se situe pas seulement dans l'ordre du politique, du juridique et du sociologique. Nous n'avons guère mis l'accent sur les préoccupations scientifiques de sa jeunesse, sur l'application du jeune magistrat à expliquer à ses confrères de l'Académie de Bordeaux les mystères de la physique appliquée, de la biologie ou de la climatologie, des glandes rénales ou de l'écho... Parce qu'ils nous paraissent aujourd'hui un peu ridicules ? L'important n'est pas dans son cas de s'affirmer comme un nouveau Réaumur, un autre Vaucanson – mais d'ouvrir son esprit à ce type d'information et de raisonnement.

À quoi il faut ajouter l'influence exercée sur cet admirateur de l'Angleterre par Isaac Newton – dont le rayonnement, sur la pensée européenne du XVIIIe siècle, est comparable à celui qu'exerçaient, durant les décennies précédentes, Descartes et Leibniz. Quel plus beau défi pour l'esprit que d'appliquer aux relations humaines le système de causalités éclairé par le grand physicien anglais – dont Martin Folkes, ami de Montesquieu, a été le très fervent disciple, et Pierre Coste, son introducteur à la culture anglaise, le traducteur ?

Entre ce qui provoque la chute des corps et ce qui impose le déclin des empires ou le surgissement des forces sociales, comment ne pas rechercher le lien de parenté ? Après tout, cet autre grand inspirateur de sa pensée, Malebranche, lui a sinon ouvert, en tout cas suggéré une voie en ce sens, montrant que le recours systématique à la raison ne menait pas nécessairement au rationalisme...

Cet ancrage de Montesquieu dans le monde de la science, et plus spécifiquement dans celui de la science expérimentale que vient de bouleverser Newton, aboutit à ceci, que relève Althusser : si l'auteur de l'*Esprit des lois* n'est pas l'inventeur de l'idée d'une physique sociale, « il est le premier qui voulut lui donner l'esprit de la physique nouvelle » qui consistait à « partir non des essences mais des faits, et de ces faits dégager leurs lois »[1].

Revenant au soir de sa vie sur cette grande entreprise, Montesquieu écrit : « Je ne sais pas encore si j'ai été hardi, ou si j'ai été téméraire, si j'ai été accablé par la grandeur, ou si j'ai été soutenu par la majesté de mon sujet. »

Le projet de donner ainsi une sorte de boussole aux navigateurs de l'histoire et de la politique universelle fut à coup sûr formé au cours des années trente, peut-être au cours du grand voyage, entre les Pays-Bas où il rencontre Grotius, l'Angleterre où il découvre tant de choses, et la décision prise à la fin de 1734. On doit pouvoir faire confiance sur ce point au minutieux Shakleton : il s'en dit d'autant mieux assuré qu'il se fonde sur un propos du marquis d'Argenson qui aurait lu quelques fragments du livre dès 1736... Mais quand donc et comment fut trouvé le titre fameux (le plus souvent allégé du « de » initial qui en souligne le caractère d'essai) ?

L'auteur du présent livre ne saurait manquer de revenir sur la question à lui posée par Pierre Barrière à propos du titre de Montesquieu, le lien fugacement établi par cet enseignant entre le vin produit par le grand propriétaire girondin et ces lois auxquelles il s'était consacré, *volens nolens*, une vingtaine d'années, l'« esprit de vin » inspirant l'*Esprit des lois*. L'ingéniosité de la suggestion – dont le découvreur se garda, on l'a dit, de faire état dans son propre ouvrage – est patente. Il est très possible que le baron-viticulteur ait « fonctionné » ainsi. Le surgissement d'un titre dans la tête d'un auteur provient d'une alchimie si curieuse...

Mais « bien trouvé » ou non, et par cette voie, le titre ne se justifierait pas tout à fait pour autant. Car ce qu'exprime « esprit de vin »,

1. Louis Althusser, *Montesquieu, la politique et l'histoire*, Paris, 1959, p. 15.

c'est une émanation – en aval, si l'on peut dire, de la création du produit. Ce qui émane, ce qu'on en tire après. Le titre de Montesquieu vise une opération intellectuelle antérieure, en amont. Il s'agit non de ce qui transpire, mais de ce qui inspire. On se ferait tort en corrigeant ici ce grand homme. Mais « esprit », ici, traduit moins ce qu'il cherche, semble-t-il, l'expression d'une rationalité globale, que « source », ou « moteur ». On a parlé de « lois des lois »...

Le titre, tel qu'il est – fort beau ! – fut peut-être inspiré à Montesquieu, mieux que par quelque référence aux vendanges de Rochemorin, par les travaux d'un juriste fort réputé du XVIIe siècle, Jean Domat, bien connu des étudiants du siècle suivant, qui avait fait valoir qu'il ne traitait « pas des lois, mais de l'esprit des lois ». Que l'« esprit » de Montesquieu, regardant les lois, ne fût guère accordé à celui de Domat importe peu. L'idée peut bien être venue de ce jurisconsulte. Ce qui compte, en l'affaire, c'est le thème « unificateur » : un esprit inspire, ici et partout, la loi, des îles Galapagos à la Cité de Londres, esprit qui est, jusqu'en ses apparentes extravagances, la raison humaine conditionnée par le milieu naturel.

S'agissant d'une aussi vaste entreprise – quatorze ans au bas mot d'engagement total, ce qui est beaucoup pour un hédoniste méridional... –, il faut évoquer l'environnement collectif dans lequel s'inscrivent son effort aussi bien que l'« état de marche » du personnage.

L'évolution politique du royaume, nonchalamment placé par Louis XV sous la houlette de Fleury (qui meurt en 1743, cinq ans avant la publication du livre), n'est ni pour l'indigner ni pour le satisfaire : il ne fait pas grand cas du cardinal languedocien. Déjà des révoltes paysannes près de chez lui, en Charente notamment, annoncent les orages futurs. Mais c'est surtout la guerre de succession d'Autriche dans laquelle le maréchal de Belle-Isle, qu'il tient pour un « fou », jette la France, qui assombrit profondément cette partie de sa vie : de 1740 à 1748, la période cruciale de la rédaction de son livre est hantée par une guerre qui indigne le citoyen et ruine le viticulteur…

Si l'homme public est en alerte, l'homme privé est à l'épreuve. Non dans l'ordre familial – dès lors qu'il règle, « à l'ancienne », on l'a vu, les affaires de cette nature. Mais dans celui de la santé. L'âge ? Non : il se lance dans l'entreprise à quarante-cinq ans, l'achève aux abords de la soixantaine. Au XVIIIe siècle, ce n'est plus un âge qui implique un affaiblissement*. Mais il y a cette vue qui l'abandonne, la cécité croissante qui le condamne à recourir à d'autres yeux pour le maintenir en rapport avec le livre, enchantement de sa vie et clef d'une œuvre qui exige une infinie documentation.

De cette cruelle épreuve, et de l'humeur dans laquelle elle le jette, on a un émouvant témoignage personnel : la lettre qu'il écrit à son ami le grand mathématicien Maupertuis en juin 1747 pour le remercier de l'avoir fait élire à l'Académie de Berlin, et l'avertir qu'il ne pourra effectuer le voyage en Prusse que l'autre lui propose d'entreprendre :

> … Je commence à sentir que le grand travail me tue. J'ai, grâce à Dieu, fini les ouvrages que j'avais commencés et je sens le plaisir que l'on a quand on sort du collège… Il faut que je vous parle de mes yeux. Il s'est trouvé que j'en ai un sur lequel il y a une cataracte, et c'est précisément celui dont je pouvais lire, car de l'autre je n'ai jamais vu que les gros objets. Ce défaut naturel est plus commun qu'on ne pense, de voir d'un œil mieux que d'un autre, mais on n'y fait pas attention. Ma cataracte est d'une bonne qualité et mon ami, M. Gendron, a cru que je ferais bien d'attendre jusqu'au printemps prochain à me faire faire l'opération. Je vous prie de me mander s'il y a en Allemagne quelqu'un qui soit habile pour cela. […]
> Vous touchez un endroit bien tendre quand vous me proposez un voyage à Berlin. Imaginez-vous quel bonheur ce serait pour moi, qui ai eu si longtemps devant les yeux les capitaines romains, de voir Frédéric ? [Mais] que feriez-vous d'un pauvre homme qui tombe et se heurte partout, qui ne reconnaît personne et qui ne sait jamais à qui il parle [1] ?

1. Lettre 382.
* On sait que Fontenelle passa les cent ans, Voltaire les quatre-vingts…

(Maudite cataracte, qui nous aura privés du dialogue entre Montesquieu et le grand Frédéric, version moderne de l'entretien entre Sylla et Eucrate...) Nous verrons au demeurant que les sentiments qu'il porte au « Roi-Poète [1] » ne sont pas de ceux qui font passer sur les ennuis et les périls d'un long voyage. Ce roi qui s'était entiché d'un Voltaire...

On a mis l'accent sur la longue durée du travail du maître de La Brède, moins sur la conscience qu'il prend de l'immensité de sa tâche, de la disproportion entre son personnage, très souvent isolé dans sa bibliothèque et ses champs, épaulé par tel ou tel secrétaire ou sa fille Denise (brièvement avant son mariage, sporadiquement ensuite), et cette angoisse qui le tient de ne pouvoir mener à bien sa grande entreprise.

En décembre 1741, il écrit à son cher ami le président Barbot qu'il « travaille à [ses] lois huit heures par jour... » Et d'insister : « L'ouvrage est immense. J'en suis extrêmement enthousiasmé ; je suis mon premier admirateur. Je ne sais si je serai le dernier... » Mais le même correspondant reçoit six mois plus tard un mot où l'ardeur du maître de La Brède paraît en déclin : « ... Les belles choses que je pourrais faire si j'avais des yeux ! » Encore trois ans, et il écrit à l'abbé Guasco : « Ma vie avance et l'ouvrage recule... »

Et le 1er août 1744, c'est encore à Guasco qu'il écrit, en l'invitant à La Brède : « ... Je vous consulterai sur mon grand ouvrage qui avance à pas de géant depuis que je ne suis plus dissipé par les divers soupers de Paris [2]... » Et au même, en février 1747 : « Je vous enverrai à la fin d'avril le premier volume... après cela je travaillerai au second, que vous recevrez deux ou trois mois après [3]... »

1. Élisabeth Badinter, *Les Passions intellectuelles*, Paris, 1999, p. 279.
2. Lettre 336.
3. Lettre 372.

Mais s'il est assuré maintenant de toucher au but, aveugle ou pas, une immense mélancolie s'empare de lui, que reflètent ses *Pensées* :

> J'avais conçu le dessein de donner plus d'étendue et de profondeur à quelques endroits de cet ouvrage ; j'en suis devenu incapable. Mes lectures ont affaibli mes yeux, et il me semble que ce qui me reste encore de lumière n'est que l'aurore du jour où ils se fermeront à jamais...

Dès 1745, il a jugé l'œuvre assez avancée pour en organiser une lecture à Bordeaux, chez le cher président Barbot, en présence de l'abbé Guasco et de son fils Jean-Baptiste, promettant à l'Italien qu'il serait libre, comme leur hôte, de critiquer le texte à loisir. La lecture dura plus de trois jours. Et Guasco, aussi bien que Barbot, a témoigné depuis lors que le président-écrivain tint scrupuleusement compte des observations de ses amis.

Deux ans plus tard, Montesquieu, non content de cette première épreuve, tint à lire (ou faire lire) à nouveau son manuscrit, cette fois à des amis parisiens. Sont convoqués chez lui, rue Saint-Dominique, Fontenelle, le président Hénault, Helvétius, Silhouette* et Crébillon fils. Les réactions sont pour le moins discordantes : Hénault parle d'« inachèvement », Helvétius de « timidité ». Quant à Silhouette, il ose tout simplement conseiller à l'auteur de jeter le manuscrit au feu ! Seul Crébillon se déclare enchanté. Étonnement de Montesquieu : « Je ne crois pas avoir manqué de génie... »

Une lettre d'Helvétius, pour lequel l'auteur du nouveau livre avait beaucoup d'estime, aggraverait son trouble, s'il n'était assuré, précisément, de son « génie » :

> J'ai relu jusqu'à trois fois, mon cher Président, le manuscrit que vous m'avez fait communiquer. Vous m'aviez vivement intéressé pour cet ouvrage à La Brède.
>
> Je ne sais si nos têtes françaises sont assez mûres pour en saisir les grandes beautés. Pour moi, elles me ravissent. J'admire l'étendue du génie qui les a créées et la profondeur des recherches auxquelles il a fallu vous livrer pour faire sortir la lumière de ce fatras de lois barbares. Je vous vois, comme le héros de Milton, pataugeant au milieu du chaos,

* Agent de la Compagnie des Indes qui sera en 1759 un éphémère contrôleur général des Finances.

> sortir victorieux des ténèbres. Nous allons être, grâce à vous, bien instruits de l'esprit des législations grecques, romaines, vandales et wisigothes, quelques malheureux peuples opprimés par des tyrans ou des charlatans religieux. Vous nous dites : voilà le monde comme il s'est gouverné et comme il se gouverne encore. Vous lui prêtez souvent une raison et une sagesse qui ne sont au fond que les vôtres et dont il sera bien surpris que vous lui fassiez les honneurs.
> Vous composez avec le préjugé comme un jeune homme entrant dans le monde en use avec les vieilles femmes qui ont encore des prétentions et auprès desquelles il ne veut qu'être poli et paraître bien élevé. Mais aussi ne les flattez-vous pas trop ?
> Vous connaissez le reproche que j'ai toujours fait à vos principes. Souvenez-vous qu'en les discutant, à La Brède, je convenais qu'ils s'appliquaient à l'état actuel, mais qu'un écrivain qui voulait être utile aux hommes devait plus s'occuper de maximes vraies dans un meilleur ordre de choses à venir[1]...

(En somme, l'ancien fermier général de Bordeaux reproche à Montesquieu de n'être pas Rousseau...)

Les objections d'Helvétius ne laissèrent pas d'émouvoir Montesquieu – sans pour autant l'ébranler. Bien qu'il se fût rangé à maints avis, et eût obéi à la plupart des injonctions de Jacob Vernet, il passa outre aux murmures des uns et aux avertissements des autres et se décida à affronter le grand public, non sans placer en tête de son livre*, en guise d'épigraphe, un hémistiche d'Ovide qui sonne ici comme un défi : « *Prolem sine matre creatam* » (créature enfantée sans mère), afin de couper court à toutes les allégations d'emprunts abusifs aux auteurs innombrables qu'il a consultés depuis vingt ans – et bien avant...

Simple profession de foi d'originalité, de créativité ? On le croit. Mais certains mémorialistes rapportent que le baron donna à Mme Necker une autre explication de cet emprunt au poète latin qu'il chérissait : « Une grande œuvre a besoin à la fois d'un père et d'une mère, le génie et la liberté. La mienne a manqué de cette dernière. » Ingénieux... Un peu trop : dut-il vraiment forcer sa nature pour ne pas effaroucher le pouvoir en évoquant monarchies, féodalités, clergés et aris-

1. Lettre 391.
* Incité à le faire par son ami Barbot.

tocraties ? Nous retrouverons ce débat à propos de la grande querelle que déclencha la parution de l'*Esprit des lois*.

Restait – entre quelques autres questions – à décider du lieu de la publication. Le problème s'est toujours posé, nous l'avons vu, à cet auteur qui pour n'être certes pas un boutefeu, un révolutionnaire militant, soulève trop de questions politiques et religieuses pour ne pas alerter le pouvoir – d'autant plus que l'élégante modération de cet aristocrate a toutes chances de donner crédit à ses thèses jusque dans les cercles les plus paisibles.

Ses premiers livres ont été édités aux Pays-Bas. Mais les relations entre ce pays et la France sont alors envenimées par la guerre de succession d'Autriche – la paix négociée à Breda n'interviendra qu'en 1748. La publication en pays « ennemi » risque de donner à ce livre si chargé d'explosifs l'allure d'un brûlot qui pourrait être exploité contre la monarchie française – et contre lui.

Une autre voie s'ouvre. Montesquieu a fait connaissance chez Mme de Tencin d'un diplomate suisse, Pierre Mussard, admirateur fervent de ses œuvres, qui s'offre à lui faciliter l'accueil de Genève, où l'ouvrage pourrait être proposé à l'éditeur Jacques Barrillot avec le concours éditorial du pasteur Jacob Vernet, érudit de grand style et d'idées que l'on dit « avancées ». Le président se dit enchanté (il avait connu Vernet en Italie) et l'accord se fit sur ces points, comme en témoigne cette lettre de Pierre Mussard, le 8 juillet 1747, heureux de mener à bien la mission dont il se dit « honoré » :

> Si au nom seul de l'auteur je fis éclater mon zèle, je vous assure qu'il a bien redoublé à la lecture de l'ouvrage. Le sujet est immense, le plus grand, le plus curieux, le plus utile qu'on puisse traiter ; mais peut-il être l'ouvrage d'un seul homme ? Oui, c'est le président de Montesquieu… Je vous le dis, Monsieur, que si tout le congrès de Breda* voulant procurer le bien des nations avait pu concevoir l'idée d'un pareil ouvrage, il n'aurait pu penser qu'à vous seul pour l'exécuter[1].

Le 13 novembre 1747, le pasteur Jacob Vernet à en main l'ensemble du manuscrit, et peut écrire à l'auteur que c'est bien là « le plus grand

1. Lettre 382.
* Où se déroulaient les négociations de paix.

morceau de génie et de prudence politique qui ait encore paru[1] ». Mais, pour si enthousiaste qu'il soit, cet homme de bien se révélera quelque peu tyrannique et capricieux, exigera des coupures et contraindra quasiment l'auteur à ajouter les trois derniers livres, ceux qui ont trait aux rapports entre lois franques et lois romaines et aux origines de la féodalité française. Mais en fin de compte, Montesquieu pourra se louer de ce zèle très démonstratif.

L'ouvrage venu de Suisse est mis en vente à Paris le 11 novembre 1748, non sans que le chancelier d'Aguesseau ait d'abord décidé de le saisir, avant de se raviser en donnant une « permission tacite ». À partir de quoi l'édition de Genève donna lieu à de multiples contrefaçons…

On ne se donnera pas le ridicule ici de proposer une nouvelle évaluation de l'*Esprit des lois* qui, depuis Voltaire et Condorcet, Bernard Groethuysen, Raymond Aron et Louis Althusser, Roger Caillois, Georges Vedel et Jean Starobinski, a inspiré les gloses les plus pénétrantes. Retenons pour axe central de la noble démarche où se déploie la réflexion d'un grand esprit à la veille d'une recomposition du monde à peu près sans précédent – celle qui verra surgir à la fois « les droits de l'homme » et le totalitarisme mécanisé – l'idée qui inspire la préface de Georges Vedel déjà citée : que Montesquieu n'a pas eu pour ambition de réinventer le droit ou de refaire le monde ou de proposer un paradis terrestre, comme les grands utopistes, mais de suggérer que « la planète des hommes peut être raisonnablement habitable ». De ces huit mots, le plus significatif étant, bien sûr, « raisonnablement ».

À partir de ce mot, qui irrigue et vivifie tout ce livre crépitant de déraisons folkloriques et de digressions pittoresques, ce rationnel bouquet de folies qui ne sont vues comme telles, par nous, que parce que nous ne savons pas en déceler les raisonnables origines, on voudrait

1. Lettre 387.

seulement mettre en lumière les trois ou quatre thèmes qui semblent donner tout son sens à l'œuvre de Montesquieu. Et d'abord celui de la rationalisation de la liberté par le contrôle des pouvoirs et les défis qui lui sont lancés, notamment par l'esclavage.

Retenons d'abord trois propositions qui, entre mille autres, servent en quelque sorte de leitmotiv à *De l'esprit des lois*, et flèchent dès les premières pages ce qui, de digressions en synthèses, fera la matière du grand discours du maître de La Brède.

> – *J'ai d'abord examiné les hommes, et j'ai cru que dans cette infinie diversité de lois et de mœurs, ils n'étaient pas uniquement conduits par leur fantaisie...* (préface, paragraphe 3)
> – *La loi, en général, est la raison humaine en tant qu'elle gouverne tous les peuples de la terre... [les lois] doivent être tellement propres au peuple pour lequel elles sont faites que c'est un très grand hasard si celles d'une nation peuvent convenir à une autre... Elles ont des rapports... avec l'ordre des choses sur lesquelles elles sont établies...* (chapitre II, paragraphe 4)
> – *La liberté politique ne se trouve que dans les gouvernements modérés... que lorsqu'on n'abuse pas du pouvoir, il faut que par la disposition des choses, le pouvoir arrête le pouvoir...* (livre XI, chapitre IV)

L'essentiel est dit : que la société, encadrée par des lois dont l'origine est *raisonnable*, compte tenu des données (sociales et climatiques) de la société considérée, doit tendre à la liberté, que fonde la modération du pouvoir par la mise en équilibre de ses composantes. Aussi bien va-t-on s'arrêter à quelques leçons que propose ce livre immense : celle qui concerne le lien entre la loi et le climat, celle qui a trait à la préservation des libertés par le contrôle du pouvoir, et celle qui vise la violation la plus radicale des libertés, l'esclavage.

Ce ne sont que des pièces du grand puzzle inventé par le baron aux yeux perdus. Mais, sans les premières, qui ont trait au lien entre législation, raison et climat, on ne peut saisir le lien entre raison et liberté. Et, sans la troisième, le plaidoyer pour la liberté perdrait de sa force tragique.

Plus encore que le thème de la « séparation des pouvoirs » qui devait alimenter deux siècles de gloses passionnées, c'est la « théorie des climats » qui, résumée en cette formule du livre XIX, « l'empire du climat est le premier de tous les empires », capta d'abord l'attention ou provoqua les sarcasmes des contemporains de Montesquieu. On en verra un témoignage dans ce petit pastiche versifié dû à un chansonnier du temps nommé Bonneval, qui se gaussait du philosophe pour lequel

> … Le sol est la cause première
> De nos vices, de nos vertus
> Néron, dans un autre hémisphère
> aurait peut-être été Titus*
> La liberté n'est qu'un vain titre
> Le culte est par consentement
> et le climat seul est l'arbitre
> Des dieux et du gouvernement.

On verra la polémique prendre des formes plus féroces. Mais si l'index est ainsi pointé sur l'aspect le plus pittoresque de ce grand traité du monde, c'est parce que la théorie des climats était à la mode depuis un siècle, dût-elle être soutenue alors sur le mode mineur. Nous en avons retrouvé maints exemples, notamment dans les réflexions d'un savant jésuite inspirateur des *Lettres persanes*, dont le déterminisme climatique émane en droite ligne des *Voyages en Perse* de Jean Chardin. La phrase initiale de ce dernier livre, délicieux, est en effet :

> … J'ai toujours recours au climat en cherchant la raison des habitudes et des manières des hommes, et même de leur génie.

Mais Chardin et Montesquieu s'inspirèrent peut-être d'un médecin basque, Jean Huarte, originaire de Saint-Jean-Pied-de-Port, auteur du

* À vrai dire, le chansonnier porte ici secours au philosophe : au regard d'un Juif, qui est pire de Titus ou de Néron ?

Traité des esprits (*Examen de ingenios*) publié en espagnol à la fin du XVIe siècle et très vite traduit en français, loué par Gui Patin et Pierre Charron, et dont un exemplaire figurait dans la bibliothèque de La Brède où il fut redécouvert par le Dr Pierre Mauriac. N'est-ce pas lui d'abord qui souffla l'idée au président-gentilhomme ?

À vrai dire, bon disciple d'Hippocrate, Huarte se réfère loyalement aussi à Galien quand il soutient que

> la chaleur, la froidure, l'humidité, la sécheresse de la région qu'ils habitent, les viandes qu'ils mangent, les eaux qu'ils boivent, l'air qu'ils respirent font des hommes ce qu'ils sont : les uns stupides, les autres sages ; les uns vaillants, les autres couards ; les uns cruels, les autres enclins à la miséricorde ; les uns secrets et particuliers, les autres plus ouverts ; les uns menteurs, les autres véritables ; les uns fidèles, les autres traîtres ; les uns d'un esprit inquiet, les autres d'un esprit rassis ; les uns doubles, les autres simples…
>
> Il en est des peuples comme des individus. Les caractères raciaux, comme les vocations individuelles, sont déterminés par le sol, le climat, la température : ainsi voit-on clairement par expérience combien diffèrent les Grecs des Scythes, les Français des Espagnols, les Indiens des Allemands et les Éthiopiens des Anglais. Et non seulement on le voit en des régions si lointaines et séparées l'une de l'autre, mais si nous considérons les provinces des environs, nous pourrons partager les vertus et les vices. D'où la loi faite par les Carthaginois rapportée par Platon qui défendait aux capitaines de boire du vin tant qu'ils seraient en guerre, loi qui n'a de raison d'être que dans les pays chauds.

Formules que l'on retrouve, à peine atténuées, dans *De l'esprit des lois*. Mais notre baron de Gironde montre plus de circonspection que le médecin basque quand dans l'*Essai sur les causes qui peuvent affecter les esprits et les caractères*, lointain brouillon de ses *Lois*, il refuse de prendre en compte la trop pittoresque histoire (racontée par Huarte) de François Ier qui, étant tombé dangereusement malade et désespérant des médecins chrétiens, fit demander à Charles Quint de lui envoyer un médecin juif. « Pourquoi les Juifs ont l'esprit plus propre à la médecine que les chrétiens ? se demande le médecin basque. Cela ne vient-il pas de la grande quantité de manne que les Israélites mangèrent dans le désert ? »

Les développements inspirés à Montesquieu par la théorie des climats – qui doit beaucoup aussi au médecin anglais John Arbuthnot, fréquenté à Londres – ne sont pas tous, bien sûr, de ce calibre. Ils n'en frôlent pas moins, ici ou là, le ridicule, tombant parfois dans le simplisme. Mais ils éclairent souvent avec bonheur l'exposé du juriste bordelais, en ce qu'ils lui permettent de maintenir constamment le lien entre la raison et la loi, le rapport entre prescriptions publiques et données locales, de faire prévaloir sans relâche un humanisme fondamental, la raison de l'« Autre » et de l'« Ailleurs », tel que le pratiquait le Montaigne des « cannibales ». Quitte à justifier la polygamie par l'extrême inégalité (supposée) des populations masculines et féminines dans tel ou tel pays d'Afrique ou d'Asie…

De tels traits rappellent que l'information géoculturelle de Montesquieu est souvent faible, parfois erratique. Dans ses énormes lectures, il y avait de bons inspirateurs, Chardin pour la Perse, les *Lettres édifiantes et curieuses* des jésuites à propos du Paraguay ou de la Chine, le père Lafitau pour le Canada. Mais ses sources étaient parfois de moindre qualité. Il répète, après bien d'autres à l'époque, que le monde allait se dépeuplant… Les voyageurs avec lesquels il dînait en ville n'étaient pas tous aussi judicieux que Lady Montagu…

Si la majorité des lecteurs contemporains de l'*Esprit des lois*, tenant ce livre pour l'œuvre majeure du maître de La Brède, y vit d'abord une sorte de précis d'ethnographie comparée visant à déchiffrer puis ordonner la société humaine non plus à la lumière de la religion ou de la Providence mais en fonction des climats qui font voir, au soleil, de la vertu là où, dans les glaces, serait dénoncée une turpitude, la postérité aura surtout retenu de cet ouvrage prestigieux le livre XI où sont posées les règles visant à assurer la liberté des êtres humains. Ce sont ces quelques dizaines de pages qui ont valu à leur auteur d'être salué à travers le monde comme l'un des inventeurs de l'humanisme moderne.

Charles-Louis de Montesquieu portait-il en lui ce message, en quelque sorte par hérédité, en tant qu'individu, provincial, magistrat girondin, aristocrate français du siècle des Lumières, en tant qu'admirateur de Cicéron aussi bien que lecteur familier de Montaigne et de Fénelon ? Ne faut-il pas voir plutôt ici, une fois de plus, le fruit de ses recherches, de son heureux séjour en Toscane, de sa longue enquête en Angleterre, de la lecture de Locke, de son adhésion à la franc-maçonnerie londonienne, de ses échanges avec Chesterfield, Bolingbroke ou Martin Folkes ? On peut en débattre.

Mais on ne se retiendra pas de suggérer – nouant par paradoxe les deux grands thèmes d'ailleurs contradictoires de son discours – que notre auteur fut en quelque sorte voué à la défense de la *liberté* par les *contraintes* du « climat », par sa naissance en un certain « pays », par les données et les vicissitudes de son éducation et de son existence, par les « greffes » reçues de ses amis et de son entourage.

On l'a vu naître dans une province dont l'histoire est profondément marquée par les trois siècles d'une occupation anglaise dispensatrice de franchises communales et initiatrice de courants commerciaux fructueux, dans une ville cabrée en d'incessantes querelles contre le pouvoir centralisateur de la monarchie, dans une Guyenne traversée par les effluves d'un protestantisme qui, de La Rochelle à Montauban, de Nérac à Bordeaux, ne cesse de défier la lourde machine de l'Église-État. Comment peut-on, Gascon marié à une protestante, n'être pas acquis au parti de la liberté ? Ainsi pense-t-on voir Montesquieu prédéterminé pour être libre, et pour réclamer que les autres le soient…

Élevé par des oratoriens quelque peu suspects de sympathies pour le jansénisme, bon lecteur du non-conformiste auteur des *Essais* et de son ami La Boétie auquel on doit le plus ardent des pamphlets qu'on ait écrits en langue française contre la « servitude volontaire », fervent de ce Fénelon qui prétendit ouvrir les voies à une monarchie éclairée (tous ces auteurs sont des voisins de La Brède…), lui-même citoyen favorable à l'avènement du régime des « conseils » sous la Régence et d'ailleurs séduit par le personnage « libérateur » de Philippe d'Orléans, magistrat écœuré par les rigueurs répressives et le système des galères, aristocrate indigné par la domestication de son ordre, producteur de vin féru de libre-échange commercial, on peut voir en Montesquieu un être voué, contraint par ce « climat » géographique et culturel, à se faire l'avocat de la liberté. Et par goût, et par dégoûts…

Bon. Une fois surmontée la contradiction entre les contraintes déterminantes du climat et l'aspiration au libre choix de l'individu, sous quelque ciel qu'il se tienne – être monogame à Ispahan, boire du bordeaux en Mauritanie… – le Grand Législateur se retrouve confronté à un autre problème. S'il est vrai que la fin suprême de Montesquieu est l'instauration de la liberté, « l'action humaine par excellence » (Jean Starobinski), il est non moins vrai que la loi est, par essence, contrôle sinon limitation de la liberté, sous sa forme la plus élémentaire : tu feras, tu ne feras pas… Tu ne tueras pas, tu respecteras tes parents, tu seras monogame, tu conduiras à droite, tu ne construiras pas en telle zone, tu ne planteras pas de vignes sur cette terre…

Retenons, mieux qu'aucune autre peut-être, parce qu'elle est au centre du système Montesquieu, combinaison subtile de hardiesse libératrice et de prudence conservatrice, et bien caractéristique de son style de noble précepteur de prince à la Fénelon, la formule qui fait le corps du chapitre III du livre XI :

> La liberté politique ne consiste point à faire ce que l'on veut. Dans un État, c'est-à-dire dans une société où il y a des lois, la liberté ne peut consister qu'à vouloir faire ce que l'on doit vouloir et à n'être point contraint de faire ce que l'on ne doit pas vouloir… Il faut se mettre dans l'esprit ce que c'est que l'indépendance, et ce que c'est que la liberté. La liberté est le droit de faire tout ce que les lois permettent…

Commentant, dans son *Montesquieu le moderne*[1], cette contradiction relevée par l'auteur de l'*Esprit des lois* entre « liberté » et « indépendance », Alain Juppé fait justement valoir que le mot de « licence » serait ici mieux venu – non sans reconnaître que le terme choisi par le président bordelais est « sans doute plus riche de sens ». Oui. Mais il se trouve que le vocable est passé aujourd'hui dans le champ du droit public, ce qui fonde bel et bien la correction apportée par l'ancien Premier ministre, écrivain sinon plus « moderne », en tout cas plus contemporain que le baron de La Brède.

Toute l'entreprise du président bordelais vise précisément à faire de la loi l'instrument de la liberté, en faisant en sorte que les contraintes qu'elle implique tendent à abolir ou affaiblir celles que provoquerait leur absence. Et c'est ainsi que, mieux qu'aucun de ses prédécesseurs,

1. Perrin-Grasset, 1999, p. 225.

Montesquieu en vient à lier l'idée de liberté à celle de sécurité par le truchement de la loi.

L'une des observations les plus topiques de ses *Notes sur l'Angleterre* consacrait déjà ce lien : ayant assuré que ce pays est « le plus libre qui soit au monde » – du fait que « le prince n'a pas le pouvoir de faire aucun tort imaginable à qui que ce soit par la raison que son pouvoir est contrôlé et borné par un acte » –, il ajoute : « Quand un homme en Angleterre aurait autant d'ennemis qu'il y a de cheveux sur la tête, il ne lui arriverait rien[1]... »

Mais ce n'est pas dans la relation permanente d'homme à homme qu'il situe, comme le fait Hobbes, le problème de la sauvegarde du couple sécurité-liberté, mais dans le rapport de l'homme à l'État, au Prince ou, mieux, aux « pouvoirs ». C'est là, beaucoup plus que dans le voisin de champ, de palier ou même le détrousseur des rues, que Montesquieu situe le danger fondamental pour le citoyen. C'est la rage, la boulimie de pouvoir du Prince, qui l'obsède.

C'est de ce monstre-là qu'il faut préserver l'homme du commun. S'il l'écrit dans ses *Lois*, il le dit plus fortement encore dans une note du *Spicilège* contemporaine de la rédaction de son livre. Se référant au *Craftsman* londonien, il l'exprime en anglais, sans que l'on sache très bien s'il s'agit d'une simple citation, ou d'une glose personnelle :

« *The love of power is natural. It is insatiable, almost constantly whetted, never cloyed by possession* » (L'amour du pouvoir est naturel. Il est insatiable, constamment aiguisé, jamais rassasié par la possession)[2].

Ce qui est frappant dans la pensée de Montesquieu, c'est qu'ayant si bien lié les questions de liberté et de sécurité du citoyen, il ne semble préoccupé de préserver l'un et l'autre qu'en contenant ou bornant le pouvoir de nuisance du prince, à l'exclusion de tout autre ennemi. Le problème du législateur se résume donc à la fixation et construction de cette « borne », qui ne saurait être la dégénérescence du pouvoir, mais sa limitation par le morcellement et l'équilibre. Et comment l'équilibrer par d'autres voies que la distinction de ses composantes, et l'équilibre ou harmonisation de celles-ci ?

1. Voir le chapitre IX.
2. *Spicilège*, n° 525.

Il y a beau temps que la formule de « séparation des pouvoirs » telle qu'elle fut inlassablement présentée comme la quintessence de la pensée de Montesquieu a été relativisée, sinon battue en brèche, en particulier par Charles Eisenmann, qui mieux que personne a démontré [1] que cette prétendue « séparation » n'a jamais été son objectif, pour les bonnes raisons que, chez lui, l'exécutif (ou exécutoire) n'est pas séparé vraiment du législatif qu'il contrôle par le droit de veto, et qu'il advient que le législatif soit érigé en judiciaire, tandis que le « judiciaire » n'est pas à proprement parler un « pouvoir », dès lors qu'il applique, qu'il « dit » un droit élaboré par d'autres...

Ce raisonnement emporte évidemment l'adhésion – à ceci près que si l'on dénie au judiciaire (ou juridictionnel) la dignité de « pouvoir » du fait qu'il se borne à appliquer la loi, que dire de l'« exécutif » qui, de par sa désignation même, n'est en théorie que l'instrument ou le bras armé du législatif – comme on le vit par exemple au temps de la Révolution française, sous les deuxième et troisième assemblées, sinon dans les mois qui suivirent la Libération de 1945, quand le général de Gaulle dénonçait le « gouvernement d'Assemblée » ?

Il est à coup sûr plus pertinent de parler de « distinction » et « équilibre » des pouvoirs, plus ou moins harmonisés ou coordonnés. Mais ayant rendu aussi hommage aux vertus de la science ou de l'argumentation juridique – à Carré de Malberg et Léon Duguit comme à Eisenmann –, on voudrait donner la parole, sinon le dernier mot sur ce point, à Georges Vedel. Ayant pris soin de rappeler à quel point les idées et les formules de l'auteur de l'*Esprit des lois* ont été « polies et bosselées par la méditation des auteurs et par la pratique des gouvernements », le grand juriste gascon convient que « finalement les banalités sont vraies. L'idéal de Montesquieu est bien l'organisation de la liberté, c'est-à-dire le gouvernement modéré... Les recettes sont bien celles de la "séparation des pouvoirs"... Au total, il s'agit bien de ralentir, de contenir, d'apaiser ce monstre irremplaçable, le pouvoir... » [2].

« Séparation », « distinction » ou « équilibre » (et compte tenu du fait qu'on n'équilibre que ce qu'on a auparavant distingué...), il est

1. Notamment dans les *Mélanges Carré de Malberg*.
2. Préface déjà citée, p. 10.

bon de se demander en quoi le maître de La Brède a emprunté le thème majeur de sa doctrine à ses hôtes, ou prédécesseurs anglais. On ne peut nier que l'esprit de Locke, celui du *Traité du gouvernement civil*, était en lui, et nous savons qu'il avait débattu de ces questions avec Bolingbroke et son collaborateur Pulteney (qui, devenu Lord Bath, se référera à Montesquieu devant le Parlement). Ayant vu fonctionner les institutions britanniques – non sans s'indigner parfois de la brutalité des débats au sein de la Chambre « basse », on l'a vu, et de la corruption qui, instaurée en règle par Robert Walpole, en altérait le fonctionnement –, il ne pouvait bâtir son système de « modération » du pouvoir sans penser au précédent d'outre-Manche.

Mais, soit qu'il ait voulu être fidèle à sa théorie des climats et pensé – justement – que ce qui est salubre au nord de la Manche, dans les brouillards londoniens et les manufactures du Lancashire ne peut être appliqué à un pays plus agricole et ensoleillé – au surplus catholique et forgé par la monarchie centralisatrice –, soit qu'il n'ait pas toujours bien saisi la nature des rapports entre la couronne et le Parlement de Westminster, le fait est que sa présentation de la « séparation des pouvoirs » diverge fort de celle que prônaient ou vivaient les juristes et politiques anglais.

Doublement averti des démarches intellectuelles de l'auteur de l'*Esprit des lois* et de la vie publique de son pays, Robert Shakleton fait observer que, si vives que fussent les polémiques entretenues par le bouillonnant Bolingbroke contre le gouvernement de Walpole, le système qui prenait forme en Angleterre au temps de Montesquieu se caractérisait moins – du fait du génie manœuvrier du Premier ministre – par la séparation que par la solidarité entre pouvoirs législatif et exécutif. De ce système, le juriste bordelais a bien saisi, et traduit à sa manière, l'esprit global, sans pouvoir en comprendre le fonctionnement réel – objet de la politique.

Aussi bien, conclut Robert Shakleton, « la séparation des pouvoirs, au moment où Montesquieu était en Angleterre, n'était qu'une clameur partisane. C'est lui qui a dignifié et rationalisé ce concept, l'a associé à une théorie de la liberté, et l'a transmis à la postérité comme une doctrine beaucoup plus pratique que ne l'avaient soupçonné ses défenseurs[1] ».

1. Shakleton, *op. cit.*, p. 231.

Si nous admettons que la majestueuse démarche du maître de La Brède tend tout entière à l'organisation de la liberté à partir du réel – les innombrables et contradictoires réalités du monde –, il nous faut bien considérer la façon dont il aborde la question de la privation extrême de cette liberté tant chérie, tant vantée, si ardemment et minutieusement organisée par ailleurs, l'esclavage.

Deux légendes ici se font face. Celle d'un philosophe libérateur, dont tout le génie tend à proscrire ou ridiculiser l'esclavage – tantôt sur le ton de la vertu indignée, tantôt sur celui de la dérision vengeresse. Et puis il y a l'autre description du baron face à la traite des Noirs – relativiste, « économiste », apparemment lié à des intérêts commerciaux et marqué (au fer rouge ?) par une trop habile utilisation de la théorie des climats…

Les deux faces, fort inégales nous le verrons, de Montesquieu à propos de l'esclavage ressortent clairement du texte de son livre (dans le chapitre v du livre XV, notamment), mais mieux encore dans les deux traductions qui en sont données dans l'*Encyclopédie*, et par deux hommes également dévoués à sa mémoire, d'Alembert et le chevalier de Jaucourt. Dans un chapitre de son *Esprit des mots*[1], Jean Ehrard met excellemment en lumière les deux points de vue. Quand Jaucourt présente, dans son article sur l'esclavage, un Montesquieu condamnant sans réserve la servitude, d'Alembert, se référant clairement à l'auteur de l'*Esprit des lois*, fait valoir que « l'esclavage peut être toléré dans les climats dont la chaleur énerve si fort le corps et affaiblit tellement le courage que les hommes n'y sont portés à un devoir pénible que par la crainte des châtiments ».

Ce bienveillant démarquage du texte de Montesquieu prend l'allure, sous la plume du co-fondateur de l'*Encyclopédie*, bréviaire de la « Philosophie », d'une bénédiction donnée au relativisme « climatique » vers lequel penche parfois le juriste bordelais. Ce qui suggère

1. *Op. cit.*, p. 247-256.

d'ailleurs de compléter la théorie des « climats » par celle des « siècles » : comme tel geste, criminel en Turquie, peut paraître bénin au Danemark, telle opinion, reçue en tel siècle, devient odieuse en tel autre...

Il est bien vrai qu'après avoir porté contre l'esclavage une condamnation sans réserve (« comme tous les hommes naissent égaux, il faut dire que l'esclavage est contre la nature », irréductible aussi bien « à la loi naturelle... qu'au christianisme »), le président convient un peu plus loin que « dans certains pays, il [est] fondé sur une raison naturelle ».

Notre baron peut bien ironiser sur « le droit de rendre les nègres esclaves », en prenant le ton des esclavagistes pour rendre odieuse leur argumentation (« les peuples d'Europe ayant exterminé ceux d'Amérique, ils ont dû mettre en esclavage ceux de l'Afrique pour défricher tant de terres... Le sucre serait trop cher, si l'on ne faisait travailler la plante qui le produit par des esclaves... [qui] ont le nez si écrasé qu'il est presque impossible de les plaindre... [comment croire que] Dieu, qui est un être très sage, ait mis une âme, surtout une âme bonne, dans un cœur tout noir... »), cette ironie, qui faisait merveille à propos des mœurs des Persans (et des Parisiens, voire des Gascons...), sonne ici un peu faux*.

Dans un essai très pénétrant intitulé *Les Raisons de l'esclavage*[1], Bruno Guigue, saluant « cet admirable discours par procuration dans lequel s'abîme la théorie esclavagiste », rappelle que Montesquieu ne saurait pour autant être salué comme un théoricien de l'anti-esclavagisme. S'il refuse de voir dans la servitude le reflet d'un ordre immanent comme le faisait Aristote, il lui trouve, sous certaines latitudes, des « circonstances atténuantes » et « ne semble réprouver la servitude universelle, que pour mieux justifier la servitude particulière ».

On ne reviendra pas sur l'argument chronologique. Compte tenu de

1. Paris, 2001, p. 63-79.

* Sans compter que l'écriture « au deuxième degré » est périlleuse, pour peu que le propos soit détaché de son contexte. Une édition scolaire de l'*Esprit des lois* (Larousse, 1998) reproduit en « 4e de couverture » les terribles propos cités plus haut (« Dieu a-t-il pu mettre une âme dans un corps tout noir » ?). Achetant ce volume chez le libraire, j'imaginais la réaction qui pourrait être celle d'un jeune Malien, ou Congolais, connaissant encore mal Montesquieu, à la lecture de ce texte ainsi mis en exergue sans explication... Quelle pourrait être son indignation à l'endroit de cet insulteur ? Est-ce donc cela, Montesquieu ?

l'époque... On a vu que l'*Encyclopédie* – en la personne de D'Alembert – validait son point de vue... Et les « philosophes » qui ont justement repris Montesquieu sur ce point, comme Condorcet, sont déjà entrés dans un autre âge, celui où se manifestent, les « amis des Noirs », salutaires militants de l'anti-esclavagisme, ou mieux de l'interdiction de la traite...

Plus intéressant ici est l'argument géographique, ou sociologique et même, lâchons le mot, « climatique ». L'auteur de l'*Esprit des lois* est bordelais. On sait les liens étroits qu'il a avec la grande bourgeoisie commerçante de la ville et du port. Non que ses intérêts soient en rien liés à la traite. S'il vend probablement une partie de sa récolte aux îles (les échanges entre Bordeaux et Saint-Domingue ont quadruplé au cours du XVIIIe siècle), on ne saurait croire que ce commerce-là est lié à la traite. Mais les combinaisons « triangulaires » entre les ports français, la côte occidentale de l'Afrique et les îles sont tellement enchevêtrées...

On a souvent fait valoir – à Bordeaux surtout... – que le port n'avait guère de part à la féroce aventure négrière, axée d'abord sur Nantes, puis La Rochelle et aussi Le Havre. Dans un livre intitulé *Bordeaux, port négrier*, l'historien (nantais...) Éric Saugera montre bien qu'à l'époque où le baron de La Brède écrivait l'*Esprit des lois* (1734-1748) Bordeaux, longtemps en marge de ce trafic, est en train de s'intégrer au terrible « commerce triangulaire » (port français, côte africaine, île américaine), en attendant de devenir, à la fin du siècle, le second « port négrier » français après Nantes.

L'auteur décompte, de 1672 à 1836, 480 expéditions négrières armées à Bordeaux, plus de 11 % de celles dans lesquelles est impliquée la France, décrivant sans fard les diverses activités qui eurent alors Bordeaux pour cadre, les préparations, les opérations de troc des esclaves, les évaluations, les implantations : on apprend ainsi qu'une partie de la famille de Toussaint Louverture fit souche dans le Bordelais...

Le beau musée d'Aquitaine de Bordeaux est riche en documents révélateurs de l'activité « négrière » de la cité au temps de Montesquieu. Jougs et harnais à hommes, terrifiants appareils pour prévenir les suicides « en mangeant de la terre »... On sait bien que notre président ignorait tout cela. Mais cet ensemble s'intégrait à une « culture » bordelaise dont il était la gloire.

Rien ne permet de croire que, si lié qu'il fût à telle ou telle famille de négociants ou d'armateurs du quai des Chartrons, de Bacalan ou de la Bastide, Montesquieu ait été mêlé en quoi que ce soit à ces trafics, ou ait profité de leurs retombées. Mais il est impossible de ne pas évoquer ce contexte quand on étudie les positions prises par l'auteur de l'*Esprit des lois* à propos de l'esclavage en son temps.

Dans la préface qu'il a donnée au livre d'Éric Saugera, Jean Terrade ne manque pas d'évoquer cette relation et le rôle joué par Montesquieu dans la mise au jour de la « nature même de l'esclavage... et de son corollaire, le trafic négrier[1] ». Osera-t-on suggérer que la condamnation portée par notre seigneur de La Brède contre le principe même de l'esclavage – à une époque où, à Bordeaux même, un avocat nommé Jean-François Melon, lui aussi membre de l'Académie de Bordeaux et qui était de ses amis, osait en proposer la légalisation en France... – aurait gagné, du fait de cet environnement, à être plus radicale encore, à ne pas se nuancer de trop de compréhension « folklorique » ou climatique* ?

La liberté, cher grand homme, la liberté saurait-elle se diviser ? Il est bon, parfois, de simplifier... Mais la simplification n'était pas le fort de l'auteur de *De l'esprit des lois*.

1. *Bordeaux, port négrier, XVIIe, XIXe siècle*, Paris, 1995.

* Lecteur généreux du manuscrit du présent livre, Jean Ehrard me communique la note suivante : « Sur Montesquieu et l'esclavage, ce que vous écrivez me semble un peu réducteur. Il y a assurément un grand écart entre l'audace théorique de Montesquieu et sa frilosité pratique.

Sa pensée théorique même manifeste sur ce sujet une déchirure entre le devoir être et le réel, le droit et la géographie : l'esclavage est à la fois "naturel" et "contre la nature" (XV, 7). Mais n'oublions pas la solution de synthèse qui surgit au dernier alinéa du chapitre 8, où l'esclavage apparaît brusquement comme un fait social et historique, non comme un fait de nature : ce que les hommes ont (mal) fait, ils peuvent le refaire. Il n'y a pas de fatalité.

Reste surtout que Montesquieu est le premier à formuler contre l'esclavage colonial une condamnation argumentée ; non par simple réaction affective, mais par un raisonnement philosophique, contre Aristote et aussi contre Locke.

De ce point de vue il est même plus engagé que Rousseau : la force de la condamnation portée par le *Contrat social* contre l'esclavage tient à son caractère absolu et universel ; son point faible est son abstraction ou son caractère inactuel : l'auteur a en tête l'esclavage antique, il est muet sur l'esclavage colonial. »

La « lecture » idéologique et la signification politique d'un aussi grand livre que *De l'esprit des lois*, si neuf, si ambigu, n'ont cessé depuis deux siècles et demi de donner matière à débat. La réponse est souvent donnée en fonction du statut accordé au concept même de liberté à telle ou telle époque et dans telle ou telle société. Qu'elle se situe « à gauche » sous la monarchie absolue ou aux premiers temps de la Révolution, « à droite » sous les Jacobins, « à gauche » sous l'Empire ou la Restauration, « à droite » au temps où s'impose le marxisme...

Il est savoureux que l'une des analyses les plus pénétrantes de l'*Esprit des lois* soit due à un philosophe dont la pensée ne reflète pas précisément la même ambiguïté : le marxiste Louis Althusser. Mais si fermement balisé soit son champ intellectuel, l'auteur de *Montesquieu, la politique et l'histoire* se voit conduit à opérer une distinction, ou même une « coupure » (c'est son vocabulaire...) entre la démarche politique de l'écrivain-gentilhomme et la signification historique et culturelle de l'œuvre.

Pour Althusser, *De l'esprit des lois* a bien joué un rôle émancipateur en arrachant l'histoire et la sociologie naissante (par ses soins) à l'empire du providentialisme et du « droit naturel », pour les faire entrer dans le domaine de la science – celle-ci fût-elle, ici, incertaine. Mais ayant salué le philosophe libérateur, l'auteur de *Pour Marx* soumet à une impitoyable analyse la démarche politique du baron de La Brède, qu'il voit en contradiction radicale avec le message que nous avons reçu de lui.

L'analyse d'Althusser n'est pas celle, classique, de l'aristocrate provincial en lutte contre le pouvoir monarchique centralisateur, acharné à domestiquer la noblesse. Quand la quasi-totalité des commentateurs de Montesquieu le voient impatient de rétablir l'équilibre antérieur à Richelieu entre la Cour, appuyée sur la bourgeoisie, et les Grands, acquis à la stratégie de Saint-Simon esquissée sous la Régence et le gouvernement des « conseils » en vue d'établir un système monarchique purgé du despotisme et plus ou moins inspiré – compte tenu des climats ! – du système qu'il a vu fonctionner en Angleterre, Althusser récuse cette description triangulaire du débat.

S'il a l'élégance de citer Marx qui, dans *L'Idéologie allemande* (1846), reprend à son compte cette tripartition – trône, bourgeoisie, aristocratie – et en fait la source de la « division des pouvoirs » dont il fait bien crédit à Montesquieu, le maître de la rue d'Ulm, plus marxiste que lui, soutient pour sa part que la distinction entre les trois forces supposées concurrentes est purement artificielle ; que, supposées antagonistes, elles sont d'ores et déjà liguées contre une quatrième, le peuple encore muet, et qu'en se dressant au nom de la noblesse contre la cour soudée à la bourgeoisie, Montesquieu ne défend en fait rien d'autre que les pouvoirs établis, qui ne seront remis en cause qu'à la fin du siècle.

Ce qui fait la saveur du discours de l'auteur de *Pour Marx*, c'est que son rude réquisitoire dans le style « lutte des classes » débouche sur une rayonnante plaidoirie pour la liberté. Le seigneur de La Brède ne tendait, selon lui, qu'« à rétablir dans ses droits une noblesse menacée, croyant que la menace venait du roi... alors qu'en prenant parti contre le pouvoir absolu du roi, il prêtait la main à l'ébranlement de cet appareil d'État féodal qui était le seul rempart de la noblesse ». C'est ce que comprit Helvétius qui, jugeant son ami trop « féodiste », ne se priva pas pour autant d'enrôler Montesquieu dans les combats prérévolutionnaires, substituant, à la démarche subjective, le résultat objectif...

> ... Une tradition trop apaisante [poursuit Althusser] voudrait que Montesquieu ait jeté sur le monde le regard d'un homme sans intérêt ni parti. N'a-t-il pas dit lui-même qu'il était justement historien parce que détaché de toute faction, à l'abri du pouvoir et de ses tentations... Capable justement de tout comprendre parce que libre de tout ? Rendons-lui ce devoir, qui est de tout historien, de le croire non sur sa parole, mais sur son œuvre.
> S'il est vrai que cette postérité « révolutionnaire » de Montesquieu est un malentendu, il faut pourtant rendre à ce malentendu cette justice qu'il n'était que la *vérité* d'un premier malentendu : celui qui avait jeté Montesquieu dans l'opposition de droite dans un temps où elle n'avait plus de sens.

Mais, ajoute l'auteur de *Pour Marx*,

> Sa pensée ouvre un nouveau monde. Nous avons pris l'habitude de cette découverte. Et quand nous célébrons sa grandeur, nous ne pouvons faire que Montesquieu ne soit déjà fixé dans la nécessité de notre culture, [...] concevant mal ce qu'il fallut d'audace et de passion pour nous ouvrir ce ciel où nous l'avons inscrit[1].

1. *Op. cit.*, p. 121-122.

On jugera peut-être abusive la longueur de cette citation. À moins qu'on n'estime, comme je le fais, que ce retournement de la description politique négative en synthèse philosophique positive a quelque chose de bouleversant. Et nul ne contestera l'admirable conclusion à propos de laquelle on reprendrait volontiers le « Ce trait dit tout » cher au cardinal de Retz :

« D'autres avant lui sont partis pour l'Orient – qui nous ont découvert des Indes à l'Occident [1]*. »

1. *Op. cit.*, p. 9.

* Par simple souci de juste information, l'auteur renvoie, sur le sujet, au magistral et contestable *Montesquieu, la liberté et l'histoire* (Le Livre de Poche).

CHAPITRE XIII

Un président devant ses juges

• Acclamations... • D'Helvétius à Voltaire • Les aigreurs du ménage Dupin • Un jésuite vexé • Les foudres du jansénisme • Une défense très offensive • Le baron « à l'indice » • Les chats-fourrés de la Sorbonne • Une dame mal élevée • Le roi de cœur...

Les grands livres ne restent jamais impunis. Trop neufs pour être aimés d'abord, trop abrupts pour ne pas donner le vertige aux uns, éveiller la haine des autres, sont-ils pour autant dédaignés, inaperçus ? À quelques fameuses exceptions près, non. *Pantagruel*, les *Essais*, le *Discours de la méthode*, *Les Provinciales* (et les *Lettres persanes*, nous l'avons vu) ont vite trouvé leurs « suffisants lecteurs ».

À ce demi-siècle d'attente que se donnera Stendhal pour être reconnu par d'autres que les *happy few* (et Balzac...), peu de chefs-d'œuvre ont été soumis, compte tenu du fait que, jusqu'au XIXe siècle, ce n'est pas la presse qui donne le ton, mais plutôt les correspondances, l'humeur du pouvoir et la rumeur des salons et des ruelles. Mais cet accueil ne va presque jamais sans à-coups. Et ces coups peuvent être violents.

Ainsi en fut-il pour *De l'esprit des lois*. Ni la publication semi-clandestine à l'étranger, ni la faiblesse du premier tirage (mais il y en eut vingt et un autres au cours de la première année...), ni les menues tracasseries du pouvoir ne font obstacle à son avènement. Cet austère traité « de politique et de jurisprudence », pour citer l'auteur, est d'emblée salué comme un chef-d'œuvre par la plupart de ceux dont l'avis était écouté – et les réserves qui se font entendre aussitôt servent plutôt sa gloire, en attendant bien sûr que se déclenchent des campagnes hostiles, et plus encore une censure ecclésiastique au plus haut niveau, campagnes et censures qui lui vaudront surtout un surcroît d'estime.

L'édition eût-elle alors bénéficié des fins stratèges qui consacrent aujourd'hui leur génie à « faire événement », d'incidents en scandales et d'agression en triomphe, *De l'esprit des lois* n'eût pas connu d'autre carrière, de la pâmoison initiale des plus illustres « caillettes » de Paris à la rage des « culs-bénits » – et jusqu'aux foudres de Rome retenues par un pape choqué par le zèle de ses censeurs... Ô le scénario de rêve !

Quel auteur avant Montesquieu a-t-il lu ou entendu le « C'est le meilleur livre qui ait jamais été écrit ! » du prestigieux Horace Walpole, le « Que cela est beau ! » du non moins écouté président de Brosses, ou, d'un troisième augure, le président Hénault : « Cet ouvrage serait digne du plus bel esprit de l'Angleterre s'il ne vous appartenait de droit par la finesse et la grâce. » Qualifiant enfin le livre d'« ouvrage divin », Mme Geoffrin lui rend un hommage d'autant plus impressionnant que, si l'on en croit sa fille, cette femme d'esprit n'en a encore lu que des bribes – preuve de la foudroyante réputation que le livre s'était acquise en quelques semaines...

Et comment le baron-philosophe n'aurait-il pas été ému par ces lignes de la chère Tencin*, première destinataire du livre expédié de Genève :

> Si vous étiez à Paris, mon petit Romain, je pourrais vous donner l'*Esprit des lois*... Mais ce ne serait que pour quelques heures. J'ai le seul exemplaire qui soit dans Paris. Si je voulais le prêter à ceux qui me le demandent – il est vendu 18 francs en masse –, il ne me reviendrait qu'en morceaux... Il a fallu sacrifier mon impatience à celle de M. de Fontenelle, qui m'aurait mangé le blanc des yeux si je ne lui avais pas prêté[1]...

Le concert de louanges passe les frontières. Pour Mgr Cerati, fort influent à Rome, c'est « un flambeau pour l'esprit ». Et au dire de David Hume, alors à Londres, « cet ouvrage fera l'admiration de tous les siècles... ». Il le fait si vite d'ailleurs qu'à la Chambre des Lords, Lord Carteret, pour mieux expliquer sa conception de l'organisation

1. *Correspondance*, lettre 424.
* Qui devait mourir un an plus tard.

du pouvoir, se réfère longuement à la description de la Constitution britannique que donne cet étranger. On assure, non sans quelque précipitation, que Frédéric de Prusse et Catherine de Russie ont déjà dévoré le livre. En tout cas, le roi de Sardaigne ne tarit pas d'éloges enthousiastes. Pour un châtelain de Gironde, fût-il déjà notoire et fort bien reçu dans le monde et les cours, il y a là de quoi bénir la fortune et son génie – génie porté par la fortune…

« Mon livre sera plus lu qu'approuvé », avait écrit Montesquieu à son ami Barbot. Quelques semaines après sa publication, un bon observateur aurait pu formuler la remarque inverse… Mais l'euphorie ne devait durer qu'un temps : quelques mois plus tard, le baron de La Brède note dans ses *Pensées* : « Je suis un grand chêne au pied duquel les crapauds viennent jeter leur venin[1]. »

Si les premiers laudateurs s'avéreront fidèles, très vite une rumeur grondeuse monta : l'un du « parti » des philosophes, qui tenaient l'ouvrage pour trop conformiste ; l'autre de celui des ecclésiastiques, qui le jugeaient attentatoire à la religion révélée.

Helvétius était, on l'a vu, un ami de Montesquieu, fréquenté à Bordeaux du temps qu'il y exerçait lui-même, sans joie, les fonctions de « fermier général », autrement dit de receveur des impôts. On a dit* qu'il avait été convié par l'auteur à la lecture « parisienne » de 1747, jugeant alors, lui, athée radical, républicain de cœur, dissident de tous ordres, que l'œuvre manquait d'audace. Après une première lecture rapide de l'ouvrage, à la fin de 1748, il corrige ainsi son point de vue à l'adresse de l'auteur :

> Votre livre est le plus grand, le plus bel ouvrage du monde. Je l'ai presque tout lu, quoiqu'il m'en manque 41 pages que l'on m'a perdues

1. *Pensées*, 1598.
* Voir le chapitre précédent.

> en le cousant par cahiers. Votre ouvrage m'a paru digne de vous : c'est le plus grand éloge que j'en puisse faire. Voilà mon sentiment. Il me semble que le public est du même. [...] Je ne crois pas qu'on vous fasse de tracasserie ; cependant je sais que les ministres ne sont pas extrêmement contents, quoiqu'ils le laissent imprimer à Paris. Je crains qu'en parlant de finances vous n'ayez pas fait une classe à part des banquiers : je crois que vous m'entendez, et que vous sentez qu'on pourrait user de cette voie pour vous desservir auprès de certaines personnes, et qu'un homme méchant pourrait, en citant malignement quelques endroits de votre ouvrage, irriter des gens puissants [1]...

(Helvétius en sait-il plus long qu'il ne dit ? Nous verrons bientôt entrer en scène ces « gens puissants ».)

Cette lettre rend un son de sincère admiration, de vraie compréhension. Mais on sait que l'amitié de son auteur pour le président et l'impression que lui a faite l'*Esprit des lois*, de grandeur et de générosité, n'atténuent que pour un temps la déception qu'il éprouve à voir un si grand génie surtout occupé à l'observation des faits, en tout cas peu enclin à se lancer dans un combat frontal contre les superstructures féodales et religieuses de la société.

Une très curieuse édition de l'*Esprit des lois*, dite Touquet, qui date de 1821, cite, au regard du texte de Montesquieu, les plus fameuses objections faites par le « parti philosophique » à l'auteur. Les objections d'Helvétius y sont innombrables. On se contentera de citer celles-ci, qui résument les réserves de ce lecteur rétif sur le fond bien qu'admiratif du « discours » du maître de La Brède. À un auteur dont l'idéal politique est évidemment une monarchie équilibrée par un pouvoir aristocratique lui-même contrôlé par l'élection populaire, Helvétius oppose cette formule, entre cent autres du même ordre : « ... La monarchie étant un mauvais gouvernement, à quoi est-il bon d'en prescrire les lois ? » Les points de vue s'opposent trop radicalement : autant organiser un débat entre Pascal et Voltaire...

Lequel, précisément, est en embuscade. On reviendra sur la longue et hargneuse relation entre l'homme des Persans et celui de *Zadig*, cette minutieuse guérilla où tous les torts ne sont d'ailleurs pas à mettre du côté du pamphlétaire. Celui-ci ne devait intervenir qu'assez

1. *Correspondance*, lettre 431.

tard dans la grande querelle de l'*Esprit des lois*, se jugeant probablement encombré d'assez d'ennemis pour ne pas ajouter à la liste ce grand notable provincial dont il admire le talent, mais qui chasse de façon encombrante sur ses terres « philosophiques », trop proche de lui par le libéralisme, trop divergent par l'aristocratisme.

Dans le climat où domine encore la rumeur flatteuse dont s'est accompagnée la sortie du livre, on ne cite aucun de ces mots assassins dont l'auteur des *Lettres philosophiques* avait sinon le secret, en tout cas l'usage spontané. Le fameux « De l'esprit sur les lois » qu'il reprendra à son compte n'est pas de lui, mais de Mme du Deffand qui, comme il lui arrivait souvent, avait fait passer son goût pour l'épigramme avant son amitié – réelle – pour Montesquieu.

Mais les caresses de Voltaire faisaient parfois des plaies plus brûlantes que les coups de griffes de bien d'autres : et à humer ce qui flotte ici ou là dans les correspondances du temps (celles de Mme de Mirepoix, entre autres), on sent que l'homme au sourire de chat ne contribue pas à accréditer l'autorité de l'*Esprit des lois*, pas plus qu'il ne l'a fait pour celle des *Romains**.

Et pourtant, dans cette atmosphère de suspicion querelleuse (quelle incertitude dans l'information de ce président de province sur les Indiens ou les Chinois, quelle légèreté dans ces synthèses et ces conclusions, fait-on dire à Voltaire…), la bataille qui s'ouvre va contribuer à nouer entre eux une brève alliance de fait – les réquisitoires des cléricaux « infâmes » rejetant automatiquement Montesquieu, malgré lui ou non, dans le parti philosophique.

Quand les jansénistes – dont il haïssait la doctrine, on l'a vu – entreront en lice contre Montesquieu, l'auteur de *L'Ingénu* publiera un spirituel opuscule, *Remerciement sincère à un homme charitable,* qui, sur le ton de la dérision (car il faut en user pour donner du « charitable » à l'abbé de La Porte, agresseur de Montesquieu), incite les héritiers de Port-Royal à jeter au feu les œuvres de Montesquieu, cet impie… Moyennant quoi l'« impie » a droit à recevoir un tribut où chacun décèlera la part de miel et la part de fiel dont l'auteur des *Lettres philosophiques* savait si bien faire composer ses éloges :

* Voir chapitre x.

> Lorsqu'un aussi beau génie que Montesquieu se trompe, je m'enfonce dans d'autres erreurs en découvrant les siennes : c'est le sort de tous ceux qui courent après la vérité ; ils se heurtent dans leur course, et tous sont jetés par terre. Je respecte Montesquieu jusque dans ses chutes, parce qu'il se relève pour monter au ciel. Je vais continuer ce petit commentaire pour m'instruire en l'étudiant sur quelques points, non pour le critiquer : je le prends pour mon guide, non pour mon adversaire.

Convergence purement circonstancielle ? Nous le verrons, en effet. Montesquieu fera bien alliance, et de bon cœur, avec l'*Encyclopédie*. Avec Voltaire, comme par mégarde…

Charles-Louis de Montesquieu était, pour être bref, un « ami » des Dupin. Qui étaient-ils ? Lui, un fermier général, ce qui est beaucoup dire. Elle, fille naturelle du célèbre banquier Samuel Bernard, était belle (comme en témoignent ses portraits par Greuze et Nattier dont Flaubert devait, un siècle plus tard, tomber amoureux) et cultivée. Deux qualités qui ne laissaient pas notre baron indifférent. Elle était même assez avertie des choses de l'esprit pour avoir choisi pour secrétaire un jeune homme arrivé de Genève et qui s'appelait Jean-Jacques Rousseau – encore obscur mais occupé à écrire le *Discours sur les sciences et les arts*, et qui se disait assuré de servir « la plus belle femme de Paris ».

La correspondance entre les Dupin et le président fait paraître une relation tissée de bons procédés, le fermier général achetant le vin de Rochemorin, son épouse invitant le baron dans son château qui n'était autre – mais oui ! – que Chenonceaux l'incomparable, acheté – on est fermier général, que diable ! – aux princes de Bourbon… Ce qui est résumer en peu de mots le pouvoir insensé de cette nouvelle féodalité financière…

Ainsi Montesquieu était-il lié au cercle des admirateurs, sinon du fermier général, en tout cas de l'ensorcelante Louise-Marie, en compagnie de Buffon, de Bernis, des Mirepoix et de Voltaire. Une de ses lettres à la châtelaine de Chenonceaux donne le ton :

> J'ai une envie démesurée de vous voir et de venir vous demander à souper, d'entendre votre concert et vous [lui écrit-il le 24 février 1744]. Quand aurai-je le plaisir de vous revoir ? C'est un de ces délices que je mets à la tête des charmes de la ville de Paris.

Paraît *De l'esprit des lois*, où le président égratigne assez fort les fermiers généraux. Assez en tout cas pour se voir averti par Helvétius, lui-même « fermier » (mais peu imbu d'esprit de corps !), que des gens « puissants » pourraient s'émouvoir de cette satire. De fait, quatre mois après la mise en circulation du livre que l'Europe s'arrache, la vigilante amie qu'est Mme de Tencin prévient Montesquieu que le fermier général s'apprête à le « réfuter ». Déjà circule en effet un traité en trois volumes intitulé *Réflexions sur quelques parties d'un livre intitulé De l'esprit des lois*, traité que tout le monde attribue d'emblée aux Dupin – compte tenu des rumeurs venues de leur salon très fréquenté.

Dupin ? Les mieux informés assurent qu'il s'agit en fait d'un travail collectif et qu'autour du fermier général – qui n'était pas une bête, et savait tenir la plume – s'étaient affairés non seulement Louise-Marie, auteur de la préface, mais aussi un jésuite réputé pour son esprit, le R. P. Berthier, directeur du *Journal de Trévoux*, deux ou trois autres ecclésiastiques et – pourquoi pas ? – le jeune Jean-Jacques...

Dans les *Confessions* (livre VII), Rousseau prend soin d'évoquer cet épisode, soulignant qu'il vit, chez M. Dupin, « le P. Berthier travailler de toute sa force à la réfutation de Montesquieu » : mais il se garde de se présenter comme mêlé lui-même à l'affaire (il est devenu depuis lors un admirateur fervent de l'auteur de l'*Esprit des lois*) et assure qu'il ne joua jamais qu'un rôle de copiste ou de scribe auprès de Mme Dupin.

Dans la préface, la châtelaine de Chenonceaux faisait mine de ne pas prendre l'ouvrage trop au sérieux. Reprenant le mot de Du Deffand, « de l'esprit sur les lois », elle louait le talent de l'écrivain, évoquant les *Lettres persanes* pour exprimer le regret que le président fût, cette fois, moins bien inspiré... Cette préface n'excédait pas les règles de la joute mondaine.

Les « réflexions » proprement dites allaient bien au-delà, relevant avec indignation les attaques contre les gens de finance, dénonçant la faiblesse scientifique de la « théorie des climats », assurant que le

« modèle anglais » n'était qu'un leurre et que la monarchie française ne tendait nullement au despotisme. Un mélange de critiques recevables et d'imputations rancunières – lesquelles étaient fâcheusement assorties d'une menace de mauvais aloi : « Si l'auteur prétend à quelque place, il ferait bien de prendre une autre route[1]... » (les voilà bien, ces « puissants » dont parlait Helvétius...).

On a signalé des critiques recevables. On peut tenir pour telles les notations acerbes faites par Mme Dupin, féministe reconnue, à propos du traitement que réserve aux femmes l'auteur de l'*Esprit des lois*. « Je ne sais pas ce que les femmes lui ont fait, écrivait Louise-Marie, mais il ne cesse de les humilier... » La misogynie occasionnelle de Montesquieu, attestée par quelques *Pensées* citées plus haut, ne paraît pas si provocante dans l'*Esprit des lois*, compte tenu des idées et pratiques du temps. Mais il est vrai qu'il abuse des références aux « climats » pour traiter avec compréhension de la polygamie et des lois successorales défavorables aux femmes.

Montesquieu prit très mal la chose. Très mal dans tous les sens du mot. Qu'il en ait été blessé est normal, mais non qu'il s'exprime sur le ton le plus méprisant. Dans une lettre à Mme de Tencin, il écrit de Dupin que « l'animal qui a fait les réflexions n'est pas digne d'avoine. Il est dans une écurie à brouter du foin... ». Et dans ses *Pensées* de l'époque, il note : « On me parlait de la critique idiote de M. Dupin, fermier général, de l'*Esprit des lois*. Je dis : je ne dispute jamais contre les fermiers généraux quand il est question d'argent, ni quand il est question d'esprit[2]. »

Dupin n'avait-il fait tirer que huit exemplaires de ses *Réflexions* ? C'est ce qu'il prétendit, ajoutant à l'adresse de son entourage que, peu satisfait de son travail, il en avait jeté six au feu... Mais à partir des rescapés – qui eurent beaucoup de lecteurs –, il fit surgir une deuxième version, expurgée, et intitulée cette fois *Observations*, dont un exemplaire au moins est conservé à la bibliothèque de l'Arsenal.

Entre-temps, notre baron-jurisconsulte était-il resté inactif ? La retraite opérée par Dupin ne devait-elle rien à ses relations, mondaines ou autres ? Une histoire court à ce sujet, peu conforme à la gloire de

1. Tome 1, p. 244.
2. *Pensées*, 2239.

Montesquieu, que rapporte notamment, vingt ans plus tard, le peu charitable Chamfort. Non content de dénoncer les « faiblesses de caractère » du président, l'auteur des *Maximes, Pensées et Anecdotes* assure qu'exaspéré par les critiques des Dupin, il alla se plaindre auprès de Mme de Pompadour (qui l'admirait fort) et obtint d'elle que l'édition de l'œuvre de son contradicteur fût « hachée », hormis cinq exemplaires.

Le malheur veut que cette histoire assez peu crédible, contredite par d'autres versions de l'affaire rapportées par le premier et honnête biographe de Montesquieu, Louis Vian[1], qui a eu beaucoup de pièces en main et s'en tient à la thèse de l'honorable retrait spontané de Dupin, a été reprise et propulsée dans ses *Mémoires* par une certaine Aurore Dupin, descendante du fermier général*, et plus connue sous le nom de George Sand…

Ce n'est pas du côté des gens de finance, pourtant, ni du pouvoir civil que partirent les coups les plus violents, mais de chez les gens d'Église – à la grande surprise de l'auteur. Tout marié qu'il fût à une protestante, Montesquieu se tenait pour bon catholique, ayant deux frères et deux sœurs dans les ordres, des amis non seulement chez les oratoriens, mais chez les jésuites, quelques cardinaux dans sa manche et un fils formé par les bons pères de Louis-le-Grand.

Oui. Mais *De l'esprit des lois* traitait de trop d'affaires sur lesquelles les gens d'Église se jugent en droit d'exercer leur magistère pour que l'auteur ne soit tôt ou tard amené à comparaître devant quelque chapitre. Montaigne n'avait-il pas dû plaider, à Rome, face aux docteurs de la Curie, pour que les *Essais* ne soient pas dénoncés comme anathèmes aux bons catholiques – parmi lesquels il se rangeait, avec flegme ?

1. Dont le livre date de 1878.
* Dont un portrait est accroché dans le salon de Nohant…

Comme l'air de la calomnie, l'affaire commença *piano, piano*, sur une musique jésuite. On est accoutumé de lire que, s'agissant de l'*Esprit des lois*, Montesquieu dut faire face à la fois aux jésuites et aux jansénistes, pour une fois d'accord. On lit même dans la chronologie établie pour la prestigieuse édition de La Pléiade due à Roger Caillois que la *Défense de l'Esprit des lois* répond « aux attaques des jésuites et des jansénistes », alors que, les dates des textes cités le prouvent, c'est aux seconds seuls que s'adresse l'auteur. Les deux opérations n'ont rien de commun. Si, du camp jésuite, partirent quelques flèches dont aucune n'était tout à fait empoisonnée, c'est un véritable bombardement que le parti janséniste dirigea contre Montesquieu. Il faut donc soigneusement distinguer les deux querelles.

Sur le fond, il convient d'abord de rappeler que le président bordelais n'entretenait pas du tout le même type de rapports avec les maîtres de Descartes et les émules de Pascal. Il est vrai qu'il avait dénoncé la campagne antijanséniste liée à la tentative « papiste » (encouragée par les jésuites) d'imposer la bulle *Unigenitus* aux Français. Il est vrai qu'il détestait la « politique » des jésuites confesseurs de rois, et assure dans ses *Pensées* que, n'étaient Luther et Calvin, les jésuites seraient les « maîtres du monde ».

Mais sur le fond du problème, sur la doctrine et la question fondamentale de la liberté humaine, il se tenait du côté de la société de Jésus, assurant que « par de bien mauvais moyens » elle défendait « une juste cause, le molinisme », la doctrine du jésuite espagnol Luis de Molina, défenseur par excellence de la liberté du croyant à l'encontre de Jansénius, tenant de la « prédestination ». Laquelle paraissait exécrable au président. On a vu qu'il ne voyait chez le père Quesnel, dernier docteur du jansénisme, que « pensées basses et idées puériles ». Au surplus, sa meilleure amie, Mme de Tencin, et son frère, le cardinal, étaient de farouches adversaires de la secte, dont la dernière manifestation, les gesticulations des « convulsionnaires » du cimetière de Saint-Médard*, était la risée du parti philosophique et d'un très large secteur de l'opinion. Pour lui, au milieu du XVIIIe siècle, les héritiers du grand Pascal ne sont plus que des trublions fanatiques…

* Où la tombe du diacre Paris, homme fort pieux, tenant du jansénisme, était le siège de « miracles ».

On a évoqué les relations amicales nouées entre Montesquieu et le R. P. Bertrand Castel, jésuite mais aussi physicien et musicologue, qui s'acharnait à inventer un instrument synthétisant musique et arts plastiques – qu'il appelait son « clavecin optique ». Le baron de La Brède ne s'intéressait pas seulement à la physique mais aussi, depuis son voyage en Italie, aux arts les plus divers : d'où l'attention portée aux recherches de Castel. Attention qui allait bien au-delà de la curiosité. Lorsqu'il fallut choisir pour son fils Jean-Baptiste un cadre et une méthode d'éducation, et compte tenu du souvenir mitigé qu'il gardait de ses maîtres oratoriens de Juilly, c'est aux jésuites qu'il s'adressa, se rendant aux bonnes raisons de Bertrand Castel.

Et nous savons qu'il fit confiance à ce prêtre-savant, à la même époque, pour relire le manuscrit de ses *Considérations* sur les Romains, échangeant avec lui des arguments fort pertinents sur l'évolution de l'empire et le rôle joué par le christianisme dans les dernières phases de sa décadence.

Tant d'échanges, si divers et si fructueux, entre le juriste et le jésuite, rendent inexplicable le comportement du premier lors de la publication de l'*Esprit des lois*, sachant qu'il avançait sur un terrain miné, où les gens d'Église le guettaient, Montesquieu aurait dû utiliser pour le déminage un ami aussi dévoué et prestigieux, très écouté au sein de la puissante citadelle jésuite. Il ne le fit pas, dédaignant même de lui envoyer un exemplaire. D'où cet appel en forme de reproche reçu de Castel quelques semaines après la sortie du livre.

> … Je n'y tiens plus : tout Paris m'assassine de vos éloges et me fait rougir vingt fois le jour de n'avoir pas lu, pas vu, pas entendu dire un mot de ce livre admirable des *Lois*, par où je crois que, nouveau Lycurgue ou Solon, vous avez prétendu enchaîner ou gouverner l'univers. Dans le vrai, je suis tout honteux de n'avoir pas lu un livre que tout Paris s'arrache des mains et plus honteux que vous n'ayez jamais daigné m'en dire un mot…
>
> … J'entends parler… J'imagine ceci et cela… Je sais pourtant de bon lieu que le livre est bien… et je vous en fais un bien sincère compliment. Le public est étrange : ce dont il parle n'est pas toujours ce dont il parle le mieux ; il faut quelqu'un qui donne le ton, un certain ton… Je sais bien que je le puis. Je dois au reste vous dire que la plus saine partie des Jésuites, et celle qui a le droit de parler, parle bien et vous sait gré de ce que vous dites de nous… Je vous tiens compte de cet article et combien

plus pour vous que pour moi. Je ne laisse pas de vous dire des mystères, mais je crois que vous m'entendez…

Autrement dit votre livre est bon et bien vu par « la plus saine partie des jésuites » : mais il y a l'autre faction, et qui prépare (« vous m'entendez… ») un mauvais coup : que ne m'avez-vous mis en posture d'y parer, ou de le prévenir ? De toute évidence, et pour vexé qu'il soit, Castel est de bonne volonté. Mais comme il le laisse entendre, il n'est pas toute la Compagnie, et notamment pas tout au *Journal de Trévoux*…

C'est ainsi que, dans le numéro d'avril de cette publication, paraît une « Lettre au directeur », le R. P. Berthier, que nous avons rencontré chez les Dupin et dont nous connaissons les sentiments… (Lettre que cet ecclésiastique s'est probablement adressée à lui-même…) Non sans reconnaître la qualité de l'ouvrage de Montesquieu, il lui adresse aigrement deux griefs : de justifier par l'influence du climat des « crimes » tels que le suicide ou la polygamie, et de mettre les pouvoirs en garde contre l'action des missionnaires qui, en prétendant convertir tel ou tel peuple au christianisme, jettent le trouble dans les sociétés exotiques. (Convenons que pour des jésuites, dont la gloire tenait pour beaucoup à leurs missions en Chine et au Paraguay – fort admirés d'ailleurs par l'auteur* –, il y avait bien là matière à s'émouvoir…)

Mais l'admonestation prenait plutôt le ton d'une semonce que d'un réquisitoire, et on peut gager que le père Castel, connaissant ses confrères, dut respirer en la lisant. Ce qui est clair, c'est que Montesquieu n'en fut pas abattu, et ne jugea pas utile de prendre la plume pour riposter à cette remontrance d'école. Il n'ignorait pas que les gens d'Église savent, à l'occasion, prendre moins de gants que ce jésuite de haute école. Il allait d'ailleurs le vérifier…

* Qui consacre un développement admiratif à la fameuse « république des Guaranis » fondée par les jésuites aux confins du Paraguay et du Brésil à la fin du XVIIe siècle, république détruite par Rome un siècle plus tard sous la double injonction des monarchies espagnole et portugaise.

Six mois après les « bons pères », ce sont leurs ennemis jansénistes qui, les 9 et 16 octobre 1749, prirent l'affaire en main, et sur un autre ton. Dans les *Nouvelles ecclésiastiques*, organe de cette secte, un abbé Fontaine de la Roche fulmina, contre Montesquieu, une manière d'excommunication : « Ce livre scandaleux, fondé sur le système de la religion naturelle, est dangereux... fondamentalement opposé à la religion révélée [...] Ce n'est avoir aucune religion que celle qui se fait en suivant une Raison aveugle et corrompue. » Selon La Roche, ce baron de Gascogne dévoyé par Spinoza et par Pierre Bayle qu'il décrit comme « un grand homme », n'est qu'un impie qui s'est à ce point jeté hors de la religion du Christ qu'il n'a même pas évoqué, dans son livre, le péché originel...

Cette fois, Montesquieu n'est-il pas en quelque sorte contraint à la riposte ? Eût-il réfréné sa susceptibilité de bretteur gascon, et son indignation de « bon catholique » tout environné de soutanes, son ami l'abbé Guasco l'eût arraché, par ses objurgations enflammées, à la réserve. Voltaire devait s'étonner de le voir s'abaisser jusqu'à répondre à ces butors de jansénistes. Et lui-même, dans une lettre à son ami Mgr Cerati, parlait négligemment de « frelons qui s'agitent autour de moi... ». Mais la plupart de ceux qui lui étaient attachés souhaitaient qu'il réagît. Il le fit, en publiant en février 1750 ce que certains considèrent comme son chef-d'œuvre, la *Défense de l'Esprit des lois*.

Ce ne sont qu'une cinquantaine de pages, écrites ou mieux dictées par un aveugle, en décembre 1749. Mais on y retrouve la verve « provinciale » de Pascal (dût-elle être cette fois retournée contre les jansénistes...) avec l'aisance polémique de Voltaire – et, chez le vieux maître campagnard aux yeux perdus, une alacrité qui le ramène, après tant de traversées, de climat en climat, à celui des *Lettres persanes*.

Prenant le ton d'un avocat qui parle de l'auteur comme d'un client, à la troisième personne, l'auteur apostrophe ces Messieurs des *Nouvelles ecclésiastiques* (qui ne sont pas nommés mais dont les imputations sont assez bien datées pour qu'on les reconnaisse) sur le ton d'indignation qui est celui qu'adopte naturellement la victime d'une imputation calomnieuse. N'est-il pas accusé par les nouveaux inquisiteurs de « spinozisme », synonyme ici d'athéisme, crime pour lequel le chevalier de La Barre sera supplicié dix-sept ans plus tard ?

La première réplique du plaideur laïc mis en accusation par ses « juges » religieux ne devait et ne pouvait être que celle-ci : « L'*Esprit des lois* [est] un ouvrage de pure politique et de pure jurisprudence. » Pourquoi donc le condamner sur le plan de la théologie ? Et s'il est vrai que dans cet ordre même l'auteur a trouvé « l'occasion de parler de la religion chrétienne », il l'a fait « de manière à en faire sentir toute la grandeur ». N'ayant pas « pour objet de la faire croire, il a cherché à la faire aimer ».

Dût-on marquer quelques réserves quant à l'impression de « grandeur » et d'amour du christianisme qui émane d'un tel livre, on ne résiste pas à l'élan de la plaidoirie qui suit cette profession de foi :

> Il est donc spinosiste* [l'auteur] qui, dès le premier article de son livre, a distingué le monde matériel d'avec les intelligences spirituelles...
> Il est donc spinosiste, lui qui a démontré, contre Hobbes et Spinoza, que les rapports de justice et d'équité étaient antérieurs à toutes les lois positives...
> Il est donc spinosiste, lui qui a combattu de toutes ses forces le paradoxe de Bayle, qu'il vaut mieux être athée qu'idolâtre ? Paradoxe dont les athées tirent les plus dangereuses conséquences [1]...

Parce qu'il est accusé par les *Nouvelles ecclésiastiques* d'être « un sectateur de la religion naturelle » (imputation, si c'en est une, qui ne nous paraît pas si mal fondée aujourd'hui, mais valait alors un très dangereux brevet d'irréligion), Montesquieu, par la voix de son supposé défenseur, entame un superbe plaidoyer en faveur de cette « religion naturelle » dont on veut lui faire grief :

> N'ai-je pas toujours ouï dire que nous avions tous une religion naturelle ? N'ai-je pas ouï dire que le christianisme était la perfection de la religion naturelle ? N'ai-je pas ouï dire... que l'on employait la même religion naturelle pour prouver l'existence de Dieu, contre les athées...

* On garde l'orthographe de l'auteur.
1. *Défense de l'Esprit des lois*, p. 2.

> Confondre la religion naturelle avec l'athéisme, c'est confondre la preuve avec la chose qu'on veut prouver, et l'objection... avec l'erreur même...

Mais comment l'auteur, ou son porte-parole, va-t-il se tirer de l'affaire des « climats », où perce un déterminisme qui cadre mal avec la liberté dont est supposé doté le chrétien – encore que le contradicteur janséniste en fasse peu de cas, lui qui prétend le salut de l'homme déterminé, pour le meilleur ou pour le pire, par une grâce arbitrairement octroyée ou refusée par son créateur ?

Écoutons l'avocat de l'*Esprit des lois* :

> La physique du climat peut produire diverses dispositions dans les esprits, ces dispositions peuvent influer sur les relations humaines : cela choque-t-il l'empire de Celui qui a créé, ou les mérites de Celui qui a racheté ?

Non, cher président, ou cher maître : mais sans « choquer » cet empire, cela en brouille peut-être ou en conditionne l'entrée, voire la fréquentation. Sans vouloir jouer abusivement sur les divers sens, propre et figuré, de ce mot, le « climat » de Kyoto ne ménage pas un égal accès à la sacristie que celui de Séville...

Le défenseur de l'*Esprit des lois* se tire de cent traquenards, à propos du célibat des prêtres, de la polygamie, de l'usure et des Romains, du suicide... Mais le voilà mis au pied du mur à propos de ses « intentions », le grief le plus incisif du religieux qui s'est fait son juge. Écoutons la réplique :

> Quand un homme écrit sur les matières de la religion, il ne faut pas qu'il compte tellement sur la piété de ceux qui le lisent, qu'il dise des choses contraires ou au bon sens ; parce que, pour s'accréditer auprès de ceux qui ont plus de piété que de lumières, il se discrédite auprès de ceux qui ont plus de lumières que de piété...

On évoquait Pascal. Pour le coup, n'est-ce pas ici le ton même des *Provinciales* que l'on entend, retourné contre les Messieurs tout de noir vêtus ? Mais c'est peut-être aussi le Figaro du *Mariage* que l'on peut écouter, avec un quart de siècle d'avance, dans ce morceau d'une insolence ou entre de la bravoure, dès lors qu'elle vise des gens d'Église en un temps où, dans la balance, le poids des « philosophes » n'a pas encore fait prime, et où l'Institution, sous toutes ses formes, peut encore sévir.

Écoutons cette voix intrépide :

> La manière de critiquer dont nous parlons est la chose au monde la plus capable de borner l'étendue, et de diminuer, si j'ose me servir de ce terme, la somme du génie national. La théologie a ses bornes, elle a ses formules ; parce que les vérités qu'elle enseigne étant connues, il faut que les hommes s'y tiennent ; et on doit les empêcher de s'en écarter : c'est là qu'il ne faut pas que le génie prenne l'essor : on le circonscrit, pour ainsi dire, dans une enceinte. Mais c'est se moquer du monde, de vouloir mettre cette enceinte autour de ceux qui traitent des sciences humaines. Les principes de la géométrie sont très vrais ; mais, si on les appliquait à des choses de goût, on ferait déraisonner la raison même. Rien n'étouffe plus la doctrine que de mettre à toutes les choses une robe de docteur : les gens qui veulent toujours enseigner, empêchent beaucoup d'apprendre ; il n'y a point de génie qu'on ne rétrécisse, lorsqu'on l'enveloppera d'un million de scrupules vains.
>
> Avez-vous les meilleures intentions au monde ? On vous forcera vous-même d'en douter. Vous ne pouvez plus être occupé à bien dire, quand vous êtes sans cesse effrayé par la crainte de dire mal, et qu'au lieu de suivre votre pensée, vous ne vous occupez que des termes, qui peuvent échapper à la subtilité des critiques. On vient nous mettre un béguin sur la tête, pour nous dire à chaque mot : « Prenez garde de tomber ; vous voulez parler comme vous, je veux que vous parliez comme moi. » Va-t-on prendre l'essor ? Ils vous arrêtent par la manche. A-t-on de la force et de la vie ? On vous l'ôte à coups d'épingle. Vous élevez-vous un peu ? Voilà des gens qui prennent leur pied, ou leur toise, lèvent la tête, et vous crient de descendre pour vous mesurer. Courez-vous dans votre carrière ? Ils voudront que vous regardiez toutes les pierres que les fourmis ont mises sur votre chemin. Il n'y a ni science ni littérature qui puisse résister à ce pédantisme. Notre siècle a formé des Académies ; on voudra nous faire entrer dans les écoles des siècles ténébreux. Descartes est bien propre à rassurer ceux qui, avec un génie infiniment moindre que le sien, ont d'aussi bonnes intentions que lui : ce grand homme fut sans cesse accusé d'athéisme ; et l'on n'emploie pas aujourd'hui contre les athées de plus forts arguments que les siens.

Et de conclure sur le ton familier qui évoque assez bien, ne serait-ce que par le recours soudain au « je », son voisin de la « librairie » des bords de la Dordogne :

C'est avec un grand plaisir que je quitte la plume : on aurait continué à garder le silence si, de ce qu'on le gardait, plusieurs personnes n'avaient conclu qu'on y était réduit.

Il a bien gagné son procès contre les chats-fourrés du jansénisme*, comme Pascal l'avait fait contre ceux de la société de Jésus. Mais l'institution catholique n'a pas dit son dernier mot – et d'autant moins que le baron et sa « religion naturelle » reçoivent soudain un bien compromettant appui, celui d'un jeune protestant des Cévennes, Laurent Angliviel de La Beaumelle, qui proclame *De l'esprit des lois* « aussi profond que l'Écriture Sainte » et va multiplier pour sa défense tant de démarches et libelles qu'il en viendra à irriter les autorités catholiques. Surtout quand il publie, en novembre 1750, à Amsterdam une *Suite de la Défense de l'Esprit des lois* que d'aucuns attribuent aussitôt à Montesquieu (dont le démenti passa pour un aveu).

Le ton polémique de cette plaidoirie envenima d'un coup un débat auquel le président avait su garder une mesure louable. Que les réformés viennent au secours du baron de Gironde ne pouvait qu'aigrir, contre lui, et Tartuffe, et Basile, tant à Paris qu'à Rome.

À vrai dire, c'est dès le début de 1750, un peu plus d'un an après la publication de Genève, plusieurs mois avant celle de la *Défense* et *a fortiori* du libelle de La Beaumelle, que la Congrégation romaine s'était saisie de cet ouvrage « d'histoire et de jurisprudence » qui ne laissait pas d'aborder, par un biais ou un autre, les vérités révélées ou annoncées par la Sainte Église.

Montesquieu avait, si l'on peut dire, une « histoire romaine », en tout cas depuis son séjour de 1728-1729 en Italie. L'amitié qu'il y avait nouée avec l'ambassadeur de France, le cardinal de Polignac, lui en avait ménagé bien d'autres, et notamment celle du singulier cardi-

* Applaudi cette fois pour de bon par les jésuites : le P. Castel lui apprend qu'il est, parmi les siens, « très absous du théologique »…

nal toscan Corsini, le futur pape Clément XII. Certes, cet « ami cher » auquel il avait réservé sa dernière visite en quittant Rome, le 4 juillet 1729, depuis lors monté sur le trône, s'était illustré par la condamnation de la franc-maçonnerie, en 1738, décision peu goûtée par le « maçon » qu'était devenu Montesquieu. Mais l'écrivain bordelais gardait d'excellentes relations dans l'entourage du Saint-Siège, et professait une haute estime pour le pape Benoît XIV, éminent spécialiste du droit canon, réputé homme d'esprit, et estimé pour un libéralisme qui lui a valu d'être qualifié (par certains...) de « pape des Lumières ».

Compte tenu de ses bonnes relations au sein de la Curie romaine, l'auteur de l'*Esprit des lois* bénéficiait de l'appui de deux prestigieux avocats, le duc de Nivernais, ambassadeur de France qui lui était aussi dévoué que son prédécesseur le cardinal de Polignac, et le commandeur de Solar, de l'ordre de Malte, aussi influent à Rome que fidèle à Montesquieu. Mais dès lors qu'une cause était « saisie » par la Congrégation de l'Index, elle était réputée perdue. Rome ne connaissait pas la présomption d'innocence, mais celle de la culpabilité...

Le religieux chargé d'examiner le « cas » *De l'esprit des lois*, Mgr Bottari, était réputé favorable au jansénisme (à l'italienne, beaucoup moins politique qu'en France), ce qui ne le portait pas à la compréhension de l'ouvrage. Mais il était très lié à Mgr Cerati, que nous savons ami du président. Il s'efforça de ce fait à une lecture bienveillante, ou libérale, de ce livre, ne relevant que dix-sept points « peccamineux », sur lesquels il suggérait des retouches assez légères.

On pouvait donc éviter la mise à l'Index ? Mais il se trouve que ce prélat qui avait su lire d'un œil serein des articles ou développements audacieux à propos des climats, où s'affirmait un relativisme peu conforme à l'enseignement de l'Église, allait démasquer son conservatisme foncier à propos d'un sujet sur lequel nul compromis n'était possible : l'Inquisition...

De ce que le juriste français ait mis en cause l'action missionnaire, consubstantielle à l'Église catholique et au christianisme en général (« Allez, et enseignez les Nations... »), on aurait pu comprendre qu'un prince de l'Église s'émût, et demandât des comptes. Mais non : c'est sur le terrain le plus bourbeux, celui de l'Inquisition, que ce Bottari vint chercher noise à Montesquieu, et exiger pratiquement la mise hors de cause de l'Église sur ce sujet affreux...

Et il est vrai que le chapitre XIII du livre XXV comporte une « très humble remontrance » aux Inquisiteurs, d'ailleurs complétée par d'autres condamnations éparses dans le livre (et rappelant telle flèche déjà décochée contre cette institution dans les *Lettres persanes*) qui manifestent avec une splendide fermeté le rejet sans appel du terrible tribunal aussi bien par le magistrat que par le philosophe et le chrétien. Cruauté, ignorance, barbarie : les mots auxquels a recours Montesquieu ne sauraient être plus clairs. On a relevé quelques prudences et réserves circonstancielles dans sa condamnation de l'esclavage. En matière d'inquisition, point. C'est un pur réquisitoire.

Sommer un prestigieux jurisconsulte européen de l'âge des Lumières de faire le silence, dans un traité aussi ambitieux, sur les horreurs imputées avec tout l'attirail des preuves historiques à ce tribunal assassin de Giordano Bruno* et de tant d'autres – notamment des milliers de juifs ibériques – était insulter à la conscience de l'auteur de l'*Esprit des lois* – qui fit mine, dans les *Éclaircissements* bientôt fournis à Rome, de ne pas avoir même pris connaissance d'une telle injonction... Ce qui était se condamner.

De la fermeté dont il fit preuve dans cet épisode, il ne faudrait pas inférer que notre baron bordelais se souciait peu d'être ou non « mis à l'Index » par Rome : il attachait à cette affaire la plus grande importance, comme en témoigne sa correspondance avec le duc de Nivernais, ambassadeur de France, qui déployait pour sa part tout le zèle imaginable en vue de détourner ou retarder les foudres romaines.

Dès le mois de janvier 1750, l'auteur de l'*Esprit des lois*, ayant fourni au diplomate un rapide historique de la querelle, lui lance cet appel à l'aide :

> Il paraîtrait bien extraordinaire que, dans un temps où nous avons un pontife qui, outre ses qualités éminentes, est encore (ce qui est une chose singulière) distingué des gens de lettres par l'art d'écrire, dans un temps où vivent à Rome les cardinaux Valenti et Passionei, on flétrit, sur des sophismes qui ont été détruits, un ouvrage qui a eu tant d'approbateurs [1].

1. Lettre 530.
* Voir plus haut note p. 79.

Le 24 mars 1750, le duc de Nivernais écrit de Rome à Montesquieu pour le remercier de l'envoi de douze exemplaires de la *Défense de l'Esprit des lois*, l'assurer qu'il en fera « le meilleur usage possible » et lui apprendre qu'il a personnellement remis au pape, quelques jours plus tôt, ses « œuvres complètes » (d'où il a soustrait les *Lettres persanes*...).

Le souverain pontife, rapporte le diplomate, s'est déclaré très sensible à ce geste, et prêt à « servir de son mieux » l'homme qui l'honorait d'un tel présent. Et M. de Nivernais de conclure :

> Je m'estime bien heureux que l'injustice, la malignité et l'ignorance des hommes me donne occasion de servir un auteur et un ouvrage qui ne méritent que des autels et des adorateurs au lieu de défenseurs [1].

L'auteur de l'*Esprit des lois* va continuer de présenter sa défense avec une touchante bravoure, fût-ce auprès de ce Nivernais qu'il sait loyalement attaché à sa cause :

> L'empressement que j'ai pour que mon ouvrage ne soit pas mis à l'*Indice** doit donner bonne opinion de la catholicité d'un jurisconsulte français. Ce n'est point l'amour de la vérité qui a fait agir ceux qui m'ont dénoncé à Rome ; ce sont des piques et des jalousies particulières, dans lesquelles il me semble qu'une grande Cour comme celle-là ne doit point entrer [2]...

Six mois plus tard, le diplomate signale à l'écrivain qu'il vient d'« essuyer une bourrasque » de la part de la Congrégation de l'Index, qui l'a conduit à « réclamer la protection de Sa Sainteté », et précise que « dans la Congrégation les avis n'ont pas été favorables » ; mais ajoute « vous avez un avocat dont le suffrage est considérable à tous égards : c'est le cardinal Querini**, préfet de la Congrégation de l'Index, de qui sûrement vous connaissez la vaste érudition. Il ne put pas aller à la Congrégation ; mais il n'a point caché que, s'il y eût été, il eût opiné en votre faveur... ».

Bon. Mais il se trouve, comme l'ambassadeur le précisera plus tard,

1. Lettre 538.
2. Lettre 589.
* C'est ainsi qu'il l'écrit, à l'italienne...
** Plus souvent orthographié Quirini.

qu'il suffit que Querini dise blanc pour que le pape pense – si l'on ose dire – noir. Et de roche Tarpéienne en Saint-Office, on se dirige vers la mise à l'Index, prononcée le 29 novembre 1751 – à la consternation de l'« accusé ».

La bienveillance du souverain pontife n'ira pas au-delà d'une décision de non-publication du décret, qui restera longtemps ignoré à Paris – où se déroule parallèlement (depuis le 1er août 1750), et devant la Sorbonne, une autre chasse aux sorcières déclenchée contre l'*Esprit des lois*. Là encore, Montesquieu dispose d'appuis solides et d'amitiés agissantes, notamment, dans l'aréopage de l'université, de Mgr François de Fitz-James, fils de son cher maréchal de Berwick et évêque de Soissons, qui le prévient ainsi : « Mes confrères ont autant de goût pour les censures que j'en ai peu. [Ils] oublient que la censure doit être médicinale… faute de quoi il faut s'en abstenir. »

Une « médecine », pour l'*Esprit des lois* ? L'humeur du maître de La Brède en est si assombrie que, cette fois, c'est lui qui, dans un beau mouvement, réclame le fouet : « Je veux, écrit-il à Mgr Fitz-James, que la Sorbonne condamne mon livre – ce que je ne crois pas pourtant qu'elle fasse… » Elle ne le fera pas en effet, bien que les *Nouvelles ecclésiastiques* soient revenues rageusement à la charge pour exiger la condamnation de l'*Esprit des lois*, et qu'un projet ait bel et bien été rédigé en ce sens en août 1752. Le ridicule eût été trop fort, qui eût consisté à censurer, au lieu le plus symbolique de la culture française, et au siècle qui commence à savoir qu'il est celui « des Lumières », le chef-d'œuvre d'un écrivain dont chaque mois, chaque jour qui passe, affirme mieux la gloire européenne.

Est-il vraiment meurtri, Charles-Louis de Montesquieu, de ces agissements et coassements sur lui et son œuvre ? Si le verdict de Rome l'a vraiment atteint, il voit se multiplier autour de lui autant de signes d'admiration ou de respect que peut en espérer un notable irréductiblement provincial, toujours confusément en quête de reconnaissance. Et, en ce temps-là encore, rien ne vaut celle d'un roi.

On l'a vu appelé par son ami Maupertuis à l'Académie de Berlin comme membre-associé, en juin 1747 (avant même, donc, la publication de l'*Esprit des lois*), mais déclinant, dans une bien jolie lettre de vieil aveugle étourdi, l'invitation à visiter Berlin où l'eût reçu celui qui est en passe de devenir « le grand Frédéric ». Regretta-t-il vraiment d'avoir manqué ce face-à-face avec l'Histoire la plus « réelle » ? On peut penser qu'il préféra celui qui s'offrait, plus proche, et plus paisible…

En attendant d'être reçu membre de l'Académie que vient de fonder à Nancy Stanislas Leczinsky, roi détrôné de Pologne et beau-père de Louis XV, Montesquieu est reçu à la Cour que tient à Lunéville ce prince débonnaire, réputé ami des arts. De ce séjour de Montesquieu auprès de Stanislas à Lunéville, nous avons deux échos. Celui que nous a donné, en quelques notes, l'écrivain lui-même, charmé par le sens esthétique et le génie décorateur de ce prince marginalisé par l'histoire, texte mineur qui pétille d'une admiration amusée. Mais nous disposons aussi du récit d'une certaine dame de la Ferté-Imbault, fille de Mme Geoffrin, à qui il n'aura pas fallu beaucoup de lignes pour se déconsidérer. Lisez plutôt ces quelques notations relatives au séjour que Montesquieu, alors âgé de cinquante-huit ans, fit à la cour de Lunéville, accompagné de sa lumineuse amie, Mme de Mirepoix :

> Il y fut reçu avec de grands honneurs, plutôt pour son nom illustre que pour ses manières et ses discours… Il affectait une simplicité d'allures qui touchait presque à la rusticité… Il venait de terminer l'*Esprit des lois*… Épuisé par le travail, il fuyait toutes les conversations élevées et n'abordait, de parti pris, que des sujets vulgaires… Même les domestiques ne revenaient pas de lui voir l'air et la conduite d'un imbécile.

Partie en si bon chemin, la narratrice va jusqu'à se vanter d'avoir ainsi apostrophé le grand homme à la veille de son départ :

> Président, vous m'avez paru si sot que, par comparaison, vous m'avez donné l'air d'avoir de l'esprit, et si je voulais établir que c'est moi qui ai fait les *Lettres persanes*, tout le monde ici le croirait, plutôt que de les croire de vous[1] !

1. Cité par Louis Desgraves, préface à *Pensées* ; *Le Spicilège*, *op. cit.*, p. 112-113.

Ce qui prouve deux choses : que Mme Geoffrin était une piètre éducatrice, et qu'on peut être à la fois une femme et un goujat.

De cet « imbécile », Stanislas Leczinsky allait trois ans plus tard recevoir une lettre de candidature à la naissante Académie de Nancy. Il prit le soin de lui répondre ainsi :

> [Mars 1751]
> Monsieur,
> Je ne puis que bien augurer de ma Société littéraire, du moment qu'elle vous inspire le désir d'y être reçu. Un nom aussi distingué que le vôtre dans la République des lettres, un mérite plus grand encore que votre nom, doivent la flatter sans doute, et tout ce qui la flatte me touche sensiblement... Votre lettre, que j'y ai fait lire, a excité une joie qu'elle s'est chargée elle-même de vous exprimer. Elle serait bien plus grande, cette joie, si la Société pouvait se flatter de vous posséder de temps en temps. Ce bonheur en serait un pour moi, qui serais véritablement ravi de vous revoir à ma Cour. Jamais je ne cesserai d'être bien sincèrement, Monsieur, votre bien affectionné,
> [Signé :] Stanislas, Roi.

Ce Polonais au titre bref avait à coup sûr le jugement plus droit et la sensibilité plus fine que la Parisienne précitée. Le visiteur était devenu si sot qu'il lui écrivit, en manière de « lettre de château », un récit intitulé *Lysimaque*, éloge de la liberté d'expression du philosophe face au despote – en l'occurrence Alexandre le Grand. Un texte que Montesquieu, s'il avait accepté l'invitation de succéder à Voltaire auprès de Frédéric, aurait eu plus de mal à offrir à son hôte.

CHAPITRE XIV

Illustre, à tâtons…

• Une effigie ? • « Ah ! le bel œil ! » • Frédéric, « anti-Machiavel »… • Le catéchisme de Catherine la Grande • Voltaire bastonné • Le culte de l'amitié ? • De Castel à Guasco… • Les frasques de Lord Bulkeley • Trop timide, Barbot ? • Le salut de D'Alembert… • … et l'hommage de Diderot • Un timide censeur • Tencin et « le petit garçon » • Le « regard fol et hardi »…

En ce milieu du siècle des Lumières, comment se manifeste la gloire ? Il est beau d'être l'auteur d'un chef-d'œuvre persécuté par les cagots, passionnément controversé à Versailles comme à Rome et de Londres à Berlin aussi bien qu'en Sorbonne, d'être maudit par les « convulsionnaires », bénit par les philosophes, fêté par les Académies, invité par les souverains. Mais à ce président de Gascogne, à ce législateur des nations, à cet oracle des princes, il manque, pour entrer décidément en majesté, une effigie de référence, un visage à exposer dans la galerie des illustres – tel que savait alors les fixer, en pleine vie, Quentin de La Tour.

Ce grand homme prie Montesquieu de se prêter à l'exercice. Il essuie un refus. Toutes les sollicitations du pastelliste n'y feront rien. Ce qu'ont obtenu rois et favorites, maréchaux et philosophes – et fermiers généraux –, l'écrivain de Gironde le repousse. Par orgueil ? Il n'a pas refusé d'entrer dans quelques académies. Par avarice, si l'on en croit tel de ses proches ? On sait en tout cas qu'il ne craignait pas de présenter à la postérité une image par trop difforme et que la piètre idée qu'avait Montaigne de son apparence n'était pas de son fait.

La soixantaine venue, Charles-Louis, assez cruellement atteint par sa cataracte pour n'être plus tout à fait en mesure de le vérifier dans son miroir, garde presque intacte l'aimable apparence qui n'a déplu ni à Mlle de Clermont ni à la princesse Trivulzio – taille moyenne (cinq pieds trois pouces)*, mince, le cheveu ondulé dont la blondeur pâlit, l'œil bleu, le fin visage au nez hardi, narines palpitantes, à la mâchoire forte, au menton de maître. Ce profil « à l'antique », cheveu libre, col ouvert, assez semblable à celui que nos manuels prêtent à tel sage de l'Antiquité, c'est le graveur suisse Jean Dassier, attaché à la monnaie de Londres et dont la réputation était déjà immense, qui va le fixer pour nous**.

En 1752, par l'intermédiaire de son ami François Risteau, jeune négociant bordelais qui avait publié quelques mois plus tôt une belle apologie de l'*Esprit des lois*, le maître de La Brède fut prié d'accueillir Dassier à Paris, où il résidait alors. Il se retint cette fois de couper court. Sentait-il approcher sa fin ? Était-il flatté que le graveur vînt tout exprès de Londres ? Bref, l'un guidant l'autre, Risteau et Dassier s'en vinrent frapper chez Montesquieu, rue Saint-Dominique ; et le second formula sa requête.

Risteau raconte joliment l'épisode :

> Après un moment de réflexion, M. de Montesquieu prit un ton sérieux, et dit :
> « Monsieur Dassier, je n'ai jamais voulu laisser faire mon portrait à personne, La Tour et plusieurs autres peintres célèbres, qu'il nomma, m'ont persécuté pour cela pendant longtemps. Mais ce que je n'ai pas fait pour eux, je le ferai pour vous. Je sais, dit-il en souriant, qu'on ne résiste pas au burin de Dassier, et qu'il y aurait plus d'orgueil à refuser votre proposition qu'il n'y en a à l'accepter. »
> Dassier remercia M. de Montesquieu avec des transports de joie qu'il modérait avec beaucoup de peine. Il lui demanda enfin son jour. « Tout à l'heure, lui répondit M. de Montesquieu, car je compte aller demain ou après-demain à Pont-Chartrain voir M. de Maurepas, où je passerai quelque temps, et je ne pourrai disposer que de ce moment, je vous conseille d'en profiter. » Sur quoi Dassier tira ses crayons de sa poche, et j'assistai une demi-heure à son travail. Il en était à l'œil lorsque je pris congé, et alors, se tournant vers moi : « Ah ! me dit-il, mon ami, le bel œil ! qu'il fera un magnifique effet[1] ! »

1. Bernadau, *Le Biographe bordelais*, p. 259.

* Environ 1m70.

** Et pour la plupart de ceux qui feront désormais le portrait de Montesquieu, notamment l'excellent sculpteur J.-B. Lemoyne qui, le président étant mort au moment où on lui commanda d'exécuter son buste, s'inspira tout simplement du magnifique travail de Dassier.

C'est de ce profil tracé sur une médaille de 60 mm de diamètre que proviennent à peu près tous les portraits peints ou dessinés de Montesquieu – mais non bien sûr l'exécrable effigie que l'on doit au peintre toulousain Lapenne, exécutée quelques années plus tôt et qui représente un magistrat de cinquante ans au visage figé, écrasé sous la perruque et qui n'exprime rien qu'une fonction dès longtemps abandonnée et non certes le scintillant épistolier des *Lettres persanes* ou des billets à Tencin ou du Deffand.

Des autres représentations hasardeuses de notre baron girondin, on peut retenir celle que propose un tableau peint au début du siècle suivant par un peintre assez médiocre, Gabriel Lemonnier, sous le titre « Première lecture, en 1755, de l'*Orphelin de la Chine* de Voltaire dans le salon de Mme Geoffrin ». À l'extrême limite droite du tableau où figurent, autour du buste de Voltaire, toutes les gloires du siècle – de Buffon à Rousseau, de Bernis à la Clairon –, on aperçoit M. de Montesquieu, bien perruqué et cravaté, assis tout près de la maîtresse de la maison. L'ennui, c'est que l'auteur de l'*Esprit des lois* est mort au début de l'année où est censée se dérouler cette « messe » voltairienne dont le principe ne devait guère, en tout état de cause, lui agréer; et qu'il était, depuis quelques mois, brouillé avec Mme Geoffrin...

Mais cette vraie gloire que lui ont value ses *Lois* prend des formes plus convaincantes que celle d'un savoureux portrait : le respect qu'il inspire à ses pairs, les écrivains, et l'autorité qu'il s'est acquise auprès de ceux qui sont en charge des multitudes, notamment des deux figures qui, en ce temps-là, dominent l'Europe : le roi de Prusse Frédéric, l'impératrice Catherine de Russie.

La France d'alors, entre la guerre de succession d'Autriche et la guerre de Sept Ans, souhaite-t-elle encore y remplir une mission digne de sa gloire ? Fleury éteint, en attendant Choiseul (et Maupeou, destructeur du Parlement), le royaume est pratiquement aux mains de cette marquise de Pompadour dont il a d'ailleurs décelé l'intelligence et la culture – et qui a choisi, au moment de poser, elle, pour Quentin de La Tour, de faire figurer, bien en vue sur sa table, l'*Esprit des lois*. Si bien que, grâce à cette femme d'esprit, le génie de Montesquieu, à défaut de son apparence, aura bien été saisi par le grand portraitiste…

Montesquieu, dont une brève mais substantielle correspondance révèle, mieux que la sordide légende de la mise au pilon du livre de Claude Dupin, une réelle entente d'esprits avec la favorite, a-t-il rêvé d'être appelé enfin, grâce à elle, couronné de sa nouvelle gloire, au service de l'État dont il a su rappeler les droits et les devoirs ? Il se trouve que le roi, pour une fois audacieux, vient de nommer aux affaires, comme contrôleur général des finances, poste clef s'il en fut, ce Machault d'Arnouville qui promet enfin de donner, sinon plus d'esprit aux lois, en tout cas plus de justice aux impôts. On peut rêver de la coopération entre ces novateurs.

Mais l'égalité devant l'impôt était-elle tout à fait du goût du baron de La Brède* ? Eût-il, dans le conflit qui va opposer Machault à Pompadour, pris le parti du premier ?

Trêve de divagations. Revenons au réel.

Frédéric de Prusse, le « Grand », était monté sur le trône en annotant les *Considérations* romaines du magistrat girondin, publiées six ans plus tôt. Mais il avait accueilli de préférence à Sans-Souci le trépidant Voltaire, d'esprit assez agile pour louer d'un même élan le Frédéric auteur de *L'Anti-Machiavel* et le jeune roi qui, son livre à peine achevé, se jette sur la Silésie autrichienne…

Les relations entre Montesquieu et le roi Frédéric, modèle du despote éclairé, en resteront à jamais assombries. Cette opération de rapine devait même inspirer au baron de La Brède, le 2 février 1742,

* Il ne l'exclut pas, si l'on se réfère au chapitre VII du livre XIII de l'*Esprit des lois*.

une lettre vengeresse soigneusement recopiée dans ses *Pensées*, où le Prussien est traité de « plus grand fou qui fût jamais... un homme que le Diable berce depuis qu'il est au monde[1] ».

Quand Maupertuis, au nom du roi de Prusse, invite le président girondin à Berlin quelques mois avant la publication de l'*Esprit des lois*, il est éconduit, on l'a vu. Montesquieu fait certes état de ses infirmités, non sans dire le regret qu'il éprouve, lui qui se veut le familier des grands capitaines romains, de ne pouvoir s'entretenir avec le César de Sans-Souci. À ses familiers, il confie que l'idée d'un froid séjour à Berlin le séduit moins que quoi qu'il puisse imaginer. Mais sa correspondance avec Maupertuis révèle qu'il a, le 28 mai 1748, expédié une barrique de son vin au roi de Prusse...

Un exemplaire des *Considérations* romaines, minutieusement annoté par Frédéric, découvert à Sans-Souci par Napoléon après sa victoire d'Iéna (et subtilisé à l'empereur par Talleyrand !)*, en dit long sur l'admiration du grand roi prussien pour Montesquieu. Mais les notes que le même auteur consacra à l'*Esprit des lois* font voir de profonds désaccords entre le contempteur par excellence du despotisme et celui pour lequel fut inventée une formule qui associait le concept de « lumières » aux implacables réalités de l'absolutisme.

On peut imaginer qu'entre ces deux génies si contrastés, celui qui a « prussianisé » Machiavel les armes à la main dans une Europe plus pacifique que l'Italie du XVe siècle, et celui qui sut opérer la synthèse entre les traditions « démocratiques » des Germains, la monarchie capétienne et le libéralisme anglais, les chances de convergences étaient faibles, et furent encore amenuisées par les manigances de Voltaire. Avant de faire dialoguer Eucrate et Sylla, le sage et le dictateur, Montesquieu a pris soin d'éloigner celui-ci du pouvoir...

1. *Pensées*, 2020.
* Conservé à Paris, à la Bibliothèque de l'Institut.

Il n'est pourtant pas absurde d'imaginer un dialogue entre le jurisconsulte de Gironde et Catherine II, que l'on dira « Grande » et qui le fut assez pour nouer des rapports quasiment amicaux, et presque confiants pour un temps, avec le libre, très libre Denis Diderot. Lequel aurait volontiers, à la différence de Voltaire, servi de truchement entre l'impératrice, qu'il admirait, et le philosophe de Gironde, qu'il aimait.

On reviendra sur les relations entre l'auteur des *Lettres persanes* et celui de *Jacques le Fataliste*. Mais on ne peut exclure celui-ci de la relation, abstraite mais intense, entre l'impératrice de Pétersbourg et l'auteur de l'*Esprit des lois*. Dans une très instructive étude présentée lors d'un colloque tenu à Bordeaux en 1999, Nadejda Plavinskaïa révèle que le fameux *Nakaz* (instruction) rédigé en 1767 par Catherine II en vue de servir de fondement à la « constitution » (ou, mieux, « code de lois ») russe sortait en droite ligne de l'*Esprit des lois*, minutieusement annoté par la souveraine[1].

« *L'Esprit des lois* a servi de tige sur laquelle Catherine a enfilé ses propres idées », assurait joliment cette universitaire russe, précisant que sur 409 articles du *Nakaz*, 255 sortent directement du livre publié vingt ans plus tôt par le jurisconsulte français. Eût-il assez vécu pour le vérifier, Montesquieu n'eût pas manqué d'être étonné de voir ses principes, élaborés dans le climat pluvieux de Londres ou sous le soleil de Florence, pour ne parler ni de Paris, ni de Bordeaux, ainsi adaptés par la despotique souveraine aux neiges du nord. Mais c'est ainsi qu'opéra, au moins sur le papier, cette princesse allemande promue tsarine par ses propres soins – expéditifs…

Dans un chapitre particulièrement savoureux de son *Esprit des mots*[2], Jean Ehrard présente un Diderot littéralement abasourdi par la ferveur avec laquelle l'impératrice, son hôtesse, se voue à la lecture et à l'étude de l'*Esprit des lois* :

> Elle fait sa prière, matin et soir, dans Montesquieu, écrit-il, émerveillé, à sa femme. Elle m'a dit ne l'avoir entendu à sa fantaisie qu'à la cinquième lecture. C'est alors, a-t-elle ajouté, qu'il m'a fait rêver. [30 décembre 1773].

1. *Revue Montesquieu*, n° 2 (Actes du colloque de Bordeaux 1999, p. 280-286).
2. *Op. cit.*, p. 288.

On serait évidemment heureux de savoir ce que la « fantaisie » de Catherine tirait de cette cinquième lecture – au cours de laquelle elle rayait systématiquement le mot de « despotisme » pour le remplacer par celui de « souveraineté ». S'agissant d'un si grand empire, Montesquieu lui-même ne l'absolvait-il pas de quelques excès ? « Le rêve devait durer ce que durent les rêves », écrit Jean Ehrard, pensant peut-être à Diderot plutôt qu'à la tsarine.

Oui. Mais le même auteur insiste sur la présence de l'*Esprit des lois* dans les *Entretiens avec Catherine II* du maître de l'*Encyclopédie*. Au moment d'interpeller la toute-puissante souveraine sur un ton plus « philosophique » que conforme à l'étiquette, Diderot au col dénoué prend soin de se couvrir de l'autorité de ce Montesquieu qu'elle révère autant que lui (autrement...).

> Celle qui a fait son bréviaire de l'*Esprit des lois*, où le despote est comparé au sauvage qui coupe l'arbre pour en cueillir le fruit plus commodément, entendra patiemment ce que j'oserai lui dire...

Ce qu'il « ose » dire, en effet, ne saurait s'entourer de trop de garants : car il soutient, comme le magistrat girondin, qu'« éclairé » ou pas, le despotisme est exécrable, et d'une certaine façon pire que l'autre, dans la mesure où il endort, par les services rendus et les effets produits, la vigilance des citoyens, essentielle à l'équilibre du « bon gouvernement ». Le système du « maître », fût-il bon, est « corrompu par sa nature », lit-on dans l'*Esprit des lois*, que cite à son interlocutrice l'intrépide encyclopédiste.

Qui dira à quel moment Denis Diderot réalisa la vanité des illusions qu'il entretenait si bravement, face à la géniale mangeuse d'hommes de Moscovie ? Au soir de sa vie, il commente, dans une lettre à l'impératrice qui l'a si bien écouté, et si peu suivi, l'échec de « leur » expérience commune, sur un ton d'une admirable générosité. Et quel nom, alors, revient sous sa plume ?

> Malgré la profonde connaissance qu'elle a des talents et des esprits, j'oserai dire [à Votre Majesté] qu'elle avait trop bonne opinion de moi, et que la tâche qu'elle se proposait de m'imposer aurait exigé tout le génie d'un Montesquieu. Quel autre que cet homme était capable de concevoir

une idée digne de la réflexion de Catherine seconde ? Mais il n'est plus, ce Montesquieu, et son successeur se fera attendre longtemps [1].

Des amis, interlocuteurs ou admirateurs illustres à Berlin, à Saint-Pétersbourg, Londres ou Turin, bon. Mais à Versailles ? Le parti des philosophes, auquel est assimilé notre baron, n'y a pas que des amis. Le roi n'est pourtant pas fâché alors de passer pour un esprit libre, pour peu qu'on ne mette pas en cause les principes de la religion, et surtout les privilèges du haut clergé. Et l'auteur de l'*Esprit des lois* y compte en tout cas une alliée de conséquence, la marquise de Pompadour qui, depuis 1748, est au centre du pouvoir et représente à la cour l'« esprit philosophique ».

On a vu que la favorite, posant pour La Tour, avait choisi de mettre bien en vue sur son bureau le livre du président. On ne sait pas comment ils se connurent, si même ils s'étaient rencontrés avant la publication de l'*Esprit des lois* qui coïncide avec la transformation du statut de l'ex-madame d'Étioles de maîtresse du roi en favorite régnante. Ce qui est certain, c'est que Montesquieu fit hommage de son livre à la marquise, qui le remercia par une longue lettre où elle qualifie l'ouvrage d'« admirable », précise qu'il est rangé « à la première place dans [sa] petite bibliothèque », place digne du « législateur de l'Europe » qui « excite l'envie des étrangers ».

Très curieuse, et étonnamment détendue à propos de tous les grands sujets, religion ou pouvoir, est cette lettre adressée à un homme qu'elle connaît assez peu et qui est pris ici pour confident par une personne dont le pouvoir considérable est tout de même fragile face à l'une ou l'autre cabale, des dévots ou des ducs.

> La religion chrétienne [écrit la marquise] est vraie, sainte et consolante : il ne s'agit pas de la détruire, mais de réformer les abus : coupez les branches inutiles, mais ne coupez pas l'arbre…

1. *Ibid.*, p. 293.

Ce « coupez », mis sous les yeux de quelques « branches inutiles », cardinaux ou archiprêtres, pourrait coûter cher à la favorite. Mais elle va plus loin, s'agissant de la cour :

> J'espère que Louis XV ne sera jamais persécuteur : il est honnête homme et point du tout dévot. Si toutefois la cabale lui arrachait quelque résolution violente, cette lettre répondra de moi et vous ne pourrez m'accuser d'y avoir part.

Voilà ce qui s'appelle prendre ses distances, et se confier hardiment à d'autres que ceux dont dépend votre fortune. Et la suite ne vaut pas moins :

> Je vous remercie, Monsieur, de vos compliments : quoique je ne les mérite pas, ils ne laissent pas de me donner quelque vanité en m'apprenant que vous avez quelque estime pour moi. Je vous prie de faire mes civilités à Madame la Duchesse d'Aiguillon : elle est bien heureuse de vous voir et de vous parler tous les jours : je n'ai pas la même satisfaction de converser avec des sages, car il n'y en a pas ici. Nous n'avons que des automates et pas un homme, excepté le Roi. Venez quelque fois me voir et me consoler[1].

Jusqu'où aurait pu aller cette offre d'alliance ? Le temps de Diane de Poitiers était passé. Si influente que fût la marquise, elle n'était pas en mesure de faire, d'un baron-philosophe, un chancelier. Mais le maître de La Brède apprit là qu'il avait à la cour une alliée considérable – et il saura s'en souvenir jusque sur son lit de mort.

On ne saurait se targuer d'amitiés si augustes ou voyantes, sans que des ennemis, égaux ou non, se tapissent dans la pénombre, ou se manifestent au grand jour, comme les « convulsionnaires » jansénistes, ou les argousins de sacristies romaines ou parisiennes, certains jésuites

1. Pierre Bécamps, *Sur une lettre de Mme Pompadour à Montesquieu*, Actes de l'Académie Montesquieu, Bordeaux, 1998, n° 9.

compris. Nous avons vu que Montesquieu n'avait jamais trouvé grâce auprès du très influent abbé d'Olivet, de l'avocat Mathieu Marais, de son confrère le président Bouhier; qu'il s'était heurté en Gironde à l'intendant Boucher, sans s'accorder beaucoup mieux ensuite avec son successeur, le prestigieux marquis de Tourny; et que des amis comme les Dupin s'étaient rudement dressés contre lui, plus ou moins imités par la considérable Mme Geoffrin, qui prétendait ne le recevoir qu'à condition qu'il rompît avec son ami l'abbé Guasco. Bref, une honorable collection de ces désaccords, jalousies et intrigues sans quoi il n'est pas de vie publique.

Mais la seule dissonance grave qui ait troublé cette harmonieuse relation avec un monde si divers et ombrageux, c'est celle qui troubla ses rapports avec l'universel Voltaire. Chose curieuse, s'agissant d'une part d'un polémiste à tout va, trublion perpétuel, archer au carquois débordant de flèches, et d'autre part de notre heureux et pacifique président, partout accueilli en ami bénéfique, c'est du côté du second que partirent les coups les plus brutaux. Tout au moins pour ce qui concerne les choses écrites, ou publiées...

Quelles que fussent les épigrammes chuchotées par l'auteur de *La Pucelle* dans tel ou tel salon, chez l'amie impitoyable qu'était Marie du Deffand ou l'adversaire qu'était devenue Louise-Marie Dupin, qui se plonge dans les œuvres complètes de Voltaire a la surprise d'y voir Montesquieu inégalement maltraité.

Certes, le fiel n'est pas absent du *Commentaire sur l'Esprit des lois* publié en 1777*, où sont dénoncées la prudence de l'auteur, l'incertitude de ses sources et l'inexactitude de ses citations, pour ne pas dire sa crédulité à propos de pratiques exotiques ou extravagantes, avec des flèches rétrospectives à l'adresse des *Lettres persanes*, « ouvrage imité du *Siamois* de Dufresny et de *L'Espion turc*... au-dessous de son génie », et une attaque frontale contre le « machiavélisme » du président manifesté selon Voltaire dans le chapitre II du livre X :

> Entre les sociétés, a écrit Montesquieu, le droit de la défense naturelle entraîne quelquefois la nécessité d'attaquer, lorsqu'un peuple voisin prospère, et qu'une plus longue paix mettrait ce peuple voisin en état de le détruire, etc.

* Vingt-deux ans après la mort du président.

Et voici le laudateur de Charles XII indigné :

> Si c'était Machiavel qui adressât ces paroles au bâtard abominable de l'abominable pape Alexandre VI, je ne serais point étonné. C'est l'esprit des lois de Cartouche et de Desrues*. Mais que cette maxime soit d'un homme comme Montesquieu ! On n'en croit pas ses yeux.

Et ceci, de plus de portée, dans *Idées républicaines d'un membre d'un corps* :

> ... Je désirais de connaître l'histoire des lois sur lesquelles nos pères et leurs enfants ont vécu ; les motifs qui les ont établies, négligées, détruites, renouvelées ; je cherchais un fil dans ce labyrinthe ; le fil est cassé presque à chaque article. J'ai été trompé, j'ai trouvé l'esprit de l'auteur, qui en a beaucoup, et rarement l'esprit des lois. Il sautille plus qu'il ne marche ; il amuse plus qu'il n'éclaire ; il satirise quelquefois plus qu'il ne juge ; et il faut souhaiter qu'un si beau génie eût toujours plus cherché à instruire qu'à étonner.

On dirait une autocritique de Voltaire se regardant dans un miroir... Mais, extrait du même opuscule voltairien, voici un assez beau « Montesquieu quand même », à soi-même arraché par le terrible spadassin qui n'ignorait évidemment pas le peu d'estime que lui portait son aîné :

> Malgré ses défauts, cet ouvrage doit être toujours cher aux hommes, parce que l'auteur a dit sincèrement ce qu'il pense, au lieu que la plupart des écrivains de son pays, à commencer par le grand Bossuet, ont dit souvent ce qu'ils ne pensaient pas. Il a partout fait souvenir les hommes qu'ils sont libres ; il présente à la nature humaine ses titres, qu'elle a perdus dans la plus grande partie de la terre ; il combat la superstition ; il inspire la morale [1].

Alors, maintenant, Montesquieu ? Nous le verrons aussi prompt à frapper l'autre, mais moins enclin, lui, à entrouvrir les bras. Pourquoi ? Ce n'est pas que l'homme de goût, en lui, ne sache voir le génie du « touche-à-tout ». C'est le baron de La Brède qui ne peut supporter le parvenu, l'Arouet mué en M. de Voltaire, assuré de se grandir ou

1. *Idées républicaines d'un membre d'un corps*, 1762.
* Fameux bandits du XVIIIe siècle.

s'anoblir en se faisant le chantre du règne de Louis XIV que déteste le baron de Gironde, de Charles XII que celui-ci tient pour un affreux tyran, et du despote de Sans-Souci. « Snobisme » du féodal et sensibilité du libéral s'allient pour provoquer le rejet quasiment sans nuance que reflètent les *Pensées* du maître de La Brède : « Je disais de la voltairomanie : cela est trop fort pour faire son effet. » « Quelqu'un racontait tous les vices de Voltaire. On répondait toujours : "Il a bien de l'esprit !" Impatienté, quelqu'un dit : "Eh bien, c'est un vice de plus[1] !" »

Si ce « quelqu'un » avait été lui, Montesquieu, il aurait revendiqué ce coup de stylet. Qui n'est pas le plus cruel... Pas même le « Voltaire a une imagination plagiaire... » ou le « C'est un général qui prend sous sa protection tous ses gougeats... » ou « Il semble que c'est un notaire qui parle... ». Un peu plus tôt, en effet, on lit dans le même recueil : « Je disais de V..., dont le caractère était misérable : il ressemble à ces cochenilles, qui donnent les plus beaux coloris de la nature, et ce ne sont que des vers[2]... »

Peut-on aller plus loin dans l'expression du dégoût ? Non ; mais dans la cruauté, oui. Et jusqu'au point de perdre – Ô cher président... – sa propre dignité. On veut parler de la façon dont il juge la fameuse affaire de 1726, cette « bastonnade » infligée à un Voltaire impertinent à son égard par le chevalier de Rohan qui le fit rosser par quatre laquais. Quel acte plus lâche, et plus bas ? Et mieux de nature à indigner tout honnête homme, à commencer par Montesquieu ?

Eh bien non ! On retient certes qu'il « n'aime point le procédé de Rohan »... car « les coups de bâton se donnent et ne s'envoient pas ». Mais alors que le maréchal de Villars tient le comportement de Rohan pour « un crime digne de la mort », on voit Montesquieu s'interroger gravement, lui, sur le partage des responsabilités et renvoyer dos à dos (si l'on peut dire...) bastonneur et bastonné. « Qui lui a rendu plus de justice ? Ceux qui lui ont donné cent mille louanges, ou ceux qui lui ont donné cent coups de bâton[3] ? » Mais où est l'« honneur » en tout cela, cet « honneur » sur lequel l'auteur de l'*Esprit des lois* prétendra

1. *Pensées*, 1363.
2. *Pensées*, 2175.
3. *Pensées*, 1589.

refonder la monarchie selon ses vœux ? L'honneur ne serait-il qu'une affaire de caste, « entre nous... », interdit aux manants, bergères de moutons ou fils de notaire comme Arouet ?

Ici, notre baron dévoile sa limite – qui n'en a ? –, fût-ce aux dépens d'un « méchant homme » qui n'était pas encore le défenseur de Calas, c'est vrai, et se manifestait par ses audaces « contre » plutôt que par son courage « pour ». Mais c'était, et Montesquieu le voyait bien, un grand écrivain, vilement agressé par – titre ou pas – un voyou. Il est triste qu'ici l'esprit de caste et une viscérale antipathie aient aveuglé cet homme juste. Comme quoi le « juste » peut n'être pas équitable...

Cherchant comme toujours à l'être, lui, Jean Ehrard assure que Montesquieu « n'est pas insensible au “feu” voltairien », qu'il « se laisse prendre au talent du narrateur » et qu'il a « au moins pressenti le vrai génie de Voltaire ». C'est pousser assez loin le crédit accordé à un grand homme... Mais il est bon de poser la question, comme il le fait : « Qu'eût-il pensé du Grand Voltaire, celui du combat pour la justice et la tolérance[1] ? » Il est sage de s'en tenir là sur le sujet...

Les inimitiés qu'on suscite n'ont-elles pour effet que d'illuminer mieux les amitiés que l'on se crée ? Ce qui fait l'originalité de Charles-Louis de Montesquieu est que la réponse, positive, lui fut donnée surtout par les femmes – bien que l'intérêt obsessionnel qu'il porta longtemps à la condition des eunuques rappelle qu'il ne tenait pas pour rien la dimension érotique des rapports entre les sexes.

Aimé surtout par les femmes ? On ne l'écrit pas sans réserve, conscient de la richesse des échanges qu'il entretint avec quelques-uns des meilleurs esprits masculins de son temps, anglais et italiens aussi bien que français, laïcs comme ecclésiastiques, provinciaux autant que parisiens. Mais hanté comme on l'est par le parallèle avec Montaigne, on voit bien que nul ne joua à ses côtés, en son intimité, le rôle exal-

1. *L'Esprit des mots*, *op. cit.*, p. 211.

tant qu'assuma La Boétie aux côtés de l'auteur des *Essais*. Amitiés de raison, non de passion, échanges intellectuels surtout, mais qui se caractérisent par la fidélité et la durée – à une exception près, qu'il signale, mais ne nomme pas.

Avait-il, pour autant, ce bienveillant, le culte de l'amitié ? Ses *Pensées* incitent parfois à en douter. Témoin cette maxime qui fait penser à Chamfort, ou à Jules Renard : « L'amitié est un contrat par lequel nous nous engageons à rendre de petits services à quelqu'un, afin qu'il nous en rende de grands. » Ou cette autre : « Vos amis tirent sur vous par préférence, afin qu'on ne leur reproche pas le peu de finesse de leur discernement, et qu'ils n'ont pas vu les premiers les défauts que vous avez[1]. »

Ces giclées d'amertume se rapportent-elles à telle ou telle expérience vécue – comme on a pu « nommer » l'un ou l'autre des traits de misogynie échappé à cet ami des femmes ? On retient quelques comportements de proches qui ont pu le blesser – une lettre de son compagnon bordelais Jean-Jacques Bel, pourtant judicieux et fidèle, qui le met en garde contre la publication de son *Histoire véritable*, jugée indigne de lui, ou les premières réactions d'Helvétius après la lecture « parisienne » de l'*Esprit des lois*. Et ceci pour ne pas rappeler les attaques des Dupin contre ce livre – car il n'est pas possible de parler de leurs relations antérieures comme d'une véritable amitié.

L'amitié, cette « sainte couture » selon Montaigne, qui en donna avec La Boétie le modèle de référence, la rencontre-t-on vraiment dans cette vie si fertile en rencontres, échanges et dévouements ? Pour parler d'« amis » de Montesquieu, ne faut-il pas considérer une relation plus intellectuelle, une « élection » – à l'exception peut-être de celle qui l'unit à son collègue bordelais le président Barbot, ou encore de ses rapports avec son chaleureux complice anglais Bulkeley, l'un et l'autre héros de sa correspondance ? Sitôt écrits ces mots, on tente de vérifier, dans ladite correspondance, si l'on n'a pas négligé quelque témoignage contradictoire. Et l'on découvre cette merveille, dont le prix vient entre autres de ce qu'elle émane du Montesquieu crépusculaire qui, revenu de bien des choses, écrit ce mot précieux à l'un des plus fervents de ses admirateurs, le chevalier d'Aydie :

1. *Pensées*, 308.

> Mon cher chevalier,
> Mme du Deffand m'a fait part d'une lettre de vous qui m'a comblé de joie, parce qu'elle me fait voir que vous m'aimez beaucoup et que vous m'estimez un peu. Or, l'amitié et l'estime de mon cher chevalier, c'est mon trésor. Je voudrais bien que vous fussiez ici et vous nous manquez tous les jours ; à présent que je vieillis à vue d'œil, et surtout à la vue de mon œil, je me retire, pour ainsi dire, dans mes amis[1]...

En quête d'une profession de foi en l'amitié, quel texte plus convaincant espérer de Montesquieu, s'agissant surtout d'une lettre écrite peu de mois avant sa mort, quasi testamentaire : « Je me retire dans mes amis... » (presque aussi beau que Montaigne à propos de La Boétie...). Dira-t-on pourtant qu'il est question d'« amitié et estime », que le pluriel vient un peu affadir ? Avec le baron de La Brède, ce sentiment semble de nature collective. Une énumération qui fait penser aux muses, ou aux apôtres...

Trois ecclésiastiques, d'abord – l'oratorien Desmolets, le jésuite Castel, l'abbé-comte Guasco. S'il ne fut pas à Juilly son professeur, le premier guida ses lectures en tant que bibliothécaire, lui donna les premiers éléments et le modèle de son *Spicilège*, l'encouragea à publier les *Lettres persanes* et l'aida très intelligemment à constituer et classer sa bibliothèque. Il fut un de ses « bons génies ».

De Bertrand Castel, on a beaucoup parlé, à propos de sciences, des *Romains*, de l'*Esprit des lois* et des relations entre le président et la Compagnie – excellentes sur le fond de la doctrine, exécrables à propos du comportement politique de cette société. Les échanges entre le physicien en soutane et le baron de La Brède – sauf pendant la grande querelle de 1749, où Castel s'avéra loyal, et probablement bénéfique – furent dans l'ensemble indépendants de la relation entre Montesquieu et la Compagnie.

Faut-il parler, ici, d'amitié ? L'ayant assisté dans ses derniers instants*, Castel publia un an après la mort de l'auteur de l'*Esprit des lois* un traité, *L'Homme moral opposé à l'homme physique* où il évoque « une amitié de trente ans » avec Montesquieu, qu'il résume ainsi : « Nous avions un langage unique entre nous. Nous n'avions presque

1. *Correspondance*, lettre 704.
* Voir le chapitre XV.

pas besoin de nous écrire et de nous parler pour nous entendre ». Ce qui pourrait être une définition de l'amitié. Le mot paraît tout de même un peu fort ici, quand on pense qu'au moment de publier l'*Esprit des lois*, Montesquieu traita le jésuite comme on le sait…

Guasco… Il faudrait avoir connu cet abbé gyrovague, aristocrate piémontais aux multiples talents et facettes, pour comprendre l'attachement que lui portait le baron de Gironde. Accueilli plus souvent qu'aucun autre à La Brède, disert, très féru d'agronomie, galant avec les dames mais, si l'on en croit le président, attaché à la chasteté, Guasco jouissait de sa confiance au point d'avoir été choisi comme intermédiaire, voire commissionnaire, entre l'écrivain et son éditeur de Genève. Le personnage que l'on entrevoit à travers leur correspondance a quelque chose d'un intrigant – mais cette impression doit peut-être trop à la publication, par l'abbé piémontais, de *Lettres familières* du président disparu peu auparavant, dont le moins qu'on puisse dire est qu'elles jetèrent quelque trouble et inspirèrent quelque méfiance : ne prêtait-il pas à tel ou telle des propos qui furent démentis par les intéressés ?

Avant cet épisode, Guasco avait manifesté des propensions à abuser de l'attachement que lui portait Montesquieu. Et à vouloir à tout prix s'imposer à ses côtés comme l'*alter ego*, le confident, il avait exaspéré, après Mme de Montesquieu, plus d'une hôtesse… Seule d'entre elles, Mme Geoffrin manifesta son humeur, et de ce fait se brouilla avec le baron de La Brède quelque temps avant sa mort.

Parallèlement aux amitiés ecclésiastiques, Montesquieu entretint, on le sait, de très chaudes camaraderies anglaises, qui se résument en quelques noms : la grande lignée Berwick, faite du maréchal lui-même, de son beau-frère Bulkeley, de son neveu Waldegrave et de son fils Mgr de Fitz-James, dont les noms ont émaillé notre récit. Sans oublier le brillant Chesterfield, qui s'improvisa si noblement son interlocuteur et son hôte en Angleterre, Martin Folkes qui lui ouvrit les portes de la Royal Society, Charles Yorke et quelques lords dont l'amitié était trop gratifiante pour qu'il n'en exagérât pas la sincérité, ou l'importance.

De tous ces gentlemen, le seul qui puisse revendiquer le titre d'ami du baron de La Brède semble être Bulkeley. On a cité, entre eux, des échanges épistolaires d'une liberté, d'une verdeur même qui ne marquent pas forcément l'amitié, mais y font penser. Il y est assez souvent question d'affaires érotiques, de bonnes fortunes, de véroles de princes de l'Église ou de favorites négligées, de chambrières escaladées, d'occasions à saisir... Est-ce l'époque, ou le climat ? Le « côté de Bulkeley », en tout cas, est une composante indispensable de tout portrait de l'auteur de l'*Esprit des lois*. Comment, après cela, n'être pas attaché à l'Angleterre, et à ses libertés ?

S'agissant des relations qu'entretint Montesquieu avec les hommes de l'*Encyclopédie*, qui se manifestent dès avant la diffusion du prospectus de D'Alembert, en 1750, peut-on parler d'amitié ? Noua-t-il des relations de cette nature avec les trois hommes qui donnèrent impulsion à cette œuvre immense et en assurèrent l'achèvement : Denis Diderot, Jean Le Rond d'Alembert, Louis, chevalier de Jaucourt ?

Compte tenu des différences de génération, du caractère fugitif de leurs rencontres, et plus profondément des décalages de visions « philosophiques », on serait tenté de répondre par la négative. Mais une lecture plus attentive de tel ou tel texte de D'Alembert ou de Jaucourt, l'offre faite par le premier au vieil écrivain de s'associer au grand ouvrage et un pénétrant article de Jean Ehrard sur les relations entre Montesquieu et Diderot incitent à nuancer cette réponse. L'amitié ne requiert pas forcément beuveries communes et vacances partagées.

Deux d'entre nos encyclopédistes pouvaient se prévaloir de liens assez profonds et anciens avec le maître de La Brède. D'Alembert parce qu'il était le fils de la très chère Tencin (et bien que cette filiation ne soit étalée ni par l'une, ni par l'autre, abandonné au berceau...), Jaucourt parce qu'il était apparenté aux Vivens, cousins de Mme de Montesquieu, ce qui lui avait donné l'occasion de rencontrer le grand homme, en famille, à Clairac.

On connaît d'autre part l'admirable portrait de Montesquieu qu'a tracé d'Alembert et placé en tête du cinquième tome de l'*Encyclopédie*, texte dont la duchesse d'Aiguillon disait qu'il était « l'apothéose de Montesquieu » :

> ... Il était dans le commerce d'une douceur et d'une gaieté toujours égales. Sa conversation était légère, agréable et instructive. Elle était coupée comme son style, pleine de sel et de saillies, sans amertume et sans satire. Personne ne racontait plus vivement... avec plus de grâce et moins d'apprêt... Ses fréquentes distractions ne le rendaient que plus aimable ; il en sortait toujours quelque trait inattendu... Le feu de son esprit, le grand nombre d'idées dont il était plein les faisaient naître...

Point n'est besoin d'être l'ami d'un homme éminent pour saluer ses vertus : mais le ton qui règne ici va bien au-delà du simple constat. Et l'on a cité, à propos des chapitres de l'*Esprit des lois* consacrés à l'esclavage, les articles de Jaucourt et d'Alembert qui saluent la condamnation portée contre lui par Montesquieu, en traitant charitablement les excuses « climatiques » alléguées par l'auteur...

Amitié, donc ? C'est quasiment l'hypothèse que formule Jean Ehrard, à propos des relations, plus problématiques encore, de Diderot et Montesquieu, dans le bel essai intitulé *La Piété filiale, Diderot lecteur de Montesquieu*[1] où n'est pas retenue l'histoire de rencontres anciennes en quelques « mauvais lieux » dont on a fait état plus haut*. À diverses reprises, dans ses lettres à Sophie Volland ou à Grimm, l'auteur du *Neveu de Rameau* sait rendre à son aîné l'hommage dû à celui qui a laïcisé l'histoire, rationalisé l'art de conduire les hommes, et fait face aux censeurs de tout poil.

Et Jean Ehrard d'avancer cette proposition qui soude en quelque sorte le roturier matérialiste au disciple de Malebranche :

> Diderot n'aurait-il pas été au XVIIIe siècle le meilleur lecteur de Montesquieu ? D'autres, parmi ses proches, comme d'Alembert et Jaucourt, l'ont autant admiré et pratiqué. Mais personne, semble-t-il... n'a mieux su distinguer dans son maître le contingent de l'essentiel, les préjugés de caste des interrogations et des principes à valeur permanente, la lettre de

1. *Op. cit.*, p. 277-293.
* Voir le chapitre V.

l'esprit. Le Montesquieu de Diderot est le plus vivant qui soit. Un aîné et un compagnon[1]...

Ehrard n'est pas allé jusqu'au mot « ami », qui eût été impropre ici. Mais de cette étrange « filiation » désincarnée est né l'élan qui allait pousser Denis Diderot, seul parmi les gens de lettres de son temps, à suivre la dépouille du baron de Montesquieu, un jour de février 1755, de la rue Saint-Dominique à Saint-Sulpice...

Amitiés de prêtres, amitiés d'Anglais, amitiés de philosophes... Retenons aussi celles qu'il vécut en Aquitaine, et par-dessus toutes avec Jean Barbot. On ne saurait décidément assimiler aucune des amitiés nouées par l'auteur des *Lettres persanes* à celle de Montaigne et de La Boétie. Mais s'il fallait à tout prix en désigner une, c'est peut-être celle-là qu'on choisirait. D'après Bernard Grasset, préfacier des *Cahiers* publiés en 1941*, l'un des derniers secrétaires de Montesquieu, Darcet, déplorait la perte d'une grande partie de l'immense correspondance entre les deux présidents, qui avait « le goût des lettres de Cicéron à Atticus ».

On en a cité ici et là de larges extraits, soit à propos de la vente, par Montesquieu en 1726, de sa charge de président à mortier, contre laquelle le met en garde Barbot, lui-même président de la cour des Aides, et deux ou trois des messages adressés par un Montesquieu pris par l'écriture de l'*Esprit des lois*, et qui se dit si joliment « son propre admirateur ». Des choses que l'on ne dit qu'à un intime. On sait que c'est chez Barbot qu'eut lieu la première lecture de l'œuvre, mais on connaît moins ce trait, rapporté par le chroniqueur bordelais Bernadau :

1. *Ibid.*, p. 292.

* Morceaux choisis des textes que l'on intitulera *Mes pensées*, déjà publiés à la fin du XIXe siècle par Henri Barckhausen (à 200 exemplaires).

> Avant de publier ce livre, il le montra au président Barbot, son intime ami et l'homme de Bordeaux le plus capable de l'apprécier. Celui-ci lui conseilla d'attendre une époque plus favorable aux matières politiques, l'assurant que dans ce siècle il ne pourrait pas naturaliser *prolem sine matre creatam**. Montesquieu reprit son manuscrit et l'envoya à l'impression, en y ajoutant seulement, en manière d'épigraphe, cet hémistiche d'Ovide, rappelé par son timide censeur.

Premier informé, par écrit, de la grande entreprise, tenu souvent au courant de ses développements, sollicité d'opiner, assuré, tout « timide » qu'il fût, d'en pouvoir suspendre la publication, Barbot est de toute évidence « le » confident intellectuel du baron, comme il fut son commensal permanent de La Brède à Bordeaux, chez lui et dans les salons de Mme Duplessy et de la comtesse de Pontac.

Chose surprenante en ces temps où l'anoblissement était l'obsession de tant de roturiers, fussent-ils gens d'esprit comme ceux que nous connaissons, l'ami de Montesquieu avait laissé tomber en désuétude la particule qu'il tenait de son père Romain de Barbot, seigneur de Saint-Georges-de-Puynormand dans le Libournais, avocat au Parlement de Bordeaux[1]. Ce qui est certain, c'est que Jean-Baptiste Barbot fut le condisciple, chez les oratoriens de Juilly, du jeune « M. de La Brède ». Celui-ci étant son aîné de six ans, le lien ainsi créé dut être ténu. Mais il devait se resserrer dans le milieu parlementaire bordelais, et plus encore à l'Académie de Bordeaux, dont Barbot fut l'un des piliers – tour à tour secrétaire, directeur, président, et à laquelle il fit donation de sa bibliothèque, à l'instar de leur ami commun Jean-Jacques Bel**. Ils en vinrent à l'intimité du fait de leur voisinage campagnard : c'est à mi-chemin entre Bordeaux et La Brède que Barbot disposait d'une résidence, la « maison noble » de Baugé, à Villenave d'Ornon, à deux heures de marche du château de son ami.

Aussi surprenante que le délaissement de sa particule nobiliaire fut la résistance de Barbot sinon à écrire, en tout cas à publier. Se sentit-il

1. « Le président Barbot », Denise Bège-Seurin, *Actes de l'Académie Montesquieu*, 1986, p. 121.

* C'est donc à Jean Barbot que Montesquieu doit la fameuse citation d'Ovide, si controversée, qui signifie bien que l'œuvre est sans précédent – et par là audacieuse…

** Dons qui sont à l'origine du fonds de la Bibliothèque de Bordeaux.

écrasé par la gloire de son voisin ? Le baron ne se fit pas faute de le harceler, notamment dans une lettre de 1752 :

> J'ai lu votre « dissertation sur l'esprit » ; personne mieux que vous ne peut traiter de cette matière. C'est un meurtre que d'enfouir les jolies choses que vous faites ; il y a longtemps que je vous le dis, cela ne vous corrige pas ; vous êtes toujours le même et je ne compte plus vous guérir de votre modestie ; c'est une maladie incurable [1]...

Les quelques pièces qu'on attribue à Barbot, dans un petit recueil de l'Académie de Bordeaux dit « le sottisier », ont trait aux jésuites, qu'il attaque parfois, aux jansénistes qu'il défend plus souvent, et au beau sexe loué avec une ardeur touchant à la grivoiserie – ce qui devait donner du piquant à leurs entretiens campagnards, entre le chai de Rochemorin et le pressoir de Villenave d'Ornon. Une amitié ? Une complicité ? Une forte alliance en tout cas, qui eut sa part, nous l'avons vu, dans la création de l'*Esprit des lois*.

C'est aux femmes tout de même que Charles-Louis de Montesquieu réserva le meilleur de son génie de l'amitié – sans préjudice, on l'a vu, de quelques débordements de passion et de jeux plus bénins. En un siècle qui fut celui de Marivaux et de Watteau aussi bien que de Crébillon, de Fragonard et de Casanova, il est souvent difficile de déceler, à la lecture, quel type de sentiment exprime telle ou telle formule, le « Je vous aime de plus en plus », les « tendresses », les « caresses » et les « Je vous prends dans mes bras ». On a cité trop de ces manifestations pour ne pas garder quelques distances à leur propos.

Le cas le plus typique de ses élans verbaux qui ne sauraient être pris tout à fait au pied de la lettre est celui des échanges entre notre président et cette amie très chère que fut Claudine-Alexandrine de Tencin. Avant d'être la première lectrice (et distributrice) de l'*Esprit des lois*,

1. Cité par Denise Bège-Seurin, *op. cit.*, p. 243.

elle avait été, évadée d'un couvent comme il se doit, l'héroïne absolue du libertinage de haut style qui prévalait en ce temps-là, la très généreuse maîtresse d'une génération de hauts gentilshommes, dont le Régent – et de quelques artilleurs gloutons dont l'un lui donna un fils, prestement oublié sur les marches de l'église parisienne de Saint-Jean-le-Rond, ce pour quoi on l'appela Jean Le Rond d'Alembert...

De cette carrière bouillonnante, Claudine-Alexandrine avait émergé en protectrice des arts, ouvrant un salon qui fut en quelque sorte l'héritier de celui de Mme de Lambert où brillait Montesquieu entre Fontenelle et Marivaux, et le rival de ceux de Mmes du Deffand et Geoffrin. Elle avait un frère cardinal, fort ami – comme elle – des jésuites, et qui rêvait d'organiser à Paris un concile de l'Église catholique – le premier depuis plus de deux siècles. Si bien qu'on avait surnommé Claudine « la mère de l'Église ». Un titre qu'elle ne se serait pas donné... Mme de Tencin était aussi l'auteur secret d'un roman, *Les Amours tragiques du comte de Comminge*, ce que Montesquieu était l'un des seuls de ses nombreux amis à savoir. Et ce n'est que le jour de la mort de Claudine (en 1749) qu'il divulgua le secret. Il faudrait être bien peu attaché à la mémoire de cette remuante enchanteresse pour se refuser à lire ces *Amours tragiques*. Mais il faut accorder à Claudine tout le crédit qu'on lui fait pour tenter, jusqu'au dénouement, de trouver du génie à ces « infortunes de la vertu » où ne manquent que les piments qu'un autre y a mis, et où les sanglots ont supplanté les cabrioles.

Entre Tencin et Montesquieu, qu'elle appelle toujours dans ses jolies lettres « mon petit Romain », s'établit une relation qu'un lecteur naïf d'aujourd'hui donnerait pour érotique, tenant pour négligeable qu'elle fût son aînée de sept ans. En fait, si l'érotisme eut sa part à l'aventure, ce fut du fait de Jean-Baptiste, le fils du président dont cette délicieuse correspondance nous apprend qu'adolescent il se prit avec elle pour Chérubin abordant la Comtesse. L'histoire est trop jolie pour ne pas s'intégrer à un portrait jumelé de Montesquieu-Tencin.

Le 24 décembre 1734 – elle a allégrement passé le cap de la cinquantaine, ce qui, à cette époque, passe pour un âge avancé, mais doit garder bien du charme –, Mme de Tencin écrit au président : « ... Vous n'êtes aimé de personne aussi bien que de moi. J'ai vu le petit garçon*

* Il a alors dix-sept ans.

plusieurs fois. Il n'ose m'en dire autant qu'il m'en écrit. Il tâche cependant toujours de me donner quelque signifiance de ces sentiments qu'il n'a pour moi que parce qu'il me prend pour une femme... Si vous le plaisantez jamais sur ce sujet, je vous étranglerai[1]... » Comme on la sent émue, la « mère de l'Église », par cette cour que lui fait un enfant de chœur qui pourrait être son petit-fils... Le baron rabroua fermement le « petit garçon » qui se le tint pour dit. Mais quelle jolie comédie pour Marivaux ou Beaumarchais...

Privé de Mme de Lambert (en 1733) qu'il admirait, de Tencin (en 1749) qu'il aimait, le président aux yeux flétris n'était pas pour autant privé de ces hôtesses auxquelles tenait le fieffé pique-assiette qu'il était, et mieux encore l'amoureux de ces compagnies où il savait ne briller qu'en réponse à une attente – laquelle ne manquait jamais de se manifester. Du Deffand, Geoffrin, la marquise puis duchesse de Mirepoix, la duchesse d'Aiguillon, Mme Dupré de Saint-Maur – pour ne plus parler de Mme Dupin...

Entre tant de marraines rencontrées tout au long de ce récit, retenons Anne-Marguerite de Mirepoix et Anne-Charlotte d'Aiguillon, fort entichées du baron de Gironde. De la première qui, devenue ambassadrice à Londres, se donna pour mission primordiale d'y assurer la vente du vin de Rochemorin, sans parvenir à y attirer de nouveau le vigneron lui-même, Montesquieu fut un admirateur sans réserve. Les quelques notes qu'il consacre, dans ses *Pensées*, à Anne-Marguerite, ancienne princesse de Lixin, révèlent une vraie ferveur : « Je disais de Mme de Lixin qu'elle avait une jolie manière d'avoir de l'esprit » ou « I said of Mme de L... ceux qui entendent parler de vous vous admirent ; ceux qui vous voient vous aiment ». On l'a retrouvée à ses côtés à Lunéville. Ils étaient bien ensemble.

Avec Anne-Charlotte d'Aiguillon, les choses allaient sur un autre ton. « La duchesse, écrivait Marie du Deffand, a la bouche enfoncée, le nez de travers, le regard fol et hardi, sa voix rappelle la trompette du Jugement dernier, et malgré cela : elle est belle. » Montesquieu l'entendait bien ainsi et, fasciné par le « regard fol et hardi », voyait souvent la duchesse à Bordeaux – elle y résidait volontiers – sinon à

1. *Revue d'histoire littéraire de la France*, mars 1982, p. 207.

Aiguillon (en Agenais) où son mari avait fait construire un château magnifique qu'elle faisait mine de ne pas aimer*.

L'auteur de l'*Esprit des lois* admirait assez Anne-Charlotte dont il disait qu'elle était « tantôt un songe et tantôt un délire », pour lui avoir confié le manuscrit de l'*Esprit des lois* en précisant qu'il lui demandait de le « corriger », ajoutant même : « Vous me direz : je n'aime pas cela ; et vous ajouterez : c'est ainsi qu'il fallait dire[1]... » Bigre : ce que n'avait pas obtenu le savant R. P. Castel était humblement offert à cette remuante beauté. Avec laquelle le président faillit bien se brouiller, n'obtenant pas d'abord du duc d'Aiguillon, son époux, suzerain de Montesquieu et de Clairac, qu'il fasse de lui un « francalleu** », un « affranchi »... On trouva bien sûr, entre duc et baron, gens bien élevés, une solution amiable. Si bien que la duchesse à la « voix de trompette du Jugement dernier » fut des plus assidus, dans l'appartement de la rue Saint-Dominique, lors des derniers instants de Charles-Louis de Montesquieu.

1. Philippe de Montesquieu, *Montesquieu intime*, tiré à part de *La Revue de l'Agenais*, s. d.

* Devenu aujourd'hui le lycée de la ville.

** Terre libérée de la mainmise féodale.

CHAPITRE XV

L'imagination des nuages…

• Encyclopédiste ? • Un petit traité du plaisir • Arbitre entre le trône et le Parlement • Retour en Perse • L'ordre de *Mes pensées* • Le scintillement de la correspondance • Parisien, aussi • « Mes bougies sont éteintes » • Disputes autour d'un mourant • Le « grand évolutionnaire »…

Ni le poids de la gloire, ni la fatigue imposée par son livre, ni les querelles qu'il a suscitées à travers l'Europe, ni la pénombre où l'enfonce la perte de sa vue ne réduisent Montesquieu à une retraite de vieux gentilhomme de village. On le verra encore dans sa cahotante berline, parfois flanqué de sa femme, parfois de son fils Jean-Baptiste ou de sa fille Denise, parfois encore de Guasco ou de Bulkeley, s'élancer vers Paris ou vers Clairac et au-delà jusqu'en Languedoc, le regard perdu mais l'intelligence en éveil et la démarche vive.

Voici dix ans bientôt – en tout cas depuis 1745 – que la cataracte lui interdit la lecture proprement dite. Trois ou quatre secrétaires se relaient auprès de lui, à La Brède ou rue Saint-Dominique (Henri Saint-Marc, Florence Fitz-Patrick, Jean Darcet ou François de Paule Latapie, fils de son notaire), lui faisant la lecture, écrivant sous sa dictée. L'achèvement du grand œuvre, en 1748, n'a épuisé ni sa verve, ni sa fourmillante curiosité, ni le sens qu'il a de ses responsabilités – et moins encore l'attente de ses amis.

Une occasion lui est offerte, en 1751, de manifester sa jeunesse créatrice au sein de la nouvelle génération et de prendre sa place dans la nouvelle Pléiade qu'est le groupe des Encyclopédistes. D'Alembert, dont on a dit l'admiration qu'il porte à Montesquieu, salué d'un hommage solennel dans son « Discours préliminaire », lui a proposé d'écrire, pour l'*Encyclopédie*, les deux articles essentiels consacrés à « démocratie » et « despotisme ».

Décline-t-il cette invitation parce que ce serait encore s'offrir à trop de coups, et trop blessants ? Ou simplement, comme il l'écrit à d'Alembert, parce qu'il a déjà « tiré sur ces articles, de [son] cerveau... qui est un moule... tout ce qui y était » et qu'il ne pourrait que se répéter ? Il se garde en tout cas de couper court et propose à son interlocuteur de faire « un autre choix, chez Mme du Deffand, avec du marasquin[1] ». On tomba d'accord, verres en mains, sur le mot « goût ». Mais Voltaire s'était déjà emparé du sujet, le diable...

Il restait au président le loisir de rédiger un texte pour son propre compte – article que d'Alembert joindra au grand ensemble, en 1757, après la mort de l'auteur. Ce sera l'*Essai sur le goût*, l'un des témoignages majeurs – avec ses adresses au roi et au Parlement à propos de la constitution *Unigenitus* – de la verdeur d'esprit qu'a préservée l'auteur de l'*Esprit des lois*.

On a dit à propos de son grand voyage européen de 1728-1731 à quel point l'éveil de son intérêt pour les choses de l'art fut tardif, s'agissant d'un jeune aristocrate formé chez les oratoriens et mêlé, à Paris, aux salons, aux clubs et aux académies, commensal de Fontenelle et de Marivaux. On l'a cité, avouant que c'est en Italie, de Florence à Rome, la quarantaine venue, éclairé par les leçons de son compagnon de voyage, le chevalier Jacob, qu'il se prit de passion, ou plutôt d'intérêt pour les chefs-d'œuvre de la Renaissance italienne, surtout toscane et romaine – et comment il prit goût à la musique italienne dans les petits théâtres où chantaient les merveilleux castrats de ce temps-là.

Éveil tardif donc, si l'on fait exception des quelques notations de ses correspondances avec ses amis bordelais Jean Barbot et Jean-Jacques Bel et de certaines *Pensées* des années vingt où il cite notamment une ingénieuse définition de la beauté par le P. Buffier : « L'assemblage de ce qu'il y a de plus commun. » Mais éveil décisif.

Dans les salons qu'il fréquente après son retour de voyage et la disparition de Mme de Lambert, les questions d'esthétique, plastique ou musicale, sont plus souvent abordées. Mais on est loin encore de Dide-

1. Lettre 691.

rot, et plus encore des incursions de Rousseau dans la musique, des débats entre « gluckistes » et « piccinnistes » autour de Julie de Lespinasse. Toscans ou Vénitiens ? Raphaël ou Vinci ? Il n'est guère question, en ces cercles parisiens, de Watteau ou de Chardin. Et le baron de La Brède reste fâcheusement indifférent à la magnifique refonte architecturale dont Bordeaux est l'objet à partir de 1730 – quand il ne lui est pas hostile. Si bien que dans l'étude la plus sérieuse consacrée à l'esthétique de Montesquieu [1], Jean Ehrard peut écrire que son premier contact avec l'« art vivant » date de son séjour à Lunéville, en 1747, chez Stanislas Leczinsky. Il a alors près de cinquante-huit ans...

Avec l'*Essai sur le goût*, joint à l'*Encyclopédie* par d'Alembert avec la mention « fragment trouvé imparfait dans les papiers [de] l'auteur [qui] n'a pas eu le temps d'y mettre la dernière main », le baron de La Brède ne prétend à coup sûr pas avoir élaboré un traité d'esthétique. Trop long pour un article, succinct pour un essai traitant d'un sujet aussi immense, c'est une méditation rhapsodique sur les plaisirs que donne la beauté à « l'âme » d'un être civilisé. C'est, dans le style antique – et bien qu'il récuse toutes références à Platon ou Aristote comme à ses chers stoïciens –, un « petit traité du plaisir » (Jean Starobinski).

Suggestive est cette constante référence faite à « l'âme », s'agissant d'œuvres qui intéressent si fortement les sentiments, pour ne point parler des sens. S'agissant de la connaissance, on sait que ce gentilhomme du pays des troubadours, de Montaigne et de Fénelon, a eu besoin des leçons d'un compagnon de voyage anglais et d'un coche roulant de Vienne à Rome en passant par Venise et Florence, pour que son « âme » et ses sens s'appliquent à l'examen de quelques carrés de toile ou pans de murs illuminés par Véronèse ou Michel-Ange.

Mais on le sent, tout charmé qu'il soit par les formes et coloris du Quattrocento, par Pise et par Mantoue, constamment tiré vers les Antiques, vers telle référence à Marius ou à Florus, à Horace ou à Virgile. L'histoire reste, plutôt que l'esthétique, son domaine, ou mieux cette sociologie comparée qu'il a inventée. Mais il est trop fin, et trop baigné de culture, pour ne pas jeter, sur ce territoire pour lui incertain, quelques lueurs assez vives et parfois neuves.

1. *Montesquieu critique d'art*, *op. cit.*

Il est beau, et même saisissant, que cet esprit classique, nourri de Plutarque et de *Télémaque* (et dont on pourrait croire que, conformément au titre de l'un de ses chapitres, « Le plaisir [est] fondé sur la raison »), ait consacré deux autres chapitres aux beautés qui résultent « Du je ne sais quoi », « D'un certain embarras de l'âme » ou « Des plaisirs de la surprise ». Ô merveille ! Résignés à la leçon de Boileau, nous voilà presque dans Diderot… « … Notre âme fuit les bornes, […] elle voudrait étendre la sphère de sa présence… S'il faut de l'ordre dans les choses, il faut aussi de la variété : sans cela l'âme languit… Pour que notre âme soit excitée, il faut que les esprits coulent dans les nerfs… » (ah ! ces nerfs… Pour un peu, on passerait déjà de Diderot à Baudelaire…).

On aime que le placide gentilhomme de Gironde, prenant congé pour un temps de Solon et de Tacite, s'abouche avec Bacchus et Silène et les Grâces de Botticelli, et retrouve ses souvenirs vénitiens et toscans. Ce n'est pas tout à fait son univers, et tout rappelle que les tribuns de Rome la Tragique lui parlent mieux – Raphaël et Michel-Ange exceptés – que les variations chromatiques qu'y ont inspirées les dieux de l'Académie athénienne. Les Lumières de ce siècle étaient celles de l'esprit mieux que celles de l'œil – Diderot mis à part, bien sûr. Mais le baron de La Brède avait le goût bon, et il a su, en temps utile, le manifester.

C'est sur un autre de ses travaux des dernières saisons que l'on jugera de la continuité de son génie. Non sur l'un de ses bibelots à l'antique qu'il lui arrive de ciseler à l'intention de telle ou telle tête couronnée ou dame de haut rang – *Lysimaque*, *Arsace et Isménie* –, mais sur les appels à la sagesse qu'il adresse au roi et au Parlement dressés l'un contre l'autre en 1753 : son *Mémoire sur la Constitution* et ses remontrances au Parlement. La lecture en est moins plaisante que celle de l'*Essai sur le goût*. Mais là s'exprime dans toute sa force l'autorité de ce maître de vie publique auquel on regrettera toujours que l'État n'ait pas cru bon, par la voix de l'un ou l'autre, de faire appel en sa rude sagesse.

Depuis quarante ans (1713), la bulle (ou constitution) *Unigenitus*, par quoi le pape condamnait le jansénisme, empoisonne la vie du royaume, les Parlements refusant à la couronne de l'enregistrer, moins du fait de leur sympathie pour les héritiers de Port-Royal que par attachement au gallicanisme, par hostilité à toute intrusion romaine. D'autant qu'en 1753 Rome a accentué la pression en prétendant faire interdire les sacrements au fidèle qui ne peut présenter un « billet de confession » attestant qu'il rejette expressément les thèses jansénistes. Le Parlement de Paris s'opposant à cette nouvelle exigence, le roi l'a exilé collectivement à Bourges en 1753. C'est alors qu'en cette querelle nationale Montesquieu ose jouer les arbitres.

Si bon royaliste qu'il fût, il adresse au souverain un « mémoire » l'incitant au nom du « salut de l'État... qui est la suprême loi » à s'inspirer de l'exemple de son trisaïeul, promoteur de l'Édit de Nantes, en assurant aux « sectes » une « tolérance extérieure » dans le royaume, par une Déclaration royale faisant connaître que la constitution *Unigenitus* y est simplement « reçue ». Audacieuse leçon de tolérance dont on ne sait comment elle fut entendue à Versailles...

Mais l'ancien président à mortier ne se contente pas de faire la leçon au roi. Plus hardiment encore, il se retourne vers le Parlement rebelle. Et lui qui n'a jamais caché son désaccord avec l'ensemble de l'opération romaine résumée par la formule *Unigenitus* ose adresser au président du Parlement, Durey de Meinières, ce qui ne peut être reçu que comme une admonestation :

> Nous ne pouvons comprendre par quelle fatalité le Parlement, juge naturel de ces choses, se trouve aujourd'hui partie, et comment, au lieu d'être à la tête de la justice, il se trouve pour ainsi dire à la tête d'un parti... Son objet n'est-il point qu'il n'y ait pas de schisme ? N'avait-il que le dépôt d'une seule loi ? N'avait-il pas le dépôt de toutes[1] ?

Extraordinaire initiative. Ainsi l'auteur de l'*Esprit des lois* se pose-t-il en médiateur entre le roi, l'Église et le Parlement. Faut-il qu'il soit conscient de son prestige pour tenter une démarche dont nul autre

1. Desgraves, introduction aux *Pensées*, *op. cit.*, p. 114.

n'aurait osé prendre la responsabilité... Mais le plus remarquable ici est que Montesquieu, si soucieux de tous les débordements du pouvoir, des pouvoirs, se présente en défenseur de l'État en tant que référence, arbitre entre les divers partis*. Ce pour quoi Jean Ehrard parle à ce propos, chez Montesquieu, de « paradoxe de l'État ».

Un magistrat, fût-il retiré, connaît les vertus de l'appel et de la cassation. Parce qu'elles avaient été contestées, voire condamnées, et mieux encore parce que cet honnête homme en discernait, en ses œuvres les plus notoires, des défauts propres à être amendés ou simplement avoués, il entreprit de les remettre sur le métier en vue d'éditions nouvelles. Si l'*Esprit des lois*, qui traduisait un effort et une pensée tout récents et avait donné lieu de sa part à une « défense » et à des éclaircissements où gisait la matière de nouvelles éditions, n'appelait plus guère de révision, les *Lettres persanes*, quasi clandestines en 1721, relues après trente ans, ne pouvaient qu'inspirer quelques retouches ou nuances à un auteur entré en gloire.

Ainsi vit-on le vieux gentilhomme de La Brède, dans le même temps que les maîtres de l'Europe se penchaient sur ses *Lois*, feuilleter l'ouvrage de jeunesse jadis renié dans les salons et jusqu'aux portes de l'Académie. De toute évidence, il y prit plaisir et réconfort, ajoutant onze lettres à l'édition de 1721, et une préface qui, recueillie dans ses *Pensées*, est l'un de ses textes les plus pénétrants, et les plus gracieux :

> Lorsque cet ouvrage parut, on ne le regarda pas comme un ouvrage sérieux. Il ne l'était pas. On pardonna deux ou trois témérités en faveur d'une conscience qui était tout à découvert, qui portait la critique sur tout et le venin sur rien. Tout lecteur se rendit témoignage à lui-même. Il ne se souvint que de sa gaieté. L'on se fâchait autrefois comme on se fâche aujourd'hui ; mais on savait mieux autrefois quand il fallait se fâcher[1].

1. *Pensées*, 2249.
* Le général de Gaulle lisait-il Montesquieu ? Cette sacralisation de l'État contre les partis était bien pour l'inspirer.

À cette préface écrite pour l'édition de 1754 parue chez Pierre Marteau à Cologne, fut jointe une réflexion en forme de plaidoirie rédigée par Montesquieu en réponse à un pamphlet de l'abbé Jean-Baptiste Gaultier, *Les Lettres persanes convaincues d'impiété*, écrit dans le climat de polémiques déclenchées par l'*Esprit des lois* : une pierre de plus pour la lapidation...

Incité à une prudence propre à son âge, et instruit par tant de menace, le Montesquieu sexagénaire, relisant ses Persans épistoliers, plaide avec sérénité :

> On ne peut guère imputer aux *Lettres persanes* les choses que l'on a prétendu y choquer la religion. Ces choses ne s'y trouvent jamais liées à l'idée d'examen, mais avec l'idée de singularité ; jamais avec l'idée de critique, mais avec l'idée d'extraordinaire. C'était un Persan qui parlait... Quand il parle de religion, il n'en doit pas paraître plus instruit que des autres choses... qu'il ne regarde point comme bonnes ou mauvaises, mais comme merveilleuses[1]...

(Certes, cher président. Mais il se trouve que ces « choses » pouvaient inciter à l'étonnement, non seulement les Persans, mais les Français du temps, qui avaient matière à trouver « merveilleux » que, pour combattre l'hérésie, on interdît aux chrétiens la lecture de la Bible...)

La plupart des textes que l'on cite ici ont pour origine ce « livre » ou recueil qu'il a intitulé *Mes pensées*, dont se nourrit tout travail ou recherche relatifs à cet homme, Montesquieu.

Dire que là est son chef-d'œuvre, ou mieux le cœur et l'âme de son œuvre, est proférer à la fois une évidence et une incongruité. Une évidence : pour si magistral que soit *De l'esprit des lois*, et si bien qu'on y sente affleurer sa culture, son « humour » (avec lui, un anglicisme

1. *Pensées*, 2032.

n'est pas irritant, mais relève du folklore...), c'est des *Pensées* que le baron de La Brède jaillit en liberté, comme le Montaigne du IIIe livre des *Essais*. Mais une incongruité, car on ne saurait prendre tout à fait pour une « œuvre » cet herbier magnifique, complété par le *Spicilège*, travail de glaneuse qui en accentue le caractère décousu, ou plutôt non cousu, et par le recueil intitulé *Geographica*.

« Œuvre » ou pas – mais comment définir, de ce point de vue, les *Maximes*, *Mon cœur mis à nu* ou le *Bloc-Notes* ? –, *Mes pensées*, cette collection de 2 266 notations, réflexions, brouillons, fragments, historiettes ou saillies, reflète plus fidèlement qu'une confession, sinon la vie, en tout cas le personnage et, quitte à paraître pompeux, l'âme de Montesquieu. Surtout si on en prend connaissance dans le merveilleux désordre de trois gros cahiers redécouverts quarante ans après sa mort et livrés au public à la fin du XIXe siècle par Gaston de Montesquieu, et non selon le classement imposé à ce beau fatras par des spécialistes débordants de zèle, un zèle que l'on peut juger intempestif. On ne saurait mettre en doute la compétence d'Henri Barckhausen lorsqu'il entreprit de « mettre de l'ordre » dans ce compendium, y opérant un classement méthodique – autoportrait, histoire, religion, femmes, etc. – qui fait litière d'une chronologie spontanée où se reflète l'évolution de la pensée et même de la culture de l'auteur.

C'est dire que dans le grand débat suscité par les diverses publications des *Pensées*, de Barckhausen (1899-1901) à Louis Desgraves (Nagel, puis Laffont) en passant par « La Pléiade » (1949) de Gallimard et « L'Intégrale » du Seuil (1964), c'est à la dernière-née, publiée chez Robert Laffont en 1991, que l'on donne ici le meilleur crédit – surpris que les éminents responsables des deux recueils précédents aient cru devoir « faciliter la tâche » du lecteur en lui offrant un ordre arbitraire, non respectueux d'une maturation intellectuelle, d'une respiration historique qui, pour désordonnée qu'elle soit, nous semble fondamentale.

On sait tout de même que, sauf incidents affectant l'« ordre » du manuscrit original, les trois gros volumes classés en cahiers reliés en cuir brun* ont trait, respectivement, le premier à la période 1720-1734,

* Conservés à la Bibliothèque municipale de Bordeaux, où, grâce à la bienveillance de Pierre Botineau et l'obligeance de Nadine Massias, on a pu les consulter en août 2002.

le deuxième à la période 1734-1748, le troisième à celle qui va de 1748 à la mort de l'écrivain, en 1755. Autrement dit, et *grosso modo**, des *Lettres persanes* aux *Considérations* romaines, des *Considérations* à l'*Esprit des lois*, et des *Lois* à la fin.

Un classement ou mieux un assemblage qui semble préférable à tout autre. À s'y tenir, comme l'a fait si bien Louis Desgraves, on voyage aux côtés du président, dans sa vieille berline, tandis qu'il feuillette ou annote Plutarque ou Commynes, se reprend, met un « pense-bête » ici, ou prend des notes. C'est sa vie même que reflètent, au gré des cahots de la route, tel morceau d'une histoire de France à venir, tel fragment d'une « histoire de la jalousie » à écrire, un paragraphe d'une chronique de la Société de Jésus par lui projetée.

Alors on va d'une dissertation sur les coutumes des barbares à une anecdote sur les mœurs de Frédéric II (« Pourquoi, sire, n'aimez-vous pas les femmes ? – Dites-le-moi... – Parce que vous n'aimez pas les hommes »), à un portrait au vitriol de Richelieu ou à une saillie sur la religion des Romains, une note sur le commerce de la Hollande, le récit croustillant d'une nuit de la Montespan à Versailles...

Qui a le privilège de pouvoir compulser le manuscrit, en trois gros volumes, de *Mes pensées*, à la Bibliothèque municipale de Bordeaux, peut s'étonner que l'idée soit venue à un ou plusieurs spécialistes de Montesquieu d'ordonner un recueil où le principe même est d'être à la fois une « réserve » où puiser des idées et des formules, et un « fourre-tout » où déposer l'inaccompli et le superflu.

Indépendamment du charme incomparable que revêtent la chose manuscrite, le document brut, état qui sied particulièrement à ce type d'ouvrage ou mieux de collection, il semble que si la mise en ordre plus ou moins logique peut être utile à des écoliers, étudiants ou gens pressés, le non-ordre originel à la double vertu de témoigner d'une spontanéité créative que l'on a trop tendance à oublier, s'agissant du sage président bordelais, et de refléter une probable chronologie, discutable, certes, mais extrêmement instructive. Ce non-ordre est son portrait.

On voit bien, en considérant l'évolution de l'écriture, puis des écritures – le troisième tome est évidemment de la main de divers secré-

* Compte tenu des retours et remords...

taires, dont le soin frise parfois la calligraphie –, que des ajouts, corrections, remords sont venus déranger ou perturber les moments de création, que les premières notations, l'explication de la raison d'être du recueil, ont pu être ajoutées des mois ou des années après le début de la collection de ces notes. Mais ce désordre plus ou moins ordonné a son sens, surtout sa raison d'être.

Le génie de Montesquieu, tout président, baron et académicien qu'il fût, est discontinu, primesautier, peu respectueux des architectures du grand âge classique – plus proche de celui de Retz que de celui de Bossuet. Il est celui qu'au siècle des perruques et jabots, Dassier a montré le cheveu libre, le col ouvert…

Ces *Lettres* dites persanes qui jaillissent ici et retombent et rebondissent si loin, ces *Considérations* romaines qui ne portent aucune date et traitent plus longuement de Justinien que de Caton d'Utique, ces « chapitres » de cinq ou six lignes de l'*Esprit des lois* où un long historique du débat entre législations romaine et franque fut ajouté à la demande de l'éditeur, ces histoires ébauchées ou perdues (ou brûlées), reniées ou vaguement assumées, du *Temple de Gnide* au *Voyage à Paphos*, tous ces écarts, élans et « ruades » font de Montesquieu un génie à la fois aristocratique (amateur, laissant à quelques « gens » le soin des détails) et discontinu, gascon par l'oubli des proportions, des catégories, et le dédain du « parler blanc », anglais aussi par le choix spontané du parc de préférence au jardin… Un compilateur désinvolte doublé d'un cultivateur minutieusement libre.

Dans ces trois liasses épaisses de notes ébauchées ou délaissées, empilées dans leur habit de vieux cuir fatigué, tantôt barbouillées à la va-vite, tantôt recopiées par un (ou une) disciple ou copiste fidèle, voici l'un des plus purs reflets d'homme qui se puissent considérer. Son « esprit », vraiment, son « principe » et son « essence », Charles-Louis entre garenne et bibliothèque, entre boudoir et berline, entre pressoir et salons… Un civilisé méridional du siècle des Lumières, après le despotisme, avant les révolutions.

À sauts et à gambades, comme disait Montaigne…

L'art de Charles-Louis de Montesquieu ne s'est pas épanoui seulement pour la seule délectation du secrétaire auquel il dicte ses notes soit dans le secret de son cabinet vert de la tour attenant à sa chambre, soit dans celui du cagibi, au-delà du salon, où Denise revient parfois travailler avec lui.

Il y a aussi cette correspondance qui s'est, au fil des ans, affinée, égayée, illuminée. On n'est pas impunément l'interlocuteur des femmes les plus spirituelles de son siècle, de Marie du Deffand, de Lady Hervey, de Tencin, de la duchesse de Mirepoix, et aussi du président Hénault, de David Hume et du cardinal de Polignac. On se pique au jeu... Entre vingt traits émaillant des billets échangés avec l'une ou l'autre, on retiendra celui-ci, du 12 octobre 1753, en réponse à un mélancolique aveu de Marie du Deffand :

> Vous dites, Madame, que rien n'est heureux, depuis l'ange jusqu'à l'huître : il faut distinguer. Les séraphins ne sont point heureux, ils sont trop sublimes : ils sont comme Voltaire et Maupertuis, et je suis persuadé qu'ils se font là-haut de mauvaises affaires ; mais vous ne pouvez douter que les chérubins ne soient très heureux. L'huître n'est pas si malheureuse que nous, on l'avale sans qu'elle s'en doute ; mais pour nous, on vient nous dire que nous allons être avalés et on nous fait toucher au doigt et à l'œil que nous serons digérés éternellement.
> Je pourrais parler à vous, qui êtes gourmande, de ces créatures qui ont trois estomacs : ce serait bien le diable si, dans ces trois, il n'y en avait pas un de bon. Je reviens à l'huître : elle est malheureuse quand quelque longue maladie fait qu'elle devient perle : c'est précisément le bonheur de l'ambition. On n'est pas mieux quand on est huître verte ; ce n'est pas seulement un mauvais fond de teint, c'est un corps mal constitué[1]...

Bijou d'antiquaire, pour spécialiste de la vie mondaine au XVIIIe siècle ? Le président gascon, de cour en salon, entre deux retouches de l'*Esprit des lois*, est devenu le rival du prince de Ligne et

1. Lettre 686.

de l'abbé de Mongault. Tout harcelé qu'il fût par le Saint-Office et la Sorbonne, il ne se soucie pas d'être « digéré éternellement »...

La Brède, Paris, Bordeaux, Baron, l'Agenais ? C'est entre ses vignes, ses chênes et ses pins qu'il vit le plus volontiers. Mais il aime retrouver à Bordeaux ses amis Barbot et Bel, la comtesse de Pontac et le salon de Mme Duplessy où l'on brocarde le grand intendant Tourny, dont M. de La Brède ne sait décidément pas mieux que ses commensaux reconnaître l'excellence... Le baron ne déteste pas non plus accompagner son épouse dans son fief huguenot de Clairac, où il retrouve le brillant, le savant chevalier de Vivens qui, dans son nouveau château de Barry, tout voisin de chez les Lartigue, se livre à de singulières expériences sur l'électricité*...

Mais c'est tout de même entre le château familial et son hôtel du faubourg Saint-Germain, rue Saint-Dominique, qu'il balance, dans sa berline. Tout donne à penser que, les grandes disputes à propos de l'*Esprit des lois* apaisées, sa chère Tencin disparue, du Deffand distillant la plus noire mélancolie, Voltaire régnant et le royaume glissant doucement vers la guerre, il ne rêve plus que d'être le prestigieux ermite de Garonne.

Lisons par-dessus son épaule cette lettre à l'inévitable Guasco, datée du 7 avril 1754 – l'époque où il prend comme très souvent ses quartiers de printemps à Paris, entre son refuge d'hiver et les vendanges de l'automne. Après l'inévitable citation d'Horace « *ô rus, quando te aspiciam* » (ô campagne, quand te reverrai-je ?), il annonce son prochain retour (ce sera le dernier) à La Brède, où il invite le Piémontais à le rejoindre :

> Je ne suis plus fait pour ce pays-ci**... Vous devriez bien revenir par la France méridionale ; vous trouverez votre ancien laboratoire et vous me

* Non sans écrire un pastiche des *Lettres persanes*...
** Paris, d'où il écrit.

> donnerez de nouvelles idées sur mes bois et mes prairies. La grande étendue de mes landes vous offre de quoi exercer votre zèle pour l'agriculture : d'ailleurs, j'espère que vous n'oubliez pas que vous êtes propriétaire de cent arpents de ces landes, où vous pourrez remuer la terre, planter et fermer tant que vous voudrez [1].

Le baron vient en effet de gagner un interminable procès contre la ville de Bordeaux, qui l'a reconnu propriétaire de mille arpents de terres sablonneuses. Il a entrepris bravement de les mettre en culture, ayant fait don d'un dixième à Guasco* dont il connaît les talents et la passion horticoles. À vrai dire, ses dernières années sont plutôt consacrées à la naturalisation « à l'anglaise » du parc proprement dit. On a mis l'accent déjà sur la passion qu'il vouait à ses arbres tout autant qu'à sa vigne : et l'attachement qu'il portait à Guasco était largement dû aux talents paysagers de l'abbé, à sa compétence en matière d'irrigation qui faisait l'admiration de L'Éveillé.

Et quelques jours plus tard, le maître de La Brède apostrophe ainsi son abbé champêtre :

> Vous êtes chanoine de Tournay; et moi je fais des prairies. J'aurais besoin de cinquante livres de graines de trèfle de Flandre, que l'on pourrait m'envoyer par Dunkerque à Bordeaux. Je vous prie donc de charger quelqu'un de vos amis à Tournay de me faire cette commission, et je vous payerai comme un gentilhomme, ou, pour mieux dire, comme un marchand; et quand vous viendrez à La Brède, vous verrez votre trèfle dans toute sa gloire. Considérez que mes prés sont de votre création : ce sont des enfants à qui vous devez continuer l'éducation [2].

Si rural qu'il se sente à La Brède, à Raymond, à Clairac, (puisque Montesquieu n'est plus guère qu'un paysage...), il reste l'impénitent voyageur toujours en quête des « autres ». Il confie alors à un autre correspondant qu'il voudrait désormais ne plus passer que trois mois par an à La Brède. Qui croire ? Le baron en ses arbres perché ? Le voltigeur ? Le fait est que cette année-là (1754), il choisit on ne sait trop pourquoi – la mort de son frère Joseph, l'abbé, assombrit-elle par trop pour lui le ciel de la Gironde ? – de quitter en décembre l'asile campa-

1. Lettre 707.
2. Lettre 709.
* Beau geste, pour un « avare »...

gnard où la fameuse cheminée au chambranle usé lui assure une bonne chaleur, quand à Paris le bois est bien cher pour cet économe. Mais il a fait équiper son appartement du faubourg Saint-Germain d'un poêle de fonte qu'il trouve un peu vorace, s'il lui assure un certain confort*.

Et le voici donc aménageant rue Saint-Dominique, à deux pas du salon de Marie du Deffand, à dix minutes de marche de l'Académie et de la bibliothèque Mazarine, contredisant la confidence faite à Guasco : « Je ne suis plus fait pour ce pays-ci. »

À Paris, ce provincial timide a beaucoup erré, du Marais (rue de la Verrerie) à la tour de Nesle (rue Dauphine) et au quai des Théatins (aujourd'hui Malaquais). Le voici maintenant implanté à Saint-Germain, voisin de la nonciature et tout près de ce qui est aujourd'hui l'angle de la rue de Luynes et du boulevard Saint-Germain, face à Saint-Thomas d'Aquin. L'appartement qu'il occupe est assez confortable : nous le savons grâce à l'inventaire établi, moins d'un mois après la mort du président, le 5 mars 1755, par un « huissier-priseur » nommé Richebourg, et publié deux siècles plus tard par André Masson dans un article du *Mercure de France* (février 1956).

Du rez-de-chaussée occupé, comme il seyait aux habitants de cet aristocratique faubourg, par l'écurie et la remise pour ce « carrosse qui faisait le bruit d'un fiacre » (aigre notation de Mme Geoffrin), on monte au premier étage où, après avoir traversé la chambre du secrétaire (Saint-Marc, Fitz-Patrick ou Darcet), on passe dans l'appartement de l'écrivain, une antichambre ayant vue sur la rue Saint-Dominique, la chambre à coucher, la garde-robe, la « chambre où couchent les domestiques », attenante, et la « salle de compagnie » (c'est-à-dire le salon où, comme dans la chambre, l'écrivain a ses livres sous la main et peut travailler). Salon et antichambre disposent chacun d'un grand bureau, avec, dans la chambre à coucher, « une grande écritoire de chagrin noir avec la corne et le poudrier ».

On ne parlait pas encore de « confort ». C'est bien de cela qu'il s'agit ici, dans une simplicité qui frise l'austérité. On a parlé de l'« avarice » de Montesquieu, citant notamment le comte de Sade, père du marquis (qui avait été reçu franc-maçon à Londres, nous l'avons vu, dans la même « promotion » que Montesquieu). Ce gentilhomme

* Voir Jean Ehrard, *L'Esprit des mots*, *op. cit.*, p. 27-39.

opulent se gausse du baron qui avait « fait boucher sa cheminée par avarice ». Mais le même Sade accusant d'un même élan notre baron d'être « mauvais père... et mauvais ami » et d'avoir « rampé auprès des ministres », on ne tiendra pas son réquisitoire pour très crédible. Faut-il ajouter plus de foi à cette formule du roi lui-même, déclarant à ses courtisans, au lendemain de la mort du maître de l'*Esprit des lois*, que le disparu était « le plus grand esprit du royaume, et le plus avare des hommes » ? Disons que les informations de Louis XV n'étaient pas très sûres et qu'une anecdote (relative à ses chevaux ?) avait dû lui tenir lieu de source*...

Bref, admettant – on l'a dit à propos de sa manière de vivre en famille – qu'il fut un peu « regardant », et qu'il préférait être invité à dîner que donner à souper, il menait à Paris la vie d'un écrivain-gentilhomme, ainsi décrit dans un de ses *Lundis* par Sainte-Beuve :

> Quand il n'était pas à La Brède, il vivait à Paris, fort répandu dans le grand monde, particulièrement dans le cercle de la duchesse d'Aiguillon, de Mme du Deffand, et fort désiré partout, fort souhaité ; simple, bonhomme même, payant de sa personne sans chercher à briller [...] Il ressemblait à sa conversation : sa taille était bien proportionnée, sa physionomie réunissait la douceur et la sublimité. Sa figure maigre et longue, élégante, avait bien le type du pays où il est né, le type bordelais...

De Maupertuis :

> J'ai eu le bonheur de vivre dans les mêmes sociétés que lui ; j'ai vu, j'ai partagé l'impatience avec laquelle il était toujours attendu, la joie avec laquelle on le voyait arriver.
>
> ... Et qui n'aimerait pas cet homme [écrivait le chevalier d'Aydie à Marie du Deffand], ce bonhomme, ce grand homme, original dans ses ouvrages, dans son caractère, dans ses manières, et toujours ou digne d'admiration ou adorable ?

Du marquis d'Argenson, qui ne fut pas toujours de ses amis :

> Comme il a infiniment d'esprit, il fait un usage charmant de ce qu'il sait ; mais il met plus d'esprit dans ses livres que dans sa conversation, parce

* Se reporter de nouveau à Jean Ehrard, « *Le poêle du Président* », in *L'Esprit des mots*, *op. cit.*

> qu'il ne cherche pas à briller et ne s'en donne pas la peine... Sa manière de causer [est] vive, fréquente, saccadée et figurée. Marmontel a remarqué qu'il attendait volontiers que la balle lui vînt, pour la prendre au bond ; il avait naturellement du trait...

Quelques notations dissonantes ? De la duchesse de Chaulnes, par exemple, qui assure aigrement que « cet homme venait faire son livre dans la société ; il retenait tout ce qui s'y rapportait ; il ne parlait qu'aux étrangers dont il croyait tirer quelque chose d'utile ». Réplique de l'auteur de *Mes pensées* : « J'aime les maisons où je puis me tirer d'affaire avec mon esprit de tous les jours. »

Cet esprit-là, si porté à séduire qu'il fût, ne s'appliquait pas seulement à enchanter Mme de Mirepoix ou à mettre un frein à la « voltairomanie » ambiante. Son œuvre écrite ? Pour l'essentiel, elle est achevée : on ne lui connaît plus guère de grand projet après 1750*. Ce qui n'exclut pas un certain nombre d'interventions ponctuelles, on l'a vu, à propos d'affaires graves, du rebondissement de la querelle janséniste, par exemple. Le voit-on préoccupé de diplomatie, à l'heure où, la guerre de succession d'Autriche enfin apaisée, se prépare un nouveau conflit qui va – sa hantise ! – dresser une fois encore Paris contre Londres ? On n'a guère de témoignages de ces pressentiments : mais le caractère antagoniste des intérêts coloniaux des deux nations et la frénésie activiste de Frédéric sur le continent donnent à réfléchir à des esprits moins profonds que le sien.

La paix est fragile. Le royaume, entre des mains capricieuses, ou incertaines. La profonde mélancolie où l'ont vu de bons témoins, et celle que reflètent *Mes pensées* et le *Spicilège* à partir du début des années cinquante témoignent aussi bien de l'état des affaires publiques que de ses fatigues, et de son infirmité. On doit pouvoir dater de 1753 ou 1754 cette *Pensée* où l'homme qui a su nous dire, en stoïcien, que quand il s'est « vu devenir aveugle », il a eu conscience qu'il « saurait » être aveugle, confie à son cahier : « Je n'ai plus que deux affaires ; l'une, de savoir être malade ; l'autre, de savoir mourir. » Et Sainte-Beuve nous rapporte cette confidence alors faite à Suard et quelques-uns de ses amis : « Je suis fini, moi ; j'ai brûlé toutes mes cartouches ; toutes mes bougies sont éteintes. »

* Sinon celui de mettre en ordre ses notes de voyage.

Il enrichit encore ses cahiers (*Pensées* ou *Spicilège*) de notes pénétrantes. Témoin celle-ci, qui est bien près de clore le deuxième recueil, où il signale que son ami le Dr Arbuthnot* prévoyait dès 1750 que l'Amérique se séparerait de l'Europe, assurait que les arts et les sciences, bannis par le despotisme en Europe, iraient s'y établir, ajoutant ceci :

> On vit naguère un Athénien à l'université d'Oxford... Si on avait dit à Démosthène qu'il y aurait des Athéniens qui dans les siècles à venir iraient dans une île du Nord apprendre la langue grecque, il ne l'aurait pas cru...

Le monsieur de La Brède garde le « coup d'œil », sitôt qu'il s'agit de l'avenir du monde...

Dans les derniers jours de 1754, il descend de sa chaise de poste, rue Saint-Dominique, confiant à ses intimes qu'il est venu à Paris « pour régler quelques affaires » (la succession de son frère ?). Un mois plus tard, le 29 janvier, il est saisi par la fièvre. Une épidémie, que l'on dit pourtant bénigne, s'est déclarée dans Paris. Il prétend n'être que légèrement atteint, et refuse d'abord de s'aliter. Mais ses médecins, Bouvard et Lorry, parlent de « fièvre maligne ». Bronchite ? Pneumonie ? Il a soixante-cinq ans... Il s'alite et on observe que ce lucide entre les lucides s'est mis à divaguer. On procède à l'inévitable saignée, que plusieurs témoins jugeront excessive. L'issue fatale est en vue.

De Mme Dupré, cette lettre à Suard :

> Il se fit lire la liste de ceux qui étaient venus le voir ; et comme on lui lut M. le curé de Saint-Sulpice : « Comment dites-vous cela ? interrompit-il, recommencez. » Il se fâcha de ce qu'on n'avait pas laissé entrer le curé et ordonna [de le] laisser entrer [...] à quelque heure qu'il vînt.

* Médecin de la reine Caroline, frère « maçon », et son précurseur en matière de « climats ».

> Le curé y est allé ce matin vers les huit heures, [et] lui a demandé s'il avait dans Paris quelque homme de confiance dont il voulût se servir. Le président a répondu que dans ces sortes de choses il n'y avait personne en qui il eût jamais eu plus de confiance qu'en son curé ; que, cependant, puisqu'il lui laissait sa liberté, il y avait une personne à Paris en qui il se confiait beaucoup… Le curé s'est retiré et le président a envoyé chercher, qui, croiriez-vous ? Le P. Castel, jésuite, qui est arrivé avec son second*. « Père Castel, lui a dit le président en l'embrassant, je m'en vais devant. » Après quoi le P. Castel a laissé le président seul avec le jésuite.
> Il s'est confessé et M. le curé de Saint-Sulpice lui a porté le bon Dieu vers les trois heures. Le curé tenant l'hostie entre les mains, lui a demandé : « Croyez-vous que c'est là votre Dieu ? – Oui, oui, a répondu le président, je le crois, je le crois. – Faites-lui donc un acte d'adoration. » Il s'est assis sur son lit, a tiré son bonnet. Alors le président a levé vers les cieux ses regards et la main droite, dont il tenait son bonnet ; il a communié. Après quoi, le bon Dieu, le curé et les jésuites sont revenus très contents, chacun chez eux. Quant au P. Castel, il ne se sent pas de joie. Il croit avoir plus fait que François-Xavier, qui prétendait avoir converti douze mille hommes dans une île déserte** [1]…

La version de la duchesse d'Aiguillon diffère un peu de ce récit du fait que sa lettre fut écrite après la mort du président, et qu'elle apporte quelques nuances à l'évocation du rôle joué par les pères jésuites auprès du malade.

> La douceur de son caractère s'est soutenue jusqu'au dernier moment. Il ne lui est pas échappé une plainte, ni la moindre impatience : « Comment est l'espérance à la crainte ? » disait-il aux médecins. Il a parlé convenablement à ceux qui l'ont assisté : « J'ai toujours respecté la religion ; la morale de l'Évangile est une excellente chose et le plus beau présent que Dieu pût faire aux hommes. »
> Les jésuites qui étaient auprès de lui, le pressant de leur remettre les corrections qu'il avait faite aux *Lettres persanes*, il me remit et à Mme Dupré son manuscrit, en nous disant : « Je veux tout sacrifier à la raison et à la religion, mais rien à la Société***. Consultez avec mes amis et décidez si ceci doit paraître.

1. Lettre 750.
* Le R. P. Bernard Routh, un Irlandais.
** Cette « île déserte » était le Japon…
*** De Jésus, les jésuites.

> Il était bien aise de voir ses amis et prenait part à la conversation dans les intervalles où sa tête était libre. « L'état où je suis est cruel, me disait-il, mais il y a aussi bien des consolations » ; tant il était sensible à l'intérêt que le public y prenait et à l'affection de ses amis.
> J'y passais les jours et presque les nuits. Mme Dupré y était aussi très assidue, M. le duc de Nivernais*, M. de Bulkeley, la famille de Fitz-James, le chevalier de Jaucourt, etc. La maison ne désemplissait pas et la rue était embarrassée. Les soins ont été aussi inutiles que les secours : il est mort le treizième jour de sa maladie, d'une fièvre inflammatoire qui attaquait toutes les parties [1].

Sur le rôle joué là par les deux jésuites, il faut ajouter quelques précisions. C'est Castel qui, appelé par le malade (ce dont Mme Dupré se dit étonnée, ignorant curieusement l'étroitesse des liens qui unissaient les deux hommes), avait convoqué son collègue Bernard Routh, se jugeant lui-même trop intime avec le mourant pour recevoir sa confession. Routh était d'ailleurs connu de Montesquieu.

Requis par le pape de faire le récit des derniers instants d'un homme qu'il admirait et dont la fin importait au monde, le R. P. Routh raconte qu'ayant interrogé le mourant sur la réputation d'incrédulité que lui avait value son œuvre, il en avait reçu la confidence qu'il était « passé par l'imagination des nuages... sans rien d'arrêté dans l'esprit contre les objets de la foi... mais par goût du neuf et du singulier, le désir de passer pour un esprit supérieur aux préjugés et maximes communes [2] ».

Rien ne permet de mettre en doute ce témoignage. Là où le R. P. Routh est plus sujet à caution, c'est à propos de ce fameux manuscrit « corrigé » des *Lettres persanes* qu'il avait demandé au malade de lui remettre, provoquant la réaction rapportée par la duchesse d'Aiguillon (« rien pour la Société ! »). Jusqu'où allèrent les requêtes – ou les pressions – exercées sur le malade par le confesseur ? Celui-ci s'enferma-t-il à clef avec lui, pour mieux le convaincre de céder en tenant à l'écart Mme d'Aiguillon ? Celle-ci, qui détestait les jésuites, ne fait pas état d'une aussi odieuse tentative dans la lettre citée ci-dessus. C'est l'abbé Guasco, alors absent, qui a rapporté plus tard qu'il tenait d'elle cette précision. L'abbé Guasco...

1. Lettre 751.
2. *Dictionnaire anti-philosophique* de Chaudon, Avignon, 1877.
* L'ambassadeur à Rome, que l'on a vu à l'œuvre.

Il est certain que le jésuite voulut, en matière de désaveu, obtenir de Montesquieu plus que celui-ci ne voulait concéder à l'Église. Il est sinon certain, au moins probable, qu'il n'y parvint pas et que la mort de Montesquieu ne fut pas l'occasion d'un reniement, mais la réaffirmation de ce christianisme tempéré qu'il s'était forgé, à l'image de la monarchie de ses rêves.

De son catholicisme, ou de l'idée qu'il s'en faisait en sa sérénité, on retiendra cette définition déjà citée, que rapporte la duchesse d'Aiguillon dans son évocation des dernières heures du président bordelais. Au prêtre qui lui demande ce qu'il pense en fin de compte du christianisme, il répond doucement que c'est une « excellente chose » et « le plus beau présent que Dieu pût faire aux hommes… ». Voilà bien d'un heureux philosophe, dont l'exaltation mystique ne vient pas troubler la raison. Que Montaigne est donc proche !

À vrai dire, cette fin de Montesquieu peut se comprendre, ou se lire, comme un conte moral transférant au plan de la religion la doctrine de l'auteur de l'*Esprit des lois*. Voici un christianisme inspiré des deux principes majeurs de l'inventeur de la science politique : le souci d'équilibre et le rôle du climat. Ce christianisme est de toute évidence marqué par le principe de la pluralité des forces : ici, ce n'est pas que « le pouvoir arrête le pouvoir », c'est que la raison est en balance avec la foi. Balance, pas compétition… Et il n'est pas aventureux de dire que cette religion tient compte, comme la loi, du climat. Serait-ce interpréter abusivement Montesquieu que de parler ici d'un catholicisme tempéré comme le climat de sa Gironde, qui ne saurait être tout à fait le même que celui que pratiquent, à Pondichéry, les Indiens, et les Guaranis au Paraguay ?

Ces mots à peine tracés, on ne peut manquer de s'interroger sur le caractère de cette religion, ou plutôt de cette fidélité à un système spirituel imprégné de tradition, de raison sociale et de références climatiques : une claire conscience d'un équilibre du monde suscité et équilibré par un grand mécanicien ? Non. Ce serait par trop réduire à un déisme vaguement maçonnique une appartenance à une communion où l'irrationnel, le miraculeux a aussi sa place. Pour lui, le christianisme n'est pas seulement un bon sujet d'article pour l'*Encyclopédie*, entre architecture et horlogerie.

Il y a, pour définir ce christianisme apparemment trop raisonnable, ces mots des *Pensées* qui vont assez loin, retournant hardiment contre eux les arguments des polémistes du paganisme : « Si la religion chrétienne n'est pas divine, elle est certainement absurde... Quelle idée révoltante que le supplice d'un Dieu ! » (*Pensées*, 969.) Un ton pascalien ? Mais l'auteur des autres *Pensées* n'aurait pas utilisé le présent. Il aurait choisi le conditionnel passé. Ce détour du sage juriste bordelais par l'absurde augustinien (*Quia absurdo*, je crois « parce que c'est absurde »), n'est qu'une des facettes de ce contrat avec Dieu où le juriste voit bien qu'on lui en demande trop. Mais c'est ce trop qui le lie, ou l'exalte...

Il mourut à l'aube du 10 février 1755, dans sa soixante-sixième année, loin de la plupart des siens et du cher La Brède, de sa femme et de ses enfants, de ses arbres et de ses vignes.

Ses amis, si fervents et présents, rédigèrent un faire-part invitant à suivre le convoi funèbre du « haut et puissant seigneur Messire Charles de Secondat, baron de Montesquieu et La Brède, seigneur de Raymond, Goulard, Bisqueytan et autres lieux ; l'un des Quarante de l'Académie française ; des sociétés royales de Londres, Berlin etc. décédé en son hôtel, rue Saint-Dominique... ».

Dès le lendemain, dans l'après-midi, sa dépouille fut inhumée dans une chapelle latérale de l'église Saint-Sulpice. Étrangement, quand on pense à la cohue qui se pressait autour de son lit de malade, on n'a aucune relation de ses obsèques, ni mention du nom de celui qui célébra l'office, ni l'écho de quelque hommage public rendu au « législateur de l'Europe », dont la fin était tenue pour imminente depuis de longs jours. Le duc de Nivernais, Lord Bulkeley, le chevalier de Jaucourt restèrent-ils muets ?

La seule indication que l'on retienne de ce jour a trait à la présence, derrière le catafalque, d'un homme qui, si fort qu'il admirât l'auteur de l'*Esprit des lois*, n'était pas du tout, comme les Hénault, Maupertuis, Suard, d'Aydie, de ses familiers : Denis Diderot, personnage peu féru de fastes ecclésiastiques, mais qui rapporte ceci, dans la *Correspondance littéraire* de son ami Grimm :

> J'ai assisté aux funérailles du président de Montesquieu... Quittant la compagnie de mes amis pour aller rendre ce dernier devoir au précepteur des rois et à l'ennemi déclaré des tyrans.

Des innombrables hommages qui lui furent rendus dans les jours qui suivirent, du « petit lever » du roi à Versailles aux clubs de Londres ou aux salons de Saint-Pétersbourg, bien peu étaient de nature à toucher mieux le disparu que celui, signé de son cher lord Chesterfield, publié par le *London Evening Post* et que rapporte, en son éloge posthume, son fils Jean-Baptiste :

> … Ami de l'humanité, il en soutint avec force et vérité les droits inaliénables… Ses ouvrages survivront aussi longtemps que la droite raison, les valeurs morales et le véritable esprit des lois seront respectés et conservés.

De ce que ses restes furent profanés et dispersés pendant la tempête révolutionnaire – au point que lorsque les chefs de la révolution thermidorienne voulurent transférer ses cendres au Panthéon, ils ne le purent*, faute de les trouver –, doit-on conclure que ce porteur de lumières ne saurait s'inscrire dans l'histoire, le plus souvent tragique, de la libération des hommes ? On ne serait pas mieux inspiré, ce faisant, qu'en tirant argument de l'éloge que fit de lui Marat (en 1785, et à des fins académiques) pour voir en l'auteur de l'*Esprit des lois* un précurseur des Jacobins – ou même des Girondins qui, par la voix de leur maître Condorcet, portèrent sur lui des jugements sévères.

Comme Montaigne s'élevait contre les « nouvelletés » (calvinistes), Montesquieu a dénoncé les « secousses » inhérentes à la révolution telle que nous l'entendons – peu conscient semble-t-il de leur avoir ouvert les voies en donnant ses lettres de noblesse au combat contre le despotisme. Si fermement qu'il n'ait cessé de s'opposer à cette forme d'exercice du pouvoir, il n'en admet le renversement par la violence ni dans les *Lettres persanes* à propos de l'Angleterre et des deux révolutions de 1648 et 1688, ni dans ses *Romains* à propos des Gracques et de Brutus, ni dans l'*Esprit des lois*, où il est écrit qu'« un État peut

* Ce dont certains se tinrent pour satisfaits…

changer de deux manières : ou parce que la Constitution se corrige, ou parce qu'elle se corrompt ».

Correction ou corruption. Dans la révolution, l'auteur ne voit que sanction despotique des horreurs du despotisme, sans tenter aucunement de justifier les moyens par la fin, comme le fera Diderot n'excluant pas, lui, un « bain de sang » – avant de pouvoir en être le témoin...

Pour Montesquieu, revenant en quelque sorte à l'origine mécaniste du mot, qui implique un mouvement circulaire de retour, révolution ne va pas sans restauration. Pense-t-il à l'exemple donné par ses maîtres anglais au XVIIe siècle, aux « cycles » de ce Vico qu'il a peut-être rencontré à Naples, et en tout cas lu et médité ? Préfigure-t-il la vision de Hegel qui associe l'idée de révolution à celle de « patience... et douleur du négatif » ?

Le fait est que, chez lui, le concept de révolution, au sens où nous l'entendons aujourd'hui, est funeste, qu'elle se produise dans le harem d'Ispahan ou à Londres sous la poigne de Cromwell. Et il n'est pas moins vrai que, transcrites en trois ou quatre ouvrages sereins, les méditations de ce gentilhomme girondin profondément attaché aux valeurs et pouvoirs de son « ordre », ont mieux contribué à la lente libération des hommes que les vociférations, proscriptions et décollations dont beaucoup d'autres auront fait leurs principes d'action.

Aussi bien, pour décrire sa situation intellectuelle et historique, choisira-t-on de citer le mot de René Étiemble qui voit dans Montesquieu un « grand évolutionnaire [1] »...

Ses disciples sont moins ses neveux de la Gironde qui, à la fin du siècle, auront prétendu tour à tour internationaliser, provincialiser et arrêter la Révolution, que les constituants de 1791, les orléanistes du siècle suivant – et mieux peut-être Benjamin Constant, Tocqueville et Raymond Aron. Mais il se trouve que sans lui, sans le lien établi par le baron de La Brède entre la loi (enracinée dans le terreau populaire) et la liberté, sans l'énonciation du principe de la pluralité et distinction des pouvoirs, et de cette leçon essentielle qu'en définitive, seul « le pouvoir arrête le pouvoir », les hommes des générations qui ont suivi la sienne auraient marché d'un pas plus malhabile encore, à travers les épreuves les plus atroces, vers cette liberté dont il aura été le plus sagace des vendangeurs.

1. *Encyclopedia Universalis*, vol. 11, p. 303.

La fleur et la vigne

Regardez une carte de l'Aquitaine. Deux fleuves s'y joignent pour former la Gironde. Qui, venant du nord, traverse tour à tour la Dordogne et la Garonne, leur voit une égale et secrète majesté. Due peut-être à ce que, peu avant leur union, l'une et l'autre baignent la terre d'un gentilhomme illustre par quelques ouvrages propres à inciter ses concitoyens – on entend par là ceux qui forment l'espèce humaine, cannibales et Bordelais compris – à l'exercice d'une liberté solidaire. La confluence est éloquente.

Le lecteur de ce portrait biographique du seigneur de La Brède, alerté par mille allusions ou références, n'aura pas manqué de le deviner : Aquitain de l'espèce girondine, assuré en bon élève de Montesquieu que le climat ne laisse pas de modeler caractères et comportements, l'auteur de ce livre croit à une profonde parenté – mieux qu'un simple cousinage, une vraie filiation – entre l'auteur des *Essais*, châtelain de la rive nord de la Dordogne, et celui de l'*Esprit des lois*, seigneur de la rive sud de la Garonne, que ne séparent qu'un peu plus d'un siècle (de la promulgation à la révocation de l'Édit de Nantes) et quelques arpents d'une terre enserrée entre les deux fleuves convergents, terre que ses concitoyens appellent, non sans emphase gasconne, l'Entre-deux-Mers.

Deux hommes donc, issus du même terroir, dût l'un chercher ses ancêtres vers le sud, l'autre en direction du nord, de lignées plus ou moins anciennement anoblies, avec ici et là quelques gouttes de sang anglais comme il sied au pays d'Aliénor, et qui doivent tous deux leurs patronymes fameux à de très modestes monticules, le premier tout arrondi comme le châtelain de Dordogne aux formes potelées, le second plus escarpé, conforme à la silhouette anguleuse de Charles-Louis de Secondat.

On se gardera des assimilations trop faciles ou des superpositions déformantes. Ce n'est pas parce qu'ils sont tous deux auvergnats, et occupés du mystère de la Rédemption, qu'on peut retrouver Teilhard dans Pascal, et leur commune origine bretonne ne permet pas de découvrir en Renan le reflet de Chateaubriand. Issus du même moule climatique, Hugo et Proudhon cheminent sur des voies trop différentes pour être assimilés. Mais ici les convergences sont plus précises, indépendamment des similitudes biographiques, historiques, professionnelles, spirituelles, voire religieuses.

Nos deux riverains de Gironde ne sont pas seulement jumelés par leurs origines mais surtout par leur commun attachement à la très diverse unité du monde, aussi par leur mode de la découvrir et défendre : ce sont tous deux des flâneurs de la connaissance inventive, des picoreurs méditatifs, qu'ils s'enferment avec leurs livres à Montaigne ou à La Brède ou courent les routes d'Europe d'Augsbourg à Florence, ou dissertent galamment avec Louise d'Estissac ou Anne-Marie de Clermont. Mieux unis encore que par la source, par le flot.

On ne reviendra pas sur les analogies ou concordances biographiques, du baptême associé aux gens « de la plus abjecte fortune », à la pratique du droit et à la fréquentation, toujours marginale, des « Grands », ni même sur l'édifiante « mort de philosophe » revisité sinon par la Grâce, peut-être par un Être transcendant qui n'est ni l'horloger de Voltaire, ni le grand juge de Bossuet. De si frappantes convergences ne doivent pas faire oublier ce qui distingue l'homme des Lumières de celui de la Renaissance. Et d'abord la dimension tragique. Si jovial et bénin que se veuille l'auteur des *Essais*, et rond, et fol et dissipé, sa vie est d'abord la rude traversée d'un temps de guerres d'autant plus implacables qu'intestines, domestiques, opposant voisins de champs, de futaies, de collines – et son château est au milieu des escarmouches et représailles. La vie du sire catholique de la Mothe-Montravel, vers 1570, fût-il accueillant aux huguenots, n'est qu'une cascade d'affrontements plus ou moins esquivés ou avortés.

Rien à voir avec l'existence du maître de La Brède, qui peut bien parler, à propos de vendanges, de « tragédie » : le pire qui le menace est la grêle, et, en cas de bonnes vendanges tout de même, la guerre maritime contre l'ami anglais, guerre qui affaiblit ses revenus et abrège ses séjours à Paris mais n'implique ni lui, ni son fils et ne le frappe d'assez près qu'en la personne de son illustre ami le maréchal de Berwick, tué au siège de Philippsburg en 1734.

D'où une différence de regard radicale à propos de la chose militaire. Dût-il n'avoir guère fait que la « guerre des poulaillers », inspirant de ce fait l'ironie de son voisin Brantôme, Montaigne est l'homme qui demande qu'on le définisse comme « miles », soldat. Nous voilà loin du seigneur de La Brède… Les temps ont changé ? Oui. Mais la guerre fût-elle d'une autre nature, et l'auteur de l'*Esprit des lois* eût-il choisi de faire de l'« honneur » le principe du gouvernement aristocratique, le fils du capitaine de Secondat ne la regarde pas du même air que le fait l'héritier de ce Pierre de Montaigne qui fut le compagnon d'armes du roi François en Italie.

Pour mesurer cette différence de sensibilités par rapport à la chose militaire et à l'exercice de la violence, il suffit de comparer le César qui émerge des *Essais*, si admiré, de celui que traitent sans ménagement les *Considérations* romaines de 1734. Faut-il tracer, entre les deux visions, une « frontière Machiavel » – l'homme des *Essais* ne pouvant cacher son admiration pour le Florentin que celui des *Lois* dénonce avec une solennité peut-être teintée d'hypocrisie.

En quoi le baron de La Brède n'est toujours pas superposable au sire de Montaigne, c'est en ce que le premier n'a jamais pu réaliser son rêve de remplir, comme le fit son modèle, de hautes missions politiques ou diplomatiques. Ni Fleury ni Chauvelin, mis en place par le « Bien-Aimé », ne surent mettre au service de l'État les évidentes capacités que révèlent non seulement les œuvres mais la correspondance de l'excellent administrateur de La Brède – comme avaient su le faire, s'agissant du prédécesseur, aussi bien Catherine de Médicis et Henri III appelant Montaigne à la mairie de Bordeaux au temps des plus grands troubles, qu'Henri de Navarre en faisant de lui un interlocuteur très écouté à la veille des décisions capitales.

Quel maire de Bordeaux, quel conseiller de la couronne eût fait Montesquieu, en qui le R. P. Castel voyait un incomparable « ministre voyant-clair » ? Le fait est que si le livre III des *Essais* fait souvent écho à un authentique exercice de hautes responsabilités, *De l'esprit des lois* n'aura pas été le « livre de raison » de la monarchie au temps où toutes ses chances n'étaient pas dilapidées.

On sait au surplus que l'idée que se font de la loi les deux anciens magistrats de Bordeaux n'est pas commune. Avant que le second n'en décèle, du pôle à l'équateur, l'esprit de rationalité multiforme, le premier avait choisi d'en dénoncer les vices :

> Il n'est rien si lourdement et largement faultier que les lois, ni si ordinairement. Quiconque leur obéit parce qu'elles sont justes, ne leur obéit pas justement par où il doit. Les nôtres françaises prêtent aucunement la main par leur dérèglement et difformité au désordre de ce qui se voit en leur dispensation et exécution[1].

À cette dissonance, Claude-Gilbert Dubois a vu des causes essentiellement historiques, du fait que « Montaigne est le contemporain d'un état de désordre quasiment institué par les dérèglements de l'histoire de son temps[2] ». On pourrait ajouter que le premier venu en fut réduit à subir et faire subir la loi, quand le second en rechercha la profonde « raison ».

Ce qui fait surtout Montesquieu irréductible à Montaigne, c'est l'absence, chez Charles-Louis, de la passion sous sa forme la plus haute, celle qu'a suscitée chez Michel la « sainte coutûre » de l'amitié avec Étienne de La Boétie, couronné par la tragédie de la mort, à trente-quatre ans, du pestiféré de Germignian. Mort après laquelle Michel ne connut, assure-t-il, qu'« une nuit obscure », un « traîner languissant » avec la sensation de n'« être plus qu'à demi ». Fût-ce après la trahison de la marquise ou la révélation de l'inconduite de telle autre dame proche de son cœur, le seigneur-vigneron de La Brède fit l'économie de telles épreuves. Dans l'ordre de l'affectivité, les débats qu'il vécut ne furent de nature à bouleverser ni son château « gothique », ni les cercles de Bordeaux, ni le salon de sa chère Tencin.

1. *Essais*, III, 13.
2. Conférence inédite.

Il est tout de même permis d'évoquer à son propos l'épreuve d'une souffrance de nature à révéler le grand caractère, la perte de la vue infligée à l'homme qui a dit mieux que personne au monde la grâce accordée par une heure de lecture. L'épicurien Montaigne revendiquait le droit de crier si, par là, la souffrance infligée par sa « pierre » était allégée. Montesquieu le stoïcien nous confie, lui, que sitôt qu'il comprit qu'il devenait aveugle, il sut qu'il « saurait être aveugle »…

Regardons-les, nos deux glaneurs de sagesse, aux prises avec leurs « cannibales » et leurs « Persans », leurs « coutûmes de l'île de Cea » et leurs Germains qui, « du fond des bois », inventent une démocratie plus profonde et plus vraie que celle des académiciens d'Athènes. Regardons-les travailler, l'un en pourpoint blanc et haut-de-chausse noir, sous son plafond étoilé de maximes pessimistes qu'il s'empresse de démentir, le second dans sa redingote élimée, sous la voûte ocre de sa bibliothèque aux 3 000 volumes. Dehors, la fine pluie de Dordogne ou de Garonne fait gonfler les grappes, en attendant le soleil d'août. On sait que le premier n'en a cure, ayant à jamais laissé le soin de la vendange ou de la fenaison à sa mère, la rugueuse Antoinette, et à l'aimable Françoise, son épouse. On a dit ici le soin que prend au contraire Montesquieu à préserver sa liberté par la vendange…

L'aîné médite souvent à cheval, au bord de la Lidoire, à travers les futaies de Montpeyroux ou sous les châtaigners du pays de Gurson. Le second va plutôt à pied, le long de la voie romaine de Léognan ou sous les pins entaillés par son frère de lait, Jean Demarennes. Errances scandées pour l'un et l'autre de citations de Plutarque, de Tacite et d'Ovide, avant le retour dans la librairie de la tour ou devant la cheminée du salon vert.

Le sire de Montaigne va « à sauts et à gambades », de « coches » en « boiteux », apparemment incertain de son projet comme de lui-même, guidé par ses lectures, ses entretiens, ses escarmouches… Mais en ce vagabondage, ce « fagotage de diverses pièces », de « cannibales » en

« vers de Virgile », Diderot a cru voir « un ordre sourd à la Montaigne », qu'il oppose à l'ambition d'ailleurs problématique qui conduit le baron de La Brède à ordonner ses propres essais en *Lettres* puis en *Considérations*, *Esprit des lois*, *Pensées*, *Spicilège* et autres *Caractères de quelques princes*. Textes qui, mis bout à bout, auraient donné aux trois « livres » de Montaigne le plus majestueux des « allongeails »...

Dans les deux démarches on reconnaît la technique de l'herbier, le premier s'en tenant à « l'ordre sourd » décelé par l'encyclopédiste, le second se prévalant d'une composition dont se gaussait cruellement Voltaire. Ce qui distingue l'une et l'autre entreprise, n'est-ce pas surtout une différence d'intentions ? Il faut en tout cas citer à ce propos le célèbre exorde des *Essais* daté du 1er mars 1580 :

« C'est ici un livre de bonne foi, lecteurs... Je ne m'y suis proposé aucune fin, que domestique et privée. Je l'ai voué à la commodité particulière de mes parents et amis... » (et il est précisé par ailleurs que l'ouvrage « vise à peu d'hommes et peu d'années », ce pour quoi il n'est pas rédigé en latin, langue sérieuse...). Ce qui ne retient pas le sire de Montaigne, partant pour son long voyage de 1580, de faire un détour par Saint-Maur pour offrir les premiers tomes de son livre, en mains propres, au roi Henri III qui, bien que fort avisé, lui en fit l'éloge avant de l'avoir lu...

L'objectif de Montesquieu n'est plus celui, « domestique », de son prédécesseur. Dès les *Lettres persanes*, il a recherché et conquis un vaste public. Si camouflée qu'elle soit, son œuvre s'adresse à son siècle, et le rencontre. Trompant l'attente de leur auteur, les *Essais* trouvèrent assez vite leurs lecteurs. Ce sont les lecteurs du siècle des Lumières qui trouvèrent *De l'esprit des lois*...

Mais plus la situation de l'un et de l'autre diffère sur ce point, mieux éclate la ressemblance entre les deux démarches, plus familière de la part de l'homme de Dordogne, plus solennelle chez celui de Garonne, axées l'une et l'autre sur la recherche de l'universel, la haute mer, le Grand Large – là où sont les Autres.

Louis Vian, son premier biographe, assure que Montesquieu « puisait à pleines mains dans les *Essais*[1] ». Le « suffisant lecteur » des *Pensées* le vérifie souvent, charmé de la familiarité admirative que le cadet y fait voir à propos de l'aîné. « Dans la plupart des auteurs, je vois l'homme qui écrit. Dans Montaigne, je vois l'homme qui pense[2]. » Et non content de ranger son compatriote parmi les quatre grands poètes de l'humanité (« Platon, le père Malebranche, Lord Shaftesbury, Montaigne[3] » – liste bien étrange…), il ne perd pas une occasion de louer sa « gaieté » qui, à l'instar de celle de Rabelais ou de Molière, n'a rien à voir avec la « plaisanterie », bonne pour les « beaux esprits ».

Autres liens. On trouve dans le *Spicilège* une note où le président se dit fort aise d'être, par les femmes et notamment celle de son cousin le maréchal d'Estrades, apparenté à M. de Montaigne. On trouve d'ailleurs des Lur, qui ne sont pas encore Saluces*, dans la descendance de l'un et les ascendants de l'autre. Autre façon de joindre les eaux de Dordogne à celles de Garonne. Et tout bon lecteur de l'un et de l'autre aura relevé que la marquise de Grave, à laquelle fut si fort attaché le récent auteur des *Lettres persanes*, était une arrière-petite-fille de ce maréchal de Matignon qui fut le double militaire, puis le successeur très admiré de Montaigne à la mairie de Bordeaux.

Autant de traits, liens et anecdotes qui ont part à la confluence des deux existences et surtout de deux visions de la société et de la condition humaine. Entre eux bien sûr sont passés Descartes et Pascal, et Locke et Newton, et Spinoza, et encore Pierre Bayle et ce Malebranche auquel le monsieur de La Brède était si attaché. Et l'on ne saurait dire que le contempteur d'Épicure (dont il faisait l'un des fossoyeurs de l'Empire romain) que se voulait ou se disait le « stoïcien »

1. *Montesquieu*, 1878, p. 223-284.
2. *Pensées*, 633.
3. *Pensées*, 1441.
* Les châtelains d'Yquem.

Montesquieu soit tout à fait accordé, au moins en apparence, avec l'auteur de cet hymne à l'épicurisme spontané qu'est « Sur des vers de Virgile »[1]...

Tout de même, on ne peut inventer de jeu plus délicieux que d'alterner les citations des *Essais* et de *Mes pensées* en s'interrogeant sur la paternité de telle ou telle sentence. Bien sûr, le vocabulaire, la syntaxe, l'« accent » pourrait-on dire, dévoilent le plus souvent ce qui vient de la Dordogne du XVIe siècle ou de la Garonne du XVIIIe. (On n'a pas dit l'orthographe, celle du président était presque aussi déconcertante pour un lecteur d'aujourd'hui que celle du sire de Montaigne...)

Essayons-nous un instant à ce jeu en citant cet adage « Tous les vices politiques ne sont pas des vices moraux, tous les vices moraux ne sont pas des vices politiques ». Quel trait plus montaigniste, apparemment extrait du premier chapitre du livre III des *Essais*, « De l'utile et de l'honnête » qui définit la vertu politique comme le service judicieux du bien commun, au-delà du « bien » et du « mal », et jusqu'au « massacre » s'il y va de l'intérêt collectif ? Mais le propos est bien de Montesquieu...

En revanche, quel trait de l'*Esprit des lois* que celui-ci : « Nous appelons contre nature ce qui advient contre la coutume : rien n'est que selon elle, quel qu'il soit. Que cette raison universelle chasse de nous l'erreur et l'étonnement que la nouvelleté nous apporte. » Il se trouve que ce précepte est de Montaigne (II, chapitre XXX).

Et ceci, encore, auquel l'attribuer ? « Qui aurait voulu se marier si le concubinage eût été permis ? » Au gaillard Michel, bien sûr, toujours après Margot ? Eh non, c'est du président au nez pointu, qui n'avait pas de mépris, on le sait, pour la chose, et ne comblait pas tout à fait son attente à la maison...

Le jeu peut mener loin, en tout cas à la confirmation de la convergence de deux pensées, de deux styles, jusque dans les choses les plus graves. Les *Lettres persanes* ne sont pas du châtelain de Dordogne. Mais c'est bien lui, Michel, qui regrette de rencontrer, lors de son voyage à Rome, « encore des Gascons, et pas des Persans... ». Au sujet desquels il a d'ailleurs son mot à dire, faute de les avoir vus.

Tout à son appétit de « nouvelletés », de différences, d'« autre » à

1. *Essais*, livre III, chapitre V.

admirer, le voilà qui décoche ce trait : « Les rois de Perse s'obligeaient à ne boire jamais que l'eau du fleuve Choaspès, asséchant ainsi pour leur regard tout le reste du monde[1]. » Admirable image, que dut lui envier cet avide lecteur qu'était Montesquieu.

Leur trait le plus commun n'est-il pas en fin de compte un certain enjouement dans la grave découverte du monde et de leurs semblables ? Sainte-Beuve s'enchante de cette légèreté que manifeste Montesquieu dans les choses les plus sérieuses :

> Je suis étonné qu'un homme qui écrit sur les lois dise dans sa préface « qu'on ne trouvera point de saillies dans [son] ouvrage » ; et il est encore plus étrange que son livre soit un recueil de saillies. C'est Michel Montaigne législateur : aussi était-il du pays de Michel Montaigne.

Si pertinemment qu'il joigne les deux démarches et tempéraments du fait du « pays » commun, le causeur des *Lundis* rompt soudain le lien, au moins de style, entre les deux Girondins, avec cette réserve saisissante :

> Le tour d'imagination prompte [de Montesquieu] revêtait aisément la pensée et la maxime d'une forme poétique, comme faisait son compatriote Montaigne ; mais il était moins aisé que Montaigne, et n'avait pas la fleur comme lui.

« Pas la fleur... » La formule est si belle qu'on se résigne à la trouver juste, en fin de compte. La « fleur » montaigniste, Montesquieu ne l'a pas, jaillie de la rosée, entre un saut et une gambade, frêle et piquante, inimitable ? Peut-être. Le cavalier des bords de la Dordogne a sa fleur, le piéton des Graves de Garonne a ses vignes*...

1. Livre III, chapitre IX.
* Pierre Barrière signale, parmi les « introuvables » de Montaigne, un essai intitulé *La Fleur de la vigne*...

Certains vignerons de Gironde – ceux de Toscane ou du Chili le font-ils ? – plantent des rosiers à l'extrémité de chaque rège, par souci d'élégance pour les uns, pour contraindre les bœufs de labour à prendre plus au large à la fin de chaque alignement selon d'autres, ou pour attirer les pucerons loin des feuillages et des grappes, ou encore, disent certains, pour attirer sur l'ornement, comme le paratonnerre fait de la foudre, les premières atteintes du mildiou…

Entre cette alliance du rosier et de la vigne, comment ne pas voir la confluence entre le maître de Montaigne et le seigneur de La Brède – qui semble n'avoir rêvé qu'à ajouter un « quart livre » aux *Essais* ?

Une bibliographie indicative

Alembert, Jean Le Rond d', *Éloge de M. le Président de Montesquieu* (joint à l'*Encyclopédie*), Paris, 1755.

Althusser, Louis, *Montesquieu, la politique et l'histoire*, Paris, 1959.

Aron, Raymond, *Les Étapes de la pensée sociologique*, Paris, 1967.

Badinter, Élisabeth, *Les Passions intellectuelles*, Paris, 1999.

Barckhausen, Henri, *Montesquieu, ses idées et ses œuvres d'après les papiers de La Brède*, Paris, 1907.

Barrière, Pierre, *Un grand provincial, Charles-Louis Secondat, baron de La Brède et de Montesquieu*, Bordeaux, 1946.

Bège-Seurin, Denise, *Montesquieu et les Courants de la méthode historique moderne*, Annales aquitaines d'histoire du droit, I, 1997.

Benrekassa, Georges, *Montesquieu, la liberté et l'histoire*, Paris, 1987.

Cadilhon, François, *Montesquieu, parlementaire académicien, grand propriétaire bordelais*, Bordeaux, 1983.

Chardin, Jean, *Voyages en Perse*, Paris, 1965.

Dalat, Jean, *Montesquieu magistrat*, Paris, 1972.

Dedieu, Joseph, *Montesquieu et la Tradition politique anglaise en France*, Paris, 1909.

–, *Montesquieu*, Paris, 1913.

Desgraves, Louis, *Montesquieu*, Paris, 1986.

–, *Répertoire des ouvrages et articles sur Montesquieu*, Paris, 1986.

–, *Essais* ; *Le Spicilège* (présenté par), Paris, 1986.

–, *Chronologie critique de la vie et des œuvres de Montesquieu*, Paris, 1998.

Dormontal, Charles, *Montesquieu amoureux, écrivain, vigneron*, Paris, 1938.

Durkheim, Émile, *Montesquieu et Rousseau, précurseurs de la sociologie*, Paris, 1966.

Ehrard, Jean, *Montesquieu critique d'art*, Paris, 1964.

–, *Politique de Montesquieu*, Paris, 1965.

–, *L'Esprit des mots*, Genève, 1998.

Eisenmann, Charles, *Montesquieu et la Séparation des pouvoirs*, *Mélanges Carré de Malberg*, Paris, 1933.

Étiemble, René, in *Histoire des littératures*, III, Paris, 1958.
Eylaud, Jean-Max, *Montesquieu chez ses notaires de La Brède*, Bordeaux, 1956.
Gascar, Pierre, *Montesquieu*, Paris, 1989.
Geffriaud-Rosso, Jeannette, *Montesquieu et la Féminité*, Paris, 1977.
Glykos, Allain, *Montesquieu, hôte fugitif de La Brède*, Bordeaux, 1994.
Goldzink, Jean, *Montesquieu et les Passions*, Paris, 2001.
Goyard-Fabre, Simone, *Montesquieu, la nature, les lois, la liberté*, Paris, 1993.
Groethuysen, Bernard, *Autres Portraits*, Paris, 1995.
Haechler, Jean, *Le Chevalier de Vivens*, Bordeaux, 2000.
Leroy, Maxime, *Histoire des idées sociales en France*, Paris, 1946.
Masson, André, *Montesquieu à Paris*, in *Mercure de France*, février 1956.
Marais, Mathieu, *Journal et Mémoires*, Paris, 1863.
Perceval, Émile de, *Montesquieu et la Vigne*, Bordeaux, 1935.
Pomeau, René, *L'Europe des Lumières*, Paris, 1981.
–, *Une correspondance inédite de Montesquieu*, in *Revue d'histoire littéraire de la France*, 1982.
Raymond, Marcel, *L'Humanisme de Montesquieu*, Neuchâtel, 1942.
Regaldo, Marc, *Montesquieu et la Religion*, Actes de l'Académie Montesquieu, Bordeaux, 1998.
Rosso, Corrado, *Montesquieu moraliste. Des lois au bonheur*, Bordeaux, 1971.
Sainte-Beuve, Charles-Augustin de, *Lundis*, vol. VII, Paris.
Shakleton, Robert, *Montesquieu, biographie critique*, Oxford, 1961, trad. Grenoble, 1977.
Sorel, Albert, *Montesquieu*, Paris, 1887.
Starobinski, Jean, *Montesquieu*, Paris, « Écrivains de toujours », 1953, rééd. 1994.
Valéry, Paul, préface aux *Lettres persanes*, in *Variété II*, Paris, 1929.
Vernière, Paul, *Montesquieu et l'Esprit des lois ou la Raison impure*, Paris, 1977.
Versaille, André, *Dictionnaire de la pensée de Voltaire*, Bruxelles, 1994.
Vian, Louis, *Histoire de Montesquieu*, Paris, 1879, rééd. 1970.
Volpilhac-Auger, Catherine, « Montesquieu, l'œuvre à venir », in *Revue Montesquieu*, n° 3.

Actes du colloque de Bordeaux de 1955, Bordeaux, 1956.
Actes du colloque de Bordeaux, 1998.
Actes de l'Académie Montesquieu, Bordeaux.
Revue Montesquieu, Société Montesquieu, Université Stendhal de Grenoble.

Un dossier familial des Montesquieu-Lartigue-Vivens a été aimablement mis à ma disposition par M. Claude Martin à Clairac.

Table

Ouvrages de Jean Lacouture

L'Égypte en mouvement
en collaboration avec Simonne Lacouture
Le Seuil, 1956

Le Maroc à l'épreuve
en collaboration avec Simonne Lacouture
Le Seuil, 1958

La Fin d'une guerre
en collaboration avec Philippe Devillers
Le Seuil, 1960, nouvelle édition 1969

Cinq Hommes et la France
Le Seuil, 1961

Le Poids du tiers monde
en collaboration avec Jean Baumier
Arthaud, 1962

De Gaulle
Le Seuil, 1965, nouvelle édition 1971

Le Vietnam entre deux paix
Le Seuil, 1965

Hô Chi Minh
Le Seuil, 1967, nouvelle édition 1976

Quatre Hommes et leur peuple
sur-pouvoir et sous-développement
Le Seuil, 1969

Nasser
Le Seuil, 1971

L'Indochine vue de Pékin
(entretiens avec le prince Sihanouk)
Le Seuil, 1972

André Malraux, une vie dans le siècle
Le Seuil, prix Aujourd'hui, 1973
coll. « Points Histoire », 1976

Un sang d'encre
Stock-Seuil, 1974

Les Émirats mirages
en collaboration avec Gabriel Dardaud
et Simonne Lacouture
Le Seuil, 1975

Vietnam, voyage à travers une victoire
en collaboration avec Simonne Lacouture
Le Seuil, 1976

Léon Blum
Le Seuil, 1977
coll. « Points Histoire », 1979

Survive le peuple cambodgien !
Le Seuil, 1978

Le Rugby, c'est un monde
Le Seuil, coll. « Points Actuels », 1979

Signes du Taureau
Julliard, 1979

François Mauriac
Le Seuil, bourse Goncourt de la biographie, 1980
coll. « Points Essais », 2 vol., 1990
1. Le sondeur d'abîmes (1885-1933)
2 . Un citoyen du siècle (1933-1970)

Julie de Lespinasse
en collaboration avec Marie-Christine d'Aragon
Ramsay, 1980

Pierre Mendès France
Le Seuil, 1981

Le Piéton de Bordeaux
ACE, 1981

En passant par la France
Journal de voyage
en collaboration avec Simonne Lacouture
Le Seuil, 1982

Profils perdus
53 portraits contemporains
A.-M. Métailié, 1983

De Gaulle
1. Le Rebelle (1890-1944)
2. Le Politique (1944-1959)
3. Le Souverain (1959-1970)
Le Seuil, 1984, 1985 et 1986
coll. « Points Histoire », 3 vol., 1990
préface de René Rémond

Algérie : la guerre est finie
Complexe, Bruxelles, 1985
réédition 2002

De Gaulle ou l'Éternel Défi
en collaboration avec Roland Mehl
Le Seuil, 1988

Champollion
Une vie de lumières
Grasset, 1989

Enquête sur l'auteur
Arléa, 1989
Le Seuil , coll. « Points Actuels », 1991

Jésuites
1. Les conquérants
Le Seuil, 1991
2. Les revenants
Le Seuil, 1992

Le Citoyen Mendès France
en collaboration avec Jean Daniel
Le Seuil, coll. « L'histoire immédiate », 1992

Voyous et Gentlemen : l'histoire du rugby
Gallimard, coll. « Découvertes », 1993

Le Désempire
Figures et thèmes de l'anticolonialisme
en collaboration avec Dominique Chagnollaud
Denoël, coll. « Destins croisés », 1993

Une adolescence du siècle
Jacques Rivière et la NRF
Le Seuil, 1994
réédition « Folio », Gallimard, 1998

Mes héros et nos monstres
Le Seuil, 1995

Montaigne à cheval
Le Seuil, 1996
coll. « Points », 1998

L'Histoire de France en 100 tableaux
Hazan, 1996

Mitterrand. Une histoire de Français
1. Les Risques de l'escalade
2. Les Vertiges du sommet
Le Seuil, 1998

Greta Garbo
La dame aux caméras
Liana Levi, 1999

Le Roman du pouvoir : Mitterrand raconté par...
en collaboration avec Patrick Rotman
Le Seuil, 2000

Le témoignage est un combat
Une biographie de Germaine Tillion
Le Seuil, 2000

L'Invention du Grand Louvre
avec I. M. Pei et Émile Biasini
Odile Jacob, 2001

Voyage dans le demi-siècle
avec Gérard Chaliand
Entretiens croisés avec André Versaille
Complexe, 2001

Un siècle pour rien
Le Moyen-Orient arabe de l'empire turc
à l'empire américain
avec G. Tueni et G. Khoury
Albin Michel, 2002

La Raison de l'Autre
Montaigne, Montesquieu, Mauriac
Confluences, 2002

RÉALISATION : PAO ÉDITIONS DU SEUIL
IMPRESSION : IMPRIMERIE FIRMIN-DIDOT AU MESNIL-SUR-L'ESTRÉE (EURE)
DÉPÔT LÉGAL : FÉVRIER 2003. N° 53565 (62472)